"十四五"职业教育国家规划教材

汽车电工电子技术

微课版

（第四版）

主　编　陈昌建
副主编　郭稳涛　张玉萍
主　审　沈　翎

大连理工大学出版社

图书在版编目(CIP)数据

汽车电工电子技术 / 陈昌建主编. -- 4版. -- 大连：大连理工大学出版社，2021.10(2023.9重印)
ISBN 978-7-5685-3208-2

Ⅰ. ①汽… Ⅱ. ①陈… Ⅲ. ①汽车－电工－高等职业教育－教材②汽车－电子技术－高等职业教育－教材 Ⅳ. ①U463.6

中国版本图书馆 CIP 数据核字(2021)第 198117 号

大连理工大学出版社出版
地址：大连市软件园路 80 号　邮政编码：116023
发行：0411-84708842　邮购：0411-84708943　传真：0411-84701466
E-mail：dutp@dutp.cn　URL：https://www.dutp.cn
辽宁虎驰科技传媒有限公司印刷　　大连理工大学出版社发行

幅面尺寸：185mm×260mm　　印张：15.25　　字数：387千字
2009年10月第1版　　　　　　　　　　2021年10月第4版
2023年9月第5次印刷

责任编辑：康云霞　陈星源　　　　　　责任校对：唐　爽
封面设计：张　莹

ISBN 978-7-5685-3208-2　　　　　　　　　　定　价：48.80元

本书如有印装质量问题，请与我社发行部联系更换。

前 言

《汽车电工电子技术》(第四版)是"十四五"职业教育国家规划教材、"十三五"职业教育国家规划教材、"十二五"职业教育国家规划教材,也是新世纪高职高专教材编审委员会组编的汽车运用与维修类课程规划教材之一。

汽车技术正在朝着更加安全、环保和节能的方向发展,电工电子技术在汽车上的应用越来越广泛,电工电子装备在车辆中所占的比例也越来越大,这就要求现代汽车维修人员掌握汽车电工电子知识。"汽车电工电子技术"是高职高专院校汽车类专业的一门特别重要的必修专业基础课程,通过本课程的学习,学生可掌握汽车电工电子技术的基本理论和技能。

本教材全面贯彻党的二十大精神,从先进的职业教育理念出发,坚持"以就业为导向,以能力为本位,以素质为基础"的宗旨,根据作者长期从事"汽车电工电子技术"和"汽车电气设备与维修"等课程的教学经验,从满足专业课需求的角度出发,对传统的学科型教材重新整合,并按照任务驱动型教学要求组织教材内容。本教材在编写过程中主要突出以下特色:

(1)任务驱动,突出能力。每个学习任务都包括"任务目标""任务引入""相关知识""任务实施"等内容。"任务目标"明确了学生应当掌握的知识和技能,"任务引入"说明了这些知识和技能在汽车上的应用,"任务实施"则通过解决汽车电路实际问题来培养学生的实践能力。这样,就可以使学生带着问题学习,能够将电工电子基础知识和汽车专业知识迅速结合起来,既培养了学生学习的兴趣,又提高了学生分析问题和解决问题的能力。

(2)适合专业,深度适中。教材以电工电子基础知识与汽车专业知识相结合作为出发点,以满足汽车专业后续课程的需要为根本,以必需、够用为度,合理选择教材内容。基于高职高专学生学习特点,既保证教材有较宽的覆盖面和信息量,又做到理论深度适中,同时也强化了实用技能。

(3)体例新颖,内容充实。为了更好地促进教与学的活动,在学习任务中适时安排了"课堂互动""想一想""练一练"等环节。为培养学生多元化的学习能力,部分模块后安排有"拓展阅读",可以促进学生运用多种媒体对所学知识进行学习,深入研究,激发学生主动学习的热情。

(4)资源丰富,方便教学。教材配有微课、移动在线自测、教案、课件、习题答案、期末试卷等课程资源包,方便教师授课和学生自学。

本教材由河北工业职业技术大学陈昌建任主编,湖南机电职业技术学院郭稳涛、黑龙江交通职业技术学院张玉萍任副主编,晋州市众睿汽车贸易有限公司徐永飞参与了部分内容的编写工作。具体编写分工如下:陈昌建编写模块1、模块4~模块6、模块8;郭稳涛编写模块7和附录;张玉萍编写模块3;徐永飞编写模块2。河北工业职业技术学院沈翮教授审阅了全书并提出了许多宝贵的意见和建议,在此深表感谢!

在编写本教材的过程中,编者参考、引用和改编了国内外出版物中的相关资料以及网络资源,在此表示深深的谢意!相关著作权人看到本教材后,请与出版社联系,出版社将按照相关法律的规定支付稿酬。

本教材可作为高职高专院校汽车技术服务与营销、汽车检测与维修技术、汽车电子技术、汽车运用技术等专业的教材。教师授课时可根据学校实验设备、学时数量和学生实际水平等,灵活选择教学内容和实验内容。

由于编者学识水平有限,教材中仍可能存在不足和疏漏之处,敬请读者批评指正,并将意见和建议反馈给我们,以便修订时改进。

编 者

所有意见和建议请发往:dutpgz@163.com
欢迎访问职教数字化服务平台:https://www.dutp.cn/sve/
联系电话:0411-84707424　84708979

目录

模块 1　直流电路 ……………………………………………………… 1
学习任务 1　认识简单直流电路 ………………………………………… 1
学习任务 2　常用电路元件的检测 ……………………………………… 9
学习任务 3　复杂电路的计算 …………………………………………… 22
小　结 ……………………………………………………………………… 29
同步训练 …………………………………………………………………… 31

模块 2　正弦交流电路 …………………………………………………… 33
学习任务 1　认识交流电 ………………………………………………… 33
学习任务 2　单一参数正弦交流电路的计算 …………………………… 41
学习任务 3　认识 RLC 串联电路及串联谐振 ………………………… 48
学习任务 4　三相交流电路的计算 ……………………………………… 53
小　结 ……………………………………………………………………… 61
同步训练 …………………………………………………………………… 62

模块 3　磁路及电磁器件 ………………………………………………… 64
学习任务 1　磁路与电磁感应 …………………………………………… 64
学习任务 2　变压器及其应用 …………………………………………… 76
学习任务 3　电磁铁及继电器 …………………………………………… 87
小　结 ……………………………………………………………………… 93
同步训练 …………………………………………………………………… 94

模块 4　电动机 …………………………………………………………… 95
学习任务 1　认识直流电动机 …………………………………………… 95
学习任务 2　分析汽车辅助电气设备用直流电动机电路 ……………… 103
学习任务 3　了解步进电动机和开关磁阻电动机 ……………………… 109
小　结 ……………………………………………………………………… 117
同步训练 …………………………………………………………………… 118

模块 5　汽车常用仪器仪表的使用 ... 119

学习任务 1　兆欧表的使用 ... 119
学习任务 2　汽车用数字万用表的使用 ... 122
学习任务 3　汽车用示波器的使用 ... 127
小　结 ... 132
同步训练 ... 133

模块 6　模拟电子技术基础 ... 134

学习任务 1　二极管及其检测 ... 134
学习任务 2　整流滤波电路及稳压电路 ... 145
学习任务 3　三极管及其应用 ... 153
学习任务 4　晶闸管 ... 165
学习任务 5　认识场效应管 ... 171
学习任务 6　了解集成运算放大器在汽车上的应用 ... 174
小　结 ... 184
同步训练 ... 186

模块 7　数字电路基础 ... 187

学习任务 1　数字电路基础知识 ... 187
学习任务 2　逻辑门电路 ... 194
学习任务 3　触发器 ... 205
学习任务 4　寄存器与计数器 ... 210
学习任务 5　555 时基电路及其应用 ... 214
小　结 ... 218
同步训练 ... 219

模块 8　实　验 ... 222

实验 1　基尔霍夫定律的验证 ... 222
实验 2　三相交流电路中电压、电流的测量 ... 223
实验 3　万用表的使用 ... 226
实验 4　汽车继电器的检测 ... 227
实验 5　LED 数码管显示实验 ... 229

参考文献 ... 232

附　录 ... 233

附录 A　半导体分立器件型号命名方法 ... 233
附录 B　机动车操纵、指示、信号装置图形标志 ... 233
附录 C　半导体集成电路型号命名法 ... 234

数字资源列表

序号	名称	位置	序号	名称	位置
1	学习任务 1-1	第 1 页	29	学习任务 2-4	第 53 页
2	电流的定义	第 3 页	30	三相电源的星形连接	第 55 页
3	电流的大小	第 3 页	31	三相负载的星形连接	第 56 页
4	电流的方向	第 3 页	32	中线的电流和作用	第 57 页
5	学习任务 1-2	第 9 页	33	三相负载的三角形连接	第 58 页
6	电阻的定义	第 9 页	34	三相电路的计算	第 60 页
7	固定电阻的色环识别	第 11 页	35	超级电容器	第 60 页
8	电容元件	第 15 页	36	案例拓展	第 63 页
9	学习任务 1-3	第 22 页	37	学习任务 3-1	第 64 页
10	支路、节点、回路	第 23 页	38	自感现象	第 66 页
11	基尔霍夫电流定律	第 23 页	39	互感现象	第 66 页
12	基尔霍夫电压定律	第 24 页	40	磁路欧姆定律	第 68 页
13	支路电流法	第 25 页	41	铁磁材料	第 68 页
14	电路中电位的概念及计算	第 25 页	42	霍尔效应	第 71 页
15	惠斯通电桥电路	第 25 页	43	磁感应式点火信号发生器	第 75 页
16	比亚迪的"刀片电池"	第 29 页	44	学习任务 3-2	第 76 页
17	案例拓展	第 32 页	45	变压器的结构和原理	第 77 页
18	学习任务 2-1	第 33 页	46	变压器的阻抗变换	第 80 页
19	单相交流电的产生	第 34 页	47	两种特殊变压器	第 81 页
20	正弦交流电的三要素	第 36 页	48	变压器在汽车上的应用	第 85 页
21	正弦交流电的相量表示	第 39 页	49	两柱式点火线圈的结构	第 85 页
22	学习任务 2-2	第 41 页	50	学习任务 3-3	第 87 页
23	纯电阻电路电压与电流的关系	第 42 页	51	电磁铁及在汽车上的应用	第 87 页
24	纯电感电路电压与电流的关系	第 44 页	52	案例拓展	第 93 页
25	纯电容电路电压与电流的关系	第 45 页	53	磁悬浮列车	第 93 页
26	学习任务 2-3	第 48 页	54	学习任务 4-1	第 95 页
27	RLC 串联电路	第 49 页	55	直流电动机的工作原理	第 98 页
28	RLC 串联谐振的条件及特征	第 51 页	56	直流电动机的分类	第 99 页

序号	名称	位置	序号	名称	位置
57	学习任务 4-2	第 103 页	85	三极管内载流子运动与电流放大作用	第 155 页
58	直流电动机的启动和制动反转	第 104 页	86	三极管的开关电路	第 159 页
59	直流电动机的调速	第 106 页	87	达林顿管	第 161 页
60	电动座椅调节电路	第 108 页	88	光电三极管和光电耦合器	第 162 页
61	学习任务 4-3	第 109 页	89	学习任务 6-4	第 165 页
62	步进电动机的结构和原理	第 110 页	90	普通晶闸管的结构和工作原理	第 166 页
63	单三拍反应式步进电机原理	第 110 页	91	晶闸管的实验电路	第 167 页
64	开关磁阻电动机的结构	第 112 页	92	特殊晶闸管	第 168 页
65	开关磁阻电动机的工作原理	第 113 页	93	学习任务 6-5、学习任务 6-6	第 171 页
66	纯电动汽车能耗指标技术标准	第 117 页	94	绝缘栅场效应管	第 172 页
67	案例拓展	第 118 页	95	由集成运算放大器组成的基本放大器电路	第 177 页
68	模块 5	第 119 页	96	电压比较器	第 179 页
69	数字万用表的使用	第 123 页	97	我国超导体研究取得重要进展	第 183 页
70	技能宝贵	第 132 页	98	案例拓展	第 186 页
71	案例拓展	第 133 页	99	学习任务 7-1	第 187 页
72	学习任务 6-1	第 134 页	100	学习任务 7-2	第 194 页
73	P 型半导体和 N 型半导体	第 137 页	101	基本逻辑门电路	第 195 页
74	PN 结的形成	第 137 页	102	复合逻辑门电路	第 197 页
75	PN 结的单向导电性	第 138 页	103	TTL 与非门电路	第 200 页
76	二极管的伏安特性(正偏)	第 140 页	104	门电路在汽车上的应用	第 203 页
77	二极管的伏安特性(反偏)	第 140 页	105	学习任务 7-3、学习任务 7-4	第 205 页
78	特殊二极管及应用	第 144 页	106	基本 RS 触发器	第 206 页
79	学习任务 6-2	第 145 页	107	555 时基电路	第 215 页
80	单相桥式整流电路	第 147 页	108	由 555 定时器构成单稳态触发器	第 216 页
81	电容滤波电路	第 149 页	109	555 时基电路在汽车上的应用	第 217 页
82	硅整流发电机整流原理	第 152 页	110	案例拓展	第 218 页
83	学习任务 6-3	第 153 页	111	量子计算机	第 218 页
84	三极管的结构	第 153 页			

模块 1　直流电路

学习任务 1　认识简单直流电路

任务目标

掌握电流、电位、电压、电动势的概念；知道物理量的正负号与参考方向的关系；学会计算负载消耗的电能和实际功率；掌握不同状态下电压和电流及功率的计算。

素养提升

通过介绍欧姆定律背后的故事，引导学生刻苦学习，树立远大理想，成为担当民族复兴大业的有为青年。

任务引入

汽车电路具有低压、直流、单线、负极搭铁、各用电设备并联的共同特点，而且汽车电路与普通直流电路的不同在于，它采用单线制，而且在各汽车电路中均安装了一个或多个电路保护装置，来确保电源和用电设备的安全。

汽车电路常会出现电路断路、电路短路或接触不良的故障。要想正确进行汽车电路故障诊断，就必须学习汽车电路的不同工作状态下的特征，掌握不同状态下的相关计算。

学习任务1-1

相关知识

一、电路的组成

课堂互动

准备一个蓄电池、前照灯或其他灯具、控制开关、导线和工具，讨论电路由几部分组成。

电路就是电流所通过的路径,它是为了某种需要由某些电路元件(或电气设备)按一定方式连接起来的整体(图1-1)。它有两方面作用:一是实现能量的转换、传输和分配(如电力系统电路等),即电力电路;二是实现电信号的处理与传递(如广播电视系统),即信号电路。电路也称为电网络。

无论电路的具体形式如何变化,也无论电路有多么复杂,它都由三个基本部分组成:电源、负载和中间环节,这也体现了所有电路的共性[图1-1(a)]。

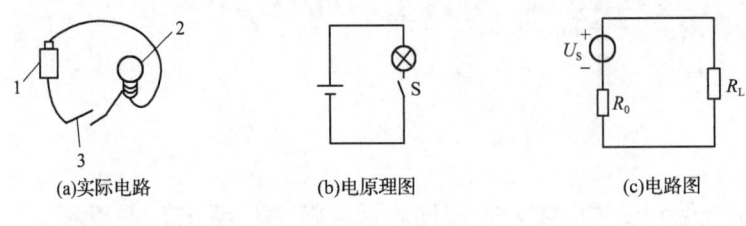

(a)实际电路　　(b)电原理图　　(c)电路图

图1-1　手电筒电路

1—干电池;2—灯泡;3—开关

1.电源

电源是将非电能转换成电能,并向外提供电能的装置。电源是电路中能量的来源,也是推动电流流动的源泉。例如,汽车上有两个电源:蓄电池和硅整流发电机。蓄电池是进行化学能和电能相互转换的装置,而硅整流发电机将机械能转换为电能。

2.负载

用电设备是将电能转换成其他形式能量的装置,也称为负载。例如,汽车上的照明灯将电能转换成光能,汽车上的电动机将电能转换为机械能等。所以,在电路中负载是受电器,是取用电能的装置,在负载内部进行着由电能到非电能的转换。

3.中间环节

中间环节主要是指把电源和负载连接起来的部分,它构成电流通路,起着传递和控制电能的作用。中间环节包括:连接导线、控制电路通断的开关电器以及保障安全用电的保护电器(如熔断器)等。

二、电路模型

1.电原理图

用规定的图形符号表示实际电路中各器件连接关系的原理图称为电原理图[图1-1(b)]。

2.理想电路元件及电路模型

由电阻器、电容器、电磁线圈、电池、晶体管、运算放大器等电路元件组成的实际电路,其工作时的电磁性质是非常复杂的,绝大多数元件都具有多种电磁效应。为了便于探讨电路的一般规律,简化电路的分析,通常将实际的电路元件用理想电路元件替代(或称电路模型化),即在一定的条件下,突出实际电路元件主要的电磁性质,忽略其次要因素,把它近似地看作理想电路元件,用一个理想电路元件或几个理想电路元件的组合来替代。常见的理想电路元件如图1-2所示。

图1-2(a)是没有说明具体性质的二端电路元件,用方框表示;图1-2(b)表示电阻元件;图1-2(c)表示电感元件;图1-2(d)表示电容元件;图1-2(e)、图1-2(f)分别表示理想电压源和理想电流源;图1-2(g)是电池的符号。

在电路图中常用"电压源"来代替主要供给能量的实际元件(如蓄电池、干电池、硅整流

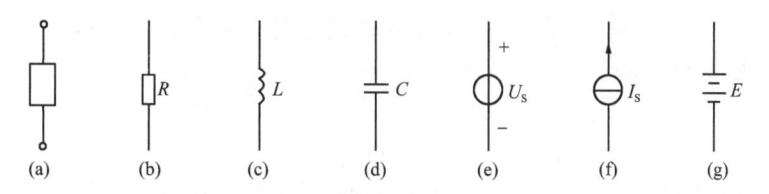

图 1-2 常见的理想电路元件

发电机等);用"电阻元件"来代替主要消耗电能并转换成其他形式能量的实际元件(如前照灯、各种照明灯、车用点烟器、启动机、汽车电喇叭等);用"电感元件"来代替主要储存磁场能量的实际元件(如磁化线圈、变压器线圈、点火线圈等);用"电容元件"来代替主要储存电场能量的实际元件(如电容器等)。

用理想电路元件及其组合来代替实际电路元件所构成的电路称为电路模型。

电路模型中的理想元件用规定的电路符号表示所得到的电路模型图,称为电路图[图 1-1(c)]。在进行电路分析时大都是通过对电路模型进行基本规律的研究和分析,并将得出的结论推广到实际电路中去。

想一想

你所知道的汽车电路图中常用到的图形符号有哪些?(可查阅《汽车电气设备》相关书籍,也可查阅本教材的附录 B)

三、电路中的几个基本物理量

1. 电流

电流是带电粒子在电路中的定向移动所形成的。电流的大小用电流强度 I 来衡量。在国际单位制中,电流的单位是安培(A),简称安。另外还有千安(kA)、毫安(mA)、微安(μA)等。例如,一般电子元件的工作电流在微安与毫安之间,电焊用电的电流可以达到几十安至几百安;汽油发动机启动时的电流为 200~600 A,柴油发动机的启动电流则高达 1 000 A。

电流可分为两类:一类是大小和方向均不随时间变化的电流,称为恒定电流,又称直流电流,简写作 DC;另一类是大小和方向随时间变化的电流,称为变动电流,其中随时间按正弦函数变化的(一个周期内电流的平均值为零)变动电流称为交变电流,又称交流电流,简写作 AC。

对于直流电流,单位时间内通过导体横截面的电荷是恒定不变的,电流的计算公式为

$$I = \frac{Q}{t} \quad (1-1)$$

对于交流电流,其计算公式为

$$i = \frac{dq}{dt} \quad (1-2)$$

(1)电流的正方向

电流的实际方向是客观存在的,习惯上规定正电荷定向运动的方向为电路中电流的正方向。

(2)电流的参考方向

对于复杂电路,当某支路的电流实际方向难以判断时,可假定其电流的

参考方向(可任选一个方向,如图 1-3 所示),并以此进行分析和计算,再由计算出的电流正负号来确定电流的实际方向。

若计算出的电流为正值,说明实际电流方向与选取的参考方向相同;若计算出的电流为负值,说明实际电流方向与选取的参考方向相反。

值得说明的是,电流是具有大小和流动方向的代数量,是标量,不是矢量。电流流动方向与矢量中的方向不同,它并不决定电流这一物理量的作用效果。

2. 电压

电场力把单位正电荷从 a 点移动到 b 点所做的功称为 a、b 两点间的电压(a、b 是电场中的任意两点),记为 U_{ab}。在国际单位制中,电压的单位是伏特(V),简称伏。电压又称为电位差,它总是和电路中的两个点有关。

> **想一想**
>
> 汽车用蓄电池的正负极桩之间的电压是多少?每个单格电池电压是多少?什么是电压正方向?在事先难以判断元件两端电压或电路中两点间电压的真实极性时怎么办?

(1) 电压的正方向

电压的正方向由高电位("+"极性)指向低电位("-"极性),即表示电位降落的方向。对于电阻来说,电压的方向与电阻中电流的方向相同,即沿着电流方向,电位是降落的;逆着电流方向,电位是升高的。

(2) 电压的参考方向

在分析复杂电路时,往往事先难以判断元件两端电压的真实极性,这时,可以任意选取电压的参考方向,并以此计算。若计算出的电压为正值,说明电压实际方向与选取的参考方向相同;若计算出的电压为负值,说明电压实际方向与选取的参考方向相反,如图 1-4 所示。

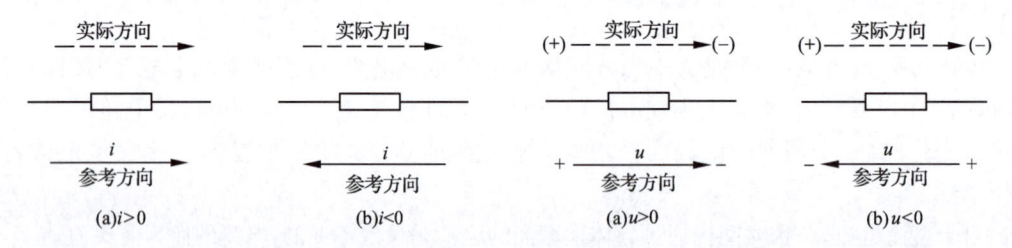

图 1-3 电流的参考方向与实际方向的关系

图 1-4 电压的参考方向与实际方向的关系

3. 电位

(1) 定义

在电路中任选一点为参考点 o,该电路中某一点 a 到参考点 o 的电压就称为 a 点的电位。用 V_a 表示,单位是伏特(V),简称伏。另外还有千伏(kV)和毫伏(mV)。

(2) 参考点(零电位点)

电路分析中常常需要比较两点间电位的高低和计算某点的电位,需要设定一个零电位点作为参考,这就如同山的高度是以海平面为参考零点一样。参考点的电位为 0 V,即 $V_o=0$ V。$V_a=U_{ao}=V_a-V_o$,即某点 a 的电位在数值上就等于点 a 与零电位点之间的电压。

(3)电位是相对值

电路中某点的电位是相对于参考点来说的,随参考点的改变而改变。

汽车上使用的是单线制,采用蓄电池负极搭铁,即用车架和发动机等金属作为一条公用导线,这样可以简化线路,便于检查。所有搭铁点的电位均为 0 V,蓄电池每单格电池正极的电位为 2 V,蓄电池正极桩的电位就是 12 V。

> **想一想**
> 电位和电压有什么异同点？

4. 电动势

电动势也是电路中两点间的电位差值,它只存在于电源内部,表示电源将其他形式的能量转换成电能的能力,用 E 表示,单位是伏特(V)。电动势在数值上等于非电场力将单位正电荷从低电位(b 点)移到高电位(a 点)所做的功,如图 1-5 所示。

$$E_{ba}=\frac{W}{q} \tag{1-3}$$

式中 W——非电场力所做的功;

q——被移动电荷的电量。

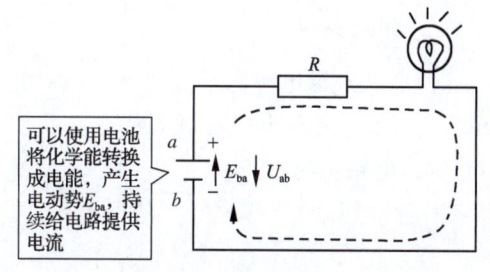

图 1-5 简单的直流电路

电动势的正方向:由电源的负极→电源正极,即从低电位点指向高电位点。如汽车上蓄电池的电动势为 12 V,蓄电池电动势的正方向:由负极桩→正极桩。

> **想一想**
> 电源的端电压和电动势有什么关系？

5. 电能和电功率

(1)电能

在直流电路中,若 a、b 两点间的电压为 U,电路中的电流为 I,则在时间 t 内,电场力所做的功(消耗的电能)为

$$W=UIt \tag{1-4}$$

电阻元件在时间 t 内所消耗(或吸收)的电能为

$$W=UIt=I^2Rt=\frac{U^2}{R}t$$

(2)电功率

电气设备在单位时间内消耗的电能称为电功率(简称功率),用 P 表示,单位为瓦特(W)。

$$P=\frac{W}{t} \tag{1-5}$$

在电压、电流参考方向一致时,电阻吸收或消耗的功率为

$$P=UI=I^2R=\frac{U^2}{R} \tag{1-6}$$

式(1-6)只适用于计算电阻所消耗的功率。当 R 为一个正的常数值时,$P>0$,说明电阻是一个耗能元件,与假定的参考方向无关。

电能的单位是焦耳(J),有时电能也用千瓦时(kW·h,即"度")表示,如 40 W 的灯泡,在额定电压下工作 25 h 消耗的电能就是 1 kW·h(1 度)。

$$1\ kW·h=1\ 000\ W×3\ 600\ s=3.6×10^6\ J$$

在实际电路中,对于一个负载而言,负载的电流方向和电压方向是相同的,所以常将负载上的电流和电压的参考方向选定一致的方向,称之为关联参考方向,$P=UI$,若 $P>0$,则说明该段电路消耗(或吸收)功率;而当电路中电压和电流的参考方向选定相反时,称之为非关联参考方向,$P=-UI$。若 $P<0$,则说明该段电路发出功率,相当于电源,提供能量。

四、电路的三种工作状态

一个电路会因中间环节的连接不同,而处于不同的工作状态。电路通常有三种工作状态:负载状态、短路状态和空载状态。现以直流电路为例,讨论每种工作状态下电路的特点。

1. 负载状态

负载状态即电源的带载状态,或称为一般的有载工作状态,如图 1-6 所示。此时电路有以下特点:

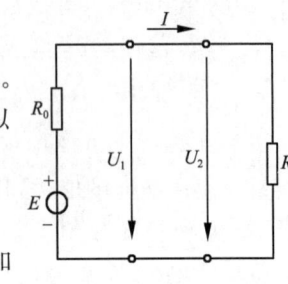

图 1-6 电路的负载状态

(1)电路中的电流

$$I=\frac{E}{R_0+R} \tag{1-7}$$

由式(1-7)可见,当电源电动势 E 和内阻 R_0 一定时,电路中电流的大小取决于负载的大小。

(2)电源的端电压

$$U_1=E-IR_0 \tag{1-8}$$

U_1 总是小于电源的电动势。若忽略线路上的压降,则负载的端电压 U_2 与电源的端电压相等,即 $U_2=U_1$。

(3)电源的输出功率

若不计线路损失,则有 $P_1=U_1I=U_2I=P_2$,即电源的输出功率等于负载的消耗功率。

课堂互动

当电源电动势 E 和内阻 R_0 一定时,负载电阻 R 为多大,电源的输出功率(负载的消耗功率)最大?

2. 短路状态

由于电源线绝缘损坏或操作不当等引起电源的两输出端相接触,造成电源被直接短路的情况(图 1-7),是电路的一种极端运行状态。当电源直接短路时,外电路所呈现的电阻(R)可视为零,此时的电路具有以下特点:

(1)电源中的电流 I_S 最大,但对外输出电流 I 最小(为零)。$I_S=E/R_0$,在一般供电系统中,因为电源的内阻 R_0 很小,故 I_S 很大。

(2)电源和负载的端电压均为零,即 $U_1=E-I_SR_0=0$,$U_2=0$。表明电源的电动势全部降落在电源的内阻上,因而无输出电压。

(3)电源的输出功率 $P_1=U_1I=0$,负载所消耗的功率 $P_2=U_2I=0$。这是因为电源对外既不输出电压,也不输出电流。电动势的功率 $P_E=E^2/R_0=I_S^2R_0$,表明电源所发出的功率全部消耗在内阻上,这会使电源的温度迅速上升,有可能烧毁电源及其他电气设备,甚至引起火灾,或由于短路电流产生强大的电磁力而造成电气设备的损坏。

短路通常是一种严重事故,应尽力预防。为此,在实际电路中通常接入熔断器或自动断路器等短路保护装置,以便发生短路时能迅速切除故障电路。但是,在汽车上检查线路或排除故障时,有时可以将局部电路(如某电气设备或仪表)短路(称为短接)或按技术要求对电源设备进行短路实验,逐步缩小故障范围,这些属于正常现象。

3. 空载状态

空载状态又称为断路或开路状态(图1-8),它是电路开关断开或连接导线折断引起的另一种极端运行状态。电路空载时,外电路所呈现出的电阻可视为无穷大,此时电路具有以下特点:

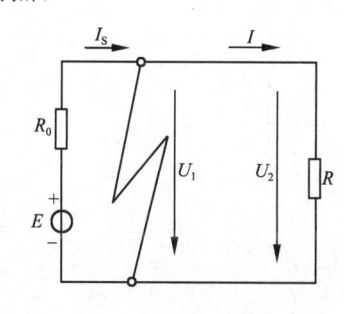

图 1-7 电路的短路状态

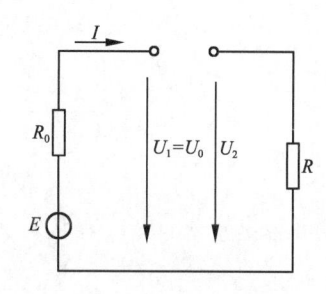

图 1-8 电路的空载状态

(1)电路中的电流为零,即 $I=0$。

(2)电源的端电压(又称为开路电压或空载电压)等于电源的电动势,用 U_0 表示,即 $U_1=U_0=E-IR_0=E$。利用这个特点可以测出电源电动势的大小。

(3)因为空载时电源对外不输出电流,故电源的输出功率($P_1=U_1I$)和负载所消耗的功率($P_2=U_2I$)均为零,即空载状态下电源是不输出电能的。

想一想

以上这三种工作状态,哪种应是电路的正常工作状态?

五、电气设备的额定值

通常负载是并联运行的(如汽车上的用电设备),当负载增加(例如并联的负载数目增加)时,负载所取用的总电流和总功率都增加,电源输出的功率和电流也增加,可见,电源输出功率和电流取决于负载的大小。但负载的功率和电流不能过大,否则会造成事故,为此引入负载和电源额定值的概念。

各种电气设备的电压、电流及功率都有一个额定值,该值是为了使电气设备能在给定的工作条件下正常运行所规定的正常允许值,分别用 U_N、I_N 及 P_N 来表示。

例如,我国交通管理部门对汽车照明灯在功率上做了强制性规定,前大灯功率不能超过 60 W,汽车前大灯的额定电压和额定功率分别为 12 V 和 55 W。

电气设备在实际运行时,应严格遵守各有关额定值的规定。当电流超过额定值过多时,因发热太多,绝缘材料将遭受损坏;当所加电压超过额定值过多时,电气设备和电源的温度迅速上升,绝缘材料也可能被击穿。反之,当电压和电流远远低于其额定值时,不仅设备未能被充分利用,还可能使设备工作不正常,严重时损坏设备。如电动机在低于额定电

压下工作时就存在这种可能性。因此,在使用电气设备时,应当尽可能使其在额定状态下运行,这样可以使设备被充分利用,也最为经济合理。

任务实施

简单直流电路的计算

【**练一练 1-1**】 在图 1-9 所示电路中,$R_1=3\ \Omega$,$R_2=4\ \Omega$,$R_3=3\ \Omega$,$R_4=1\ \Omega$,$I_3=1$ A,计算 a、b、c 各点的电位和电阻 R_1 消耗的电功率。

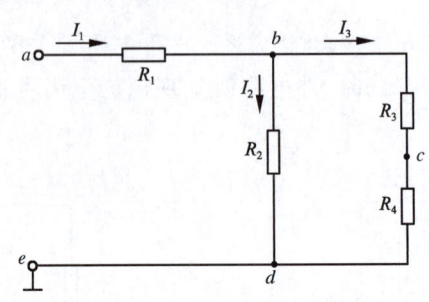

图 1-9 练一练 1-1 图

【**解**】(1)设 e 点的电位为 0 V,则 $V_e=V_d=0$ V

$$V_c=U_{cd}=I_3R_4=1\times1=1\text{ V}$$
$$V_b=U_{bc}+V_c=I_3R_3+V_c=1\times3+1=4\text{ V}$$
$$U_{bd}=I_2R_2=V_b-V_d=4-0=4\text{ V}$$
$$I_2=\frac{U_{bd}}{R_2}=\frac{4}{4}=1\text{ A}$$
$$I_1=I_2+I_3=1+1=2\text{ A}$$
$$V_a=U_{ab}+V_b=I_1R_1+V_b=2\times3+4=10\text{ V}$$

(2)电阻 R_1 消耗的电功率为

$$P_1=I_1^2R_1=2^2\times3=12\text{ W}$$

想 一 想

上述练习中,若让 a 点接地,那么图中 a、b、c 各点的电位如何?b、d 间的电压值变不变?电阻 R_1 消耗的电功率如何?

【**练一练 1-2**】 图 1-10 所示为直流电路,$U_1=4$ V,$U_2=8$ V,$U_3=6$ V,$I=4$ A,求各元件接收或发出的功率 P_1、P_2 和 P_3,并求整个电路的功率 P。

【**解**】P_1 的电压参考方向与电流参考方向相同,故
$$P_1=U_1I=4\times4=16\text{ W(接收 16 W 功率)}$$
P_2 和 P_3 的电压参考方向与电流参考方向相反,故
$$P_2=-U_2I=-8\times4=-32\text{ W(发出 32 W 功率)}$$
$$P_3=-U_3I=-6\times4=-24\text{ W(发出 24 W 功率)}$$

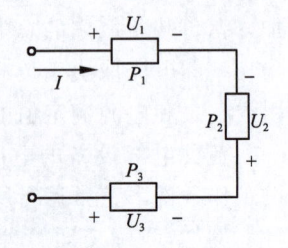

图 1-10 练一练 1-2 图

求整个电路的功率 P,设接收功率为正,发出功率为负,则
$$P=P_1+P_2+P_2=16-32-24=-40\text{ W}$$

【**练一练 1-3**】 在前面的图 1-6 所示电路中,已知 $E=220$ V,内阻 $R_0=10\ \Omega$,负载电阻

$R=100\ \Omega$,求:(1)电路电流;(2)电源的端电压,负载上的电压降和负载消耗的功率;(3)电源内阻上的压降;(4)当电路负载出现断路时,电源的端电压是多少?(5)当负载短路时,电路中的电流是多少?负载消耗的功率是多少?

【解】 (1)$I=2$ A;(2)电源端电压 $U_1=200$ V,负载上电压降 $U_2=200$ V,负载消耗的功率 $P_2=400$ W;(3)电源内阻上的压降 20 V;(4)断路时,电源的端电压 $U_1=E=220$ V;(5)负载短路时,$I=22$ A,负载消耗的功率 $P_2=0$ W。

学习任务 2 常用电路元件的检测

任务目标

了解固定电阻、电感、电容的命名方法,并掌握其标识方法;能够对电阻、电感、电容进行正确的检测;了解热敏电阻的种类和特点,学会测量水温传感器电阻。

任务引入

在汽车电路中使用了许多普通电阻和特殊电阻元件、电感元件、电容元件,也有许多汽车电气设备有电磁线圈,如启动机、硅整流发电机、点火线圈等。了解这些不同电路元件的特点,掌握它们的检测方法,对于维修汽车电气设备和电路有着比较重要的意义。

相关知识

理想电路元件(简称元件)是组成电路的基本单元,了解电路基本元件的基本性质对分析电路有着重要的意义,这里主要讨论电阻、电感、电容等基本元件。

一、电阻元件

1. 电阻及分类

(1)电阻的定义

物体对电流通过时的阻碍作用称为电阻。利用这种阻碍作用做成的元件称为电阻器,简称电阻,用 R 表示。电阻既允许直流电流通过,又允许交流电流通过,主要用于控制和调节电路中的电流和电压,或用作消耗电能的负载。

(2)电阻的单位和电路符号

电阻 $R=U/I$,单位:欧姆(Ω),常用的单位有兆欧($M\Omega$)和千欧($k\Omega$),它们之间的换算关系为

$$1\ M\Omega=1\times10^3\ k\Omega=1\times10^6\ \Omega$$

电阻的电路符号如图 1-11 所示。

(3)影响电阻 R 的因素

电阻定律表达式为:$R=\rho L/S$。其中,ρ 表示物体的电阻率,不同物体的电阻率是不同

的;L 表示导体的长度;S 表示导体的横截面面积。另外,R 还与温度有关,对于金属材料,电阻随着温度的升高而增大;而对于石墨和碳,电阻却随着温度的升高而减小。

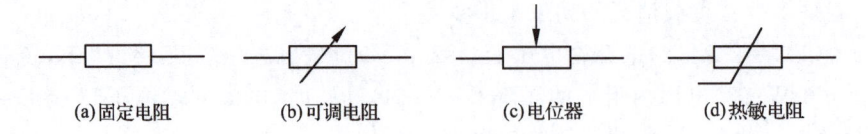

(a)固定电阻　　(b)可调电阻　　(c)电位器　　(d)热敏电阻

图 1-11　电阻的电路符号

(4)电阻的分类

按照阻值是否可变可将电阻分为固定电阻和可变电阻(电位器);按照电阻的组成材料可分为碳膜电阻、金属膜电阻和线绕电阻等;按照功率大小可将电阻分为 1/16 W、1/8 W、1/4 W、1/2 W、1 W 和 2 W 等;按照电阻值的精确度可分为±5%、±10%和±20%等的普通电阻,还有±0.1%、±0.2%、±0.5%、±1%和±2%等的精密电阻。

2.固定电阻

课堂互动

识别各种固定电阻实物。

(1)固定电阻的型号命名方法

固定电阻的型号命名方法根据 GB/T 2470—1995 来规定,见表 1-1。

表 1-1　　　　　　　　　电阻型号命名方法

第一部分:主称		第二部分:材料		第三部分:特征			第四部分:序号
符号	意义	符号	意义	符号	电阻器	电位器	
R	电阻器	T	碳膜	1	普通	普通	
W	电位器	H	合成膜	2	普通	普通	
		S	有机实心	3	超高频		
		N	无机实心	4	高阻		
		J	金属膜	5	高温		对主称、材料相同,仅性能指标、尺寸大小有区别,但基本不影响互换使用的产品,给同一序号;若性能指标、尺寸大小明显影响互换,则在序号后面用大写字母作为区别代号
		Y	氧化膜	6			
		C	沉积膜	7	精密	精密	
		I	玻璃釉膜	8	高压	特殊函数	
		P	硼酸膜	9	特殊	特殊	
		U	硅酸膜	G	高功率		
		X	线绕	T	可调		
		M	压敏	W		微调	
		C	光敏	D		多圈	
		R	热敏	B	温度补偿用		
				C	温度测量用		
				P	旁热式		
				W	稳压式		
				Z	正温度系数		

例如,RJ73 中,R——第一部分表示主称,电阻器;J——第二部分表示材料,金属膜;

7——第三部分表示特征,精密电阻;3——第四部分表示设计序号。

(2)电阻值的标识

①直标法

将电阻的阻值和误差直接用数字和字母印在电阻上,如图 1-12 所示(电阻上无误差标识时,表示允许误差为±20%)。

图 1-12 电阻的类型标识

也有采用习惯标识法的,例如,5M6 Ⅱ,表示电阻值为 5.6 MΩ,Ⅱ 表示允许误差为±10%。

②色标法

在电阻上涂以不同颜色的色环来表示电阻的标称值及允许误差,各种颜色所对应的数值见表 1-2。

表 1-2　　　　　　　　电阻色环符号的意义

颜色	有效数字第一位数	有效数字第二位数	有效数字第三位数	倍乘数	允许误差/%
棕	1	1	1	10^1	±1
红	2	2	2	10^2	±2
橙	3	3	3	10^3	
黄	4	4	4	10^4	
绿	5	5	5	10^5	±0.5
蓝	6	6	6	10^6	±0.2
紫	7	7	7	10^7	±0.1
灰	8	8	8	10^8	
白	9	9	9	10^9	
黑	0	0	0	10^0	
金				10^{-1}	±5
银				10^{-2}	±10
无色					±20

例如,电阻的四色环为红红棕金,红——第一位数是 2;红——第二位数是 2;棕——倍乘数为 10;金——允许误差为±5%,即电阻值为 220 Ω,误差为±5%。

想一想

电阻的五色环为棕紫绿金棕,它表示的电阻值和允许误差分别是多少?

③文字符号法

例如,3M9K,表示 3.9 MΩ,K 表示允许误差为±10%。

(3)电阻额定功率的标识

电阻的额定功率指电阻在直流或交流电路中,长期连续工作所允许消耗的最大功率,它有两种标识方法:2 W 以上的电阻,直接用数字印在电阻体上;2 W 以下的电阻,以自身体积大小

来表示功率。在电路图上表示电阻额定功率时,采用如图1-13所示的电路符号。

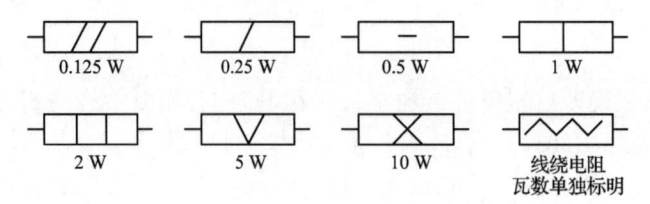

图 1-13 电阻额定功率的电路符号

(4)电阻允许误差标志符号

电阻允许误差标志符号及含义见表1-3。

表 1-3　　　　　　　　电阻允许误差标志符号及含义

允许误差/%	标志符号	允许误差/%	标志符号	允许误差/%	标志符号
±0.001	E	±0.1	B	±10	K
±0.002	Z	±0.2	C	±20	M
±0.005	Y	±0.5	D	±30	N
±0.01	H	±1	F		
±0.02	U	±2	G		
±0.05	W	±5	J		

课堂互动

学习了电阻标识后,用固定电阻实物读取电阻值及误差。

3. 可变电阻

可变电阻一般称为电位器,有以下几种分类方法:

电位器从形状上可分为圆柱和长方体;从结构上可分为直滑式、旋转式、带开关式、带锁紧装置式、多联式、多圈式、微调式和无接触式;从材料上可分为碳膜、合成膜、有机导电体、金属玻璃釉和合金电阻丝等,其中碳膜是最常用的一种。电位器的电阻值随旋转角度而变,其变化规律有以下三种不同形式(图1-14):

(1)X型:直线型,阻值随旋转角度均匀变化,它适用于分压、调节电流的电路。

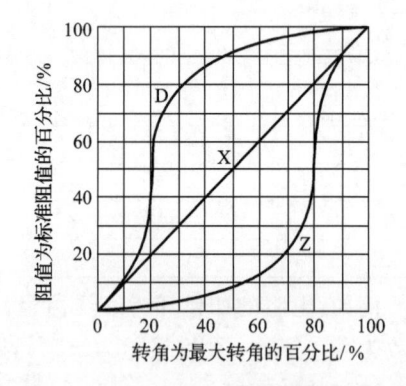

(2)Z型:指数型,阻值随旋转角度按指数规律变化,普遍使用在音量调节电路中。

图 1-14 电位器旋转角度与实际阻值的变化关系

(3)D型:对数型,阻值随旋转角度按对数规律变化,多用于仪器设备的特殊调节,例如调整黑白对比度,可使黑白对比度更适宜。

二、电感元件

课堂互动

识别和检测各类电感实物。

1. 电感器的定义

电感器是能够把电能转换为磁能储存起来的元件,是电子线路的重要元件之一,它与电阻、电容、晶体管等元器件组合构成具有一定功能的电子电路。通常将电感器简称为电感。电感在调谐、振荡、耦合、匹配、滤波等电路中都是重要元件。

2. 电感的单位

电感用 L 表示,单位:亨利(H),常用的单位有毫亨(mH)、微亨(μH),它们之间的换算关系为

$$1 \text{ H} = 1 \times 10^3 \text{ mH} = 1 \times 10^6 \text{ }\mu\text{H}$$

3. 电感器的分类

电感器按电感量是否可调分为固定电感器和可变电感器;按磁芯材料可以分为空心电感器、铁芯电感器和磁芯电感器;按其作用可分为具有自感作用的线圈和具有互感作用的变压器线圈。

不同种类、不同形状的电感器具有不同的特点和不同的用途,但它们在结构上有许多相同之处,即都是用漆包线或纱包线等各种规格的导线绕在绝缘骨架上或铁芯上构成的,且匝与匝之间相互绝缘。常用电感器外形与电路符号见表1-4。

表1-4　　　　　　　　常用电感器外形与电路符号

类型	电路符号	外形	用途
空心线圈电感器		脱胎空心线圈　空心　单层空心电感线圈　空心电感器	分频器
铁芯线圈电感器		低频阻流线圈	整流 LC 滤波器
磁芯线圈电感器		高频阻流线圈　磁芯线圈　磁罐线圈	高频电路中阻止高频信号通过
带磁芯可变电感器		磁芯	高、中频选频放大器
色码电感器		100 μH　82 μH　3.3 mH	适用频率范围 10 kHz～200 MHz

4. 电感器的命名

电阻器和电容器都是标准元件,而电感器除了少数可采用现成产品外,通常为非标准元件,需根据电路要求自行设计、制作。电感器的命名由四部分组成,如图1-15所示。例如,LGX的含义是小型高频电感线圈。

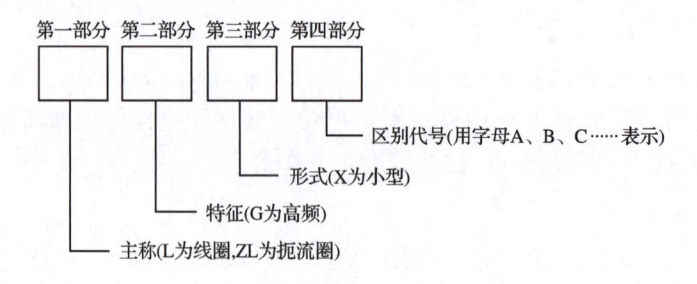

图 1-15 电感器的命名

5. 固定电感器的标识

为了便于在生产、维修时识别和应用固定电感器,常用直标法和色环标法在固定电感器的外壳上标明其电感量数值和单位。

(1) 直标法

如图 1-16 所示,将电感器的主要参数,如电感量、最大工作电流等用文字直接标注在电感器外壳上。其中,A、B、C、D、E 表示最大工作电流,分别为 50 mA、150 mA、300 mA、700 mA、1 600 mA。

(2) 色环标法

如图 1-17 所示,第一、二道色环分别表示电感量的第一位和第二位有效数字,第三道色环表示 10^n 倍乘数,第四道色环表示允许误差。颜色与数字的对应关系和电阻色标法相同(表 1-2)。

图 1-16 固定电感器的直标法

图 1-17 固定电感器的色环标法

> **想一想**
>
> 某一电感器的色环标识依次是棕红红银,它表示的电感量和允许误差分别是多少?

三、电容元件

> **课堂互动**
>
> 识别和检测各类电容器实物。

电容器(简称电容)是在两个金属片之间填充了绝缘介质的一种电子元件,也是组成电子电路的基本元件,在电路中所占的比例仅次于电阻。

1. 电容的基本性质

在两个平行的导体之间填充绝缘物就构成了电容。两个导体就是电容的两个极板,两个极板具有储存电荷的能力,电容是一种可储存电荷的元件,用 C 表示。

电容有两个重要的特性：
(1)阻隔直流电通过，而允许交流电通过。
(2)充电、放电特性。在充电或放电的过程中，两极板上的电荷有积累或释放的过程，或者说极板上的电压有一个建立的过程，因此电容器的电压不能发生突变。

2. 电容的单位和电路符号

电容：$C=q/U$，单位：法拉(F)，由于法拉的单位太大，常用的单位为微法(μF)、纳法(nF)和皮法(pF)，它们之间的换算关系为

$$1\ F=1\times10^{6}\ \mu F=1\times10^{9}\ nF=1\times10^{12}\ pF$$

电容电路中电压和电流的关系为

$$i=\frac{dq}{dt}=C\frac{du}{dt} \tag{1-9}$$

电容器的电路符号如图1-18所示。

图1-18 电容器的电路符号

3. 电容器的型号命名方法

电容器型号命名方法见表1-5。

表1-5 电容器型号命名方法

第一部分:主称		第二部分:材料		第三部分:特征和分类						第四部分:序号
符号	意义	符号	意义	符号	意义					
^	^	^	^	^	瓷介	云母	玻璃	电解	其他	对主称、材料相同，仅性能指标、尺寸大小有区别，但基本不影响互换使用的产品，给同一序号；若性能指标、尺寸大小明显影响互换，则在序号后面用大写字母作为区别代号
C	电容器	C	瓷介	1	圆片	非密封		箔式		^
^	^	Y	云母	2	管形	非密封		箔式		^
^	^	I	玻璃釉	3	叠片	密封		烧结粉固体		^
^	^	O	玻璃酯	4	独石	密封		烧结粉固体		^
^	^	Z	纸介	5	穿心					^
^	^	J	金属化纸	6	支柱					^
^	^	B	聚苯乙烯	7					无极性	^
^	^	L	涤纶	8	高压	高压				^
^	^	Q	漆膜	9				特殊		^
^	^	S	聚碳酸酯							^
^	^	H	复合介质							^
^	^	D	铝							^
^	^	A	钽							^
^	^	N	铌							^
^	^	G	合金							^
^	^	T	钛							^
^	^	E	其他							^

4. 电容器的主要参数

(1) 电容器的标称容量

电容器的标称容量是指给电容器加上电压后能储存电荷的能力大小。在相同的电压下,储存的电荷越多,电容量就越大。标称容量可在电容器的外壳上用数字标明,也可用色点或色环标识。其识别方法与电阻器相同。电容器的标称容量见表1-6。

表 1-6　　　　　　　　　　电容器的标称容量和误差

类 型	允许误差/%	标　称　容　量
纸介、金属化纸介、低频无极性有机介质电容器	±5	100 pF～1 μF　　1.0　1.5　2.2　3.3　4.7　6.3
	±10	1～100 μF　　1　2　4　6　8　10　15　20
	±20	只取表中值　　30　50　60　80　100
无极性高频有机薄膜介质、瓷介、云母等无机介质电容器	±5	1.0　1.1　1.2　1.3　1.5　1.6　1.8　2.0　2.2　2.4　2.7 3.0　3.3　3.6　3.9　4.3　4.7　5.1　5.6　6.2　6.8　7.5 8.2　9.1
	±10	1.0　1.2　1.5　1.8　2.2　2.7　3.3　3.9　4.7　5.6　6.8 8.2
	±20	1.0　1.2　2.2　3.3　4.7　6.8
铝、钽电解电容器	±10～±20	1.0　1.5　2.2　3.3　4.7　6.8
	−20～+50	
	−10～+100	

(2) 电容器的额定直流工作电压

电容器的额定直流工作电压是指电容器在线路上能够长期可靠地工作而不被击穿时所能承受的最大直流电压(也称耐压),其大小与介质的种类和厚度有关。当电容器用在交流电路中时,则应注意所加的交流电压的最大值不能超过额定直流工作电压。

(3) 电容器的误差

电容器的误差指电容的实际值与标称值之间的误差与标称值的百分比,电容器的误差通常分为三个等级:Ⅰ级(±5%)、Ⅱ级(±10%)、Ⅲ级(±20%),见表1-6。

5. 电容器的分类及其特点

电容器按有无极性可分为无极性电容器和有极性电容器;按电容量是否可变可分为固定电容器和可变电容器。

无极性电容器是指电容器的两个金属电极没有正、负极性之分,使用时两极可以交换连接。无极性电容器的电路符号参见图1-18。常见无极性电容器的外形如图1-19所示。

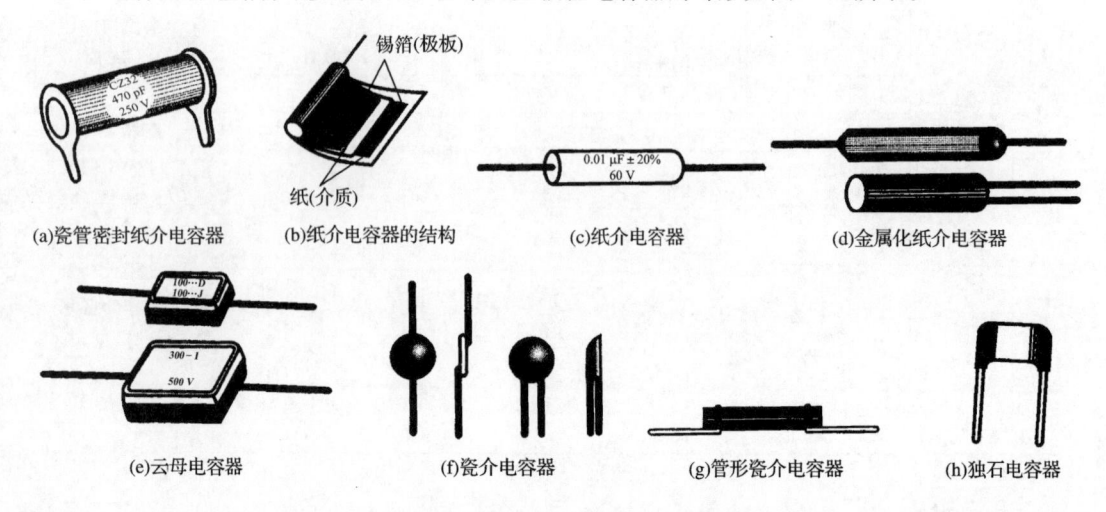

(a) 瓷管密封纸介电容器　(b) 纸介电容器的结构　(c) 纸介电容器　(d) 金属化纸介电容器

(e) 云母电容器　(f) 瓷介电容器　(g) 管形瓷介电容器　(h) 独石电容器

图 1-19　常见无极性电容器的外形

有极性电容器指电容器的两极有正、负极性之分,使用时一定要使正极性端连接电路的高电位,负极性端连接电路的低电位;否则会引起电容器的损坏。有极性电容器也称为电解电容器,外形如图 1-20 所示,电路符号参见图 1-18。

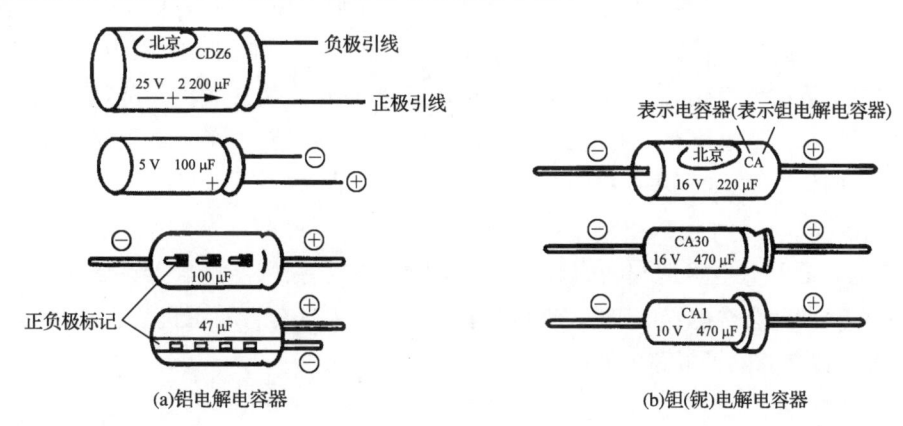

图 1-20　有极性电容器的外形

电解电容器的介质为很薄的氧化膜,所以容量可以做得很大。氧化膜有单向导电性,因此电解电容器一般有正、负极性之分。

可变电容器的电容量可以调整,其外形如图 1-21 所示,主要用于接收机中信号的选择(调谐)。无论是何种类型的可变电容器,都是由互相绝缘的金属片对应交错组成,其中一组为动片,另一组为定片。旋转轴可以带动动片转动,从而使动片、定片交叠的面积发生改变,达到改变电容量的目的。

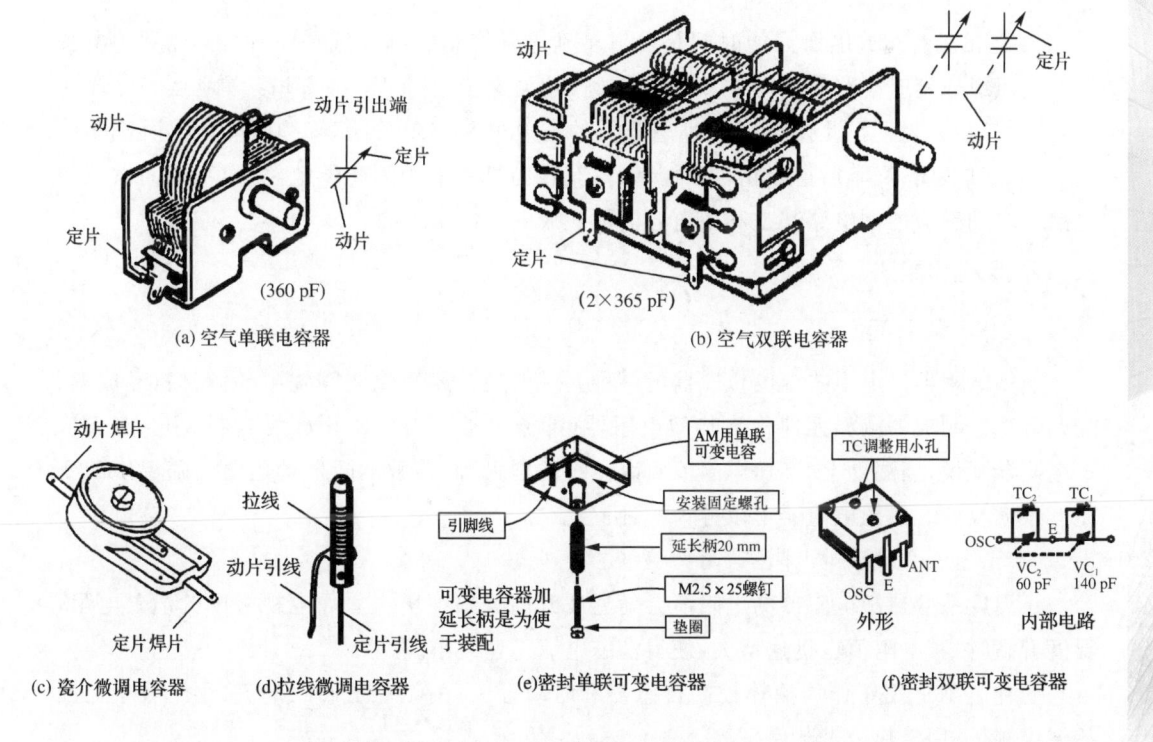

图 1-21　可变电容器的外形

6. 电容器在汽车电路中的作用

(1) 抑制峰值电压

在汽车电路中,有很多电路会发生电磁感应。在感应电路中如果有一对触点或者一个电感线圈,我们通常会看到在触点或电感线圈的两端并联一个电容器,因为感应电路或电感线圈中的电流突然变化时,会引起磁通变化,电感线圈中产生感生电动势(有时感生电动势的数值还会很大),这时并联的电容器就可以消除感生电动势对触点或电路产生的冲击,起到缓冲器的作用(例如模块3中图3-34中的电容器)。

(2) 滤波降噪

由于电容器具有电极两端的充放电电压不能突变的特性,将电容器并联在电源两端,电源中的噪声波就会被电容器吸收,使其在电源电路进入汽车音响主机放大电路之前被遏制,这样电容器就滤除了电源中的各种杂波。

(3) 辅助电源

汽车电路中,有许多系统利用电容器作为辅助电源。例如,在汽车安全气囊系统中,气囊电子控制单元(ECU)中有一个备用电源电路,该备用电源电路由电源控制电路和两个大容量的电容器组成,如果车辆在碰撞过程中使得安全气囊系统电源电路切断,这两个电容器会在一定时间内维持安全气囊系统供电,维持其正常工作。在汽车音响系统中,大型电容器可以为高电压立体声放大器供电,以便提供电流的脉冲群,来驱动低频扬声器。在缸内直喷燃油系统中,在65 V增压阶段,发动机控制模块中的增压电容器通过喷油器放电,从而打开高压喷油器。

(4) 定时电路和延时关闭电路

由于电容器充放电所需的时间是可以精确重复控制的,根据这一特性,可以利用电容器和电阻组成定时电路和延时关闭电路。例如,关闭车门时,车内照明装置应点亮一段时间,然后自动关闭。在此便可以通过电容器的充放电来实现关闭延时功能。此外,汽车前大灯的延时关闭、汽车后窗除霜自动控制、汽车转向灯的电子闪光器电路、雨刮器间歇控制电路和自动感应雨刮电路都是利用电容器的充放电特性实现的。

四、特殊电阻器

1. 热敏电阻器(RT)

热敏电阻器是电阻式温度传感器的一种。一般把金属氧化物陶瓷半导体材料经成形、烧结等工艺制成的测温元件称为热敏电阻器(部分热敏电阻由碳化硅材料制成)。对于普通电阻器来说,当温度上升时,电阻值只有微小的增大,而热敏电阻器的阻值会随温度的变化有很大改变。热敏电阻器可以分为三种:

(1) 正温度系数热敏电阻器(简称PTC)

正温度系数热敏电阻器的电阻值会随温度升高大幅度增大。如电视机中的消磁电阻,温度升高时,其电阻值也迅速增大,使得消磁电流迅速减小。

这种电阻适用于作为液体控制传感器和时间开关;用于稳定回路电流;用于较小范围的温度测量;用于热敏过载保护等。

(2)负温度系数热敏电阻器(简称 NTC)

负温度系数热敏电阻器指随温度升高,电阻值会大幅度减小的电阻(温度每升高 1 ℃,电阻值约比冷态时减小 4% 左右)。这种电阻的应用相当广泛,常用在以下几种场合:

①要求稳定性高的电路中,使电路不受温度影响。当温度升高时,电阻值减小,在电路中主要用来补偿普通电阻阻值随温度上升而增大带来的影响。

②作为温度测量元件和温度调节时的测量元件。例如,汽车上的湿度传感器、冷却液温度传感器、水温表电路中用的传感器、进气温度传感器、机油温度传感器均采用负温度系数热敏电阻器。

③用于继电器吸动延迟。负温度系数热敏电阻器可分为普通型、稳压型、测温型等。

(3)临界温度系数热敏电阻器(简称 CTR)

当半导体材料未达到某一临界温度时,有一个稳定的电阻值,达到某一临界温度后,电阻值骤然变化到另外一个数值。

2. 压敏电阻器

汽车上有的传感器是利用压敏电阻元件制成的。例如,半导体压敏电阻式进气歧管绝对压力传感器和电阻应变计式碰撞传感器等。

3. 光敏电阻器

光敏电阻器大多数是由半导体材料(通常为硫化镉,占到光敏电阻的 90% 以上,为提高光敏电阻的光灵敏度,在硫化镉中掺入铜、银等杂质)制成的,它利用半导体的光导电特性,使电阻器的电阻值随入射光线的强弱发生变化(当光敏电阻器遇到具有足够能量的光子时,就能在半导体材料内激发自由电子和空穴)。当入射光线增强时,阻值会明显减小;当入射光线减弱时,阻值会显著增大。暗电阻可达几兆欧,而亮电阻可减小到约为暗电阻的 1/1 000。

光敏电阻器按所用半导体材料不同可分为单晶光敏电阻器、多晶光敏电阻器;按光敏电阻器的光谱特性可分为红外光光敏电阻器、可见光光敏电阻器、紫外光光敏电阻器。

优点和用途:硫化镉(CdS)可以工作在交流状态,对可见光敏感,输出信号大,价格便宜,抗噪声能力比光电二极管强,但响应速度慢。可用来制作光电鼠标、红外线烘手器、红外线感应厕所冲水阀门、红外线感应洗手阀门、光电控制火焰继电器、光栅、自动照明开关、小功率继电器及测量和调节技术中。

光电式光量传感器可以用于汽车上各种灯具的自动点亮控制,也可用于控制前大灯调节继电器的自动控制。

4. 气敏电阻器

气敏电阻器是一种新型气-电转换元件,它是利用金属氧化物半导体表面吸收某种气体分子时,会发生氧化反应或还原反应而使电阻值改变的特性制成的,可用于对可燃性气体和毒气的检测和报警。

气敏电阻器可分为 N 型、P 型、结合型。其中,N 型采用 N 型半导体材料制成,遇到还原性气体时阻值减小,遇到氧化性气体时阻值增大;P 型采用 P 型半导体材料制成,遇到还原性气体时阻值增大,遇到氧化性气体时阻值减小。

任务实施

一、电路元件的检查和测量

1. 电阻的测量

电阻的大小可用欧姆表进行测量(图1-22),测量时应注意以下几点:

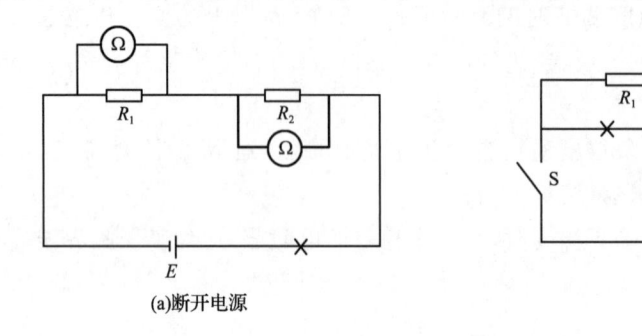

图1-22 用欧姆表测量电阻

(1)测量时,要断开电路上的电源。
(2)测量时要使被测电阻的一端断开。
(3)测量时要避免把人体电阻接入,手不要接触笔尖。

> **想一想**
>
> 如果不按规定方式测量电阻,会产生什么情况?

2. 电感器的检查与测试

(1)电感器的检查

电感器的检查包括外观检查和绝缘检查。看线圈引线是否断裂、脱焊,绝缘材料是否烧焦,表面是否破损等。对低频阻流线圈,应检查线圈和铁芯之间的绝缘电阻,即测量线圈引线与铁芯或金属屏蔽罩之间的电阻,应为无穷大。否则,说明该电感器绝缘不良。

(2)测量其电阻

用万用表测量线圈阻值来判断其好坏,即检测电感器是否有短路、断路或绝缘不良等情况。一般电感线圈的直流电阻值很小(零点几欧到几欧)。低频阻流线圈的电感量大,匝数相对较多,低频阻流线圈的直流电阻相对要大些。若测量电感线圈电阻为无穷大,则说明线圈内部或引出端已断线;若测得电阻为零,则说明其内部已短路。

> **想一想**
>
> 教材中电感测试方法的理论依据是什么?

3. 电容器的检测

测量电容器的容量要用电容表,有的万用表也带有电容挡。通常电容器在用作滤波或隔直电路时,对电容量的精确度要求并不高,因此,实际中并不需要测量电容量。但是,电容器的常见故障是开路失效、短路击穿、漏电和电容量变化,因此在使用中应掌握电容器的一般检测方法。

(1)测电容器的漏电阻(适用于 0.1 μF 以上容量的电容器)

用万用表的电阻挡($R×100$ 和 $R×1\mathrm{k}$),将表笔接触电容器的两极引线。刚接触时,由于电容充电电流大,表头指针偏转角度最大,随着充电电流减小,指针逐渐向 $R=\infty$ 方向返回,最后稳定处指针所指的值即漏电阻值。一般电容器的漏电阻为几百至几千千欧,漏电阻相对较小的电容器质量不好。测量时,若万用表指针指示零或接近零,则表明电容器内部短路。若指针不动,始终指示在∞处,则说明电容器内部断路或已失效。这种测漏电阻检测电容器的方法只适用于 0.1 μF 以上容量的电容器,因为 0.1 μF 以下容量的小电容器的漏电阻接近于∞,难以分辨,因此不能用此法判断电容器的好坏。

(2)判断电解电容器的极性

电解电容器的正、负极性不允许接错,当极性接反时,可能因电解液的反向极化引起电解电容器的爆裂。当极性无法辨认时,可根据正向连接时漏电阻大、反向连接时漏电阻相对小的特点判断极性。用万用表的电阻挡($R×100$ 和 $R×1\mathrm{k}$),通过交换表笔,两次测量其漏电阻,阻值大的一次,黑表笔接触的是正极(而采用数字万用表时,红表笔内接表的电池正极),红表笔接的是负极。

4.电容器在汽车电路中的典型应用

电容器作为基本电子元件在汽车电路中的应用很广,例如,用在电压调节器的电路、点火控制器的电路、前照灯的自动控制电路等。可作为单个元件来应用的典型例子就是传统点火系统中分电器上的电容器。它与断电器的触点并联,用以减小触点火花,延长触点寿命,并且起到了增强点火线圈二次电压的作用。

二、温度传感器的检测

1.温度传感器的结构原理

温度传感器有热敏电阻式、半导体式和热电偶式等种类,汽车上常用的是负温度系数型(NTC)热敏电阻式温度传感器,如冷却液温度传感器和进气温度传感器,其结构如图 1-23 所示。

冷却液温度传感器用来检测发动机冷却液温度,并将温度信号变换为电信号输入发动机电子控制单元(ECU),用以修正喷油时间和点火时间,使发动机处于最佳运行状态。它一般安装在发动机缸体、缸盖的水套或节温器壳内并伸入水套中。

进气温度传感器的功用是检测进气温度,并将温度信号转换为电信号输入 ECU,以修正进气量,确定最佳的燃油喷射量。进气温度传感器的结构与图 1-24 相似。

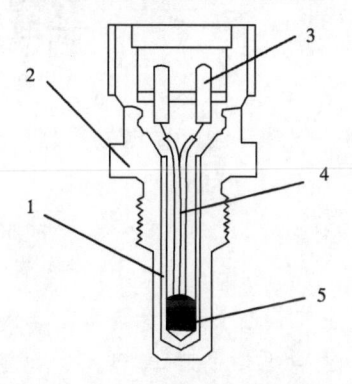

图 1-23 热敏电阻式冷却液温度传感器
1—绝缘管;2—壳体;3—接线端子;
4—引线;5—热敏元件

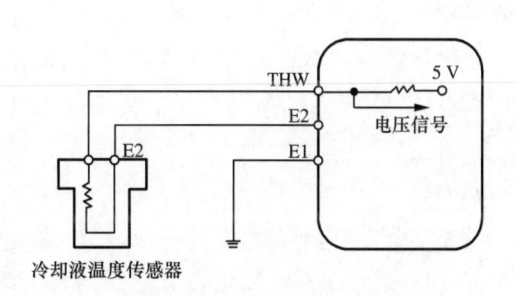

图 1-24 冷却液温度传感器的电路

冷却液温度传感器与 ECU 的连接如图 1-24 所示。冷却液温度传感器和进气温度传感器的共同特点是：环境温度升高，电阻值减小，信号电压变小；环境温度降低，电阻值增大，信号电压变大。两种温度传感器的电路相似，ECU 通过内部电路提供 5 V 电压，检测热敏电阻与 ECU 内部固定电阻串、并联后的分压输出即可测得冷却液温度。

2. 温度传感器的检查

检查冷却液温度传感器的电阻

(1) 就车检查。点火开关置于 OFF 位置，拆卸冷却液温度传感器导线连接器，用万用表欧姆挡，测试冷却液温度传感器两端子电阻值，其阻值与温度的变化成反比，在热机时应小于 1 kΩ。

(2) 车下检查。拔下冷却液温度传感器导线连接器，然后从发动机上拆下冷却液温度传感器；将冷却液温度传感器置于烧杯内的水中，加热杯中的水，同时用万用表欧姆挡测量在不同水温条件下冷却液温度传感器两接线端子间的电阻值。将测得的值与标准值相比较，见表 1-7。如不符合标准，则应更换冷却液温度传感器。

表 1-7　　　　　冷却液温度传感器电阻值与温度的关系

温度/℃	阻值/kΩ	温度/℃	阻值/kΩ	温度/℃	阻值/kΩ
0	4.00~6.50	50	0.74~0.90	80	0.25~0.34
20	2.20~3.00	60	0.54~0.60	90	0.21~0.27
40	0.90~1.40	70	0.39~0.48	100	0.16~0.20

学习任务 3　复杂电路的计算

任务目标

理解支路、节点、回路、网孔等概念，学会利用基尔霍夫定律求电位和电压，学会用支路电流法求解复杂电路；掌握电桥平衡状态及处于平衡状态的条件及应用。

移动在线自测

学习任务 1-3

素养提升

通过介绍基尔霍夫的成就，引导学生努力学习、善于发现问题、解决问题，树立科学精神。

任务引入

在汽车电路中，都使用了两个电源，即蓄电池和发电机，车上的用电设备是由这两个电源供电的，即车上存在双电源并联供电的电路。双电源供电的电路，单纯用欧姆定律有时解决不了计算问题，必须引入基尔霍夫定律。

在汽车的传感器中有许多电桥电路,如热线式空气流量计和半导体压敏电阻式进气歧管绝对压力传感器都采用了电桥电路。

本任务是学习双电源供电电路和电桥电路的计算。

相关知识

任何电路都是由若干元件连接而成的,各元件上的电压、电流除了满足各自的伏安特性外,还必须满足由于元件相互之间的连接而形成的制约关系,概括这种制约关系的便是基尔霍夫定律。该定律是线性电路、非线性电路都要遵守的共同规律,是求解复杂电路的基础。它包括两条定律:基尔霍夫电流定律(KCL)和基尔霍夫电压定律(KVL)。在介绍定律之前,先来说明电路中的几个术语。

(1) 支路

电路中由一个或几个元件组成的中间无任何分支的电路,各元件流过同一个电流,该分支就称为一条支路。如图1-25所示,该电路有三条支路:R_1 和 E_1 的支路、R_3 支路、R_2 和 E_2 的支路。

(2) 节点

三条或三条以上支路的连接点称为节点。在图1-25所示的电路中有 B、E 两个节点。

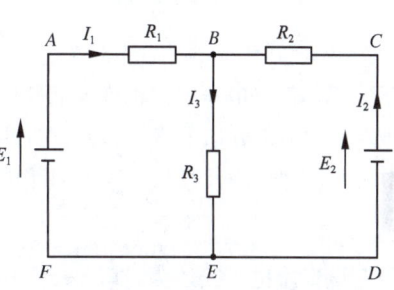

图1-25 复杂电路示例

(3) 回路

由若干条支路组成的闭合路径,其中每个节点只经过一次,这条闭合路径称为回路。在图1-25所示的电路中有三条回路:回路 $ABEFA$、回路 $CBEDC$、回路 $ABCDEFA$。

(4) 网孔

网孔是回路的一种。将电路画在平面上,在回路内部不另含有支路的回路称为网孔(最简单的回路)。在图1-25所示的电路中有两个网孔:网孔 $ABEFA$、网孔 $CBEDC$。应当注意的是:网孔和回路是有区别的,网孔一定是回路,但回路不一定就是网孔。

> **课堂互动**
>
> 指出图1-25中的节点、支路、回路、网孔的数目。

一、基尔霍夫电流定律(KCL)

1. 基尔霍夫电流定律

基尔霍夫电流定律也称为节点电流定律,它是反映电路中任意一个节点各支路电流之间的关系的。该定律的内容为:由于电流的连续性,在任一瞬时,流进电路中任意一个节点的各支路电流之和恒等于流出这个节点的各支路电流之和。即

$$\sum I_入 = \sum I_出 \tag{1-10}$$

或者说:流过电路中任一节点的各支路电流的代数和恒等于0。即

$$\sum I = 0$$

该定律体现了电流的连续性原理,与支路上是什么元件无关。如图 1-25 所示,针对 B、E 两个节点所列的方程为

$$I_1+I_2=I_3 \quad 或 \quad I_1+I_2+(-I_3)=0$$

2. 基尔霍夫电流定律的推广

该定律使用时可以由一个节点扩展到一个任意假想的封闭面(或封闭网络)。如图 1-26 所示,对于该封闭的面所列的方程为

$$I_1+I_2+I_3=0$$

图 1-26 基尔霍夫电流定律的推广

二、基尔霍夫电压定律(KVL)

1. 基尔霍夫电压定律

基尔霍夫电压定律也称为回路电压定律,它反映的是电路中任一回路各元件的电压和电动势之间的关系。该定律内容为:在任一瞬时,沿任一回路循环(顺时针方向或逆时针方向),回路中所有电动势的代数和恒等于回路中各个电阻上电压降的代数和。即

$$\sum E = \sum IR \tag{1-11}$$

该定律也可表述为:在任一回路中,从任何一点以顺时针或逆时针方向沿回路循环一周,则所有支路或元件电压的代数和等于零。即

$$\sum U = 0$$

基尔霍夫电压定律体现了能量守恒定律,体现了电路中两点的电压与路径的选择方向无关,与各支路上是什么元件无关。

应用基尔霍夫电压定律列方程时应注意以下几点:

(1)在列方程时,必须首先选取回路的绕行方向(可任选,但这并不是回路的电流实际方向,只是为计算而设定的),假定各支路的电流方向。

(2)当电阻的电流方向与回路绕行方向一致时,电阻的电压降取正号;当电阻的电流方向与回路绕行方向相反时,电阻的电压降取负号。

(3)当电动势的正方向与回路绕行方向一致时,电动势取正号;当电动势的正方向与回路绕行方向相反时,电动势取负号。

2. 基尔霍夫电压定律的推广

该定律的使用可以由一个闭合的真实路径推广到一个不完全由实际元件组成的假想回路,如图 1-27 所示的 $ABDCA$ 回路。

三、支路电流法求解复杂电路

1. 支路电流法

支路电流法是以支路电流为未知量,应用基尔霍夫定律列出与支路电流数目相等的独立方程式,再联立求解复杂电路的方法。

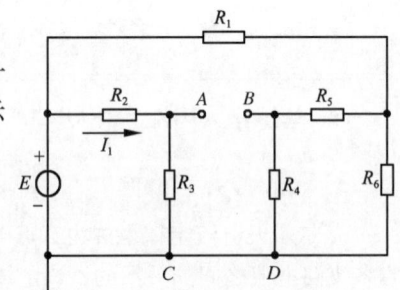

图 1-27 基尔霍夫电压定律推广应用

应用支路电流法解题的步骤(假定某电路有 n 条支路、m 个节点)如下:

(1)首先标定各待求支路的电流参考方向及回路绕行方向;

(2)应用基尔霍夫电流定律列出$(m-1)$个节点电流方程；

(3)应用基尔霍夫电压定律列出$[n-(m-1)]$个独立的回路电压方程；

(4)由基尔霍夫电流定律和电压定律联立方程组求解各支路的电流。

(5)根据求出结果的正负,确定支路中实际的电流方向。

2. 用基尔霍夫定律求电位

在电路中要想求出某点的电位值,也必须在电路中选择一个参考点(零电位点)。零电位点可以任意选择。在电工技术中,为了工作安全,通常把电路的某一点与大地连接,称为接地。这时,电路的接地点就是电位等于零的参考点,它是分析电路中其余各点电位高低的比较标准,用符号"⊥"表示。汽车电路中常用搭铁表示零电位。

电路中某点的电位,就是从该点出发,沿任选的一条路径"走"到参考点所经过的全部电位降的代数和。

计算电路中某点 A 电位的步骤如下：

(1)在电路中选择一个零电位点,即参考点。

(2)标出电源和负载的极性。按 E 的正方向是由负极指向正极的原则,标出电源的正负极性,假设电流方向,将电流流入端标为负载正极,流出端为负载负极。

(3)求 A 点的电位时,选定一条从 A 点到零电位点的路径,从 A 点出发沿此路径"走"到零电位点,不论一路经过的是电源,还是负载,只要是从正极到负极,就取该电位降为正值,反之就取负值,然后,求出代数和。

下面以图 1-28 所示电路为例,说明计算电位的方法。

以图中的 D 点为参考点,各电源的极性和电流的方向如图 1-28 所示,求 A 点的电位时有三条路径:

沿 AD 路径　　　$V_A = E_1$

沿 ABD 路径　　　$V_A = I_1 R_1 + I_3 R_3 + E_3$

沿 $ABCD$ 路径　　　$V_A = I_1 R_1 + I_2 R_2 - E_2$

显然,沿 AD 路径计算 A 点电位最简单,但三种计算方法的结果是完全相同的。

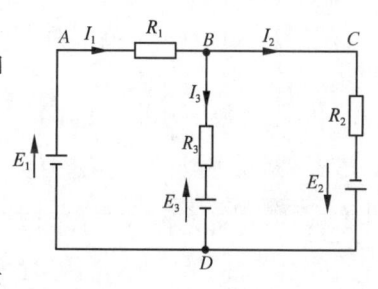

图 1-28　电位的计算

四、惠斯通电桥

惠斯通电桥是一种可以准确测量电阻的仪器,如图 1-29 所示为一个通用的惠斯通电桥电路。它是测量技术中常用的一种电路,也是许多汽车传感器电路中常用的电桥电路。

图 1-29 是用比较法测量电阻的电路,又称为单臂电桥。电阻 R_1、R_2、R_3、R_4 为四个桥臂的电阻,灵敏电流计(又称检流计)好像在 c、d 两点间架设的一架桥。电桥电路既不是串联电路,也不是并联电路。

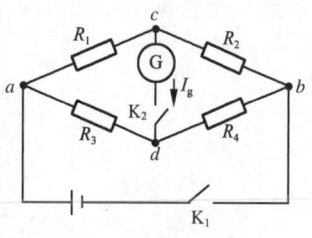

图 1-29　惠斯通电桥电路

在 c、d 间连接有检流计,检流计用来检测它所在的支路有无电流。当检流计中无电流通过时,电桥处于平衡。当检流计中有电流通过时,电桥不再平衡。所以,电桥有两种应用方式:平衡方式和不平衡方式。

1. 电桥平衡的必要条件

调节 R_3、R_4 的比值,使检流计中电流为零,这时电桥处于平衡状态,c、d

两点的电位相等($V_c=V_d$,即$U_{cd}=0$),c、d之间无电流,$I_g=0$,可以得到

$$\frac{R_1}{R_2}=\frac{R_3}{R_4} \quad 或 \quad R_1R_4=R_2R_3 \tag{1-12}$$

2. 电桥平衡时测量电阻

若选用三个(R_1、R_2、R_3 的数值)很精确的定值电阻,再采用高灵敏度的检流计组成上面的电桥电路,调节电桥使其处于平衡状态,这样就可测得另外一个桥臂 R_4 的电阻,这种方法比伏安法测电阻要精确许多,即通过 $R_4=R_2R_3/R_1$,从而求出 R_4。

3. 电桥的不平衡

电桥不平衡是指 c、d 间有电流通过。这时,也可以测量电阻,但它和电桥平衡时测量电阻有原则上的区别,将图中的检流计 G 改为电流计,它的作用不是检测该支路有无电流,而是测量该支路电流的大小。采用电桥电路,不仅可以测量电阻,还可以测量一些非电学量。例如,可用它来测量温度,如果 R_1 是热敏电阻,由图 1-29 中的电流 I_g 可求出温度。电阻温度计就是用不平衡电桥来测量温度的,不平衡电桥还可用于自动控制电路。

任务实施

一、基尔霍夫定律的应用

【练一练 1-4】 如图 1-30 所示,标出了各支路的电流方向,$I_1=1$ A,$I_2=3$ A,$I_3=9$ A,试求:I_4、I_5、I_6 的数值。

【解】 (1)对于节点 E 列基尔霍夫电流方程
$I_4=I_1+I_2=1+3=4$ A

(2)对于节点 B $\quad I_5=I_2+I_3=3+9=12$ A

(3)对于节点 F $\quad I_6=I_3+I_4=9+4=13$ A

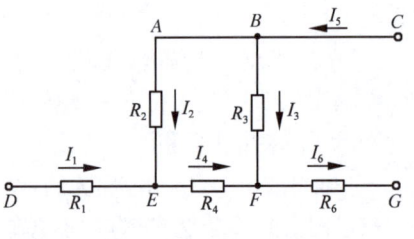

图 1-30 练一练 1-4 图

> **想一想**
>
> 求出电流 I_5 后,将封闭面 $ABFEA$ 电路看成一个广义节点,可以求出 I_6 吗?

【练一练 1-5】 如图 1-31 所示,$R_1=R_2=15$ Ω,$E_1=E_2=E_3=12$ V,$E_4=E_5=3$ V,求电路中电流的大小和方向。

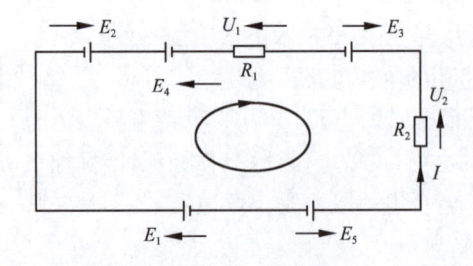

图 1-31 练一练 1-5 图

【解】 先选顺时针方向为回路绕行方向,设电路中的电流方向是逆时针方向,如图 1-31 所示。根据基尔霍夫电压定律可列出方程

$E_1+E_2+E_3-E_4-E_5=-U_1-U_2 \quad 或 \quad E_1+E_2+E_3-E_4-E_5=-IR_1-IR_2$

$I=-(E_1+E_2+E_3-E_4-E_5)/(R_1+R_2)=-(12+12+12-3-3)/30=-1$ A

回路中的电流大小为 1 A,方向与假设的方向相反。

> **想一想**
>
> 若设电路中的电流方向为顺时针方向,结果如何?

【练一练 1-6】 如图 1-32 所示,$E_1=10$ V,$R_1=6$ Ω,$E_2=26$ V,$R_2=2$ Ω,$R_3=4$ Ω,求各支路电流的大小和方向。

【解】 假定各支路电流方向如图 1-32 所示,对于节点 A 有

$$I_1+I_2=I_3$$

设图中两个闭合回路的绕行方向为顺时针方向(图 1-32),对于回路 I 有

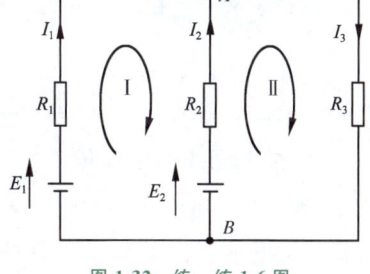

$$E_1-E_2=I_1R_1-I_2R_2$$

对于回路 II 有

$$E_2=I_2R_2+I_3R_3$$

联立方程组,并代入数据有

$$\begin{cases} I_1+I_2=I_3 \\ 10-26=6I_1-2I_2 \\ 26=2I_2+4I_3 \end{cases}$$

解方程组得 $I_1=-1$ A $I_2=5$ A $I_3=4$ A

I_1 为负值,说明其实际方向与假定方向相反,同时说明 E_1 此时相当于负载。

图 1-32 练一练 1-6 图

> **想一想**
>
> 本题中若选择不同的回路绕向,结果如何?若选择 $E_1-R_1-R_3-E_1$ 回路和回路 I 或 II 分别列电压方程,结果如何?若假设与图中相反电流方向,结果会如何?

【练一练 1-7】 在图 1-33 所示电路中,若 $R_1=5$ Ω,$R_2=10$ Ω,$R_3=15$ Ω,$E_1=180$ V,$E_2=80$ V,若以 B 点为参考点,试求:(1)A、B、C、D 四点的电位 V_A、V_B、V_C、V_D;(2)同时求出 C、D 两点之间的电压 U_{CD};(3)若改用 D 点作为参考点,再次求出 V_A、V_B、V_C、V_D 和 U_{CD}。

【解】 (1)根据基尔霍夫定律列方程

$I_1+I_2-I_3=0$　　　(节点 A)

$I_1R_1+I_3R_3=E_1$　　(回路 CABC)

$I_2R_2+I_3R_3=E_2$　　(回路 DABD)

解方程组得 $I_1=12$ A $I_2=-4$ A $I_3=8$ A

(2)若以 B 点为参考点,则

$V_B=0$　　$V_A=I_3R_3=8\times15=120$ V

$V_C=E_1=180$ V　　$V_D=E_2=80$ V

$U_{CD}=V_C-V_D=180-80=100$ V

图 1-33 练一练 1-7 图

(3)若以 D 点为参考点,则

$$V_D = 0 \quad V_A = -I_2 R_2 = -(-4) \times 10 = 40 \text{ V}$$
$$V_B = -E_2 = -80 \text{ V}$$
$$V_C = I_1 R_1 - I_2 R_2 = 12 \times 5 - (-4) \times 10 = 100 \text{ V}$$
$$U_{CD} = V_C - V_D = 100 - 0 = 100 \text{ V}$$

想一想

你能从该例题中各点的电位及 U_{CD} 的数值中得出什么结论?

二、惠斯通电桥的应用

【**练一练 1-8**】 图 1-34 所示为一个测量技术中常用的测量温度的电桥电路。已知:$E = 4 \text{ V}$,$R_1 = R_3 = R_4 = 400 \text{ } \Omega$,$R_2 = 347 \text{ } \Omega$,仪表电阻 $R_g = 600 \text{ } \Omega$。$R_t$ 为铜热电阻,0 ℃时,$R_t = 53 \text{ } \Omega$,100 ℃时,$R_t = 75 \text{ } \Omega$,放在需要测量温度的地方,用导线把它接到电桥的一个桥臂中。求:温度为 0 ℃、100 ℃时,仪表中通过的电流 I_g 及其两端电压 U_g。

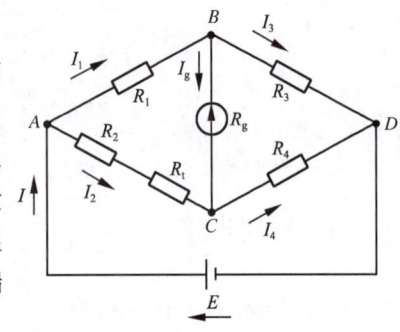

图 1-34 练一练 1-8 图

课堂互动

分析图 1-34 所示电路的特点(节点数、支路数、网孔数)。

【**解**】 分析图 1-34 所示电路可知:该电路共有 6 条支路(6 个未知电流如图 1-34 所示),若用支路电流法(这种方法对于三条支路以上的复杂电路来说比较烦琐,不太适合,但目前我们只学习了这种方法)解题,需要列 6 个方程。但实际上由基尔霍夫电流定律可得

$$I_2 = I - I_1 \quad I_3 = I_1 - I_g \quad I_4 = I - I_1 + I_g$$

这样就把支路未知电流的数目由 6 个简化为 3 个,即只要将 I、I_1、I_g 三个电流求出,就可以将 I_2、I_3、I_4 求出。

根据基尔霍夫电压定律列方程如下:

由回路 ABCA 列方程　　$I_1 R_1 + I_g R_g - (I - I_1)(R_2 + R_t) = 0$

即　　$I_1(R_1 + R_2 + R_t) + I_g R_g - I(R_2 + R_t) = 0$

由回路 BDCB 列方程　　$(I_1 - I_g)R_3 - (I - I_1 + I_g)R_4 - I_g R_g = 0$

即　　$I_1(R_3 + R_4) - I_g(R_3 + R_4 + R_g) - I R_4 = 0$

由回路 ABDA 列方程　　$I_1 R_1 + (I_1 - I_g)R_3 = E$

即　　$I_1(R_1 + R_3) - I_g R_3 = E$

将已知数据代入上面各式,便可以求出

$$I_g = \frac{R_2 + R_t - 400}{160\,000 + 600(R_2 + R_t)}$$

(1)当温度为 0 ℃时,由于 $R_2 + R_t = R_3 = R_1 = R_4 = 400 \text{ } \Omega$,满足电桥平衡条件,此时 $I_g = 0$,$U_g = 0$。

(2)当温度为 100 ℃时,$R_2 + R_t = 422 \text{ } \Omega$,不满足电桥平衡条件,$I_g \neq 0$,代入上面方程式

得：$I_g=0.053$ mA，$U_g=I_gR_g=31.8$ mV。

从上面的计算可知，当其中一个桥臂温度变化时→电阻变化→电桥不平衡→I_g 变化→U_g 变化。若将 B、C 作为输出端，这样，对应一个温度，就会有一个对应的输出电压 U_g。反过来，通过仪表所指出的不同的毫伏数，就可以知道 I_g，可以求出 R_t，从而便测出与此相对应的温度值。

> **想一想**
>
> 通过本例题的计算，能否总结出电桥电路测量温度的原理？

【练一练 1-9】 图 1-35 所示为上海桑塔纳轿车电控燃油喷射系统的热线式空气流量计的电桥电路。请分析该流量计的工作原理。

【解】 图 1-35 中热线（白金）电阻 R_H 和温度补偿电阻 R_K 分别是惠斯通电桥的一个桥臂，精密电阻 R_A 也是电桥的一个桥臂，R_A 上的电压即热线式空气流量计的输出信号电压。

发动机不工作时，电桥是平衡的。启动发动机，空气从热线电阻流过，温度降低，R_H、R_K 阻值也减小，电桥不再平衡。集成运算放大器 A 将对电桥电路进行自动调节，增大通过热线电阻 R_H 的电流（同时，精密电阻 R_A 两端的电压也会发生变化），直到电桥重新平衡为止。这样传感器就把吸入的空气量转变成 R_H 的变化，使电桥不再平衡，转变为 R_A 上的电压变化，即转换成了电信号 U_O 输送给电控单元，电控单元将该信号作为确定发动机基本喷油量的信号之一。

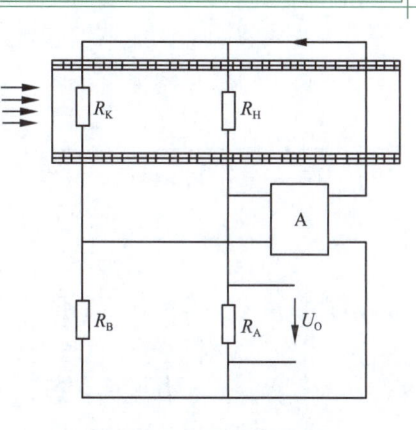

图 1-35 热线式空气流量计

其实，在汽车的传感器中还有许多电桥电路，如半导体压敏电阻式进气歧管绝对压力传感器的电路和电阻应变计式碰撞传感器的电路都采用了电桥电路，这里不再一一叙述。

拓展阅读 >>>

★ 查找汽车维修手册，了解汽车电路中常用的电气元件的电路符号。

★ 上网查找乔治·西蒙·欧姆发现电流定律的故事和基尔霍夫的贡献等。

★ 上网查找查尔斯·惠斯通的故事，并与同学分享。

比亚迪的"刀片电池"

小 结

（1）电路就是电流所通过的路径，它由电源、负载、中间环节这三个基本部分组成。电路有两方面作用：一是实现能量的转换、传输和分配；二是实现电信号的处理与传递。

电路的基本物理量是电流和电压（电动势）。电流是带电粒子在电路中的定向移动所形成的。习惯上规定正电荷定向运动的方向为电路中电流的正方向。

在电路中某点的电位是相对值,相对于参考点的改变而改变。电压总是和电路中的两个点有关,不随参考点的改变而改变。电压的正方向由高电位指向低电位,即表示电位降落的方向。对于电阻来说,电压的方向与电阻中电流的方向相同。

电动势只存在于电源内部,表示电源将其他形式的能量转换成电能的能力。其正方向是由电源负极指向电源正极。

功率是电路的一个重要物理量,$P=UI$。当$P>0$时,说明电路吸收功率;当$P<0$时,说明电路发出功率。电阻元件的功率还可写成$P=I^2R=U^2/R$。

(2)电路通常有三种工作状态:负载状态、短路状态、空载状态。短路通常是一种严重事故,应尽力预防。为此,在汽车电路及实用电路中通常接入熔断器或自动断路器等短路保护装置。

各种电气设备的电压、电流及功率都有一个额定值,电气设备在实际运行时,应严格遵守各有关额定值的规定。

(3)电阻值的标识方法有:直标法、色标法、文字符号法等。可变电阻按其阻值变化规律有三种不同形式:直线型、指数型、对数型。测量电阻时,要断开电路上的电源,并使被测电阻的一端断开。

电感器的标识方法有:直标法、色环标法。可以用万用表测量线圈阻值来判断其好坏。

掌握电容器的几个主要参数。

(4)基尔霍夫电流定律反映了复杂电路中任意一个节点的各支路电流之间关系。在任一瞬时,流进电路中任意一个节点的各支路电流之和恒等于流出这个节点的各支路电流之和。即$\sum I_\text{入} = \sum I_\text{出}$。或者说:流过电路中任一节点的各支路电流的代数和恒等于0。即$\sum I = 0$。它表明了电流的连续性。可以由一个节点扩展到一个任意假想的封闭面(或封闭网络)。

基尔霍夫电压定律反映的是电路中任一回路各元件的电压和电动势之间的关系。该定律指出:在任一瞬时,沿任一回路循环,回路中所有电动势的代数和恒等于回路中各个电阻上电压降的代数和。即$\sum E = \sum IR$。也可表述为:在任一回路中,从任何一点以顺时针或逆时针方向沿回路循环一周,则所有支路或元件电压的代数和等于零。即$\sum U = 0$。它体现了能量守恒定律。可以由一个闭合的真实路径推广到一个不完全由实际元件组成的假想回路。

(5)电桥平衡的必要条件:$\dfrac{R_1}{R_2}=\dfrac{R_3}{R_4}$(图1-29)。采用电桥电路,不仅可以测量电阻,还可以测量一些非电学量。

(6)热敏电阻器分为:正温度系数热敏电阻器、负温度系数热敏电阻器、临界温度系数热敏电阻器。

同步训练

1-1 电路如图 1-36 所示，$R=5\ \Omega$，求 A 点的电位。

1-2 电路如图 1-37 所示，求 U 和 I。

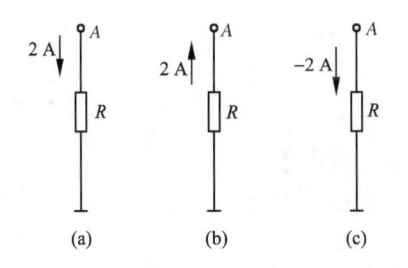

图 1-36　1-1 题图

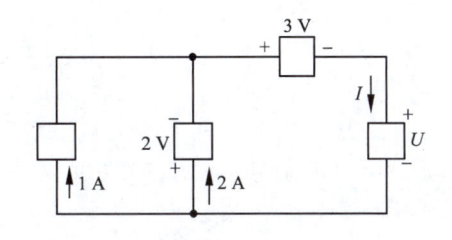

图 1-37　1-2 题图

1-3 图 1-38 中，$I=2\ \text{A}$，$R=5\ \Omega$，$E=6\ \text{V}$，试计算 U_{ab}。

1-4 电路图 1-39 中，$E=24\ \text{V}$，$R_1=4\ \Omega$，$R_2=8\ \Omega$。求分别以 d、a 为参考点时，各点的电位及 U_{ab}。

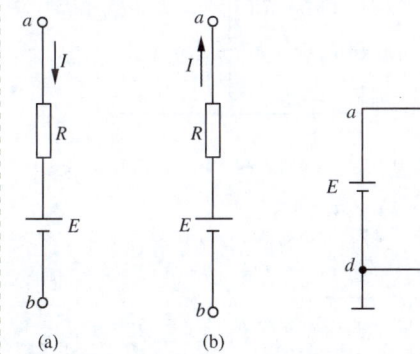

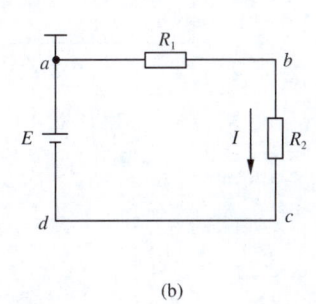

图 1-38　1-3 题图

图 1-39　1-4 题图

1-5 图 1-40 所示为某万用表直流电压挡的等效电路，其表头电阻 $R_g=3\ \text{k}\Omega$，满偏电流 $I_g=50\ \mu\text{A}$，各挡电压量程分别为 $U_1=2.5\ \text{V}$，$U_2=10\ \text{V}$，$U_3=50\ \text{V}$，$U_4=250\ \text{V}$，$U_5=500\ \text{V}$，试求各分压电阻 R_1、R_2、R_3、R_4、R_5 的大小。

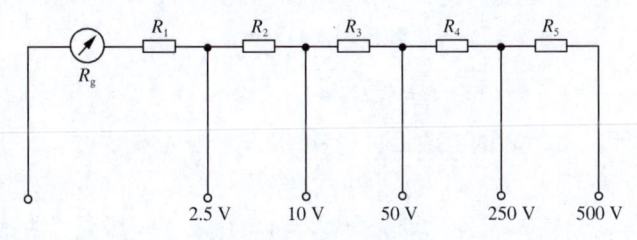

图 1-40　1-5 题图

1-6 某电阻四道色环的颜色依次为棕黑橙金,其阻值和允许误差分别是多少?

1-7 一个额定值为 5 W、100 Ω 的电阻器,使用时最高能加多大电压?允许通过的电流是多少?

1-8 一只电铃,电阻为 100 Ω,工作电压为 3 V,现接在 12 V 电源上,问必须串联一只多大的分压电阻?

1-9 某家庭有一台 90 W 的电冰箱,平均每天工作 10 h;一台 80 W 的彩电,平均每天工作 4 h;一台 100 W 的洗衣机,平均每天工作 1 h;照明及其他电器功率为 300 W,平均每天工作 3 h。问:该家庭每月(30 天)消耗多少电能?

1-10 图 1-41 所示为电桥电路,试求 R_5 支路中的电流 I_5。

1-11 如图 1-42 所示,试求图中流过 10 Ω 电阻支路的电流强度 I。

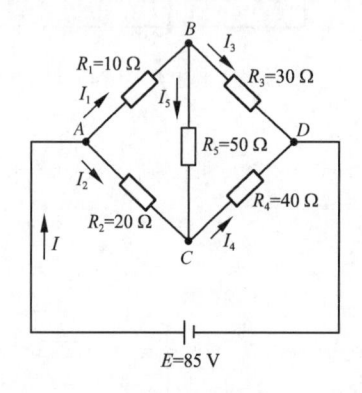

图 1-41　1-10 题图

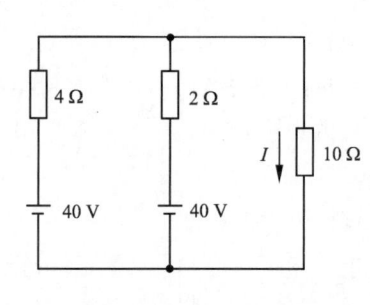

图 1-42　1-11 题图

1-12 在图 1-43 中,已知 $I_{AB}=3$ A,求 U_{CD}。

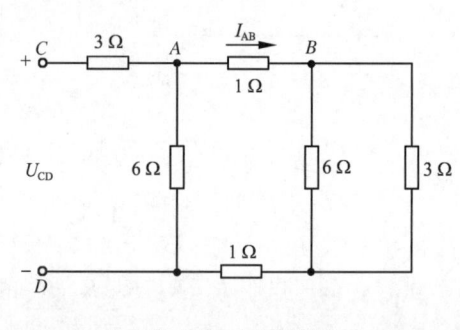

图 1-43　1-12 题图

1-13 两只白炽灯泡的额定电压均为 220 V,功率分别为 100 W、40 W。如果把两只灯泡串联接在 380 V 的电源上。(1)求每只灯泡的实际功率。(2)问哪只灯泡将要烧毁?

1-14 汽车上使用的电池电动势为 12 V,使用发光二极管作为指示灯时,发光二极管理想的工作电流一般为 10 mA,正向导通时电压降为 2 V。如果直接将发光二极管接在电池上,应该给发光二极管串联阻值为多少的限流电阻?

模块 2　正弦交流电路

在工农业生产和日常生活中所用的电一般都是正弦交流电,因为它容易产生,并能用变压器改变电压,便于输送、分配和使用。交流发电机的结构简单、工作可靠、经济性好,得到了广泛应用。现在汽车上的直流电都是由交流发电机产生后整流获得的,所以分析和讨论正弦交流电路具有很大的实用意义。

学习任务 1　认识交流电

任务目标

掌握交流电的概念及基本物理量,掌握交流电的三要素;掌握有效值与最大值的关系;会求两个同频率正弦交流电的相位差,指出其超前或滞后关系;掌握正弦交流电的矢量表示方法及计算。

学习任务 2-1

素养提升

通过介绍交流电之父特斯拉无偿公布交流电专利和他的重大成就,提倡淡泊名利、无私奉献的科学精神。

任务引入

要想了解硅整流交流发电机的工作原理和工作特性,学习三相交流电的计算,就必须先了解交流电的基本知识,掌握交流电的简单计算。

相关知识 >>>

一、交流电的基本概念

1. 什么是交流电

大小和方向都随时间做周期性变化的电动势、电压和电流分别称为交变电动势、交变

电压和交变电流,统称为交流电。如图 2-1(b)、图 2-1(c)、图 2-1(d)所示。

在交流电作用下的电路称为交流电路。一般工程上应用的交流电是随时间按正弦规律变化的,称为正弦交流电[图 2-1(b)],简称交流电(简称 ac 或 AC)。

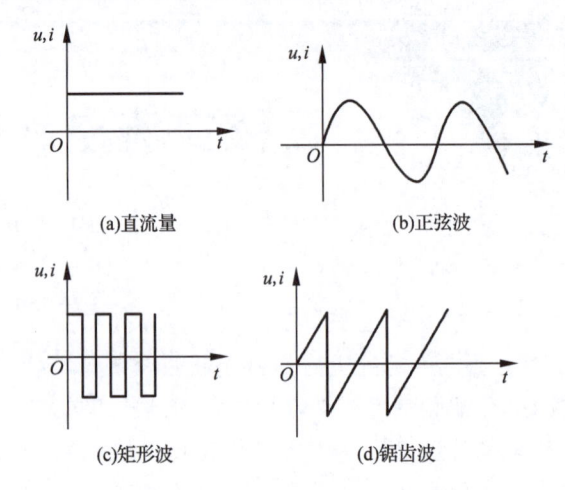

(a)直流量
(b)正弦波
(c)矩形波
(d)锯齿波

图 2-1 常见电压、电流随时间变化的波形

想一想

图 2-1(b)所示的曲线与图 2-1(c)、图 2-1(d)所示的曲线有什么不同?

2. 正弦交流电的产生

获得交流电的方法有多种,但大多数交流电都是由交流发电机产生的。

图 2-2(a)所示为一个最简单的交流发电机的结构。为了获得正弦交变电动势,适当设计磁极形状,使得空气隙中的磁感应强度 B 在 $O-O'$ 平面(中性面)处为零,在磁极中心处最大($B=B_m$),沿着铁芯的表面按正弦规律分布[图 2-2(b)]。若用 α 表示气隙中某点和轴线构成的平面与中性面的夹角,则该点的磁感应强度为

$$B = B_m \sin \alpha$$

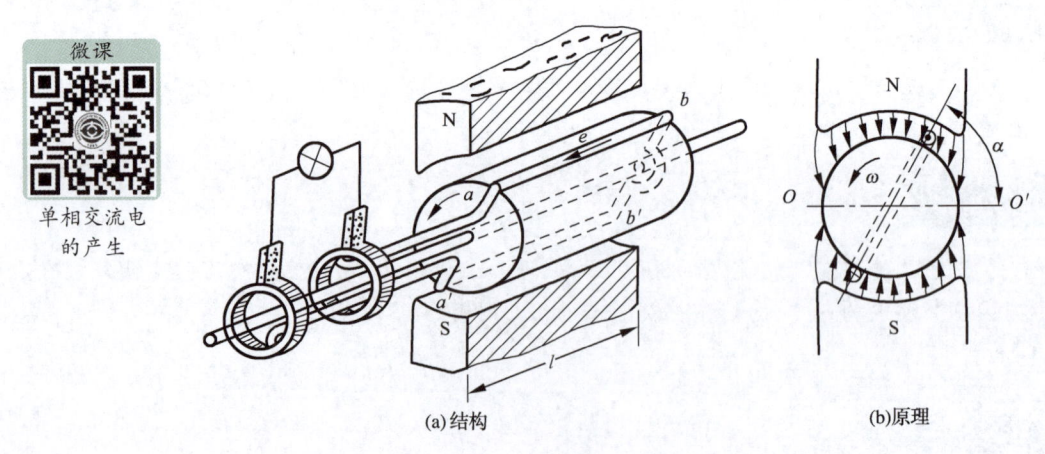

单相交流电的产生

(a)结构
(b)原理

图 2-2 交流发电机的结构和原理

当铁芯以角速度 ω 旋转时,线圈绕组切割磁力线,产生感应电动势,其大小为

$$e = Blv \qquad (2-1)$$

式中 e——绕组中的感应电动势,V;

B——磁感应强度，T；

l——绕组的有效长度，m；

v——绕组切割磁力线的速度，m/s。

假定计时开始时，绕组所在位置与中性面的夹角为 ψ，经时间 t 后，它们之间的夹角则变为 $\alpha=\omega t+\psi$，对应绕组切割磁场的磁感应强度为

$$B=B_{\mathrm{m}}\sin\alpha=B_{\mathrm{m}}\sin(\omega t+\psi)$$

$$e=Blv=B_{\mathrm{m}}lv\sin(\omega t+\psi)$$

或

$$e=E_{\mathrm{m}}\sin(\omega t+\psi) \tag{2-2}$$

式中　E_{m}——感应电动势最大值，$E_{\mathrm{m}}=B_{\mathrm{m}}lv$。

当线圈 ab 边转到 N 极中心时，绕组中感应电动势最大，其值为 E_{m}；线圈再转 $180°$，ab 边对准 S 极中心时，绕组中感应电动势为负的最大值，其值为 $-E_{\mathrm{m}}$。

二、表示交流电特征的几个物理量

1. 频率、周期和角频率

当发电机转子转一周时，转子绕组中的正弦交变电动势也变化一周。我们把正弦交流电变化一周所需的时间称为周期，用 T 表示，周期的单位是秒（s）。

交流电在 1 s 内变化的周数，称为交流电的频率，用 f 表示，单位为赫兹（Hz）。

周期和频率的关系是：$T=1/f$，$1\ \mathrm{Hz}=1\ \mathrm{s}^{-1}$。

正弦量的变化规律用角度描述是很方便的。如图 2-2 所示交流发电机产生的正弦交变电动势，每一时刻的数值都与一个角度相对应。当角度变到 $\pi/2$ 时，电动势达到最大值；当角度变到 π 时，电动势变为零。这个角度不表示任何空间角度，只是用来描述正弦交流电的变化规律，所以把这种角度称为电角度，用 α 表示。

把发电机线圈每秒钟经过的电角度称为角频率，用 ω 表示，单位为弧度/秒（rad/s）。

$$\omega=\alpha/t$$

角频率与频率、周期都是表示正弦量变化快慢的物理量，它们之间显然有如下的关系：

$$\omega=2\pi/T=2\pi f \tag{2-3}$$

> **课堂互动**
>
> 我国工业用电的频率为 50 Hz，交流电的周期和角频率是多少？你了解其他国家工业用电的频率吗？

2. 瞬时值、最大值、有效值

（1）瞬时值

交流电在变化过程中，每一时刻所对应的值都不同，该值称为交流电的瞬时值。瞬时值是时间的函数，只有具体指出在哪一时刻，才能求出确切的数值和方向。瞬时值规定用小写字母（e、u、i）表示。如图 2-3（a）中的电压在 t 时刻的瞬时值为

$$u=U_{\mathrm{m}}\sin(\omega t+\psi)=U_{\mathrm{m}}\sin(\omega t)（其中\ \psi=0） \tag{2-4}$$

图 2-3（b）中所示的"＋""－"是假设的 u 参考方向，实箭头方向为电流的参考方向。u 的瞬时值可以是正数、负数，也可以是零。在 u 的正半周，即 $u>0$ 时，电流 i 也大于零，电压的实际方向（⊕和⊖）与电压参考方向相同，电流的实际方向（虚箭头）也与电流参考方向相同；在 u 的负半周，即 $u<0$ 时，电流 i 也小于零，电压和电流的实际方向均与参考方向相反。

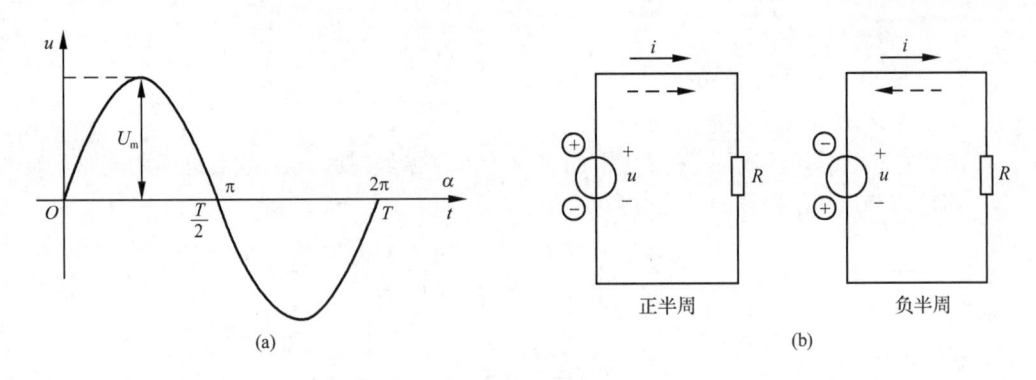

图 2-3 正弦量的波形和参考方向

(2)最大值(幅值)

正弦交流电波形图上的最大幅值便是交流电的最大值[图 2-3(a)]中的 U_m,它表示在一个周期内,数值最大的瞬时值。最大值规定用大写字母加下标 m 表示,如用 I_m、E_m、U_m 等来表示交变电流、电动势、电压的最大值。

(3)有效值

因为正弦交流电的瞬时值是随时间变化的,所以计量时往往用正弦交流电的有效值来表示。交流电表的指示值和交流电器上标示的电流、电压数值一般都是交流电的有效值。

交变电流的有效值是指在热效应方面和它相当的直流电的数值,即在相同的电阻中,分别通入直流电和交流电,在经过交流电的一个周期时间内,如果它们在电阻上产生的热量相等,则此直流电的数值即交流电的有效值(图 2-4)。有效值规定用大写字母(E、I、U)表示。

正弦交流电的三要素

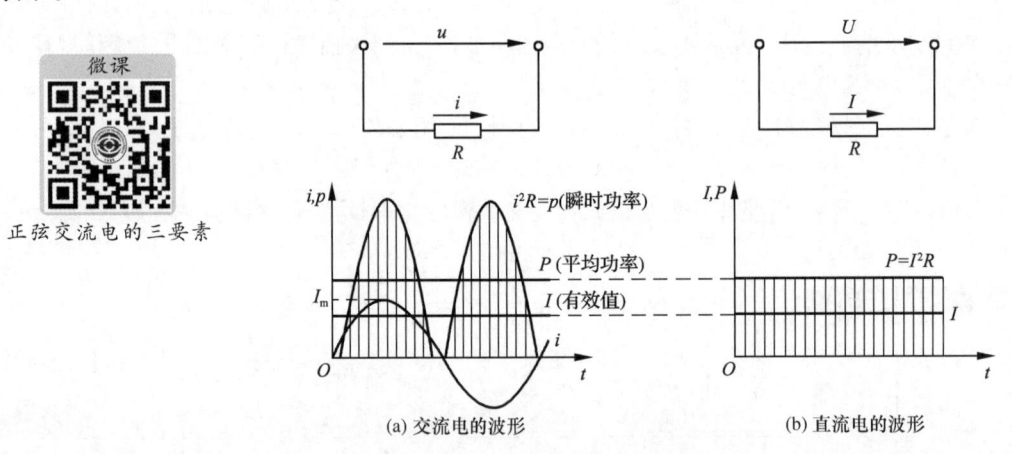

图 2-4 交流电的有效值

根据有效值的定义,可得

$$Q = I^2 RT, Q = \int_0^T i^2 R dt$$

则有

$$I^2 RT = \int_0^T i^2 R dt \tag{2-5}$$

再将 $i = I_m \sin(\omega t)$ 代入式(2-5),积分可得

$$I = \sqrt{\frac{1}{T}\int_0^T I_m^2 \sin^2(\omega t) dt} = \sqrt{\frac{I_m^2}{T}\int_0^T \frac{1-\cos^2(\omega t)}{2} dt}$$

$$I = \frac{I_m}{\sqrt{2}} = 0.707 I_m \tag{2-6}$$

同理可得到正弦电压和电动势的有效值为

$$\left.\begin{aligned} U &= \frac{U_\mathrm{m}}{\sqrt{2}} = 0.707 U_\mathrm{m} \\ E &= \frac{E_\mathrm{m}}{\sqrt{2}} = 0.707 E_\mathrm{m} \end{aligned}\right\} \quad (2\text{-}7)$$

一般所说的正弦电流或电压的大小，均是指有效值。如照明电路的相电压为 220 V，则相电压的最大值 $U_\mathrm{m} = 220\sqrt{2} = 311$ V。

正弦交流电的有效值＝0.707×最大值

想 一 想

某电容器的耐压值为 250 V，问能否将其接在 220 V 的单相交流电源上？

3. 相位

正弦交变电动势 $e = E_\mathrm{m}\sin(\omega t + \psi)$，它的瞬时值随着电角度 $(\omega t + \psi)$ 而变化。电角度 $(\omega t + \psi)$ 称为正弦交流电的相位。例如，图 2-5(a)所示的发电机，若在发电机铁芯上放置两个夹角为 θ、匝数相同的线圈 AZ 和 BY，当转子按图示方向逆时针转动时，这两个线圈中的感应电动势分别是：$e_\mathrm{A} = E_\mathrm{m}\sin(\omega t)$，$e_\mathrm{B} = E_\mathrm{m}\sin(\omega t + \theta)$。这两个电动势的最大值相同，频率相同，但相位不同。e_A 的相位是 ωt；e_B 的相位是 $(\omega t + \theta)$，如图 2-5(b)所示。

(a) 线圈的初始位置　　　　(b) 两个电动势的波形

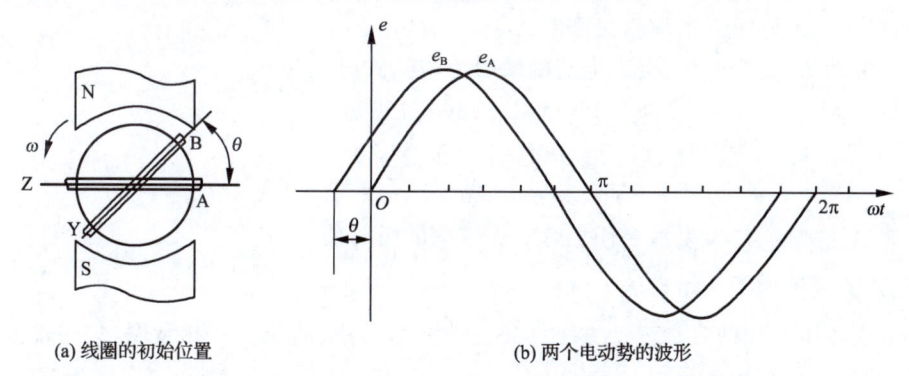

图 2-5　相位不同的两个交变电动势

4. 初相角

我们把 $t = 0$ 时刻正弦量的相位称为"初相角"或"初相位"或"初相"，用"ψ"表示。规定 $|\psi| \leqslant 180°$。例如，图 2-5(b)中 e_A 的初相角为 $0°$，e_B 的初相角为 θ。

想 一 想

怎样从波形图上看出初相角的正负？怎样通过初相角为零的交流电波形图画出初相角为 θ 的交流电波形图？

5. 两个同频率的正弦交流电的相位差

两个同频率的正弦交流电的相位角之差称为相位差，用 $\Delta\psi$ 表示。相位差表示两正弦量到达最大值的先后差距(或称先后顺序)。图 2-5(b)所示的两电动势的相位差就是 θ。

例如，已知 $i_1 = I_{1\mathrm{m}}\sin(\omega t + \psi_1)$，$i_2 = I_{2\mathrm{m}}\sin(\omega t + \psi_2)$，则 i_1 和 i_2 的相位差为

$$\Delta\psi = (\omega t + \psi_1) - (\omega t + \psi_2) = \psi_1 - \psi_2 \quad (2\text{-}8)$$

这表明两个同频率的正弦交流电的相位差等于它们的初相角之差。

(1)若 $\Delta\psi=\psi_1-\psi_2>0$，且 $|\Delta\psi|<180°$，称"i_1 超前于 $i_2\,\Delta\psi$ 角"。

(2)若 $\Delta\psi=\psi_1-\psi_2<0$，且 $|\Delta\psi|<180°$，称"i_1 滞后于 $i_2\,\Delta\psi$ 角"。

(3)若 $\Delta\psi=\psi_1-\psi_2=0$，称"$i_1$ 和 i_2 同相"（图2-6中的 u 和 i 同相）。

(4)若 $\Delta\psi=\psi_1-\psi_2=\pm180°$，则称"$i_1$ 和 i_2 反相"（图2-6中的 u 和 e 反相）。

这里必须指出的是，在比较两个正弦交流电之间的相位顺序时，两个正弦量一定要同频率才有意义。否则，随着时间的不同，两正弦量之间的相位差就是一个变量，这样的比较就没有意义了。

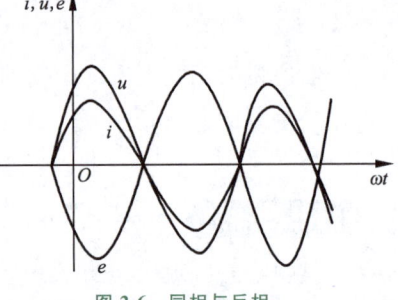

图2-6 同相与反相

想一想

以上讲的这些基本物理量，知道了哪几个量就可以完整地描述一个正弦交流电？

三、正弦交流电的三要素

我们把正弦交流电的最大值、角频率和初相角称为正弦交流电的三要素。正弦交流电的三要素描述了正弦交流电的大小、变化快慢和起始状态。当正弦交流电的三要素确定后，就可以唯一地确定一个正弦交流电。

交变电动势、交变电压、交变电流的瞬时值表达式分别为

$$e=E_m\sin(\omega t+\psi_e)$$
$$u=U_m\sin(\omega t+\psi_u)$$
$$i=I_m\sin(\omega t+\psi_i)$$

上述表达式的含义：表示了任意时刻交流电的瞬时值。

四、正弦交流电的表示方法

正弦交流电常用的几种表示方法：解析法、波形图法（曲线法）、相量图（矢量图）法和复数表示（相量式或称极坐标表示式）法。

如前面曾经介绍过的，正弦交流电作为正弦量用三角函数式表示的方法叫作解析法；用正弦函数曲线表示的方法叫作曲线法。但是，用这两种方法在进行几个同频率的正弦交流电的加减运算时，均不太简单。用解析法计算时，相当复杂，更不要说微分运算了。若用曲线法进行两个同频率的交流电的加减运算，虽然从图形上看起来直观、清晰，但作图却不方便，结果也不太准确。因此，为了计算几个同频率正弦量的加减运算，常用相量图法和相量式法这两种表示方法，其实可以把它们都归作相量法，这种表示方法是以复数为基础的。

五、正弦交流电的相量表示

一个正弦交流电可以用相量图表示，也可以用相量式表示。正弦交流电的相量图表示方法分为旋转矢量（最大值矢量）法和有效值矢量法。

1. 正弦交流电的相量图

（1）旋转矢量法

正弦量的旋转矢量法就是用旋转矢量表示正弦交流电的方法。在直角坐标系中画一个旋转矢量，做如下规定：

①用该矢量的长度表示正弦交流电的最大值。
②该矢量与横轴正向的夹角代表正弦交流电的初相角。
③该矢量绕着原点逆时针旋转的角速度等于交流电的角频率 ω。

这样，该有向线段任何时刻在纵轴上的投影就可以表示出该正弦量在同一时刻的瞬时值，如图 2-7(a)所示。

正弦交流电的相量表示

(a) 用旋转矢量表示正弦量

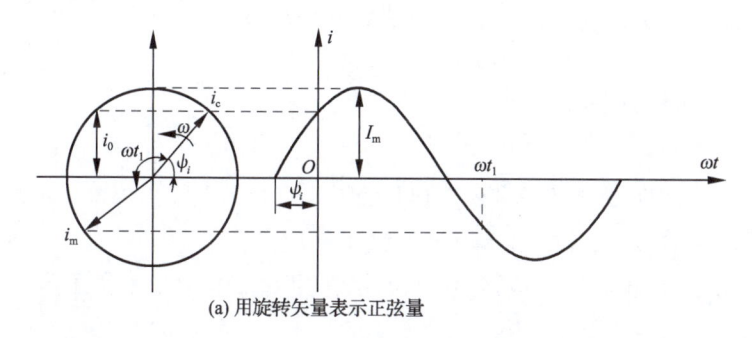

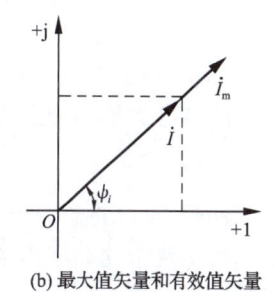

(b) 最大值矢量和有效值矢量

图 2-7　正弦交流电的相量图表示法

图 2-7(a)中的左面是正弦量有向线段的矢量表示法，右面是它逆时针方向旋转的瞬时投影图，即正弦量的波形图。这种画法比较烦琐。其实，当分析两个同频率正弦量时，由于它们的频率相同，在任意时刻两个旋转矢量间的夹角都是相同的(好像转动的自行车任意两个辐条之间的夹角不变的道理)，所以，通常只用初始位置($t=0$)的有向线段 I_m(或有效值 I)来表示一个旋转正弦量。

为了使这一旋转矢量与物理学中的空间矢量(如力、电场强度等)相区别，我们将表示随时间在平面上旋转的这一有向线段称为相量，用大写字母上加"·"或加"→"符号表示。如 $\dot{E}_m$、$\dot{U}_m$、$\dot{I}_m$[图 2-7(b)]分别表示电动势、电压、电流的最大值矢量。

(2) 有效值矢量法

由于正弦量的大小通常用有效值表示，因此，正弦量也可用复数平面中的一个矢量来表示，矢量的长度等于正弦量的有效值，矢量与横轴正向的夹角等于正弦量的初相角，将这个矢量称为有效值矢量，用 $\dot{E}$、$\dot{U}$、$\dot{I}$ 表示(它不随时间旋转，是静止的)。有效值矢量也只画矢量的起始位置[图 2-7(b)]。

(3) 相量图

相量图是指在一个复平面上表示几个同频率正弦量的相量整体时，构成了相量图。利用相量图分析交流电路，能够清楚地看出各个正弦量的大小和相互间的相位关系。为了画图方便，只要保持各相量间的相位差就可以了。这样作图时往往将某一个相量的初相角视为零，即选作参考相量，画在水平线上，而其他相量应依据它与参考相量的相位差画出，所以也就不必画出 x、y 轴了。因为相量图表示的是同频率的正弦量之间的关系，所以相量图上也不必画相量的旋转角速度，一般画有效值矢量。这样的相量图既简明又实用，是分析交流电路的主要方法之一，大家应该熟练掌握。

想一想

正弦交流电本身是矢量吗？它和矢量之间是什么对应关系？

注意：只有正弦量才能用相量表示，只有频率相同的正弦量才能画在同一相量图上，可以用平行四边形法则进行"和"与"差"的计算。两个同频率正弦交流电的"和"与"差"频率

不变。不同频率的正弦量不能画在一个相量图上进行比较、计算。

2. 相量式

正弦量的复数表示法也称符号法,它是以复数表示相量并进行代数运算的。例如电压 $u=100\sqrt{2}\sin(\omega t+60°)$,用复数表示为

$$\dot{U}=U(\cos\psi+\mathrm{j}\sin\psi)=100(\cos 60°+\mathrm{j}\sin 60°)=50+\mathrm{j}50\sqrt{3}（复数代数式）$$

u 也可以用复数的幅模、辐角(极坐标式或相量式)表示交流电,其相量式为

$$\dot{U}=U\angle\psi=100\angle 60°。$$

读作"相量 $\dot{U}$",用有效值和初相角表示。

$\dot{U}$ 的最大值相量式为

$$\dot{U}_{\mathrm{m}}=\sqrt{2}U\angle\psi=100\sqrt{2}\angle\psi=141\angle 60°$$

同理,可以将正弦电动势 $e=E\sqrt{2}\sin(\omega t+\psi)$ 写成相量式 $\dot{E}=E\angle\psi$。

由于两个同频率正弦交流电的"和"与"差"频率不变,所以在相量式中只写有效值 E 和初相角 ψ。

任务实施

【练一练 2-1】 如图 2-8 所示的正弦交流电的角频率为 ω,请写出它们的瞬时值表达式。

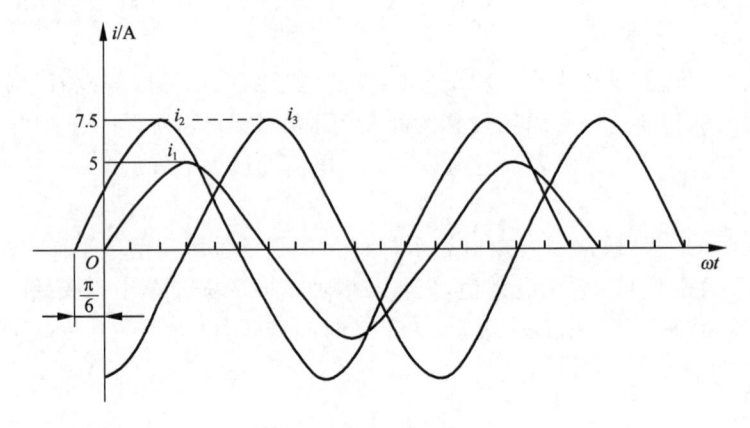

图 2-8 练一练 2-1 图

【解】
$$i_1=5\sin(\omega t)$$

$$i_2=7.5\sin\left(\omega t+\frac{\pi}{6}\right)$$

$$i_3=7.5\sin\left(\omega t-\frac{\pi}{2}\right)$$

【练一练 2-2】 一个正弦电压的初相角为 $60°$,$U=100$ V,$T=0.02$ s,求它的瞬时值表达式。

【解】
$$u=141.4\sin(314t+60°)$$

想一想

写出交流电瞬时值表达式的关键是什么?

【练一练 2-3】 已知正弦交流电：$i_1 = 5\sin(\omega t)$，$i_2 = 10\sin(\omega t + 45°)$，$i_3 = 50\sin(3\omega t - 45°)$。求：$i_1$ 和 i_2 相位差。

【解】 i_1 和 i_2 相位差为

$$\Delta \psi = \omega t - (\omega t + 45°) = -45°$$

表明 i_1 相位滞后于 i_2 相位 45°。

> **想一想**
>
> 求 i_2、i_3 的相位差有意义吗？如何求 $i = i_1 + i_2$ 的表达式？如何求 $i = i_1 - i_2$ 的表达式？分别用什么方法？

【练一练 2-4】 已知 $i_1 = 3\sqrt{2}\sin(\omega t + 60°)$，$i_2 = 4\sqrt{2}\sin(\omega t - 30°)$。求总电流 $i = i_1 + i_2$ 的瞬时值表达式。

【解】 方法一：根据 i_1、i_2 的有效值矢量可以求出"和相量"的表达式为

$$\dot{I}_1 = 3\angle 60°, \qquad \dot{I}_2 = 4\angle -30°$$

$$\dot{I} = \dot{I}_1 + \dot{I}_2 = 3\angle 60° + 4\angle -30° = 1.5 + j2.6 + 3.46 - j2$$
$$= 4.96 + j0.6 = 5\angle 6.9°$$

总电流为 $\qquad i = i_1 + i_2 = 5\sqrt{2}\sin(\omega t + 6.9°)$

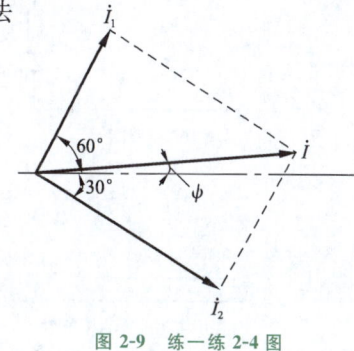

方法二：i_1、i_2 的相量图如图 2-9 所示，用平行四边形法则求得

$$I = \sqrt{I_1^2 + I_2^2} = \sqrt{3^2 + 4^2} = 5$$

$$\tan(\psi + 30°) = \frac{I_1}{I_2} = \frac{3}{4}$$

$$\psi + 30° = 36.9° \qquad \psi = 6.9°$$

$$\dot{I} = 5\angle 6.9°$$

同样可以求得上述"和"的表达式

$$i = i_1 + i_2 = 5\sqrt{2}\sin(\omega t + 6.9°)$$

图 2-9 练一练 2-4 图

> **想一想**
>
> 若要求 $i = i_1 - i_2$ 的表达式，又该如何求呢？

学习任务 2 单一参数正弦交流电路的计算

任务目标

学会分析单一参数电路中电压和电流的频率、相位、数值关系；理解有功功率、无功功率的概念，掌握相关功率的计算。

学习任务 2-2

> **任务引入**

实际电路中有三种参数:电阻、电感和电容。严格来说,只包含单一参数的理想电路元件是不存在的,但当一个实际元件中只有一个参数起主要作用时,我们可以近似地把它看成单一参数的理想电路元件。实际电路可能比较复杂,但一般来说,除电源外,其余部分都可以用单一参数电路元件组成电路模型。在此将导出这三种基本元件电压与电流之间关系的相量形式。

相关知识

一、纯电阻电路

大家见到的白炽灯、电烙铁、电阻炉等,都可认为是纯电阻性的负载,由它们组成的电路都可看成是纯电阻电路,可用图 2-10(a)表示。

(a) 电路图
(b) 电压和电流的波形图
(c) 电压和电流的相量图
(d) 功率波形图

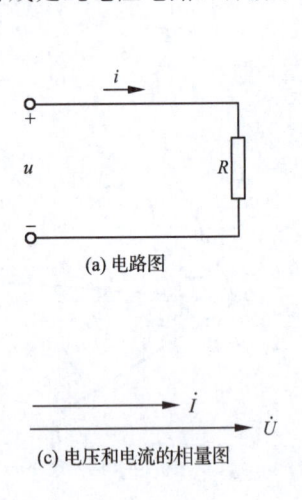

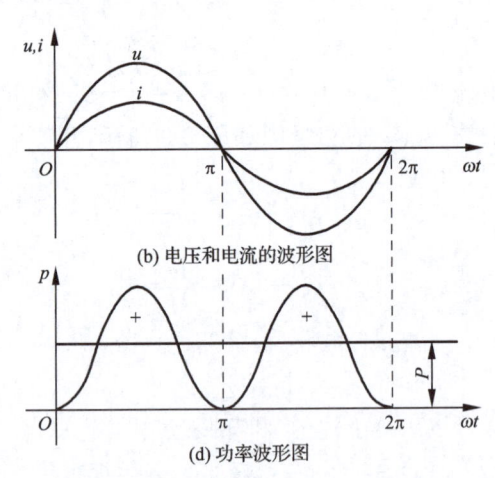

图 2-10　纯电阻元件的交流电路

1. 电阻元件上的电流和电压关系

(1)电阻元件上电流和电压的数值关系:

①瞬时值关系:电压和电流的瞬时值符合欧姆定律,即 $i=\dfrac{u}{R}$。

②最大值符合欧姆定律:若设电流为参考正弦量,即 $i=I_m\sin(\omega t)$,则 $u=Ri=RI_m\sin(\omega t)=U_m\sin(\omega t)$,可见 $U_m=RI_m$。

③有效值符合欧姆定律:$U=IR$。

(2)电压和电流的频率相同,如图 2-10(b)所示。

(3)电压和电流的相位相同,如图 2-10(b)、图 2-10(c)所示。

(4)电压和电流的相量关系式:$\dot{U}=R\dot{I}$,相量图如图 2-10(c)所示。

2. 电阻元件的功率

(1)瞬时功率

瞬时功率指在交流电路中,任一时刻元件上电压的瞬时值与电流的瞬时值乘积,用小写字母 p 表示,即

微课

纯电阻电路电压与电流关系

$$p = ui = U_m\sin(\omega t) \cdot I_m\sin(\omega t) = UI[1-\cos2(\omega t)] \qquad (2\text{-}9)$$

由式(2-9)可见,电阻从电源吸收的瞬时功率是由两部分组成的:第一部分是恒定值 UI;第二部分是幅值为 UI,并以 2ω 角频率随时间变化的交变量 $-UI\cos(2\omega t)$。功率的变化曲线如图 2-10(d)所示,从该曲线可以看出,电阻所吸收的功率在任一时刻总是大于或等于零的,即电阻是耗能元件。瞬时功率随时间变化并无实用意义,但由它可以求出平均功率。

(2)有功功率

把一个周期内电阻吸收功率的平均值称为有功功率或平均功率,用大写字母 P 表示。有功功率的公式可通过下面过程导出

$$P = \frac{1}{T}\int_0^T p\,\mathrm{d}t = \frac{1}{T}\int_0^T UI[1-\cos(2\omega t)]\,\mathrm{d}t = UI$$

从前面电压和电流的数值关系还可以得出

$$P = UI = RI^2 = \frac{U^2}{R}$$

> **想一想**
>
> 交流电路中 P 的公式中物理量的含义与直流电路中电阻的功率表达式中的相同吗?

二、纯电感电路

在交流电路中,当一个电感线圈的直流电阻可以忽略不计($R=0$)时,由它组成的电路可看成纯电感电路,如图 2-11(a)所示。

(a) 电路图

(b) 电压和电流的波形图

(c) 电压和电流的相量图

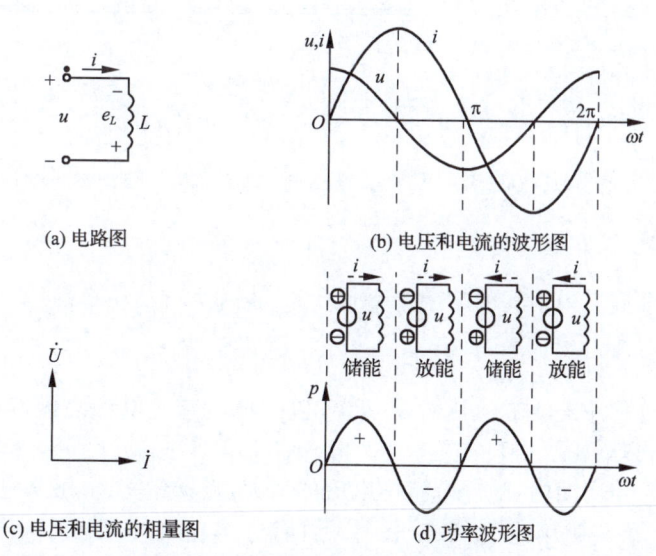

(d) 功率波形图

图 2-11 纯电感元件的交流电路

1.电感元件上电压和电流的关系

从分析纯电阻电路来看,要想找出电压和电流的关系,需要找到电压和电流的相关表达式,有了这个相关表达式,就可以找出电压和电流的一切关系。

由电磁感应定律可以得出电感元件的电压和电流的相关表达式为

$$u = -e = L\frac{di}{dt}$$

若设 i 为参考量，即 $i = I_m\sin(\omega t)$，可以得到

$$u = L\frac{di}{dt} = \omega L I_m \cos(\omega t) = U_m \sin(\omega t + 90°) \qquad (2\text{-}10)$$

由此可见：

(1)电压、电流的频率相同，其波形图如图 2-11(b)所示。

(2)电压和电流的相位不同，电流滞后电压 90°。

(3)电压和电流的数值关系：电压和电流相位不同，瞬时值不符合欧姆定律，只有最大值和有效值符合欧姆定律，即

$$U_m = \omega L I_m \quad U = \omega L I = X_L I \qquad (2\text{-}11)$$

式中 X_L——感抗，Ω。

$$X_L = \omega L = 2\pi f L \qquad (2\text{-}12)$$

式(2-12)表明，同一个电感线圈其电感值为定值，它对不同频率的正弦电流体现出不同的感抗，频率越高，其感抗就越大。因此，电感元件对高频电流有较大的阻碍作用。在极端情况下 $f=0$，则 $X_L=0$，因此纯电感在直流电下相当于短路导线；当 $f\to\infty$ 时，$X_L\to\infty$，即通入交流电的频率越高，电感所呈现的感抗就越大。这也说明了电感的"通直流隔交流"的作用。

(4)电压和电流的相量图如图 2-11(c)所示，相量关系式为

$$\dot{U} = jX_L\dot{I} = j\omega L\dot{I} \qquad (2\text{-}13)$$

> **想一想**
>
> 感抗的单位与电阻单位相同，但两者对于电流的阻碍作用是有本质区别的，这个本质区别是什么呢？

2. 电感电路的功率

(1)瞬时功率

$$p = ui = U_m\sin(\omega t + 90°) \cdot I_m\sin(\omega t) = UI\sin(2\omega t) \qquad (2\text{-}14)$$

由此可见，电感从电源吸收的瞬时功率是幅值为 UI、以 2ω 的角频率随时间变化的正弦量，如图 2-11(d)所示。

(2)有功功率

电感元件在一个周期内消耗的功率为平均功率，也称为有功功率。

$$P = \frac{1}{T}\int_0^T p\,dt = 0 \qquad (2\text{-}15)$$

式(2-15)说明纯电感元件不消耗有功功率，但是纯电感与电源之间存在着能量交换，从图 2-11(d)中也可以看出。

在电流第 1 个 1/4 周期内，随着电感中电流的增大，磁场建立，电感从电源中吸取能量，$p>0$，电感将电能转换为磁场能；在第 2 个 1/4 周期内，电感中电流减小，磁场逐渐消失，此时电感将储存的能量释放出来反馈给电源，$p<0$，电感将磁场能转换为电能；在第 3 个 1/4 周期内，电感又有一个储能过程；在第 4 个 1/4 周期内，电感又有一个释放能量的过程。电感中的能量转换就这样交替进行，在一个周期内吸收和放出的能量相等，因而平均值为零。这一事实说明，纯电感不消耗能量，是一种储能元件，它在电路中起着交换能量的作用。

电感元件储存的磁场能大小为

$$W_L = \frac{1}{2}Li^2 \qquad (2\text{-}16)$$

(3)无功功率

电感虽然不消耗功率,但与电源之间有能量的交换,电源需要给电感提供电流,而实际电源的额定电流是有限的,所以电感元件对电源来说仍是一种负载,它要占用电源设备的容量。电感与电源之间进行功率交换的最大值用无功功率 Q_L 表示,有

$$Q_L = UI = I^2 X_L = \frac{U^2}{X_L} \tag{2-17}$$

式(2-17)与电阻电路中的 $P = UI = RI^2 = \frac{U^2}{R}$ 在形式上相似,并且有相同的量纲,但有本质区别。P 是电路中消耗的功率,称为有功功率,其单位是瓦(W);而 Q_L 只反映电感中能量互换的功率,并不是消耗的功率,为了和有功功率区别开来,称为无功功率,单位是乏尔(var),简称乏。"无功"的含义是"交换",并不是"无用",变压器、电动机就是靠电磁转换和无功功率工作的。

> **想一想**
>
> 能从字面上把无功功率理解为"无用之功"吗?"无功"的真正含义是什么?

三、纯电容电路

一个介质损耗和分布电感都可忽略的电容组成的电路可看成纯电容电路,如图 2-12(a)所示。

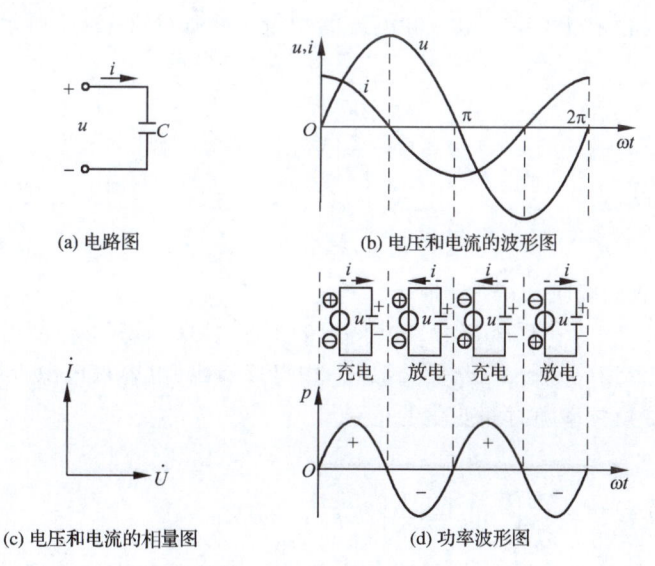

图 2-12 纯电容元件的交流电路

(a) 电路图 (b) 电压和电流的波形图 (c) 电压和电流的相量图 (d) 功率波形图

1. 电容元件上电压和电流的关系

从分析纯电阻、纯电感电路来看,要想找出电压和电流的关系,需要找到纯电容电路中电压和电流的相关表达式,有了这个相关表达式,就可以找出电压和电流的一切关系。

(1)电压和电流的数值关系。在关联参考方向下,电容元件的电压、电流关系为

$$i = \frac{dq}{dt} = C\frac{du}{dt}$$

纯电容电路电压与电流关系

若设电压为参考正弦量,则电压表示为 $u=U_m\sin(\omega t)$,可以得出

$$i=C\frac{du}{dt}=\omega CU_m\cos(\omega t)=I_m\sin(\omega t+90°) \tag{2-18}$$

所以

$$I_m=\omega CU_m \quad U_m=\frac{I_m}{\omega C} \quad U=\frac{I}{\omega C} \tag{2-19}$$

从式(2-19)可以看出,当电压为定值时,$1/(\omega C)$越大,电容电路的电流越小,所以$1/(\omega C)$具有阻碍电流的作用,称为电容性电抗,简称容抗,用 X_C 表示,单位为欧姆(Ω),且

$$X_C=\frac{1}{\omega C}=\frac{1}{2\pi fC} \tag{2-20}$$

从式(2-20)可以看出,对一定容量的电容,通入不同频率的交流电时,电容会表现出不同的容抗,频率越高,容抗就越小。在极端情况下,若 $f\to\infty$,则 $X_C\to 0$,此时电容可视为短路;若 $f=0$(直流),则 $X_C\to\infty$,此时电容可视为开路。这说明了电容元件的"隔直流通交流"作用。

电压和电流的最大值和有效值均符合欧姆定律,即

$$U_m=X_CI_m \quad U=X_CI \tag{2-21}$$

注意:$i\ne u_C/X_C$,因为电压和电流的相位不同。

(2)电压和电流的频率相同。

(3)电压和电流的相位关系。$\Delta\psi=\psi_u-\psi_i=-90°$,即电流总是超前电压90°[图2-12(c)]。

(4)电压和电流的相量关系。电压和电流的相量关系如图2-12(c)所示,也可以写成下面的相量关系式

$$\left.\begin{array}{l}\dot{I}=j\omega C\dot{U}\\ \dot{U}=-jX_C\dot{I}\end{array}\right\} \tag{2-22}$$

2. 电容电路的功率

(1)瞬时功率

电容电路所吸收的瞬时功率为

$$p=ui=U_m\sin(\omega t)\cdot I_m\sin(\omega t+90°)=UI\sin(2\omega t)$$

其波形图如图2-12(d)所示。从图2-12(d)中可以看出:电容从电源吸取的瞬时功率是幅值为 UI,并以 2ω 角频率随时间变化的正弦量。

(2)有功功率

有功(平均)功率 $P=\frac{1}{T}\int_0^T p\,dt=\frac{1}{T}\int_0^T UI\sin(2\omega t)\,dt=0$。

这说明纯电容元件不消耗有功功率,但电容与电源之间仍存在着能量交换,故电容也是储能元件。

在第1个1/4周期内,电容从电源吸取能量,此时 $p>0$,电容将电能转换为电场能(充电);在第2个1/4周期内,电容将储存的能量释放出来反馈给电源,此时 $p<0$,电容释放能量(放电);在第3个1/4周期内,电容反方向充电;在第4个1/4周期内,电容反方向放电。在一个周期内电容充、放电能量相等,平均值为零。这说明,电容不消耗能量,但可以储存能量,是一个储能元件,在电路中也起着能量的"交换"作用。

电容元件储存的电场能为

$$W_C=\frac{1}{2}Cu^2 \tag{2-23}$$

(3) 无功功率

电容不消耗功率，电容与电源交换功率的最大值也称为无功功率，用 Q_C 表示，单位是乏尔(var)，简称乏，其表达式为

$$Q_C = UI = I^2 X_C = \frac{U^2}{X_C} \tag{2-24}$$

> **想一想**
>
> 在电容电路中"无功"的真正含义又是什么？

任务实施

单一参数正弦交流电路的计算

【练一练 2-5】 已知一个白炽灯，工作时的电阻为 484 Ω，其两端的正弦电压 $u = 311\sin(314t - 60°)$，求：(1)通过灯的电流相量及瞬时值表达式 i；(2)灯工作时的平均功率。

【解】 (1)电压相量为

$$\dot{U} = U\angle\psi_u = \frac{311}{\sqrt{2}}\angle{-60°} = 220\angle{-60°}$$

电流相量及表达式为

$$\dot{I} = \frac{\dot{U}}{R} = \frac{220\angle{-60°}}{484} = \frac{5}{11}\angle{-60°} = 0.45\angle{-60°}$$

$$i = \sqrt{2}I\sin(\omega t + \psi_i) = 0.45\sqrt{2}\sin(314t - 60°)$$

(2)平均功率

$$P = UI = 220 \times 5/11 = 100$$

> **想一想**
>
> 若把电压的频率提高到原来的 2 倍，结果如何？

【练一练 2-6】 已知一个纯电感 $L = 2$ H，接在 $u_L = 220\sqrt{2}\sin(314t - 60°)$ 的电源上。求：(1) X_L；(2)通过电感的电流 i_L；(3)电感上的无功功率 Q_L。

【解】
$$X_L = \omega L = 314 \times 2 = 628 \text{ Ω}$$

$$\dot{I}_L = \frac{\dot{U}_L}{jX_L} = \frac{220\angle{-60°}}{628j} = 0.35\angle{-150°}$$

$$i_L = 0.35\sqrt{2}\sin(314t - 150°)$$

$$Q_L = UI = 220 \times 0.35 = 77$$

> **想一想**
>
> 电感的有功功率 $P = $？若把此电源的频率提高到原来的 2 倍，结果如何？若这个电感线圈的直流电阻不可忽略，其值为 $R = 100$ Ω，此交流电路还是纯电感电路吗？是不是可以看成是纯电阻和纯电感的串联电路呢？电压和电流的相位差还是 90°吗？有功功率是多少？这个电感线圈对交流电的总的阻碍作用是多少？

【练一练2-7】 已知一电容 $C=50\ \mu F$，接到 220 V、50 Hz 的正弦交流电源上。求：(1)X_C；(2)电路中的电流 I_C 和无功功率 Q_C；(3)电源频率变为 1 000 Hz 时的容抗。

【解】
$$X_C=\frac{1}{\omega C}=\frac{1}{2\pi fC}=\frac{1}{2\times 3.14\times 50\times 50\times 10^{-6}}=63.7$$

$$I_C=\frac{U_C}{X_C}=\frac{220}{63.7}=3.45$$

$$Q_C=U_CI_C=220\times 3.45=759$$

当 $f=1\ 000$ Hz 时

$$X_C=\frac{1}{2\pi fC}=\frac{1}{2\times 3.14\times 1\ 000\times 50\times 10^{-6}}=3.18$$

> **想一想**
>
> 当电源电压不变而频率变为 1 000 Hz 时，无功功率变化吗？一个电阻为 R 的电感线圈和电容 C 串联，相当于一个什么电路呢？

> **课堂互动**
>
> 根据以上的教学内容，设计一个"单一参数正弦交流电路的电压、电流、功率等分析小结表"，将三种纯电路的电压、电流、功率做一个对比。

学习任务3　认识 RLC 串联电路及串联谐振

> **任务目标**
>
> 了解 RLC 串联电路中电压和电流的关系及串联谐振概念；掌握产生谐振的条件及谐振特征；能够对 RLC 组合电路进行简单分析和计算。

> **任务引入**
>
> 在实际电路中，除白炽灯照明电路是纯电阻电路外，其他电路几乎都是包含了电感或电容的复杂混合电路。在分析实际电路时，我们一般将复杂电路抽象为由若干理想电路元件串、并联组成的典型电路模型进行简化处理。本学习任务讨论的 R、L、C 的串联电路就是一种正弦交流电路中的典型电路，单一参数的电路、RL 串联电路、RC 串联电路则可以看成是 RLC 串联电路的特例。因此本任务所得出的结论更具有一般性。

学习任务2-3

相关知识

一、RLC 串联电路

1. 电路总电压 u 与电流 i 之间的关系

图 2-13(a)所示为 RLC 串联电路。可以将其看成由三段单一参数(纯电阻、纯电感、纯

电容)的纯电路组成,而每一段纯电路上电压和电流都遵守前面讨论的规律。这也是分析一般电路常用的方法。

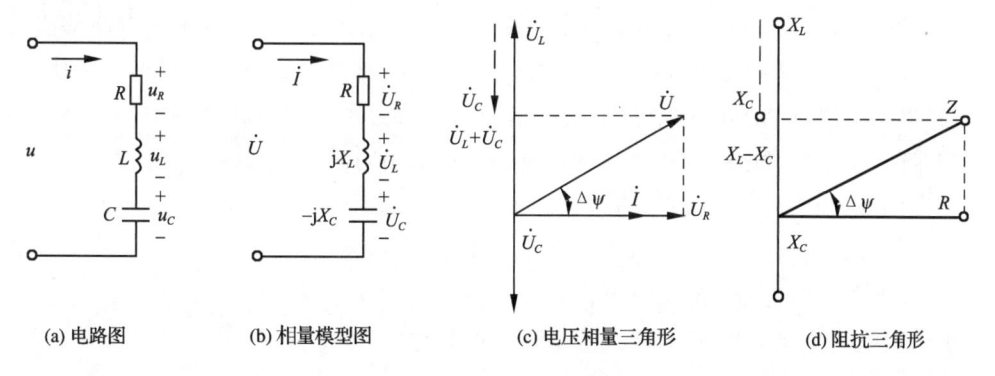

(a) 电路图　(b) 相量模型图　(c) 电压相量三角形　(d) 阻抗三角形

图 2-13　RLC 串联电路

设通过 RLC 串联电路的正弦电流为 $i = I_m \sin(\omega t)$,根据纯电路的分析,该电流在电阻、电感和电容上的电压降分别为

$$u_R = I_m R \sin(\omega t) = U_{Rm} \sin(\omega t)$$

$$u_L = I_m X_L \sin(\omega t + 90°) = U_{Lm} \sin(\omega t + 90°)$$

$$u_C = I_m X_C \sin(\omega t - 90°) = U_{Cm} \sin(\omega t - 90°)$$

根据串联电路总电压的计算规律,总电压为

$$u = u_R + u_L + u_C \tag{2-25}$$

RLC 串联电路

式(2-25)用相量表示为

$$\dot{U} = \dot{U}_R + \dot{U}_L + \dot{U}_C \tag{2-26}$$

而对于每一段纯电路,电压和电流的关系又可写成如下相量式[相量图如图 2-13(c)所示]:

$$\dot{U}_R = R\dot{I} = U_R \angle 0°$$

$$\dot{U}_L = jX_L \dot{I} = U_L \angle 90°$$

$$\dot{U}_C = -jX_C \dot{I} = U_C \angle -90°$$

从相量图可知,电阻、电感、电容上的电压构成电压三角形,如图 2-14(a)所示。各电压间的数值关系为

$$U = \sqrt{U_R^2 + (U_L - U_C)^2} \tag{2-27}$$

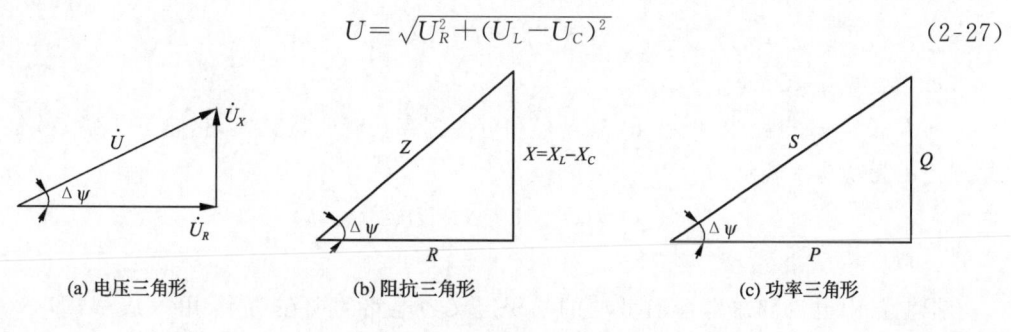

(a) 电压三角形　(b) 阻抗三角形　(c) 功率三角形

图 2-14　电压、阻抗及功率三角形

将 $U_R = RI, U_L = X_L I, U_C = X_C I$ 代入式(2-27)得

$$U = \sqrt{(RI)^2 + (X_L I - X_C I)^2} = I\sqrt{R^2 + (X_L - X_C)^2} \tag{2-28}$$

若令

$$|Z| = \sqrt{R^2 + (X_L - X_C)^2} = \sqrt{R^2 + X^2}$$

则式(2-28)可改写为
$$U=I|Z| \tag{2-29}$$

Z 的单位也是欧姆(Ω),表明了串联电路对交流电总的阻碍作用,称为电路的阻抗模。可见,Z、R、$X(X_L-X_C)$ 也可以用一个阻抗三角形表示,如图 2-13(d) 和图 2-14(b) 所示。

(1) 串联电路总电压 U 和电流 I 的频率相同。因为在每一段纯电路中,电压和电流的频率都相同,所以串联电路的总电压和电流的频率也相同。

(2) 总电压和电流数值关系:有效值和最大值均符合欧姆定律,即
$$U=|Z|I \qquad U_m=|Z|I_m \tag{2-30}$$

(3) 总电压 u 与电流 i 的相位差:

由于以电流为参考相量,$\psi_i=0$,所以 u、i 的相位差为
$$\Delta\psi=\psi_u-\psi_i=\psi_u$$

由电压三角形可知
$$\Delta\psi=\arctan\frac{U_L-U_C}{U_R}=\arctan\frac{X_L-X_C}{R} \tag{2-31}$$

可见,当电源的频率一定时,总电压 u 与电流 i 的相位关系和有效值关系都取决于电路参数 R、L、C。

① 当 $X=X_L-X_C>0$ 时,$\Delta\psi>0$,说明总电压超前电流 $\Delta\psi$ 角,电路呈现感性;

② 当 $X=X_L-X_C<0$ 时,$\Delta\psi<0$,说明总电压滞后电流 $\Delta\psi$ 角,电路呈现容性;

③ 当 $X=X_L-X_C=0$ 时,$\Delta\psi=0$,说明总电压与电流同相,电路呈现电阻性。

(4) 总电压 u 与电流 i 的相量关系
$$\dot{U}=\dot{U}_R+\dot{U}_L+\dot{U}_C=[R+j(X_L-X_C)]\dot{I}=Z\dot{I} \tag{2-32}$$
其中
$$Z=R+j(X_L-X_C)$$

2. RLC 串联电路的功率

(1) 有功功率 P

串联电路消耗的总有功功率就是电阻 R 消耗的有功功率,因为串联电路中只有电阻 R 消耗功率,电感 L 和电容 C 不消耗功率。
$$P=U_R I=UI\cos(\Delta\psi) \tag{2-33}$$

(2) 无功功率 Q

在 RLC 串联电路中,电感 L、电容 C 和电源都存在着能量交换,它们与电源交换能量的总规模用无功功率表示为
$$Q=(U_L-U_C)I=UI\sin(\Delta\psi) \tag{2-34}$$

(3) 视在功率 S

把电路中电流和总电压有效值的乘积定义为电路的视在功率,用 S 表示,即 $S=UI$。为了与平均功率相区别,视在功率的单位用伏安(VA)表示,1 VA=1 W。
$$S=\sqrt{P^2+Q^2} \tag{2-35}$$

P、Q、S 三者也构成直角三角形,称为功率三角形,如图 2-14(c) 所示。

(4) 功率因数

有功功率与电源视在功率的比值称为功率因数,用 $\cos(\Delta\psi)$ 表示。

$$\cos(\Delta\psi)=\frac{P}{S}=\frac{R}{Z} \tag{2-36}$$

功率因数是表征交流电路状况的重要参数之一,它的大小由负载性质决定。电阻性负载 $\cos(\Delta\psi)=1$,感性负载和容性负载 $\cos(\Delta\psi)<1$。

交流用电设备都是按额定电压 U_N 和额定电流 I_N 设计和使用的,若供电电压为 U_N,负载取用的电流应不超过额定值 I_N,通常称额定视在功率 S_N 为电气设备的容量,即

$$S_N=U_N I_N \tag{2-37}$$

交流用电设备以额定电压 U_N 对负载供电,即使输出电流达到额定电流 I_N,其输出的有功功率也不一定能达到视在功率,因为 P 还取决于负载的功率因数,即

$$P=U_N I_N \cos(\Delta\psi) \tag{2-38}$$

式中,$\Delta\psi$ 为总电压 u 与电流 i 的相位差,$\Delta\psi$ 和 $\cos(\Delta\psi)$ 取决于电路的性质。

> **想一想**
>
> 当 $\cos(\Delta\psi)$ 为多少时,$P=S$?此时,电路呈现什么性质?

二、串联谐振

在实际由电感和电容元件组成的交流电路中,电路两端的电压与电流一般是不同相的。如果我们能调节电路中的元件参数或电源的频率而使它们的相位相同,这时电路就会发生谐振现象。谐振既有有利的一面,也有有害的一面,研究谐振的目的在于认识这种客观现象,并在实践中充分利用谐振的特征,同时也要防止它产生的危害。谐振分串联谐振和并联谐振两种,在此只讲串联谐振。

1. 串联谐振的条件

从 RLC 串联电路的分析可知:当 $X=X_L-X_C=0$ 时,电路相当于"纯电阻"电路,其总电压 U 和电流 I 同相,电路出现"谐振"。即

$$\Delta\psi=0$$

$$\omega_0 L - \frac{1}{\omega_0 C}=0$$

得

$$\omega_0 = \frac{1}{\sqrt{LC}} \tag{2-39}$$

RLC 串联谐振的条件及特征

设发生谐振时的角频率为 ω_0。由于 $\omega_0=2\pi f_0$,所以将 ω_0 代入式(2-39)得

$$f=f_0=\frac{1}{2\pi\sqrt{LC}} \tag{2-40}$$

f_0 称为串联电路的谐振频率,它与电阻 R 无关,反映了串联电路一种固有的性质。对于每个 RLC 串联电路,总有一个对应的谐振频率,而且改变 L 或 C 的数值或电源的频率都可以使电路发生谐振或消除谐振。因此,在需要利用谐振电路时,可以设计出多种调谐方式。

2. 串联谐振的特征

(1)电流与电压同相位,电路呈电阻性。当 $X=X_L-X_C=0$ 时,$Z=R$,表明电源供给电路的能量全部被电阻所消耗,电源与电路之间不发生能量交换。能量的交换只发生在电感

和电容两个元件之间。

(2)电路的阻抗 Z 最小，$Z=R$，而电流 I 最大，即 $I=U/R$。

(3)串联谐振时，电感的端电压与电容的端电压大小相等，相位相反，相互完全抵消，因此串联谐振又称为电压谐振。

$$\dot{U}_L = -\dot{U}_C$$

此时电阻的端电压等于外加电压(外加电压全部降在电阻上)，电阻电压达到最大值。即

$$\dot{U} = \dot{U}_R$$

在电力电路中，串联谐振往往是要设法避免的，然而在电子电路中却常常要利用串联谐振。

任务实施

RLC 串联电路的计算

【练一练 2-8】 某收音机的输入调谐电路中 $L=260~\mu H$，若要收听频率为 $828~kHz$(该频率就是串联谐振频率 f_0)的北京人民广播电台的新闻广播，应将调谐电容调整为多大？

【练一练 2-9】 已知一个线圈的参数为 $R=6~\Omega$ 和 $X_L=8~\Omega$，与 $X_C=2~\Omega$ 的电容器串联后接在 $220~V$ 的正弦交流电源上。求：(1)电路中的电流 I；(2)电流与电源电压的相位差；(3)线圈上的电压是多少？

【解】 (1)设电源电压为 $u=U_m\sin(\omega t)$，相量式为 $\dot{U}=220\angle 0°~V$，线圈的直流电阻为 $6~\Omega$，不可忽略，这时它和电容器的串联电路可以看成是一个 RLC 的串联电路。

$$\dot{I} = \frac{\dot{U}}{R+j(X_L-X_C)} = \frac{220\angle 0°}{6+j(8-2)} = \frac{220\angle 0°}{8.5\angle 45°} = 25.9\angle -45°$$

$$I = 25.9$$

(2)电压的初相位为 $0°$，电流的初相位为 $-45°$，故电流和电压的相位差

$$\Delta\psi = 0° - (-45°) = 45°$$

(3)线圈上的电压矢量实际等于纯电阻 R 上电压和纯电感 L 上电压的矢量和，即

$$\dot{U}_{RL} = \dot{U}_R + \dot{U}_L = (R+jX_L)\dot{I} = (6+j8)\times 25.9\angle -45°$$
$$= 10\angle 53.1° \times 25.9\angle -45° = 259\angle 8.1°$$

$$U_{RL} = 259$$

> **想一想**
>
> 练一练 2-9 中电路呈现什么性质？电路的 $P=?$ $Q=?$ $S=?$ $\cos(\Delta\psi)=?$ 采用什么方法能使该电路呈现出电阻性质？

> **课堂互动**
>
> 对于含有一定电阻的感性负载和电容器的并联电路，你能根据串联谐振的推导过程，推导出并联谐振的条件和谐振频率吗？

学习任务 4　三相交流电路的计算

任务目标

了解三相交流发电机的结构,掌握三相电源的连接;掌握相电压、线电压的概念;掌握三相对称负载的星形连接和三角形连接及计算;掌握有功功率、无功功率及视在功率的概念、计算。

学习任务 2-4

素养提升

通过学习功率因数提高的意义,了解企业电气设备功率因数没有达到国家规定的惩罚措施,引导学生做诚实守信的新时代青年,践行社会主义核心价值观。

任务引入

三相电路在汽车上的用处并不多,但是在汽车企业中的应用较普遍。电力电源一般采用的是三相制供电。汽车服务企业中大型汽车检修设备大多数都是由三相交流电动机驱动的。所以,我们要学习三相交流电的产生。汽车上硅整流发电机定子绕组产生的就是三相交流电,它是经过整流器整流变成直流电后供汽车上用电设备使用的。

相关知识 >>>

一、交流发电机的结构和工作原理

1. 交流发电机的结构

三相交流电是由三相交流发电机产生的。三相交流发电机主要由电枢和磁极组成。

电枢是固定的,即定子。定子由定子铁芯和定子绕组(三个相同的绕组)组成。三个绕组的始端分别用 U_1、V_1、W_1 表示,末端分别用 U_2、V_2、W_2 表示。U_1U_2、V_1V_2、W_1W_2 三个绕组分别称为三相交流电的 U 相、V 相、W 相绕组,如图 2-15 所示。

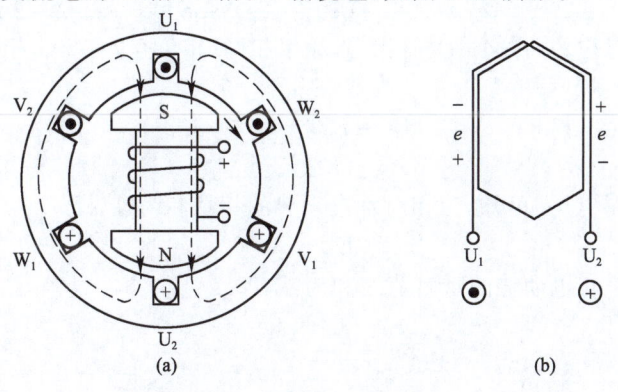

(a)　　(b)

图 2-15　三相交流发电机的原理

磁极是转动的,也称转子,转子铁芯上绕有励磁绕组,用直流励磁。大型发电机的磁极是由内燃机、汽轮机驱动的,汽车上硅整流发电机的转子是由发动机通过皮带驱动的,励磁绕组开始是由蓄电池来提供励磁电流的,当发电机正常发电后,由发电机自身提供励磁电流。

2. 三相电动势的产生

采用适当的磁极极面形状,让定子和转子间气隙中的磁通密度呈正弦分布。这样,当转子被原动机拖动在磁场中旋转时,三相定子绕组就会依次切割磁力线,产生感应电动势。又因为,磁力线按正弦规律分布,绕组各始端、末端间都彼此间隔120°放在定子铁芯槽内。所以,这三相绕组所产生的三相电动势最大值相等,频率相同,相位互差120°,我们把这样的交流电称为三相对称正弦交流电。

三相绕组中产生的三相对称电动势的瞬时值分别表示为

$$e_U = E_m \sin(\omega t)$$
$$e_V = E_m \sin(\omega t - 120°)$$
$$e_W = E_m \sin(\omega t + 120°)$$

规定:三相对称电动势的正方向是从绕组的末端→首端。若某一时刻 e 的数值为负,则说明其方向是从首端→末端。它们的波形图和相量图如图2-16所示。

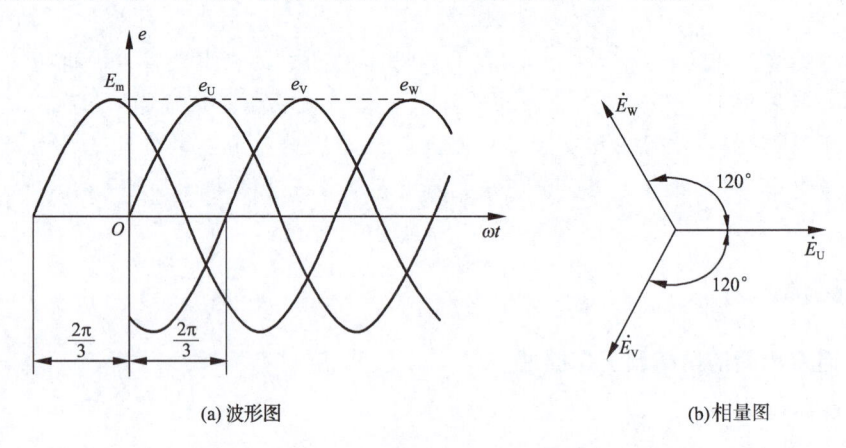

图2-16 三相对称电动势的波形图和相量图

> **想 一 想**
>
> 三相电动势对称的特征是什么?写出三相电动势的相量式。

三相电动势是对称的,它们最大值相等,频率相同,相位互差120°,相量式为

$$\dot{E}_U = E \angle 0°$$
$$\dot{E}_V = E \angle -120°$$
$$\dot{E}_W = E \angle 120°$$

从相量图(图2-16(b))可知,三相对称电动势的相量和为零,即

$$\dot{E}_U + \dot{E}_V + \dot{E}_W = 0$$

因此,在每一时刻,三相电动势的瞬时值之和为零,即

$$e_U + e_V + e_W = 0$$

3. 相序

通常把三相交流电到达正的最大值(或负的最大值)的先后次序称为相序。例如上述

的三相电动势依次滞后120°,其相序为 U→V→W(顺相序);反之为逆相序(U→W→V)。电动机的转动方向与电源的相序有关。

二、三相电源的连接

三相发电机的三个定子绕组的连接方式有两种:星形(Y)连接和三角形(△)连接。三角形连接是将三个定子绕组连接成三角形,并从顶点引出三条相线的接法。这里只介绍星形连接。

1. 星形连接的特点

通常把发电机三相绕组的末端 U_2、V_2、W_2 连接成一点 N,而把始端 U_1、V_1、W_1 作为与外电路相连接的端点,这种连接方式称为电源的星形连接,如图 2-17(a)所示。N 点称为中性点或中点或零点,从中点引出的导线称为中性线或中线或零线,有时中线接地,又称为地线。从始端(U_1、V_1、W_1)引出的三根导线称为端线或相线,俗称火线,常用 L_1、L_2、L_3 表示。在裸导线上可涂以黄、绿、红、淡蓝颜色标记以区分各导线,导线采用的颜色必须符合国家标准,如图 2-17(b)所示。

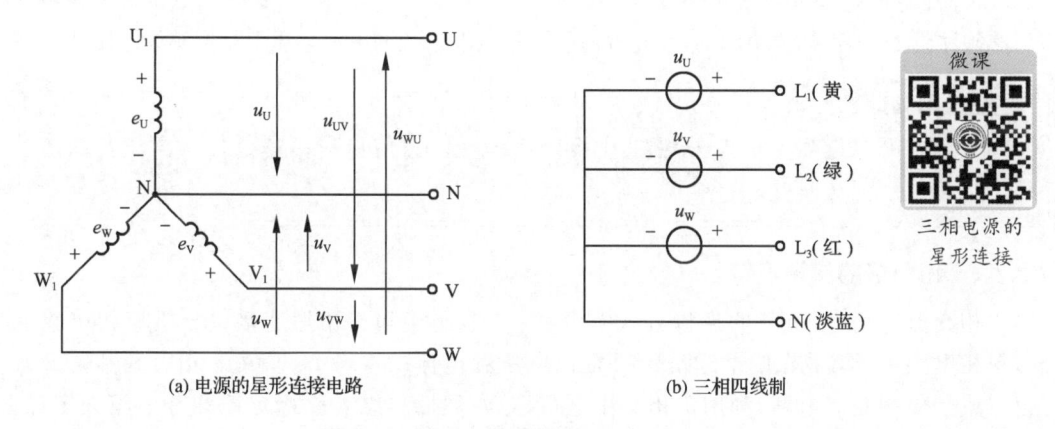

(a) 电源的星形连接电路 (b) 三相四线制

图 2-17 三相电源的星形连接

2. 三相四线制

由三条相线和一条中线构成的供电系统称为三相四线制供电系统。通常低压供电网均采用三相四线制。常见的只有两条导线的供电电路一般只包括三相中的一相,由一条相线和一条中线组成。

(1)三相四线制供电系统输送的两种电压

①相电压 U_P:是指相线与中线之间的电压,用 U_U、U_V、U_W 表示;

②线电压 U_L:是指相线与相线之间的电压,用 U_{UV}、U_{VW}、U_{WU} 表示。

通常规定各相电动势的参考方向为从绕组的末端指向始端,相电压的参考方向为从始端指向末端(从相线指向中线);线电压的参考方向如图 2-17(a)所示,例如,U_{UV} 的方向则是从 U 端指向 V 端。

线电压与相电压的相量图如图 2-18 所示。由于三相电动势是对称的,故相电压也是对称的,相电压的相量式为

$$\dot{U}_U = U_P \angle 0°$$

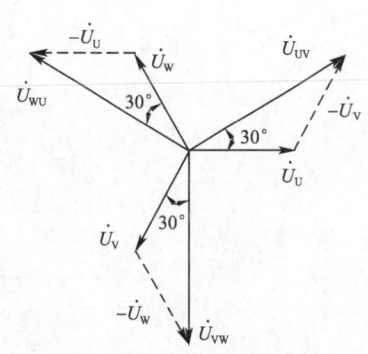

图 2-18 线电压与相电压的相量图

$$\dot{U}_V = U_P \angle -120°$$
$$\dot{U}_W = U_P \angle 120°$$

想一想

在相电压已知的情况下,你能根据 $u_{UV}=u_U-u_V$,写出 $\dot{U}_{UV}$ 的相量式吗?能求出线电压 U_{UV} 和 U_U 的相位关系和数值关系吗?

(2)线电压和相电压的关系

由图 2-18 可知,线电压也是对称的,在相位上比相应的相电压超前 30°。线电压的有效值用 U_L 表示,相电压的有效值用 U_P 表示。各线电压与相电压之间的关系为

$$U_L = \sqrt{3} U_P \tag{2-41}$$

一般低压供电系统的线电压是 380 V,它的相电压是 220 V。可根据额定电压决定负载的接法:若负载额定电压是 380 V,就将负载接在两条相线之间;若负载的额定电压是 220 V,就将负载接在相线和中线之间。

必须注意的是,不加说明的话,我们常说的三相供电系统的电源电压都是指其线电压。

课堂互动

生活中哪些电器用相电压,哪些电器用线电压?家庭中的插座是什么样子?知道每个插孔代表什么吗?

三、三相负载的星形连接

三相交流电路中,负载的连接方式有两种:星形连接和三角形连接。分析三相电路和分析单相电路一样,首先画出电路图,并标出电压和电流的参考方向,每一相负载和电源都可以看成是单相交流电路,利用单相交流电路特点,然后再结合欧姆定律和基尔霍夫定律,找出电压和电流之间的关系。

三相负载做星形连接是将各单相负载(如白炽灯)的一端连接在相线上,另一端都连接在中线上。三相负载做星形连接的三相四线制电路如图 2-19 所示。如果三相负载是对称的,即三相负载的阻抗模、阻抗角相等且为同性质的负载。当不计连接导线的电阻时,可将每一相负载和电源均看成一个单独回路,任何一相负载的工作都不受其他两相负载工作的影响,所以各相电流的计算方法和单相电路一样。

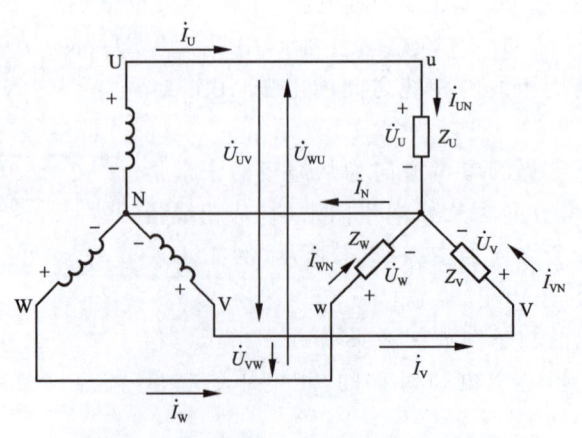

图 2-19 三相负载星形连接的三相四线制电路

1. 负载的相电压和线电压

负载的相电压：负载做 Y 形连接时，加在负载两端的电压称为负载的相电压。从图 2-19 中可知，每相负载的相电压有效值即电源的相电压 U_P，但各相电压的相位互差 120°。

负载的线电压：就是电源的线电压 U_L。各线电压大小相等，相位互差 120°，且超前相应的相电压 30°。

2. 负载的相电流 I_P、线电流 I_L

(1) 相电流

相电流指流过每一相负载的电流，用 I_P 表示，三个相电流 I_{UN}、I_{VN}、I_{WN} 的方向如图 2-19 所示。每相负载的相电流为

$$I_{UN}=\frac{U_P}{|Z_U|} \qquad I_{VN}=\frac{U_P}{|Z_V|} \qquad I_{WN}=\frac{U_P}{|Z_W|}$$

若三相负载是对称的，$Z_U=Z_V=Z_W=Z$，则相电流也对称（大小相等，频率相同，相位互差 120°），其相量式为

$$\dot{I}_{UN}=I_P\angle 0° \qquad \dot{I}_{VN}=I_P\angle -120° \qquad \dot{I}_{WN}=I_P\angle 120°$$

每一相的相电流有效值均为

$$I_P=\frac{U_P}{Z}$$

(2) Y 形连接的线电流 I_L

线电流指流过火线中的电流（I_U、I_V、I_W）。$I_P=I_L$，可以看出，三相负载对称时，线电流也是对称的，相电压和相电流的数值关系和相位关系如图 2-20(b) 所示。

(a) 三相负载不对称　　　　(b) 三相负载对称

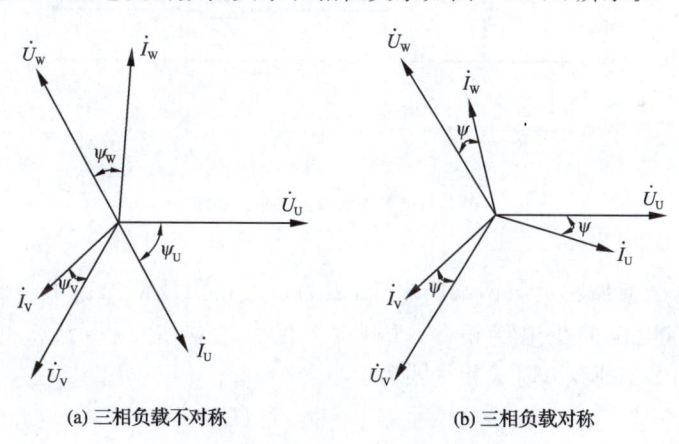

图 2-20　三相负载星形连接时的相量图

> **想一想**
>
> 你能根据基尔霍夫电流定律计算出流过中线的电流吗？当负载对称时，中线上有电流吗？中线可以去掉吗？当负载不对称时，中线上有电流吗？中线的作用是什么？

3. 中线的电流及作用

从图 2-19 中可看出，中线电流为（由基尔霍夫电流定律可得到）

$$\dot{I}_N=\dot{I}_U+\dot{I}_V+\dot{I}_W$$

(1) 当负载对称（如三相电动机、三相电阻炉）时，负载的相电流是对称

中线的电流和作用

的,如图 2-20(b)所示,三个相电流的"和矢量"一定为 0,所以中线电流 $I_N=0$,三相四线制可以取消中线变成三相三线制。在任一瞬间,电流总是沿着一根或两根相线流经负载,然后再沿着其余导线返回电源。例如,三相电动机和各相电阻相等的三相电阻炉都是对称的三相负载,可以不接中线运行。

(2)当负载不对称时,三个负载的相电流则不再对称,如图 2-20(a)所示,三个相电流的"和矢量"不为零,中线电流 $I_N \neq 0$,此时,中线是必需的。如照明电路就必须采用三相四线制供电,而且为保证中线的可靠性,在供电线路的干线上,中线上是不允许装熔断器和开关的。这样,即使有一相负载出现断路现象,有了中线就可以保证每相负载的电压仍为电源的相电压,保证负载能正常工作。否则,在没有中线的情况下,不对称的各相负载上的电压将不再等于电源的相电压,有的相电压偏高,有的相电压偏低,这将使负载损坏或不能正常工作。所以中线的作用是保证星形连接负载的相电压等于电源的相电压。

四、三相负载的三角形连接

如果将三相负载的首尾相连,再将三个连接点与三相电源端线 U、V、W 连接,就构成了负载的三角形连接的三相三线制电路,不需要中线,如图 2-21 所示。

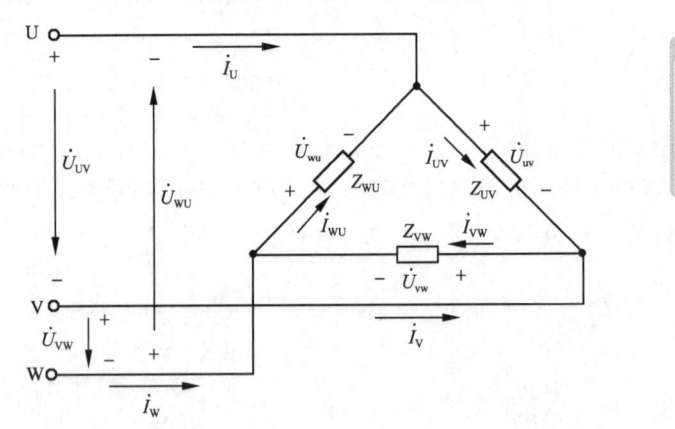

图 2-21 三相负载的三角形连接

1. 负载的相电压

负载的相电压指加在负载两端的电压,因为每一相负载都加在了两根火线之间,所以负载的相电压与电源的线电压相等。因此,无论负载对称与否,其相电压总是对称的,即 $U_\triangle = U_L$,如图 2-21 所示,写成相量式为

$$\dot{U}_{uv} = \dot{U}_{UV} \quad \dot{U}_{vw} = \dot{U}_{VW} \quad \dot{U}_{wu} = \dot{U}_{WU}$$

$$\dot{U}_P = \dot{U}_L$$

2. 负载的相电流和线电流

(1)相电流

三角形连接时,流过每一相负载的电流称为相电流 I_P(I_{UV}、I_{VW}、I_{WU})。当三相负载对称时,相电流也是对称的,即

$$I_P = I_{UV} = I_{VW} = I_{WU} = U_L/Z$$

三个相电流(方向如图 2-22 所示)的相量式为(若以第一相为参考量)

$$\dot{I}_{UV} = I_P \angle 0° \quad \dot{I}_{VW} = I_P \angle -120° \quad \dot{I}_{WU} = I_P \angle 120°$$

(2)线电流

流过火线的电流称为线电流,用 I_L(I_U、I_V、I_W)表示,由基尔霍夫定律可确定各火线的

电流与各相电流的关系为

$$\dot{I}_U = \dot{I}_{UV} - \dot{I}_{WU}$$
$$\dot{I}_V = \dot{I}_{VW} - \dot{I}_{UV}$$
$$\dot{I}_W = \dot{I}_{WU} - \dot{I}_{VW}$$

假设三相负载为对称性的感性负载,每相负载上的电流均滞后对应的电压 $\Delta\psi$ 角,由图 2-22 可做出各相电流及各线电流,由相量图 2-22 可知,三个线电流也是对称的,并且线电流是相应的相电流的 $\sqrt{3}$ 倍,即

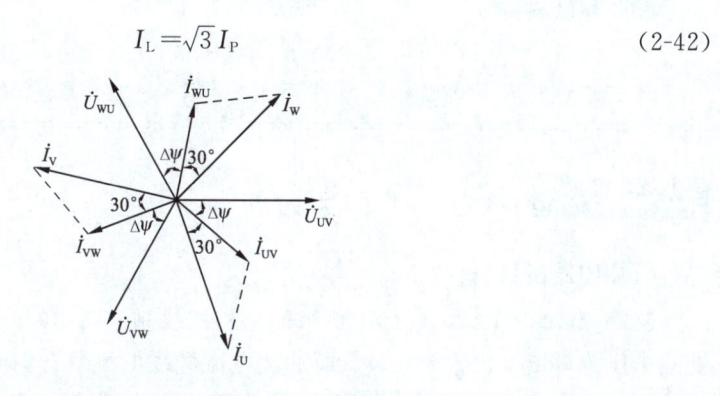

$$I_L = \sqrt{3}\, I_P \tag{2-42}$$

图 2-22 三相对称负载三角形连接时的相量图

线电流相位滞后于相应的相电流 30°。

> **想 一 想**
>
> 线电流与相电流的数值和相位关系是怎样导出的?

五、三相电路的功率

1. 三相负载的总有功功率

三相电路总有功功率等于各相有功功率之和。如果三相负载对称,则不论负载为星形连接还是三角形连接,总有功功率都可以用下面两个公式进行计算

$$\left.\begin{array}{l}P = 3U_P I_P \cos(\Delta\psi)\\ P = \sqrt{3}\, U_L I_L \cos(\Delta\psi)\end{array}\right\} \tag{2-43}$$

式中 U_P——相电压;

I_P——相电流;

$\cos(\Delta\psi)$——每相负载的功率因数;

U_L——线电压;

I_L——线电流。

2. 三相负载的总无功功率

总无功功率也等于三相负载的无功功率之和,如果三相负载对称,则不论负载为星形连接还是三角形连接,总无功功率都可以用下面的公式进行计算

$$Q = 3U_P I_P \sin(\Delta\psi) = \sqrt{3}\, U_L I_L \sin(\Delta\psi) \tag{2-44}$$

3. 三相电路的视在功率

$$S = \sqrt{P^2 + Q^2} = 3U_P I_P = \sqrt{3}\, U_L I_L \tag{2-45}$$

注意：在电源电压不变的情况下，同一个负载星形连接和三角形连接时所消耗的功率是不同的，三角形连接时的功率是星形连接时的三倍，即

$$P_\triangle = 3P_Y \tag{2-46}$$

这就告诉我们，若要使负载正常工作，必须正确地连接负载。如果将正常工作为星形连接的负载误接成三角形，则会因功率过大而烧毁负载；如果将正常工作为三角形连接的负载误接成星形，则会因功率过小而使负载不能正常工作。

想一想

若一台三相电动机额定电压为 220 V，电源的线电压为 380 V，电动机绕组应做什么形式的连接？若电动机的额定电压为 380 V，对该电源又该做何种连接？

任务实施

三相电路的计算

【练一练 2-10】 如图 2-21 所示的三相三线制电路，各相负载的复阻抗 $Z=3+j4\ \Omega$，电源线电压为 380 V。试求：(1)负载的相电流和线电流及它们间的相位差；(2)相电压和相电流的相位差；(3)负载的有功功率、无功功率、视在功率是多少？

【解】 由于三角形连接的负载是对称的，所以可将三相电路归结到一相电路来计算。其相电流为

$$I_P = \frac{U_P}{|Z|} = \frac{380}{\sqrt{3^2+4^2}} = 76$$

线电流为

$$I_L = \sqrt{3}\,I_P = \sqrt{3}\times 76 = 131.6$$

线电流相位滞后相电流 30°。

相电压与相电流的相位差为

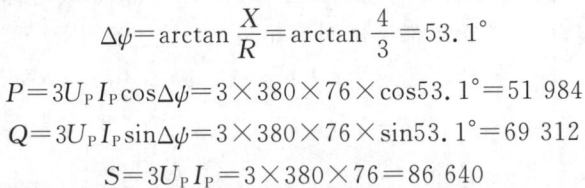

$$\Delta\psi = \arctan\frac{X}{R} = \arctan\frac{4}{3} = 53.1°$$

$$P = 3U_P I_P \cos\Delta\psi = 3\times 380\times 76\times \cos 53.1° = 51\,984$$

$$Q = 3U_P I_P \sin\Delta\psi = 3\times 380\times 76\times \sin 53.1° = 69\,312$$

$$S = 3U_P I_P = 3\times 380\times 76 = 86\,640$$

想一想

若把题中负载做星形连接，接在该电源上，相电流和线电流又是多少呢？负载的有功功率、无功功率、视在功率是多少？

若每相负载换成 5 Ω 的电阻，做星形连接，其结果会如何？

拓展阅读

★ 查找汽车维修手册，了解某些汽车硅整流发电机的型号。

★ 上网查找世界上第一台汽车发电机的出现，查找汽车 42 V 电源的发展情况。

小　结

(1) 交流电指大小和方向都随时间做周期性变化的电动势、电压和电流。

正弦交流电的最大值、角频率(或频率、周期)和初相角称为正弦交流电的三要素。

(2) 正弦交流电常用的表示方法为：解析法、波形图法、相量法。

通常只用初始位置($t=0$)的最大值矢量$\dot{I}_m$(或有效值矢量$\dot{I}$)来表示一个旋转正弦量。一般画有效值矢量即可。只有正弦量才能用相量表示，只有频率相同的正弦量才能画在同一相量图上。可以用平行四边形法则进行"和"与"差"的计算，两个同频率正弦交流电的"和"与"差"的频率不变。不同频率的正弦量不能画在一个相量图上进行比较、计算。

(3) 单相交流电路中电压和电流的相互关系及功率见下表。

电压和电流	纯电阻电路	纯电感电路	纯电容电路	RLC 串联电路
电压和电流的关系式	$i=\dfrac{u}{R}$	$u=L\dfrac{di}{dt}$	$i=\dfrac{dq}{dt}=C\dfrac{du}{dt}$	$u=u_R+u_L+u_C$ $u=iR+L\dfrac{di}{dt}+\dfrac{1}{C}\int i dt$
频率关系	相同	相同	相同	相同
假设参考量	$u=U_m\sin(\omega t)$	$i=I_m\sin(\omega t)$	$u=U_m\sin(\omega t)$	$i=I_m\sin(\omega t)$
相位关系	相同	电压超前电流 90°	电流超前电压 90°	$\Delta\psi=\arctan\dfrac{U_L-U_C}{U_R}$ $=\arctan\dfrac{X_L-X_C}{R}$
数值关系	$U=IR$	$U=X_L I$， 其中 $X_L=\omega L=2\pi fL$	$U=X_C I$，其中 $X_C=\dfrac{1}{\omega C}=\dfrac{1}{2\pi fC}$	$U=\lvert Z\rvert I$，其中 $\lvert Z\rvert=\sqrt{R^2+X^2}$
相量方程式	$\dot{U}=R\dot{I}$	$\dot{U}=jX_L\dot{I}=j\omega L\dot{I}$	$\dot{U}=-jX_C\dot{I}$	$\dot{U}=Z\dot{I}$
功率 — 瞬时功率	$p=ui$ $=UI[1-\cos(2\omega t)]$	$p=ui=UI\sin(2\omega t)$	$p=ui=UI\sin(2\omega t)$	$p=ui=UI\cos(\Delta\psi)$ $-UI\cos(2\omega t+\Delta\psi)$
功率 — 有功功率	$P=UI=RI^2=\dfrac{U^2}{R}$	$P=0$	$P=0$	$P=U_R I=UI\cos(\Delta\psi)$ 其中 $\Delta\psi$ 是电压和电流的相位差
功率 — 无功功率	$Q=0$	$Q_L=UI=I^2 X_L=\dfrac{U^2}{X_L}$	$Q_C=UI=I^2 X_C=\dfrac{U^2}{X_C}$	$Q=(U_L-U_C)I$ $=UI\sin(\Delta\psi)$ 视在功率： $S=\sqrt{P^2+Q^2}$

(4) 在 RLC 串联电路中，当 $X=X_L-X_C=0$ 时，电路相当于纯电阻电路，其总电压 u 和总电流 i 同相，电路出现谐振。串联谐振的频率为

$$f=f_0=\dfrac{1}{2\pi\sqrt{LC}}$$

串联谐振的特征：电流与电压同相位，电路呈电阻性；电路的阻抗 $Z=R$(最小)，而电流 I 最大；电感电压与电容电压大小相等，相位相反，即 $\dot{U}_L=-\dot{U}_C$，电

阻电压达到最大值 $\dot{U}=\dot{U}_R$。

(5)三相交流发电机产生的电动势是对称的,其相序为 U→V→W。

三相电源有星形和三角形两种接法。三相四线制能输出线电压和相电压,并且 $U_L=\sqrt{3}U_P$。线电压和相电压均是对称的,线电压在相位上比相应的相电压超前 30°。

(6)三相对称负载做星形连接时,负载的相电压和电源的相电压相等,即 $U_Y=U_P$,流过负载的电流(相电流)和流过火线的电流(线电流)相等,即 $I_P=I_L$,中线电流为零。

当三相负载不对称时,中线上有电流,中线是必需的,中线上不准设熔断器和开关。

三相对称负载做三角形连接时,负载的相电压和电源的线电压相等,即 $U_\triangle=U_L$,线电流和相电流的关系为 $I_L=\sqrt{3}I_P$。

对于三相对称负载,不论是做星形连接还是三角形连接,有功功率 $P=\sqrt{3}U_LI_L\cos(\Delta\psi)$,无功功率 $Q=\sqrt{3}U_LI_L\sin(\Delta\psi)$,视在功率 $S=\sqrt{P^2+Q^2}=\sqrt{3}U_LI_L$。

在电源电压不变的情况下,同一个负载做三角形连接时的功率是星形连接时的 3 倍,即 $P_\triangle=3P_Y$。

同步训练

2-1 某电容器的耐压值为 270 V,问能否将其接在 220 V 的单相交流电源上?

2-2 已知 $I_m=10$ A,$f=50$ Hz,$\psi=60°$。写出 i 的正弦函数表达式;求 $t=10$ ms 末时刻的 i。

2-3 一个正弦电压的初相角为 60°,有效值为 100 V,角频率为 314 rad/s,试求它的瞬时值表达式。

2-4 已知 $e=311\sin(314t+30°)$ V,请问该电动势的最大值、有效值、角频率、周期和初相角各是多少?

2-5 让 5 A 的直流电流和最大值 $I_m=6.5$ A 的正弦交流电流分别通过阻值相同的电阻元件,在交流电的一个周期内,问哪个电阻元件的发热量大?为什么?

2-6 已知 $i_1=10\sin(\omega t+30°)$ A,$i_2=10\sin(\omega t-60°)$ A,用相量法求它们的"和矢量"和"差矢量",并分别写出"和"与"差"的瞬时值表达式。

2-7 将一个额定电压为 220 V,功率为 100 W 的电烙铁误接在 380 V 的交流电源上,问此时它接收的功率为多少?是否安全?若接到 110 V 的交流电源上,它的功率又为多少?

2-8 已知一个电感 $L=0.2$ H，接在 $u_L=220\sqrt{2}\sin(314t+60°)$ V 的电源上，求(1)X_L；(2)通过电感的电流 i_L；(3)电感上的无功功率 Q_L。

2-9 容量为 $0.2~\mu$F 电容器上的电压为 $u=40\sin(10^5 t-30°)$ V，求电容器的电流 I_C 及电流的相量式、i_C 的瞬时值表达式，并画出电压和电流的相量图。

2-10 在 RLC 串联电路中，已知 $R=20~\Omega$，$L=50~\mu$H，$C=165.5$ pF。(1)求串联谐振频率 f_0；(2)若信号电压为 $U=1$ mV，求 U_L。

2-11 在线电压为 380 V 的三相四线制的电源上，接有额定电压为 220 V、功率为 100 W 的白炽灯。设 L_1 相和 L_2 相各接 20 盏，L_3 相接 40 盏。求：(1)相电流和线电流；(2)这时中线上有无电流？为什么？

2-12 已知在三角形连接的三相对称负载中，每相负载的直流电阻均是 $R=30~\Omega$，感抗 $X_L=40~\Omega$。电源的线电压为 380 V。求三相负载的相电流和线电流的数值。

2-13 已知三角形连接三相对称负载的总功率为 5.5 kW，线电流为 19.5 A，电源的线电压为 380 V。求每相负载的电阻 R 和感抗 X_L。

2-14 有一三相对称负载，其各电阻等于 10 Ω，负载的额定相电压为 220 V，现将它接成星形，接在线电压为 380 V 的三相电源上，求相电流、线电流和总功率 P。

模块 3　磁路及电磁器件

学习任务 1　磁路与电磁感应

任务目标

理解磁场几个物理量的含义;能够运用楞次定律判定自感电动势和自感电流的方向;了解磁路欧姆定律;了解铁磁性材料的磁性能,掌握铁磁性材料的分类;了解减小涡流的措施;能分析霍尔式、磁感应式点火信号发生器的工作原理。

学习任务 3-1

任务引入

在现代汽车电路中,磁路与电磁感应的作用不容忽视。汽车上广泛应用的霍尔效应传感器或开关,就是磁路变化的一个具体表现。利用电磁感应现象和霍尔效应做成的汽车传感器也有许多。硅整流发电机也是靠电磁感应原理产生了三相交流电,汽车启动机中的不同电磁线圈也都通过不同的侧面诠释了磁路的重要性。在汽车上用到的电磁铁、继电器、各种电磁阀都是有铁芯的线圈,所以在这些电气设备中不仅存在电路问题,也存在着磁路问题。

相关知识

一、磁场的基本物理量

为了大家更好地理解磁场的基本性质,下面介绍几个常用的基本物理量,即磁感应强度 B、磁通 Φ、磁导率 μ 和磁场强度 H。

1. 磁感应强度 B

磁感应强度 B 是矢量,它是反映磁场性质的物理量,其大小反映磁场强弱,其方向就是磁场的方向。B 的单位是特斯拉(T),1 T=1 Wb/m²(韦伯/平方米)。

若磁场内空间各点的磁感应强度大小处处相等,磁场内各点磁力线的方向相同,则把这样的磁场称为均匀磁场。

2. 磁通 Φ

磁感应强度 B 和垂直于磁场方向的某一截面积 S 的乘积称为通过该截面积的磁通。若磁场为均匀磁场,则 Φ 的大小可用公式 Φ=BS 计算。

磁通 Φ 的单位为韦伯(Wb),也就是伏秒(V·s)。

3. 磁导率 μ

磁导率 μ 是用来衡量磁介质导磁性能的物理量。如图 3-1 所示的直导体,通电后在导体周围会产生磁场。在导体附近 x 点处的磁感应强度 B_x 与导体中的电流强度 I、x 点所处空间几何位置以及磁介质的磁导率有关。公式为

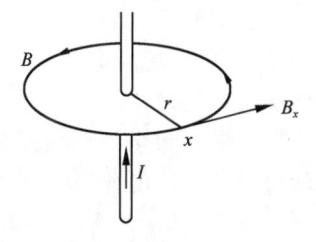

$$B_x = \mu \frac{I}{2\pi r} \quad (3-1)$$

图 3-1 通电直导体周围的磁场

由式(3-1)可知,磁场中介质的磁导率 μ 越大,在同样的导体电流和几何位置下,磁场就越强,磁感应强度 B 也越大,磁介质的导磁性能就越好。磁导率 μ 的单位:亨每米(H/m)。

介质不同,磁导率 μ 也不同。例如,真空中的磁导率 $\mu_0 = 4\pi \times 10^{-7}$ H/m,一般磁介质的磁导率 μ 与真空中磁导率 μ_0 的比值,称为相对磁导率,用 μ_r 表示,即

$$\mu_r = \frac{\mu}{\mu_0} \quad (3-2)$$

根据磁介质相对磁导率的不同,我们往往把材料分成三大类:

第一类 μ_r 略小于 1,称为逆磁(反磁)材料,如钢、铜、银、石墨等,这些介质中磁场比真空中的磁场略弱些。

第二类 μ_r 略大于 1,称为顺磁材料,如各类气体(包括空气)、非金属材料、铝等,这些介质中磁场比真空中磁场略强。

第一类和第二类的相对磁导率都近似等于 1,所以常常统称为非铁磁性材料。自然界中大多数的物质都属于非铁磁性材料。

第三类为铁磁性材料,如铁、钴、镍及其合金等,它们的磁导率很高,相对磁导率远远大于 1,可达到几百甚至上万,所以,电气设备如变压器、电机都将绕组装在用铁磁性材料制成的铁芯上,这样就能以较小的电流产生很强的磁场,使变压器和电机体积减小,质量减轻。需要注意的是,铁磁性材料的磁导率 μ 是一个变量,它会随着磁场的强弱而变化。

4. 磁场强度 H

磁场强度 H 也是磁场的一个基本物理量。磁场内各点的磁场强度 H 的大小等于该点磁感应强度 B 与该点的磁导率 μ 的比值,即

$$H = \frac{B}{\mu} \quad (3-3)$$

式中,H 为磁场强度,A/m。

由图 3-1 可知,磁场中 x 点的磁场强度 H_x 为

$$H_x = \frac{B_x}{\mu} = \frac{I}{2\pi r}$$

由此可见,磁场强度的大小取决于电流的大小、载流导体的形状及几何位置,而与磁介

质无关(而 B 与磁介质有关,使磁场的计算变得复杂)。H 和 B 同为矢量。H 的方向就是该点 B 的方向。磁场强度的引入不仅简化了磁场计算,而且常用来分析铁磁性材料的磁化情况,在后面学到的磁路问题中常常用到磁场强度这个物理量。

二、电磁感应

1.电磁感应定律

我们知道,当穿过导电回路的磁通发生变化时,就会在该导电回路中产生感应电动势和感应电流,感应电动势的大小正比于回路内磁通对时间的变化率。这个规律称为法拉第电磁感应定律。

在法拉第电磁感应定律之后,楞次又对法拉第电磁感应定律进行了补充,总结出变化的磁通与感应电动势(感应电流)在方向上的关系。即感应电流的磁通总是力图阻止原磁通的变化,这就是楞次定律。

在电磁感应中产生的感应电动势可用下面的公式计算

$$e = -N \frac{\mathrm{d}\Phi}{\mathrm{d}t} \tag{3-4}$$

式(3-4)中的负号表明:感应电动势的方向总是阻碍原磁通的变化趋势。当 $\mathrm{d}\Phi/\mathrm{d}t > 0$,即穿过线圈的磁通增大时,$e < 0$,此时感应电动势的方向与参考方向相反,表明感应电流的磁场要阻止原磁场的增大;当 $\mathrm{d}\Phi/\mathrm{d}t < 0$,即穿过线圈的磁通减小时,$e > 0$,此时感应电动势的方向与参考方向相同,表明感应电流的磁场要阻止原磁场的减小。

2.自感和互感

(1)自感

当闭合线圈通有一个交变的电流时,会使线圈中产生一个变化的磁通,从而在线圈自身产生感应电动势,这种由于线圈自身电流变化而在线圈内产生电动势的现象称为自感现象,这种电动势称为自感电动势。用字母 e_L 表示,可用下面的公式计算

$$e_L = -L \frac{\mathrm{d}i}{\mathrm{d}t} \tag{3-5}$$

当线圈中的原电流 i 减小时,自感电流 i_L 方向与原电流方向相同,阻碍原电流的变化,如图 3-2(a)所示;当原电流 i 增大时,自感电流 i_L 方向与原电流方向相反,也阻碍原电流的变化,如图 3-2(b)所示。

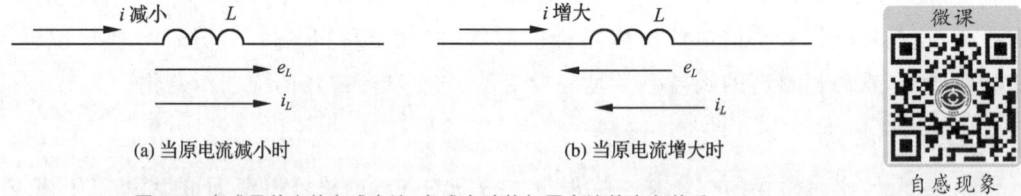

(a) 当原电流减小时　　(b) 当原电流增大时

图 3-2　电感元件上的自感电流、自感电动势与原电流的方向关系

(2)互感

我们把一个线圈的电流变化引起紧靠它的另一个线圈中产生感应电动势的现象称为互感。互感现象中产生的感应电动势和感应电流也遵守电磁感应定律。变压器和汽车上的点火线圈就是利用了互感的原理。互感电动势的极性可以利用同名端来判定。

三、磁路欧姆定律

1. 磁路中的物理量

（1）磁路

在电工设备中，常采用导磁性能良好的铁磁性材料做成一定形状的铁芯。若给缠绕在铁芯上的线圈通以较小的励磁电流，就会在铁芯中产生很强的磁场。相比之下，周围非磁性材料中的磁场就显得非常弱，可以认为磁场几乎全部集中在铁芯所构成的路径内。这种由铁芯所限定的磁场称为磁路。几种常见电气设备的磁路如图 3-3 所示。

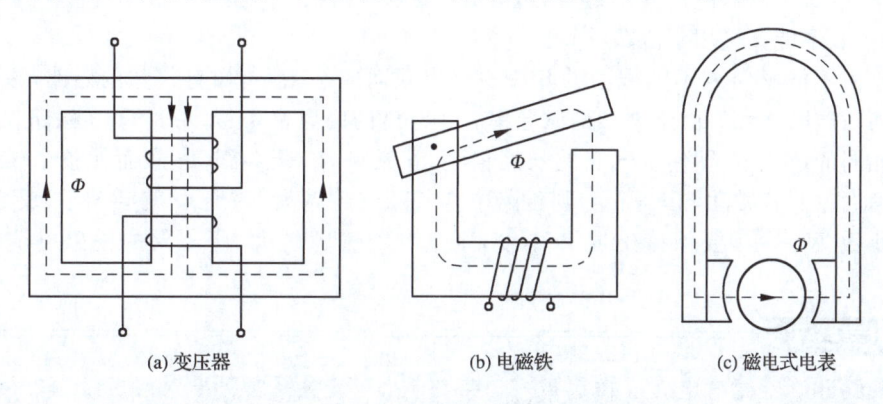

(a) 变压器　　(b) 电磁铁　　(c) 磁电式电表

图 3-3　几种常见电气设备的磁路

磁路中的磁通可以由励磁线圈中的励磁电流产生[图 3-3(a)、图 3-3(b)]，也可以由永久磁铁产生[图 3-3(c)]。磁路中可以有气隙[图 3-3(b)、图 3-3(c)]，也可以没有气隙[图 3-3(a)]。

（2）磁动势

要使磁路中建立一定大小的磁通 Φ，就必须在具有一定匝数 N 的线圈中，通入一定大小的电流 I，那么在铁芯中就会有磁通 Φ 通过。由铁磁性材料制成的一个理想磁路（无漏磁）如图 3-4 所示，实验证明，增大电流 I 或增加线圈匝数 N，都可以同样达到增大磁通 Φ 的目的。可见，匝数 N 和电流 I 是建立磁通的根源。所以把 NI 乘积称为磁路的磁动势，简称磁势，用 F 表示，单位是安。

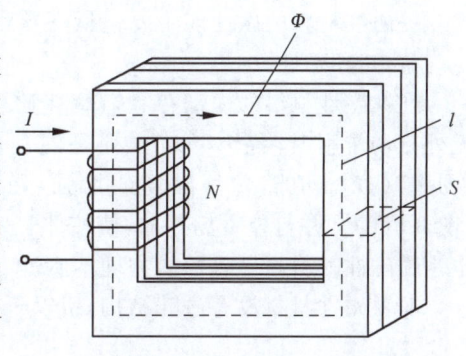

$$F = NI \tag{3-6}$$

图 3-4　由铁磁性材料制成的理想磁路

（3）磁阻

如果我们把相同的磁动势加到不同的磁路中，获得的磁通也会不同。这说明磁通除了与磁动势有关外，还与组成磁路的物质及尺寸大小有关。这里我们引出一个磁阻的概念，磁阻用来表示磁路对磁动势建立磁通所呈现的阻力，用 R_m 表示。磁路的磁阻大小与构成磁路的材料性质及几何尺寸有关，这个关系为

$$R_m = \frac{l}{\mu S} \tag{3-7}$$

式中　R_m——磁路的磁阻，H^{-1}；

　　　l——磁路的长度，m；

　　　S——磁路的截面积，m^2；

　　　μ——磁路材料的磁导率，H/m。

2. 磁路欧姆定律

在磁路中,磁通 Φ 与磁动势 F 成正比,与磁阻 R_m 成反比,这就是磁路欧姆定律,它的表达式为

$$\Phi = \frac{F}{R_m} = \frac{NI}{R_m} \quad (3-8)$$

比较磁路欧姆定律和电路欧姆定律可知:磁通对应电路中的电流;磁动势对应于电路中的电动势;磁阻对应于电阻。

对于铁磁性材料,由于 μ 不是常数,故 R_m 也不是常数。因此,式(3-8)主要用于定性分析磁路,一般不能直接用于磁路计算。

对于由不同材料或不同截面的几段磁路串联而成的磁路,如有气隙的磁路,磁路的总磁阻为各段磁阻之和。由于铁芯的磁导率 μ 比空气的磁导率 μ_0 大许多倍,在磁路长度和横截面积相同的情况下,即使空气隙的长度很小,其磁阻 R_m 仍会很大,从而使整个磁路的磁阻显著增大。假若磁动势 F 不变,则磁路中空气的气隙越大,磁通 Φ 就会越小;反之,如果线圈的匝数 N 一定,要保持磁通 Φ 不变,则空气的气隙越大,所需要的励磁电流 I 也会越大。

课堂互动

磁路欧姆定律与电路欧姆定律相比存在什么对应关系?列出对应表。

四、铁磁性材料

1. 铁磁性材料的磁性能

铁磁性材料的磁性能主要包括高导磁性、磁饱和性和磁滞性。

(1) 高导磁性

在铁磁性材料的内部存在着许多磁化小区,称为磁畴,每个磁畴就像一块小磁铁。在无外磁场作用时,各个磁畴排列是混乱的,它们的磁场相互抵消,所以对外不显示磁性[图3-5(a)]。但随着外磁场的增强,磁畴逐渐转向外磁场的方向,呈现有规则的排列[图3-5(b)],并与外磁场叠加,使整体显示出很强的磁性,这就是铁磁性材料的磁化现象,也是铁磁性材料高导磁性的物理本质。

非铁磁性材料没有磁畴结构,所以不具有磁化特性。

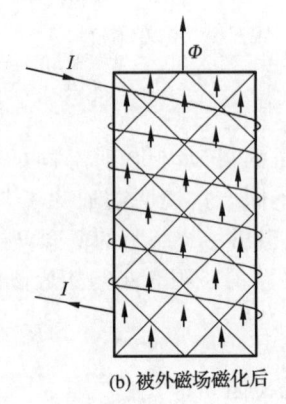

(a) 磁化前　　(b) 被外磁场磁化后

图 3-5 铁磁性材料的磁化

(2)磁饱和性

当外磁场(或励磁电流)增大到一定数值时,其内部所有的磁畴已基本上都转向与外磁场一致的方向上,因而即使再增大励磁电流,其磁性也不能继续增强,这就是铁磁性材料的磁饱和性。

铁磁性材料的磁化特性可用磁化曲线来表示。铁磁性材料的磁化曲线如图 3-6 中的曲线①所示,它不是一条直线,说明 B 和 H 是非线性关系。在 Oa 段, B 近似随 H 线性增大;在 ab 段, B 缓慢增大,开始进入饱和(把 B 几乎不随外磁场强度 H 增大的特性称为磁饱和性); b 点以后, B 基本不变,为饱和状态。铁磁性材料的 μ 不是常数,如图 3-6 中的曲线②所示。非铁磁性材料的磁化曲线是通过坐标原点的直线,如图 3-6 中的曲线③所示。

(3)磁滞性

当给铁磁性材料加上一个交变的外磁场时,铁磁性材料在磁场中反复磁化,在反复磁化过程中,磁感应强度 B 的变化总是滞后于磁场强度 H 的变化,这种特性称为铁磁性材料的磁滞性。铁磁性材料经反复磁化后得到的近似于对称的闭合曲线称为磁滞回线,如图 3-7 所示。

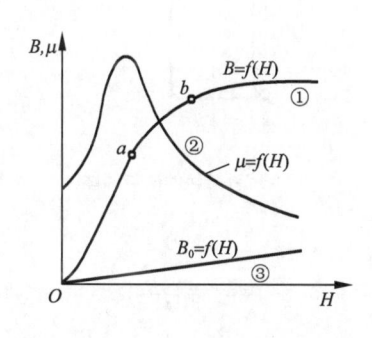

图 3-6 磁化曲线

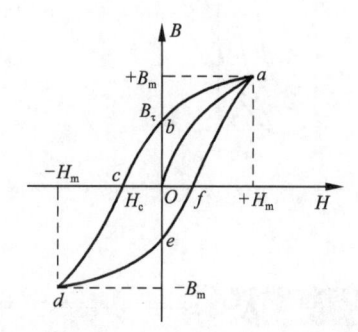

图 3-7 铁磁性材料的磁滞回线

从图 3-7 可见,当外磁场 H 从零开始增大, B 也随着增大,如图中的 Oa 段;当 B 达到 B_m 饱和后,减小 H 时, B 也随之减小,但并不沿着原来 Oa 段而是沿着 ab 段下降;而当 $H=0$ 时, B 并未回到零值,而是 $B=B_r$, B_r 称为剩磁感应强度,简称剩磁。

若要使 $B=0$,去掉剩磁,则应使铁磁性材料反向磁化,即加上一定大小的反方向磁场强度 H_c,把反方向磁场强度 H_c 称为矫顽磁力(矫顽力),它表示铁磁性材料反抗退磁的能力。如果反向磁场继续增强,铁磁性材料会被反向磁化,如图 3-7 中的 cd 段。这样反复改变 H 值,铁磁性材料中的 B 值总是滞后地跟着 H 发生变化,形成一个闭合的曲线 $abcdefa$,这个闭合的 B-H 曲线就称为磁滞回线。

铁磁性材料在反复磁化的过程中,其内部磁畴方向不断改变,这就造成分子振动加剧,磁畴间相互摩擦引起铁芯发热,温度升高,能量损耗,由于这是磁滞引起的,故又称为磁滞损耗。磁滞损耗会导致铁芯发热,对设备的正常运行很不利,实际工作中应特别注意。

2. 铁磁性材料的分类

铁磁性材料按其磁性能可分为软磁材料、硬磁材料和矩磁材料三种类型。

(1)软磁材料

软磁材料的磁滞回线形状较窄(图 3-8),面积较小,磁化曲线较陡,剩磁和矫顽磁力较小,但磁导率较高,磁滞损耗小,容易磁化,也容易去磁,适用于制作变压器、电机和各种电器的铁芯。软磁材料包括纯铁、硅钢片、坡莫合金和铁氧体等。

(2) 硬磁材料

硬磁材料的磁滞回线(图3-8)形状较宽,剩磁和矫顽磁力较大,但磁导率较低,一旦经磁化后剩磁不易消失,适用于制作各种形状的永久磁铁、扬声器磁钢。常见的硬磁材料包括合金钢、钴钢及铁镍铝钴合金等。近年来,稀土永磁材料发展很快,像稀土钴、稀土铁钕硼等,其矫顽磁力更大。

(3) 矩磁材料

矩磁材料的磁滞回线近似于矩形(图3-9)。用较小的外磁场就能使磁化达到饱和,剩磁很大,接近饱和磁感应强度,但矫顽磁力较小,易于迅速翻转,常在计算机和控制系统中用作记忆元件。矩磁材料包括镁锰铁氧体及某些铁镍合金等。

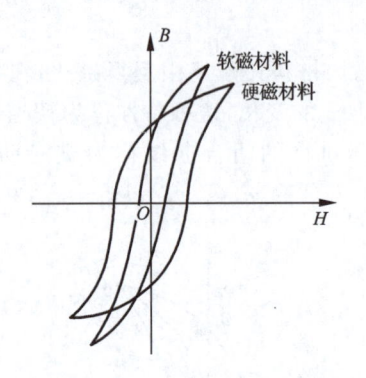

图 3-8 软磁材料和硬磁材料的磁滞回线

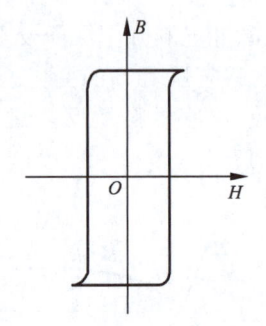

图 3-9 矩磁材料的磁滞回线

想 一 想

还有哪些地方用到上述铁磁性材料?

3. 铁磁性材料中的损耗

(1) 磁滞损耗

铁磁性材料在反复磁化过程中的能量损失为磁滞损耗。为了减小磁滞损耗,应采用磁滞回线窄小的软磁材料制作交流电气设备的铁芯。例如,变压器和电机中的硅钢片,其磁滞损耗就很小。

(2) 涡流损耗

铁磁性材料不仅有导磁能力,而且有导电能力,因而在交变磁通的作用下铁芯内将产生感应电动势和感应电流,感应电流在垂直于磁通的铁芯平面内围绕磁力线呈旋涡状,如图3-10(a)所示,故称为涡流。涡流会使铁芯发热,并消耗能量,其功率损耗称为涡流损耗,用 ΔP_e 表示。

在电机和电气设备铁芯中形成的涡流是有害的。因为它不仅消耗电能,使电气设备效率降低,而且涡流损耗转变为热量,使设备温度升高,严重时将影响设备正常运行。在这种情况下,要尽量减小涡流。

减小涡流的方法:采用厚度为 0.35 mm 和 0.50 mm 的表面彼此相互绝缘的硅钢片叠合,做成电气设备的铁芯,如图3-10(b)所示。这样,一方面把产生涡流的区域划小,另一方

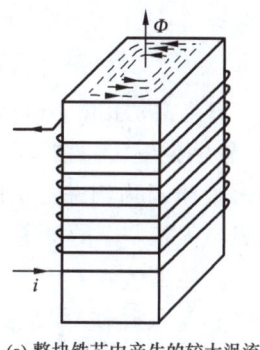

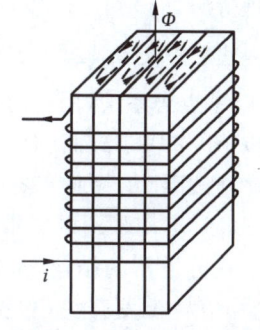

(a) 整块铁芯中产生的较大涡流　　(b) 采用多片相互绝缘的铁芯减小涡流

图 3-10　涡流

面增大涡流的路径总长度,相当于增大涡流路径的电阻,因而可以减小涡流。对高频铁芯线圈,常采用铁氧体铁芯,其电阻率很高,可大大减小涡流损耗。

涡流并不是在任何情况下都有害,也有其有利的一面。例如,利用涡流的热效应来冶炼金属,利用涡流和磁场相互作用而产生电磁力的原理可以制造感应式仪器及涡流测距器等。

> **想一想**
>
> 变压器和电动机、三相硅整流发电机所用的铁芯是什么样子的?为什么不用一整块铁芯呢?

任务实施

一、霍尔式点火信号发生器

霍尔元件是一种半导体磁-电传感器,是根据霍尔效应制成的。

1. 霍尔效应

如图 3-11 所示,将一小块 N 型锗晶片(也称半导体基片)两端通以电流,放置在磁场(磁场方向垂直于电流方向)中,则在垂直于 I 和 B 的方向上将产生一个与 I 和 B 的乘积成正比的电压,这种现象称为霍尔效应,产生的电压称为霍尔电压,用 U_H 表示,即

$$U_H = \frac{K_H I B}{d} \quad (3-9)$$

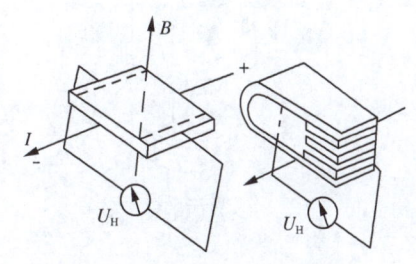

图 3-11　霍尔效应的原理

式中　K_H——霍尔元件灵敏度参数;
　　　d——半导体基片的厚度,m。

从式(3-9)可知,当通过基片(基片的厚度一定)的电流 I 为定值时,霍尔电压只与磁感应强度 B 成正比,利用这一效应可制成汽车上的转速传感器、曲轴位置传感器、桑塔纳汽车点火系中的霍尔信号发生器。

霍尔元件具有在静止状态下感受磁场的能力,具有结构简单、体积小、频率响应范围宽(从直流到微波)、动态范围大(输出电压变化可达 1 000∶1)、寿命长、可避免活动部件的磨损等优点。霍尔元件在测量、自

动化技术、信息处理等方面得到广泛应用。

2. 霍尔式点火信号发生器的结构

在霍尔式汽车电子点火系中,用到的点火信号发生器是霍尔式的,还有许多传感器是利用霍尔效应的原理制成的,如霍尔式曲轴位置传感器、凸轮轴位置传感器、轮速传感器等。这些传感器的测量原理都是相同的,下面以霍尔式点火信号发生器为例进行讲解。桑塔纳、捷达、奥迪100、红旗7220等汽车均采用以霍尔信号电压触发点火控制器的电子点火系统。

图3-12为霍尔式分电器的结构,霍尔式点火信号发生器装在其内,其结构如图3-13所示。它由触发叶轮和信号触发开关(包括霍尔集成块和永久磁铁)组成。触发叶轮安装在分电器轴的上部,由分电器轴驱动,且能相对于分电器轴做少量转动,以保证离心调节装置正常工作。触发叶轮的叶片数(或缺口数)与发动机气缸数相等,分火头固定在触发叶轮上部,并与其一起转动。触发叶轮的叶片在霍尔集成块和永久磁铁之间转动。

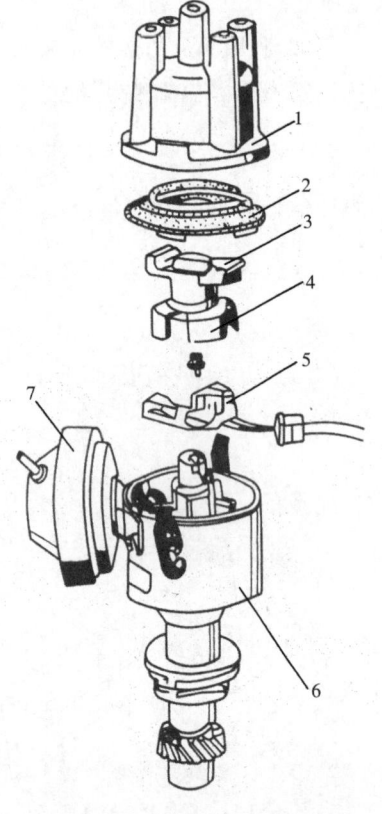

图3-12 霍尔式分电器的结构
1—分电器盖;2—防尘罩;3—分火头;4—触发叶轮;
5—信号触发开关;6—分电器壳体;
7—真空提前调节机构

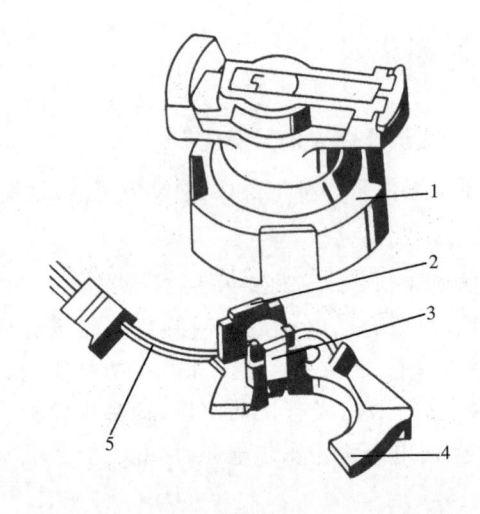

图3-13 霍尔式点火信号发生器的结构
1—触发叶轮(与分火头制成一体);2—霍尔集成块;
3—带导磁板的永久磁铁;4—信号触发开关托盘;5—插座导线

3. 霍尔式点火信号发生器的工作原理

如图3-14(a)所示,当触发叶轮旋转时,每当叶片进入永久磁铁与霍尔集成块之间的空气隙时,磁场即被触发叶轮的叶片隔磁,而不能作用于霍尔元件上,因此这时霍尔元件不产生霍尔电压。

如图3-14(b)所示,当触发叶轮的叶片离开永久磁铁与霍尔元件之间的空气隙时,永久磁铁的磁通便通过导磁板作用于霍尔元件上,此时,霍尔元件便产生霍尔电压U_H。

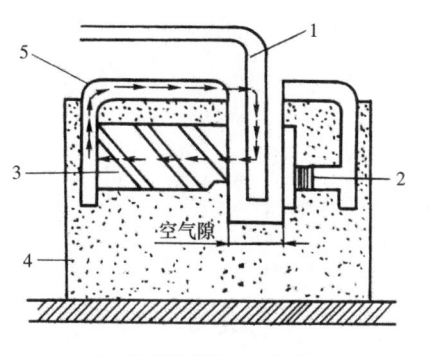

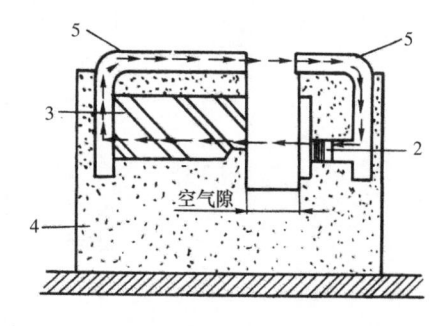

(a)触发叶片进入空气隙　　　　　　(b)触发叶片离开空气隙

图 3-14　霍尔式点火信号发生器的工作原理

1—触发叶轮的叶片；2—霍尔集成块；3—永久磁铁；4—霍尔传感器；5—导磁板

4.霍尔式点火信号发生器的输出信号 U_G

由于霍尔元件产生的霍尔电压 U_H 信号很弱(约为 20 mV)，需由集成电路(霍尔集成块)进行处理，即放大整形转换成矩形方波(几百毫伏)，方可作为点火控制信号。霍尔集成块由霍尔元件和集成电路组成，其工作原理如图 3-15 所示。

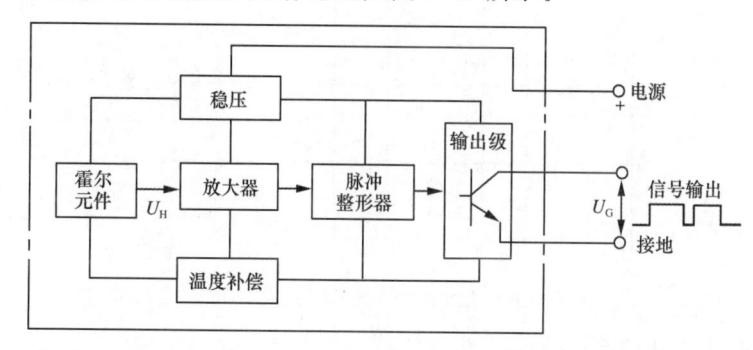

图 3-15　霍尔集成块的工作原理

霍尔式点火信号发生器有三根引出线与点火器相连接，其中一根是电源输入线(图 3-15 中标有"电源"的导线)，一根是霍尔信号输出线(图 3-15 中"U_G"上面的导线)，一根是接地线(图 3-15 中标有"接地"的导线)。霍尔式信号发生器是一个有源器件，其电源由点火控制器提供。

当触发叶轮的叶片进入永久磁铁与霍尔集成块之间的空气隙时，U_H 为零，集成电路输出级的晶体管处于截止状态，霍尔式点火信号发生器输出高电平(接近于电源电压)；触发叶轮的叶片离开空气隙时，霍尔元件产生 U_H，集成电路内输出级的三极管导通，霍尔式点火信号发生器输出低电平(0.3～0.4 V)。

图 3-16(a)、图 3-16(b)、图 3-16(c)所示分别为霍尔式点火信号发生器工作时，通过霍尔元件的磁感应强度 B、霍尔电压 U_H、霍尔式点火信号发生器的输出信号 U_G 等随时间(或分电器转角)变化的波形。

当叶片在空气隙中时，霍尔式点火信号发生器输出信号 U_G 为高电平；叶片不在空气隙时，霍尔式点火信号发生器输出信号 U_G 为低电平。触发叶轮每转一周，便产生与叶片个数相等的霍尔脉冲电压 U_H。在霍尔式点火信号发生器输出方波一个点火周期中，高低电平的时间比由触发叶轮的叶片分配角(叶片宽度)决定。桑塔纳轿车用霍尔式分电器中，高、低电平的时间比为 7∶3。最终霍尔式点火信号发生器是以输出的方波信号 U_G 触发点火器工作。初级电流 I_1 和二次电压 U_2 随时间变化的波形如图 3-16(d)和图 3-16(e)所示。

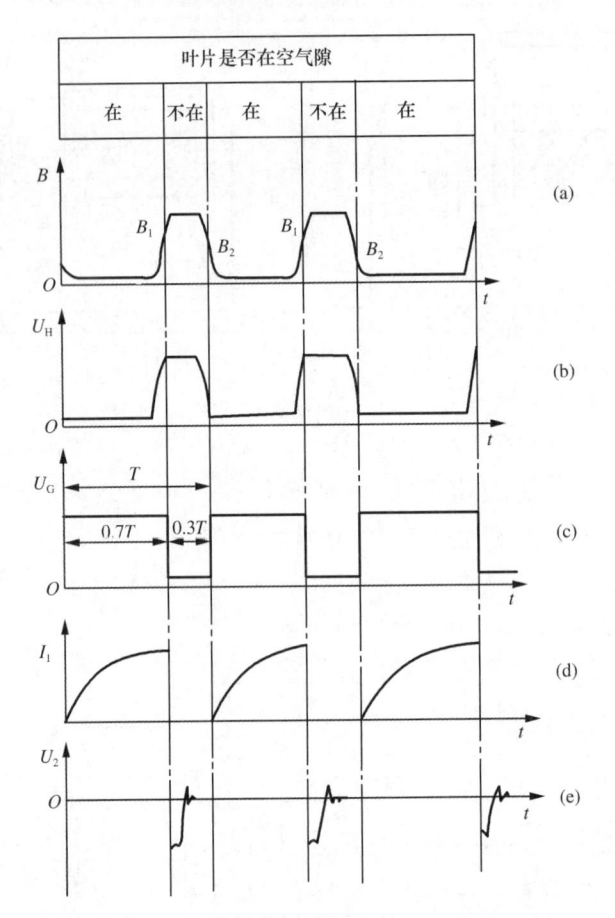

图 3-16 霍尔式电子点火系统工作波形

二、磁感应式点火信号发生器

在磁感应式汽车电子点火系统中,用到的点火信号发生器是磁感应式的,还有许多传感器是利用电磁感应的原理制成的,如磁感应式曲轴位置传感器、凸轮轴位置传感器、轮速传感器等。这些传感器的测量原理都是相同的,下面以磁感应式点火信号发生器为例进行讲解。

1. 磁感应式点火信号发生器的结构

磁感应式点火信号发生器的组成和结构如图 3-17 和图 3-18 所示,信号发生器一般安装在分电器的底板上,由信号触发转子、感应线圈(绕在铁芯上)、永久磁铁等组成。

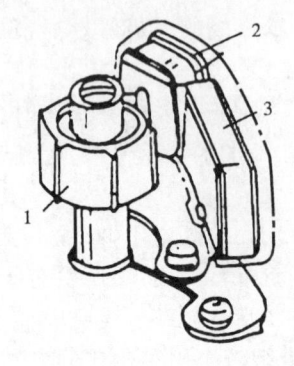

图 3-17 磁感应式点火信号发生器的组成
1—信号触发转子;2—感应线圈;3—永久磁铁

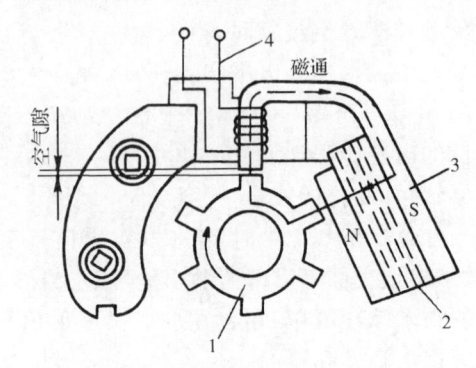

图 3-18 磁感应式点火信号发生器的结构
1—信号触发转子;2—永久磁铁;3—铁芯;4—感应线圈

信号触发转子由分电器轴通过机械离心式点火提前调节机构驱动，触发转子凸齿数与发动机气缸数相同。

2. 磁感应式点火信号发生器的工作原理

磁感应式点火信号发生器的工作原理如图 3-19 所示，信号触发转子旋转时，随着转子凸齿与线圈铁芯间的空气隙发生变化，磁路的磁阻也随之改变，使通过线圈的磁通发生变化，因而在线圈内感应出交变电动势。磁路：永久磁铁 N 极→空气隙→信号转子→空气隙→铁芯（通过感应线圈）→永久磁铁 S 极。

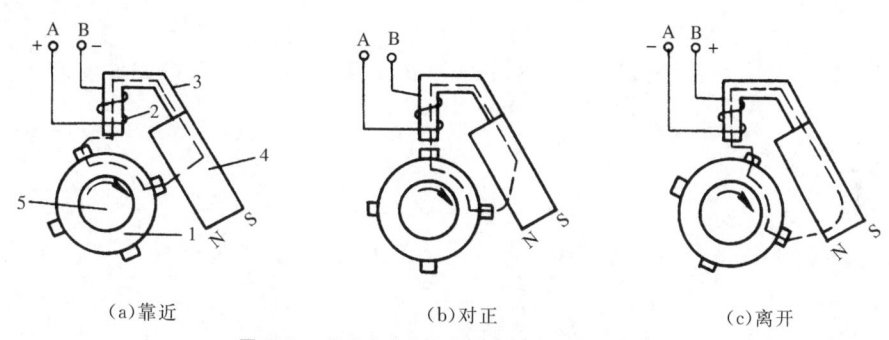

(a) 靠近　　　　(b) 对正　　　　(c) 离开

图 3-19　磁感应式点火信号发生器的工作原理

1—信号触发转子；2—感应线圈；3—衔铁；4—永久磁铁；5—分电器轴

感应线圈的磁通与感应电动势的对应变化关系如图 3-20 所示，发动机转速越快，磁通（Φ）的变化率越大，所产生的感应电动势（e）也越大。

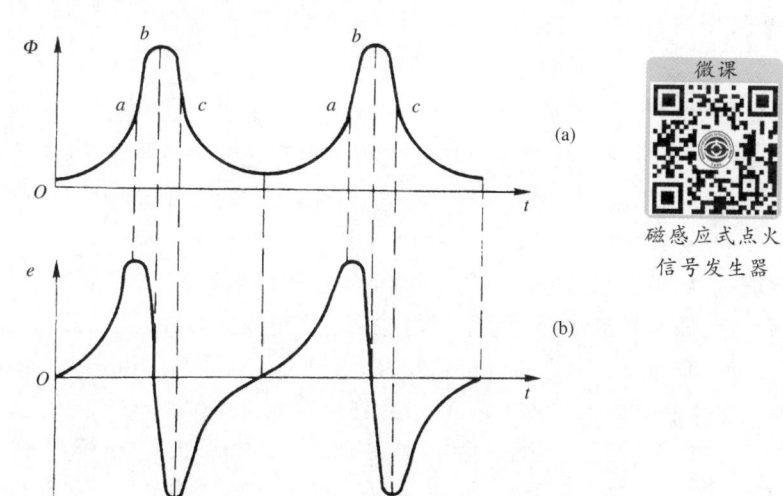

图 3-20　感应线圈内磁通与感应电动势的变化关系

因为触发转子凸齿数与发动机气缸数相同（图 3-19），信号转子上有 4 个凸齿，所以当发动机曲轴转一圈、凸轮轴转一圈、信号触发转子由凸轮轴带动转一圈时，磁感应式点火信号发生器就会产生 4 个周期的交变信号[图 3-20(b) 中只画了 2 个周期的感应电动势波形]，将其送给点火控制器，点火控制器就会控制点火线圈的初级电路接通 4 次、断开 4 次，在次级产生 4 次高压电，由分电器的配电器配送给各缸火花塞，4 个气缸轮流各点火 1 次。

学习任务 2 变压器及其应用

任务目标

掌握变压器的结构和变压原理、变流原理以及阻抗变换原理和计算；了解几种特殊变压器的结构及工作原理；了解变压器在汽车上的具体应用。

学习任务 3-2

素养提升

通过介绍"中国是特高压输电技术标准"的制定者，增强学生民族自豪感和科技兴国的信心。

任务引入

汽车电路采用的是低压直流供电，那么在点火线圈中的高压又从何而来呢？汽车空调电路中的 5 kV 静电除尘的高压又是怎么产生的呢？这一切都是通过变压器来完成的。

相关知识 >>>

变压器是根据电磁感应原理制成的一种静止的电气设备，它具有变换电压、变换电流和变换阻抗的作用，因而在各个工程领域获得了广泛应用。

发电厂欲将 $P=3UI\cos(\Delta\varphi)$ 的电功率输送到用电的区域，当功率 P、功率因数 $\cos(\Delta\varphi)$ 为定值时，如果采用的电压越高，则输电线路中的电流就越小，因而可以减小输电线路上的损耗，节约导电材料。所以远距离输电采用高电压是最为经济的。

目前，我国交流输电的电压一般为 500 kV。这样高的电压，无论从发电机的安全运行方面或是从制造成本方面考虑，都不允许由发电机直接生产。

图 3-21 所示为输配电系统，图 3-21 中发电机的电压一般有 3.15 kV、6.3 kV、10.5 kV、15.75 kV 等几种，所以必须采用升压变压器将电压升高到 35～500 kV 进行远距离输电。当电能送到用电地区后，再用降压变压器将电压降低到较低的配电电压（一般为 6～10 kV），最后再用配电变压器将电压降低到用户所需的电压等级（如 380 V/220 V），供工厂、用户使用。

变压器种类很多，按其用途不同，有电源变压器、控制变压器、电焊变压器、自耦变压器、仪用互感器等。变压器种类虽然多，但基本原理和结构是一样的。

一、单相变压器的结构

单相变压器由闭合铁芯和两个绕组及辅助设备（线圈框、紧固零件、静电屏蔽层等）等组成。变压器的结构可分为两种：芯式和壳式，分别如图 3-22（a）和图 3-22（b）所示。

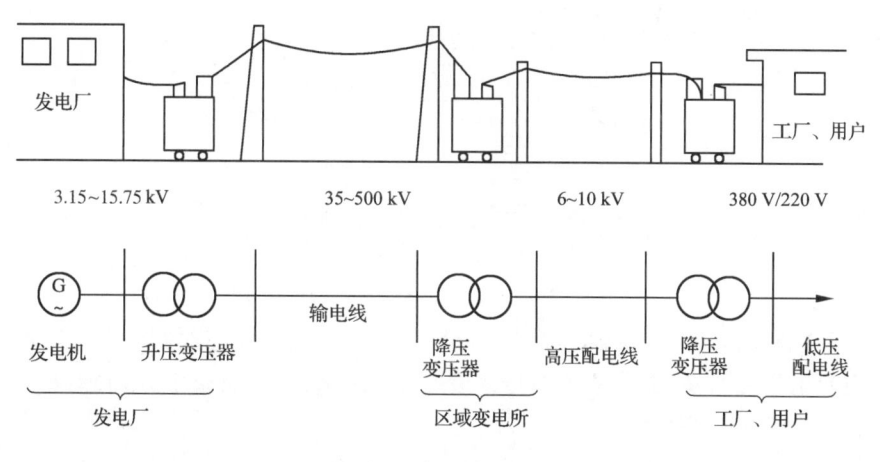

图 3-21 输配电系统

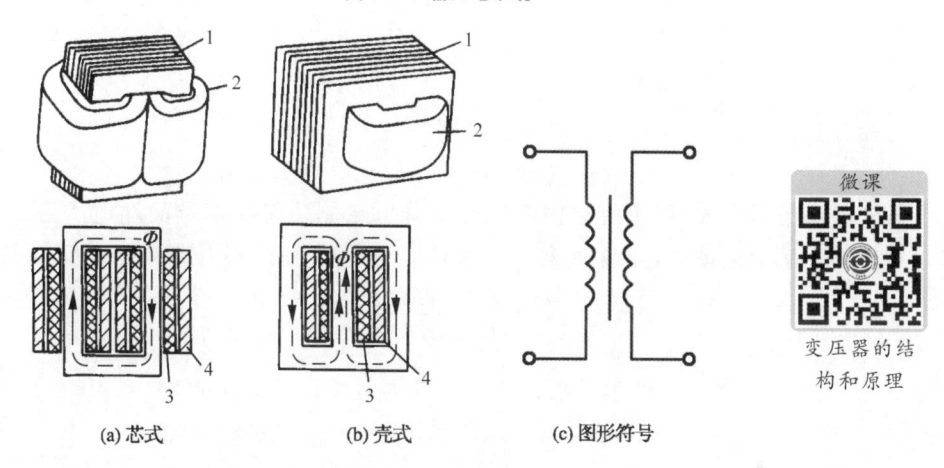

图 3-22 变压器的结构形式及图形符号
1—铁芯;2—绕组;3—低压绕组;4—高压绕组

铁芯是构成变压器的磁路部分。变压器的铁芯大多用 0.35~0.50 mm 厚的具有绝缘层的硅钢片交错叠装而成。小型变压器中也有用铁氧体或坡莫合金替代硅钢片的。在交错叠装之前,硅钢片上需涂一层绝缘漆。交错叠装是指将每层硅钢片的接缝错开,这样可以减小铁芯中的磁滞损耗和涡流损耗。

绕组是构成变压器的电路部分。绕组通常用绝缘的铜线或铝线绕制,其中与电源相连的绕组称为原边绕组(又称原边或初级);与负载相连的绕组称为副边绕组(又称副边或次级)。变压器的图形符号如图 3-22(c)所示。

变压器工作时铁芯和线圈都会发热。小容量变压器常采用自冷式,即将其放在空气中自然冷却。中容量的电力变压器采用油冷式,即将其放置在有散热管的油箱中。大容量的变压器还要用油泵使冷却液在油箱与散热管中做强制循环。

二、变压器的工作原理

为了叙述方便,下面分两种情况分析变压器的运行状态。

1. 变压器的空载运行

变压器原边线圈接上额定的交变电压 u_1,副边线圈开路不接负载(开路 $i_2=0$),这种状态称为空载运行,如图 3-23 所示。这时副边绕组中的电流为零,电压为开路电压 u_{20},原边绕组通过的电流为空载电流 i_0,该电流又称励磁电流。各物理量的方向按习惯参考方向选取，e_1、e_2 与 Φ 符合右手螺旋定则。

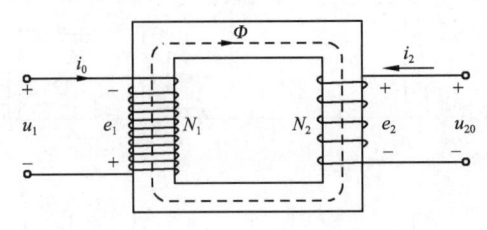

图 3-23 变压器的空载运行

由于副边开路，这时变压器的原边电路相当于一个交流铁芯线圈电路。其磁动势 $i_0 N_1$ 在铁芯中产生主磁通 Φ，主磁通 Φ 通过闭合铁芯，在原、副边绕组中分别感应出电动势 e_1、e_2。根据电磁感应定律可得

$$e_1 = -N_1 \frac{d\Phi}{dt} \\ e_2 = -N_2 \frac{d\Phi}{dt}$$

在原、副边绕组中产生的感应电动势分别为

$$E_1 = 4.44 f N_1 \Phi_m \qquad E_2 = 4.44 f N_2 \Phi_m \tag{3-10}$$

若忽略漏磁通及原、副边绕组内阻抗的压降，原、副边绕组两端的端电压近似等于原、副边绕组上的感应电动势，即 $U_1 \approx E_1$，$U_{20} \approx E_2$。理想状态下，变压器的电压变换关系为

$$\frac{U_1}{U_{20}} \approx \frac{E_1}{E_2} = \frac{4.44 f N_1 \Phi_m}{4.44 f N_2 \Phi_m}$$

即

$$\frac{U_1}{U_{20}} = \frac{N_1}{N_2} = k \tag{3-11}$$

式(3-11)表明，变压器空载运行时，原、副边绕组上电压的比值等于两者的匝数之比，这个比值 k 称为变压器的变压比或变比。当原、副边绕组匝数不同时，变压器就可以把某一数值的交流电压变换为同频率的另一数值的电压，这就是变压器的电压变换作用。当 $k>1$ 时，变压器为降压变压器；当 $k<1$ 时，变压器为升压变压器。

2. 变压器负载运行

(1) 变压器负载运行时初、次级的电压关系

变压器的原边绕组接交流电压 u_1，副边绕组接负载 Z_2，变压器向负载供电，这种运行状态称为负载运行，如图 3-24 所示。负载运行后原边电流由 i_0 增大到 i_1，副边电流为 i_2。

负载运行时 U_2 会稍有减小，这是因为副边绕组接上负载后，原、副边电流 i_1、i_2 均比空载时增大了，原、副边绕组本身的内部压降也要比空载时增大，故副边绕组电压 U_2 会比 E_2 小一些。但一般变压器内部压降小于额定电压的 10%，因此变压器有无负载对电压比影响不大，可以认为变压器负载运行时原、副边绕组的电压比仍基本等于原、副边绕组的匝数之比。即

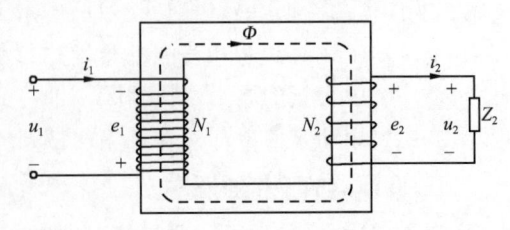

图 3-24 变压器的负载运行

$$\frac{U_1}{U_2} = \frac{N_1}{N_2} = k$$

(2)变压器负载运行时初、次级的电流关系

变压器负载运行时,当电源电压 U 不变时,铁芯中主磁通 Φ 也基本不变。因此,当变压器带上负载后,原边磁动势 $i_1 N_1$ 和副边磁动势 $i_2 N_2$ 共同产生的磁通,与变压器空载时的激磁磁动势 $i_0 N_1$ 所产生的磁通应基本相等,用数学式表示为

$$i_1 N_1 + i_2 N_2 = i_0 N_1$$

由于电流是变化的,也可以写成相量方程

$$\dot{I}_1 N_1 + \dot{I}_2 N_2 = \dot{I}_0 N_1 \tag{3-12}$$

将式(3-12)称为变压器负载运行时的磁动势平衡方程,这说明变压器有载时,原边与副边磁动势的矢量和与空载时的磁动势矢量相等。

因为 $\dot{I}_0$ 很小,当变压器在满载(额定负载)或接近于满载的情况下运行时,激磁磁动势 $\dot{I}_0 N_1$ 比原边磁动势 $\dot{I}_1 N_1$ 或副边磁动势 $\dot{I}_2 N_2$ 小得多,可以忽略不计,由此得出

$$\dot{I}_1 N_1 = -\dot{I}_2 N_2 \tag{3-13}$$

式(3-13)中的负号表明,变压器负载运行时,副边磁动势与原边磁动势相位相反,副边磁动势对原边磁动势起去磁作用,原边电流和副边电流在相位上几乎相差 $180°$。

当副边电流 i_2 增大时,副边磁动势 $i_2 N_2$ 也增大。这时,原边电流 i_1 和原边磁动势 $i_1 N_1$ 也随之增大,以抵消 $i_2 N_2$ 的去磁作用,保证 $i_0 N_1$ 基本不变,即铁芯中的主磁通不变。这表明,变压器带载后,原边电流是由副边电流决定的,它的大小随着副边电流改变而改变。若只考虑其有效值,因此可得

$$\frac{I_1}{I_2} \approx \frac{N_2}{N_1} = \frac{1}{k} \qquad \frac{U_1}{U_2} \approx \frac{I_2}{I_1} = k \tag{3-14}$$

> **想 一 想**
>
> 变压器能变换功率吗?

式(3-14)表明,在不考虑变压器本身损耗的情况下(理想状态),变压器原边绕组输入的功率等于副边绕组输出的功率,即

$$U_1 I_1 = U_2 I_2 \qquad P_1 = P_2$$

这也说明了变压器是一种能把电能转换为"高电压、小电流"或"低电压、大电流"的电气设备,它实际上起着传递能量的作用。

3. 变压器的阻抗变换作用

由以上分析可知,虽然变压器的原、副边绕组之间只存在磁耦合联系,没有电的直接联系,但实际上原边绕组的电流 i_1 会随着副边绕组上负载阻抗 Z_2 的变化而变化,$|Z_2|$ 减小,则 $I_2 = U_2/|Z_2|$ 增大,$I_1 = I_2/k$ 也增大。因此,从原边电路来看,我们可以设想它存在一个等效阻抗 Z_1,Z_1 能反映副边负载阻抗 Z_2 的大小发生变化时对原边绕组电流 i_1 的作用,图 3-25 左图中虚线框内的电路可用另一个阻抗 $|Z_1|$(图中箭头右方)来等效代替。所谓等效,就是它们从电源吸取的电流和功率相等。

当忽略变压器的漏磁和损耗时,等效阻抗可由下式求得

$$|Z_1| = \frac{U_1}{I_1} = \frac{\dfrac{N_1}{N_2} U_2}{\dfrac{N_2}{N_1} I_2} = \left(\frac{N_1}{N_2}\right)^2 \cdot \frac{U_2}{I_2} = k^2 |Z_2|$$

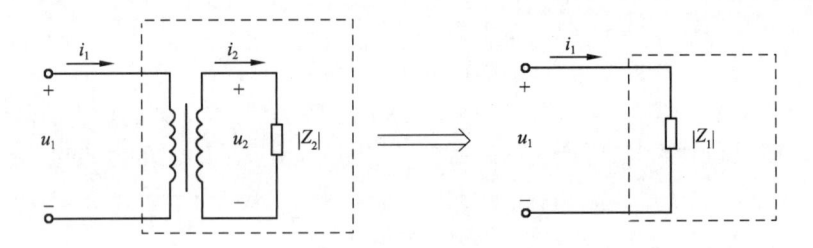

图 3-25 变压器的阻抗变换

即
$$|Z_1| = k^2 |Z_2| \tag{3-15}$$

可见，接在变压器副边的负载阻抗 $|Z_2|$ 反映到变压器原边的等效阻抗 $|Z_1|$ 是 $|Z_2|$ 的 k^2 倍，这就是变压器的阻抗变换作用。

当匝数比 k 不同时，同样的副边负载阻抗值反映到原边的等效阻抗值 $|Z_1|$ 也不同。选用不同的变比 k，就可在原边得到所需要的任何数值。这种阻抗变换的方法也称为阻抗匹配。

变压器的阻抗变换作用常应用于电子电路中。例如，收音机、扩音机中扬声器的阻抗一般为几欧或几十欧，而其功率输出级要求负载阻抗为几十欧或几百欧，才能使负载获得最大输出功率（阻抗匹配）。实现阻抗匹配的方法就是在电子设备功率输出级和负载之间接入一个变比适合的输出变压器，以获得所需的阻抗。

三、变压器的额定值

变压器的额定值是制造厂商根据国家技术标准，对变压器长期正常可靠运行所制定的限制参数。额定值通常标注在变压器的铭牌上，故又称铭牌值。变压器的额定值主要包括额定电压、额定电流、额定容量和额定频率。

1. 额定电压 U_{1N}、U_{2N}

变压器原边绕组的额定电压是根据变压器的绝缘强度和允许温升规定的，指在一次侧加入的正常工作电压的有效值，用符号 U_{1N} 表示。在电力系统中，副边绕组的额定电压 U_{2N} 是指在变压器空载运行且原边绕组加入额定电压 U_{1N} 时，副边绕组两端电压的有效值。在仪器仪表中，U_{2N} 通常指在变压器原边施加额定电压，副边接额定负载时的输出电压有效值。

2. 额定电流 I_{1N}、I_{2N}

额定电流 I_{1N}、I_{2N} 指变压器长期连续运行时，根据其允许温升而规定的正常工作电流的有效值。三相变压器中的 I_{1N}、I_{2N} 均是指线电流。

3. 额定容量 S_N

单相变压器的额定容量是指变压器副边绕组输出的额定视在功率，用符号 S_N 表示，并有

$$S_N = U_{2N} I_{2N} \approx U_{1N} \frac{N_2}{N_1} I_{2N} \frac{N_1}{N_2} = U_{1N} I_{1N}$$

额定容量实际上是变压器长期运行时允许输出的最大有功功率，它反映了变压器所能传送电功率的能力，但变压器实际使用时的输出功率则取决于负载的大小和性质。即使副边正好是额定电压和额定电流，也只有在功率因数 $\cos\Delta\psi = 1$ 时，输出功率才等于额定容量。一般情况下，变压器的实际输出有功功率小于额定容量。

4. 额定频率 f_N

额定频率 f_N 是指变压器初级绕组应接入的电源电压的频率。我国电力系统的标准频

率为 50 Hz。

5. 变压器的损耗和效率

(1)变压器的损耗

变压器主要有两部分损耗：铁损耗 ΔP_{Fe} 和铜损耗 ΔP_{Cu}。

变压器铁芯中的磁滞损耗和涡流损耗称为铁损耗。当外加电压一定时，工作磁通一定，铁损耗是不变的，也称为固定损耗。

变压器的两个绕组是用铜导线绕制的，它们都有电阻，电流通过绕组时的功率损耗称为铜损耗。铜损耗的大小随着通过绕组中的电流变化而变化，也将铜损耗称为可变损耗。

(2)变压器的效率 η

变压器的输出功率 P_2 与输入功率 P_1 之比称为变压器的效率。效率常用下面的公式计算

$$\eta = \frac{P_2}{P_1} \times 100\% = \frac{P_2}{P_2 + \Delta P_{Fe} + \Delta P_{Cu}} \times 100\% \tag{3-16}$$

变压器的效率比较高，一般小容量变压器的效率为 70%～80%，大型供电变压器在额定负载时的效率可达到 99%。变压器的效率还与负载有关，轻载时效率较低，因此，我们应合理选择变压器的容量，以免变压器长期在轻载或空载状态下工作。

四、几种特殊的变压器

1. 自耦变压器

自耦变压器的结构和电路分别如图 3-26(a)和图 3-26(b)所示。普通变压器的初级绕组和次级绕组是互相分开的。而自耦变压器的原边电路与副边电路共用一部分线圈，如图 3-26(c)所示。原、副边之间除了有磁的联系之外，还有电的联系，这是自耦变压器区别于一般变压器的特点。

两种特殊变压器

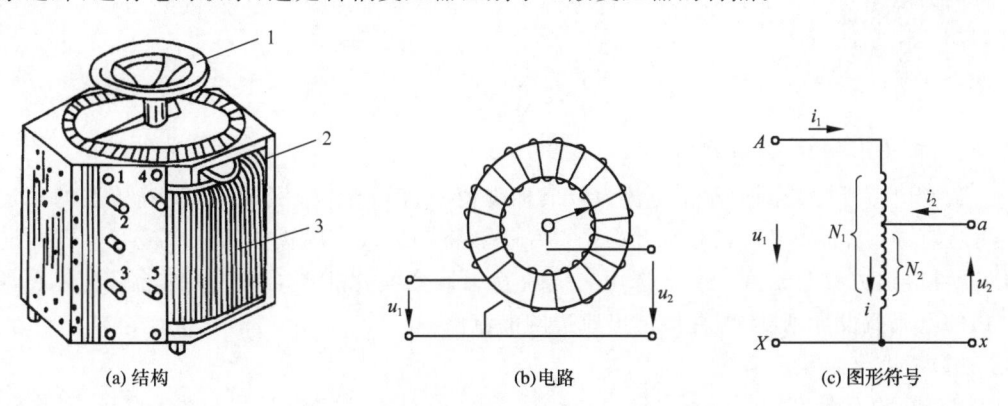

(a) 结构　　(b) 电路　　(c) 图形符号

图 3-26　自耦变压器

1—手柄；2—接触臂；3—绕组

从图 3-26 中看出，当原边加上额定电压后，若不考虑电阻的压降和漏感电动势，则

$$\frac{U_1}{U_2} \approx \frac{N_1}{N_2} = k$$

在自耦变压器中，原来的变压公式仍可以运用，式中 k 为自耦变压器的变压比。

当自耦变压器接上负载，副边有电流 i_2 输出时，有

$$\frac{I_1}{I_2} \approx \frac{N_2}{N_1} = \frac{1}{k}$$

由此表明，自耦变压器中原、副边电流的大小与线圈匝数成反比。

自耦变压器的优点是结构简单,节省用铜量,效率高、使用方便。但这些优点只有在变压器变比不大的情况下才有意义。它的缺点是副边线圈和原边线圈有电的联系,不能用于变比较大的场合(一般 k 不大于2)。这是因为当副边线圈断开时,高电压就会串入低压网络,容易发生事故。

实验室常用的调压器,就是一种副边线圈匝数可变的自耦变压器,其原理如图 3-27 所示。这种调压器的端点可以滑动,所以能均匀地调节电压。该调压器还可以做成三相调压器,容量一般为几千伏安,电压为几百伏。

使用自耦变压器时应注意以下两点:

(1)接通电源前,应先将滑动触头旋至零位,接通电源后再逐渐转动手柄,将输出电压调到所需电压值。使用完毕后,应将滑动触头再旋回零位。

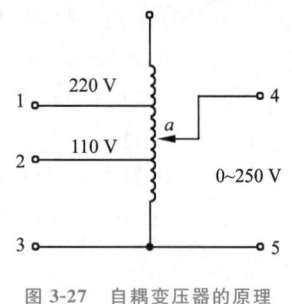

图 3-27 自耦变压器的原理

(2)在使用时,原、副边绕组不能对调。如果把电源接到副边绕组,可能会烧坏调压器或使电源短路。

2.电流互感器

(1)电流互感器的原理

在电工测量中,被测量的电量经常是大电流或高电压。为了保证测量者的安全,必须将待测电流(或电压)按一定比例减小,以便于测量。电流互感器实际就是利用变压器的原理,将大电流变换成小电流(实际为升压变压器),其原理如图3-28所示。它的原边绕组用粗导线绕成,通常只有一匝或几匝,与被测电路负载串联,原边绕组经过的电流与负载电流相等。副边绕组匝数较多,导线较细,与电流表或功率表的电流线圈连接。

因为电流表和功率表的电流线圈电阻很小,所以电流互感器副边相当于短路。根据变压器的工作原理,有

$$\frac{I_1}{I_2} \approx \frac{N_2}{N_1} = \frac{1}{k} = k_i$$

式中,k_i 称为电流互感器的变流比。

通常电流互感器副边额定电流设计成标准值 5 A 或 1 A。例如,电流互感器的额定电流等级有 30 A/5 A、75 A/5 A、100 A/5 A 等。将测量仪表的读数乘以电流互感器的变流比,就可得到被测电流值。通常选用与电流互感器变流比相配合的专用电流表,其表盘按原边的电流值设计刻度,可直接读出原边的电流值。

(2)使用电流互感器的注意事项

①电流互感器在运行中不允许副边开路,因为它的原边绕组是与负载串联的,其电流 I_1 的大小取决于负载的大小,而与副边电流 I_2 无关,所以当副边开路时铁芯中由于没有 I_2 的去磁作用,主磁通将急剧增大,这不仅使铁损耗急剧增大,铁芯发热,而且将在副边绕组感应出数百甚至上千伏的电压,造成绕组的绝缘击穿,并危及工作人员的安全。为此在电流互感器副边电路中不允许装设熔断器,在副边电路中拆装仪表时,必须先将副边绕组短路。

②为了安全,电流互感器的铁芯和副边绕组的一端也必须接地。

(3)钳形电流表(电流互感器的一种变形)

在汽车电路检测中常用的钳形电流表是一种特殊的配有电流互感器的电流表,其结构如图 3-29 所示。电流互感器的钳形铁芯可以开合,测量时按下手把,使铁芯张开,将被测电流的导线套进铁芯口内,再松开手把,让弹簧压紧铁芯,使其闭合,这根导线就是电流互感

器的初级绕组。电流互感器的副边绕组绕在铁芯上并与电流表接成闭合回路,可从电流表上直接读出被测电流的大小。钳形电流表用来测量正在运行中的设备的电流,不用断开设备的电路,使用非常方便。

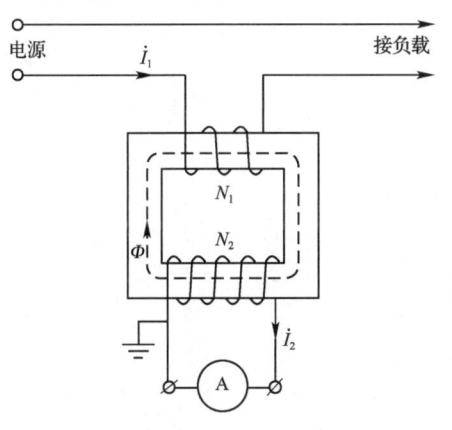

图 3-28 电流互感器的原理

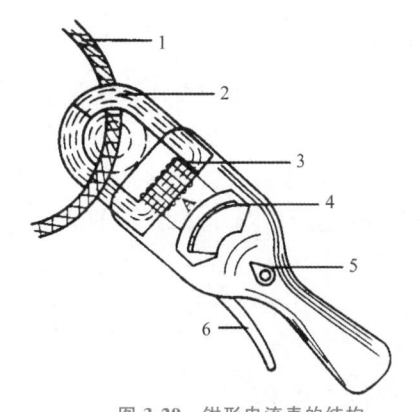

图 3-29 钳形电流表的结构
1—载流导线;2—铁芯;3—副边线圈;4—电流表;
5—量程调节旋钮;6—手把

3. 脉冲变压器

脉冲变压器是用来变换脉冲电压的,输入的脉冲电压(不连续变化的电压)经变压器变换后,输出的脉冲电压波形失真尽可能地小,这是其最基本的要求。脉冲变压器的铁芯一般用高磁导率的铁淦氧合金和坡莫合金材料,用以减小磁路的功率损耗。

任务实施

一、变压器的计算

【练一练 3-1】 某单相变压器接到电压 $U_1=380$ V 的电源上,已知副边空载电压 $U_{20}=19$ V,副边绕组匝数 $N_2=100$ 匝,求变压器变比 k 及 N_1。

【解】 变压器的变比

$$k = U_1/U_{20} = 380/19 = 20$$

由 $N_1/N_2 = k$,得

$$N_1 = kN_2 = 20 \times 100 = 2\,000$$

【练一练 3-2】 有一台机床控制变压器,初级电压为 220 V,次级电压为 36 V,如果次级接入一个 100 W/36 V 的灯泡,若不考虑变压器绕组的阻抗,问:(1)初、次级的电流是多少?(2)当次级并联接入两个这样的灯泡(也能正常运行)时,初、次级的电流又是多少?

【解】 (1)次级接入的灯泡为电阻性负载,所以次级电流为

$$I_2 = P_2/U_2 = 100/36 \approx 2.78$$
$$k = U_1/U_2 = 220/36 \approx 6$$
$$I_1 = I_2/k = 2.78/6 \approx 0.46$$

(2)当次级并联接入两个这样的灯泡时,次级电流为

$$I_2 = 2.78 \times 2 = 5.56$$
$$I_1 = I_2/k = 5.56/6 \approx 0.93$$

由计算结果可知:变压器在改变电压的过程中,也改变了电流,而且初级电流的大小随着次级电流的大小而改变。

【练一练 3-3】 喇叭的电阻为 8 Ω,功率放大器输出端的输出电阻为 288 Ω,要使喇叭接入功率放大器输出端,得到最大功率,问喇叭能否直接接入功率放大器的输出端?怎样接入才能使喇叭发出最大声音?

【解】 不能,应将喇叭接到变比 $k=6$ 的变压器的次级,将变压器的初级接到功率放大器的输出端。

【练一练 3-4】 某照明变压器的额定容量 $S_N=600$ VA,额定电压为 220 V/36 V。试求:

(1)原、副边的额定电流 I_{1N}、I_{2N};

(2)在副边最多可以接几盏 36 V/50 W 的灯泡?

【解】 原边、副边和每只灯泡的额定电流分别为

$$I_{1N} \approx \frac{S_N}{U_{1N}} = \frac{600}{220} = 2.73$$

$$I_{2N} \approx \frac{S_N}{U_{2N}} = \frac{600}{36} = 16.7$$

$$I_N \approx \frac{P}{U_N} = \frac{50}{36} = 1.39$$

设最多可接 n 盏灯,因灯泡为电阻性负载,功率因数 $\cos(\Delta\varphi)=1$,则 $nP=S_N$,故

$$n = \frac{S_N}{P} = \frac{600}{50} = 12$$

> **想一想**
>
> 在副边只接一盏 36 V/50 W 的灯泡时,原、副边的电流还与额定电流相等吗?

二、变压器在汽车上的应用

1. 点火线圈

汽车上点火系统中最重要的部件是点火线圈,它实际上是一台升压变压器,能将汽车电源系统提供的 12 V 的低电压变为高达 15 kV 甚至以上的高电压,用于点燃发动机内的可燃混合气。

点火线圈按磁路的结构不同,可分为开磁路点火线圈和闭磁路点火线圈。下面以开磁路点火线圈为例说明点火线圈的结构。

(1)点火线圈的结构

如图 3-30 所示为开磁路点火线圈的结构。

点火线圈铁芯是用硅钢片叠成的,铁芯外套有绝缘的硬纸板套,硬纸板套上绕有线径较细、匝数较多的次级绕组(直径为 0.06~0.10 mm 的漆包线,一般为 11 000~23 000 匝)。线径较粗、匝数较少的初级绕组(直径 0.5~1.0 mm 的高强漆包线,一般为 230~370 匝)绕在次级绕组的外面,以利于散热。绕组和外壳之间装有导磁钢套,底部有瓷质绝缘支座。点火线圈上端装有绝缘胶木盖,导磁钢套与绕组之间充满沥青或变压器油等绝缘物。

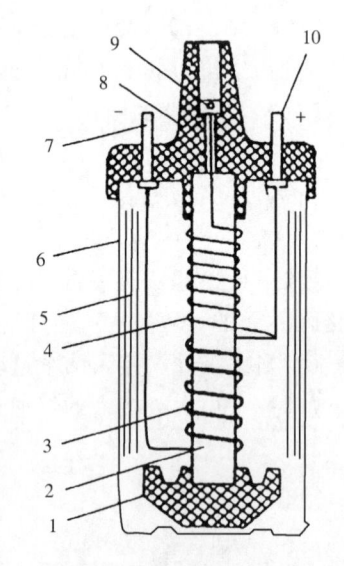

图 3-30 开磁路点火线圈的结构
(两个低压接柱)

1—绝缘座;2—铁芯;3—初级绕组;
4—次级绕组;5—导磁钢套;6—外壳;
7—低压接柱"—";8—胶木盖;
9—高压接柱;10—低压接柱"+"或"开关"

加强绝缘并防止潮气侵入。中央突出部分为高压接线柱插孔,其余的接线柱为低压接线柱。

开磁路点火线圈的磁路如图 3-31(a)所示,磁路的磁阻较大,漏磁较多,能量损失大,能量转换效率一般只有 60% 左右。

闭磁路点火线圈铁芯有"口"字形和"日"字形两种,如图 3-31(b)所示为闭磁路点火线圈的磁路。与开磁路点火线圈相比,闭磁路点火线圈具有磁阻小、漏磁少、能量转换效率高(可达 75%)、体积小(可直接装在分电器盖上)、质量轻和散热快等优点,已广泛用于电子点火系统。

鉴于这两种火线圈的特点差别,电子点火系统和微机控制的点火系统中用闭磁路点火线圈,而不用开磁路点火线圈。

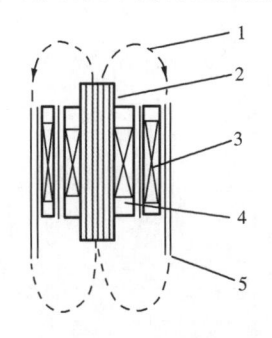

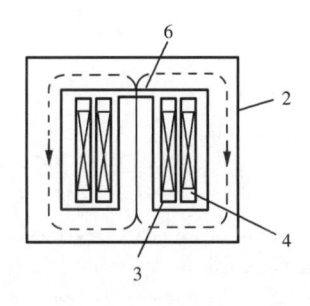

图 3-31 点火线圈的磁路
1—磁力线;2—铁芯;3—初级绕组;4—次级绕组;5—导磁钢片;6—空气隙

(2)点火线圈产生高压的原理

图 3-32 所示为电子点火系统的电路。从图 3-32 中可以看出,在点火控制器的输出电路中有一个起开关作用的三极管 VT 和初级绕组串联,控制初级电路的通断,当初级电路断开的一瞬间,初、次级绕组磁通急变,在初、次级绕组都会产生感应电动势,由于初级绕组匝数远远小于次级匝数,所以在次级绕组产生远高于初级绕组的高电压(1.5 kV 以上)。

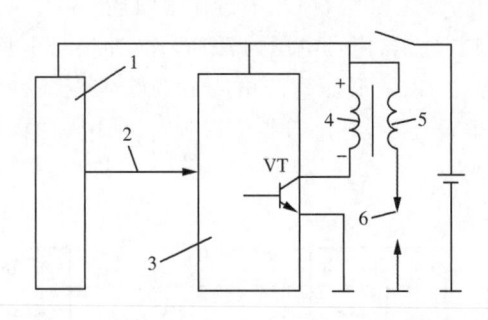

图 3-32 电子点火系统的电路
1—点火信号发生器;2—交变点火触发信号;
3—点火控制器;4—初级绕组;5—次级绕组;6—火花塞

点火系统工作原理:点火信号发生器根据发动机转速、负荷等工况的变化产生点火信号并输送至点火控制器,点火控制器根据点火信号控制初级绕组电路的通断。点火控制器将初级电路断开的瞬间,点火线圈中的次级绕组感应产生点火高压电,由配电器和点火高压线等将高压电输送至火花塞,在火花塞的电极间跳火产生电火花,点燃可燃混合气。

2. 基于变压器原理的汽车传感器

压力传感器在汽车上有两方面的作用：一是用于气压的检测，包括进气真空度、大气压力、气缸内的气压及轮胎气压等；二是用于油压的检测，包括变速箱油压、制动阀油压等。

除了点火线圈外，差动变压器式（可变电感式）进气压力传感器也是基于变压器原理的传感器。下面以它为例，说明其工作原理。

差动变压器式进气压力传感器是一种开磁路互感式电感传感器，由于其感应线圈是由两个接成差动结构的绕组组成，所以又称为差动变压器，其结构如图 3-33 所示。

感应线圈一次绕组 W_1 与振荡电路相连，振荡器输出的交变电流通过一次绕组时，由于互感作用，其二次绕组 W_2 就会产生感应电动势（产生信号电压）。由于感应线圈的两个绕组做差动连接，所以，总的输出电压是感应线圈两绕组的感应电动势之差，它取决于两个绕组的耦合情况。

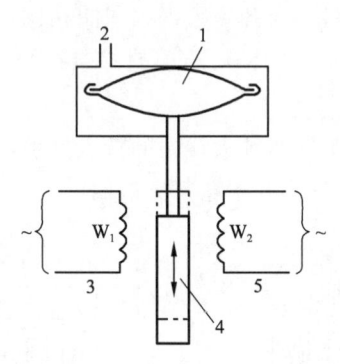

图 3-33 差动变压器式进气压力传感器的结构
1—真空膜盒；2—进气歧管；3—感应线圈的一次绕组；4—铁芯；5—感应线圈的二次绕组

当进气歧管压力变化时，真空膜盒收缩，带动铁芯向线圈中部移动，进气压力越大，铁芯的位移越大，耦合越紧，输出的信号（电动势）也就越大。这样，就把进气歧管的压力变化转变为电信号。再将这个随进气歧管压力变化而变化的电压信号送到电子电路经检波、整形和放大后，作为传感器的输出信号送到微机控制装置。

3. 脉冲变压器在汽车上的应用

在晶闸管可控硅整流电路的触发电路中，经常要用到脉冲变压器。它的初级绕组接在晶闸管的触发电路中，而次级绕组则接在晶闸管控制极和阴极控制回路中。由于触发电路功率较小，而晶闸管主电路功率较大，为了电路运行安全，必须将初、次级绕组安全地隔离开来，因此在制造工艺上有特殊的要求，在此不再详细叙述。

另外，在汽车电子控制系统中，信号电压通常都是脉冲信号电压。例如，在电容储能式电子点火系统中，要将电源的 12 V 低压直流电变成 300～500 V 的高压直流电，就是由一个多谐振荡器经脉冲变压器升压后，再进行整流得到的，如图 3-34 所示，这样可使点火性能大大改善。

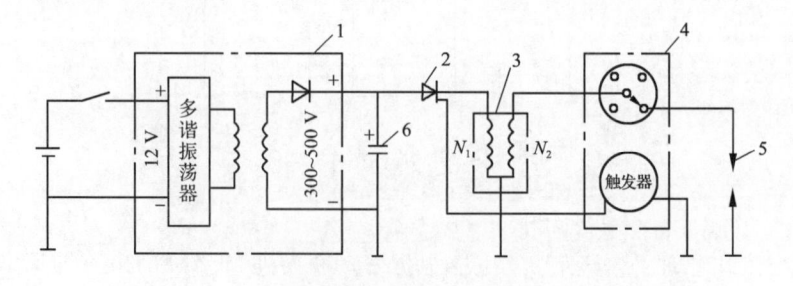

图 3-34 电容储能式电子点火系统的原理
1—脉冲压变器；2—晶闸管；3—点火线圈；4—分电器；5—火花塞；6—储能电容器

学习任务 3　电磁铁及继电器

任务目标

　　了解电磁铁的结构，认识不同类型的继电器，会画不同类型的继电器符号；理解双触点电压调节器的工作原理；能够分析电喇叭的工作原理。

任务引入

　　本次任务主要学习电磁铁和继电器。电磁铁常用来实现对电路的各种控制和保护，继电器是自动控制电路中常用的一种元器件，它们在汽车上有着广泛的应用。汽车上用到的电磁铁、继电器，都是有铁芯的线圈，所以在这些电气设备中不仅存在电路问题，也存在着磁路问题。

相关知识

一、电磁铁

　　电磁铁是利用电磁感应原理，使通电铁芯线圈中产生电磁场，从而吸引衔铁工作的一种电器，常用来操纵、牵引机械装置以完成预期动作，或用来吸引固定钢铁零件，搬运铁磁物件等。各种电磁型开关、电磁阀门和继电器的基本部件都是由电磁铁构成的。

　　常见的电磁铁结构形式有马蹄式、拍合式和螺管式，如图 3-35 所示。它们都是由铁芯、线圈和衔铁三个基本部分组成的。工作时在线圈中通以励磁电流，铁芯中就会产生电磁场，从而吸引衔铁；断电时励磁电流消失，电磁场也消失，衔铁即被释放。

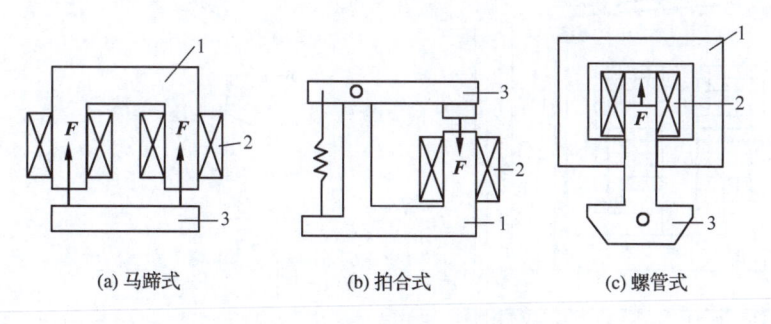

(a) 马蹄式　　　　(b) 拍合式　　　　(c) 螺管式

图 3-35　常见电磁铁的结构形式
1—铁芯；2—线圈；3—衔铁

　　电磁铁线圈通电后，铁芯吸引衔铁的力称为电磁吸力。电磁吸力的计算公式为

$$F=\frac{10^7}{8\pi}\frac{\varPhi^2}{S} \qquad (3\text{-}17)$$

式中　$\varPhi$——空气隙中的磁通，Wb，可近似看作与铁芯里的磁通相等；
　　　S——空气隙的有效面积，m²；

F——电磁吸力,N。

按照励磁电流种类的不同,电磁铁可分为直流电磁铁和交流电磁铁两种。交流电磁铁在汽车上应用很少,这里只介绍直流电磁铁。

直流电磁铁在通电稳定后(稳定过程所需的时间极短),具有以下特点:

(1)直流电磁铁的励磁电流是由励磁线圈的外加电压 U 和线圈的电阻 R 决定的,励磁电流是恒定的。

(2)没有磁滞现象和涡流损耗,直流电磁铁中的铁芯可以用整块的铸钢或软铁。

(3)因为磁动势 NI 不变,磁阻 R_m 在吸合后(没有缝隙了)显著减小,使得磁通 Φ 增大,所以吸合后的电磁吸力比吸合前大得多,但励磁电流不变。

二、继电器

汽车上安装了许多继电器,如启动继电器、喇叭继电器、前照灯继电器等,继电器是自动控制电路中常用的一种元件,它是用较小电流来控制较大电流的一种自动开关,在电路中起着自动操作、自动调节、安全保护等作用。在工业控制中使用的继电器体积较大,线圈通过的电流或承受的电压较大,触点允许通过的电流较大。在汽车上使用的继电器体积较小,触点控制的电流也较小,属于小型继电器,这里我们只介绍小型继电器。

1. 继电器的类型

继电器的种类很多,常用的有电磁式和干簧式。电磁式继电器成本较低,汽车控制电路中大多采用电磁式继电器作为控制执行部件;干簧式继电器反应灵敏,多用来采集信号,汽车上常采用干簧式继电器作为传感器。

2. 继电器的结构

(1)电磁式继电器

图 3-36 所示为电磁式继电器的结构和符号,当继电器线圈通以电流时,在铁芯、轭铁、衔铁和工作气隙 δ 中形成磁通回路,从而使衔铁受到电磁力作用而吸向铁芯,衔铁带动支杆将板簧推开,使一组或几组动断触点断开(也可以使动合触点闭合)。

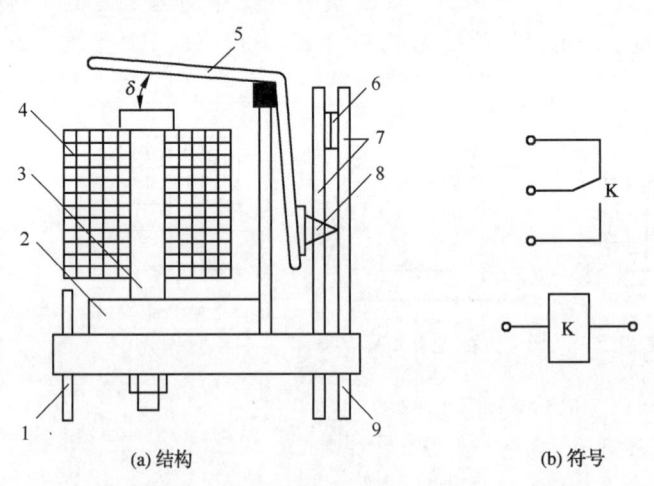

图 3-36 电磁式继电器的结构和符号

1—线圈焊片;2—轭铁;3—铁芯;4—线圈;5—衔铁;6—触点;7—板簧;8—支杆;9—触点焊片

当切断继电器线圈的电流时,电磁力消失,衔铁在板簧作用下恢复原位,触点闭合。

(2)干簧式继电器

图 3-37 所示为干簧式继电器的结构,由图 3-37 可见,其触点是一个或几个干簧管,这是它和电磁式继电器的主要区别。它的符号和电磁式继电器相同。当继电器线圈通电流时,在线圈中心工作气隙中形成磁通回路,从而使干簧管的一对触点吸合。

除了上面介绍的继电器外,随着电子技术的发展,电子继电器越来越多地应用到汽车控制电路中,电子继电器相当于一个大电流的开关管,其结构和原理将在本书后面的内容中介绍。另外,在有些汽车电路中还用到一些比较简单的双金属继电器(《汽车电气设备与维修》中会学到),这里不再详细讨论。

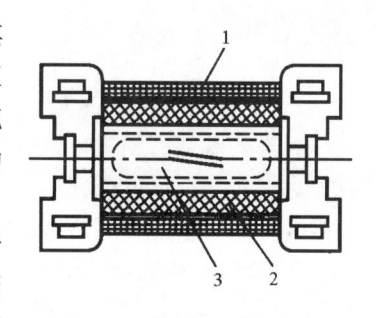

图 3-37　干簧式继电器的结构
1—电压线圈;2—电流线圈;
3—笛簧开头

3. 常用继电器的符号

在电路中表示继电器时,只要画出它的线圈与控制电路有关的触点组即可。继电器的常用符号见表 3-1。

注意:一般在电路中,只画出继电器线圈不通电时触点组的原始状态。

表 3-1　　　　　　　　　　继电器的常用符号

继电器线圈符号	继电器触点符号	
K_1	K_{-1}	动合触点(常开触点)
	K_{-2}	动断触点(常闭触点)
	K_{-3}	切换触点(转换触点)
K_2	K_{1-1}　K_{1-2}　K_{1-3}	
K_3	K_{2-1}　K_{2-2}	

继电器的触点有两种表示方法:一种是把它直接画在长方框的一侧,较直观;另一种是按电路连接的需要把各个触点分别画在各自的控制电路中,汽车电路中就采取这种画法,这对于分析和理解电路是非常有利的。但必须同时在属于同一继电器和触点旁边标注相同的文字符号,并给该触点组编号。

任务实施

一、直流电磁铁在汽车上的应用

直流电磁铁的励磁电流是恒定不变的,其磁动势 IN 也是恒定不变的。但随着衔铁的吸合,空气隙变小,吸合后空气隙将消失,磁路的磁阻会显著减小,因而磁通 Φ 要增大。由电磁吸力的计算公式可知,吸合后的电磁力要比吸合前大得多。

利用电磁铁的特点,可以制成许多控制部件或执行部件,应用到汽车上。

1. 喷油器

电控燃油喷射系统使用的喷油器都是电磁式的。喷油器的基本结构如图3-38所示。喷油器主要由衔铁、针阀、电磁线圈、回位弹簧等组成,其中针阀和衔铁是一体的。

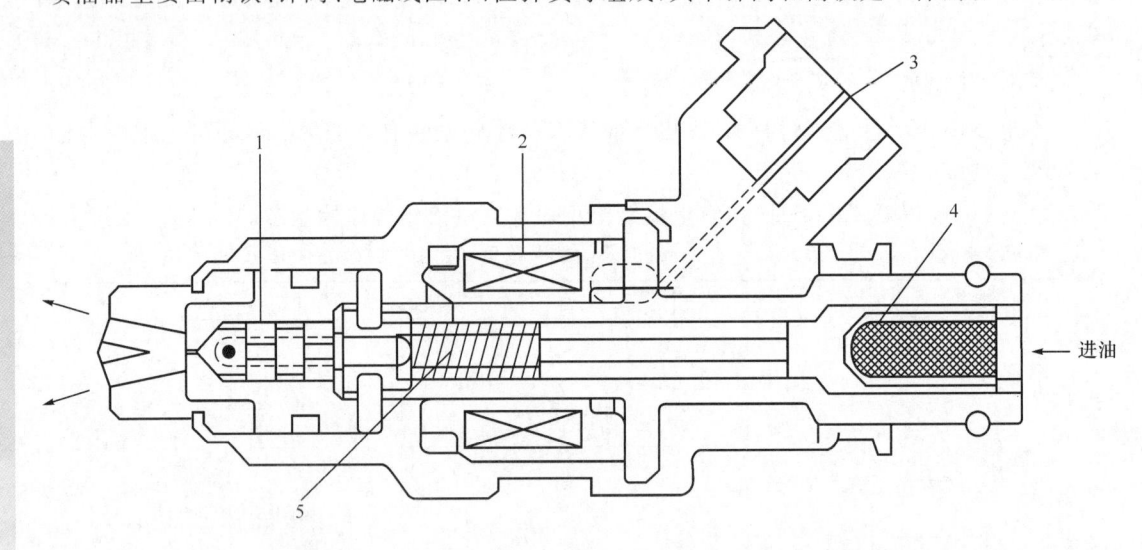

图 3-38 喷油器的基本结构

1—铁阀、衔铁;2—电磁线圈;3—接头端;4—滤网;5—回位弹簧

当发动机控制单元(ECU)使电磁线圈通电时,电磁线圈产生的电磁力将衔铁和针阀吸起,阀门开启,汽油便从针阀与喷孔的环形间隙喷向进气门前方,与吸入进气歧管的空气混合进入气缸。当电磁线圈的电源被切断后,针阀便在回位弹簧的作用下关闭喷孔,停止喷油。喷油量与喷油器喷油的时间(针阀开启的时间)成正比,而针阀开启的时间又由ECU输出的电脉冲宽度控制。

2. 开关式电磁阀

在汽车自动变速器控制电路、燃油供给系统以及制动防抱死系统中,有许多不同结构的电磁阀,开关式电磁阀的结构为其中的一种。

开关式电磁阀由线圈、阀、可动铁芯和弹簧等组成。当电流流过线圈时,线圈所产生的磁场使可动铁芯克服弹簧的弹力,阀向上移动,液体入口与出口之间的通道开启[图3-39(a)]。当线圈断电时,电磁力消失,可动铁芯在弹簧力的作用下返回到初始位置,液体入口与出口之间的通道关闭[图3-39(b)]。

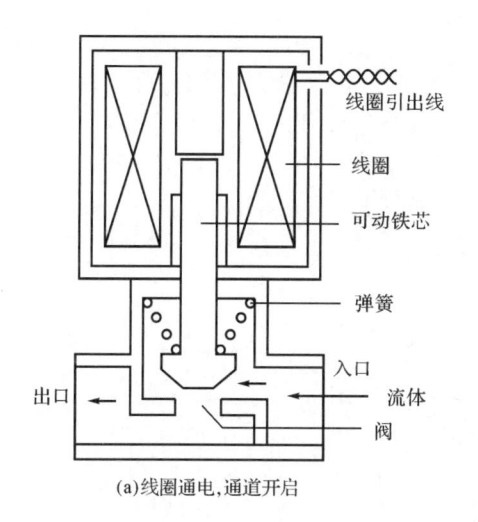

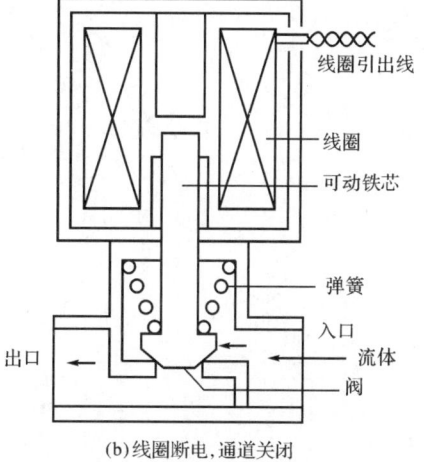

(a) 线圈通电,通道开启　　　　(b) 线圈断电,通道关闭

图 3-39　开关式电磁阀的原理

3. 喇叭

汽车上都装有喇叭。汽车喇叭靠电磁原理使膜片振动发出声音警报信号。目前汽车上使用的多为盆形和螺旋形喇叭。盆形喇叭具有尺寸小、质量轻、指向性好等特点,因而被普遍采用。如图 3-40 所示为盆形喇叭的结构。

二、继电器在汽车上的应用

1. 喇叭继电器

汽车上许多电气设备具有较大的功率,工作电流较大,如启动机、喇叭、闪光继电器等。这些电气部件如果直接用开关或按钮(键)进行通、断控制,开关或按钮(键)的触点将因无法承受这些设备通过的大电流而烧毁。所以,在汽车上经常利用开关控制继电器的吸合与断开,再利用继电器的触点控制电气部件的通断。下面以喇叭继电器为例,介绍继电器在汽车上的应用。

图 3-40　盆形喇叭的结构
1—下铁芯；2—电磁线圈；3—上铁芯；4—膜片；
5—共鸣板；6—衔铁；7—触点；8—调整螺钉；
9—电磁铁芯；10—喇叭按钮；11—锁紧螺母

图 3-41 所示为喇叭的应用电路。汽车上经常装有高、低两个不同音频的喇叭。当装用双喇叭时,因其消耗的电流较大,用按钮直接控制,容易烧坏按钮,故常用喇叭继电器来控制。喇叭发声需要 20~30 A 的电流,且需用较粗导线。采用喇叭继电器控制后,由于喇叭继电器线圈的电阻很大,喇叭按钮通过的电流很小(0.25 A 左右),这样,喇叭的大工作电流不再经过喇叭按钮,即用喇叭电磁线圈的小电流控制了触点的大电流,从而保护了转向盘上的按钮触点。有些汽车为提高可靠性,连双音盆形喇叭也采用了这种继电器控制电路。

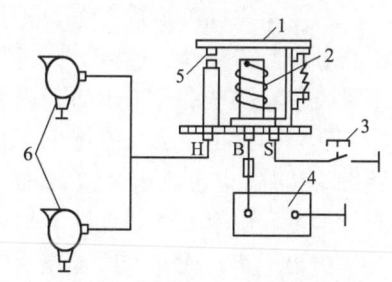

图 3-41　喇叭的应用电路
1—触点臂；2—电磁线圈；3—喇叭按钮；
4—蓄电池；5—触点；6—喇叭

汽车上常见继电器的外形和内部原理如图 3-42 和图 3-43 所示。

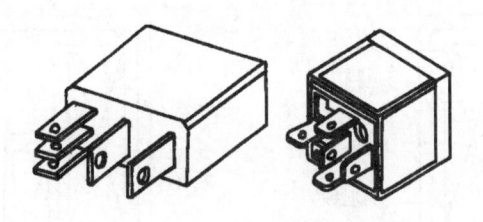

图 3-42 汽车上常见继电器的外形

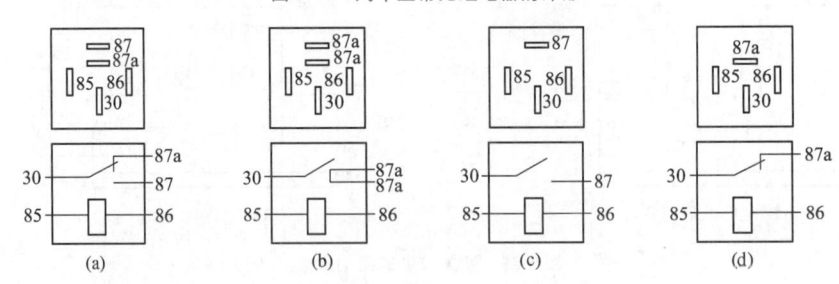

图 3-43 汽车上常见继电器的内部原理

2. 继电器的检测

准备两个汽车用常开、常闭型继电器和一台万用表,用万用表检测这两种继电器的好坏。

(1)检测常开继电器的好坏。如图 3-43(c)所示,用万用表测量 85 和 86 端子间电阻,若符合标准值,可判断继电器线圈无短路和断路。在线圈不通电时,测量 30 和 87 之间电阻为无穷大。通过以上检测可判断该继电器是好的。否则,应更换。

(2)检测常闭继电器的好坏。如图 3-43(d)所示,用万用表测量 85 和 86 端子间电阻,若符合标准值,可判断继电器线圈无短路和断路。在线圈不通电时,测量 30 和 87a 之间应导通(电阻为 0)。通过以上检测可判断该继电器是好的。否则,应更换。

三、电磁干扰及抑制

电磁干扰是指在传导或电磁场中伴随着电压、电流作用而产生的一种电磁现象。强电流及其相关的导体均会产生磁场,若这些磁场在低电压电子电路中引起感应电压,则会影响控制模块的正常工作,从而导致一些间歇性故障。

汽车产生电磁干扰的源有:高压电子点火系统、各种电感性负载(如电动机类电气部件)、各种开关类部件(如闪光继电器、电磁阀等)、各种电子控制单元,甚至各种灯具、无线电设备等。这些部件产生的干扰会在汽车内部相互影响。

车辆内部电磁干扰的特点不同于车辆外部的电磁干扰。车内电磁干扰会通过各种连接线缆传播,也会以耦合方式、空间辐射的方式传播。典型的形式有:沿电源线传导干扰;人体静电放电对电子部件的干扰;干扰能量通过空间辐射等。

电磁干扰对汽车系统是有害的。例如,某辆汽车,其发电机电压调节器经常出现被击穿而损坏的现象。经检查,当雨刮器工作时,这种损坏现象就容易发生。雨刮器驱动电动机作为感性负载,在切断电源时会产生反向电流并通过电源线传输到供电系统中,从而在电源系统中产生干扰脉冲,使得电压调节器中的电子部件在这种干扰脉冲条件下不能正常工作,甚至损坏。

为了有效抑制由车辆外部或内部干扰源所产生的电磁干扰,通常采取的控制措施有屏蔽、滤波和接地等。例如,在点火线圈端子和火花塞端子间串联一个阻尼电阻,削弱火花产生的电磁干扰;在感性负载的两端并联电容器,消除反向电压。另外,为了抑制电磁干扰,可以合理规划线束,使大功率干扰电路尽可能紧靠负载,小功率敏感电路紧靠信号源,并且尽量分开大功率电路和小功率电路,减小线束间感应干扰和辐射干扰。经过滤波的电源线要尽量远离各种信号线,以防高频信号耦合到电源线,造成传导发射超标。

对于来自车内供电系统的干扰,一种简单有效的方法是利用蓄电池作为低阻抗且有较大容量缓冲作用的瞬变电压抑制器,在确保蓄电池电缆接线良好的状态下,它可以吸收各种瞬变电压产生的干扰能量。

拓展阅读 >>>

★ 法拉第是英国物理学家。法拉第把他做过的实验整理成《电学实验研究》一书,收集了三千多个条目,详细记述了他的实验和结论。上网查找有关法拉第研究电磁规律的故事,并下载下来,与同学交流。

★ 上网查楞次研究电磁现象的故事。

小　结

　　(1)磁导率 μ 是用来衡量磁介质导磁性能的物理量,根据相对磁导率的不同,把材料分成逆磁(反磁)材料、顺磁材料、铁磁性材料三大类。

　　磁场内各点的磁场强度的大小 H 等于该点磁感应强度 B 与该点的磁导率 μ 的比值,$H=\dfrac{B}{\mu}$,H 和 B 同为矢量,方向相同。B 与磁介质有关,但 H 与磁介质无关。

　　自感和互感均属于电磁感应现象,可以用法拉第电磁感应定律计算。

　　(2)铁磁性材料的磁性能主要包括高导磁性、磁饱和性和磁滞性。按其磁性能可分为软磁材料、硬磁材料和矩磁材料三种类型。

　　铁磁性材料在反复磁化过程中的能量损失为磁滞损耗。当铁芯线圈通入交变电流时,铁芯中会产生涡流损耗。

　　(3)磁路欧姆定律:$\Phi=\dfrac{NI}{R_m}$,它指出,在磁路中,磁通 Φ 与磁动势 NI 成正比,与磁阻 R_m 成反比。

　　(4)霍尔电压:$U_H=K_H IB$,当电流 I 为定值时,霍尔电压只与磁感应强度 B 成正比。利用霍尔效应可制成汽车上的转速传感器、曲轴位置传感器等。

　　(5)变压器是一种根据电磁感应原理制成的静止电器,它能够变电压、变电流、变阻抗,但变换后的电压和电流与原来交流电的频率相同。其关系为

$$\dfrac{U_1}{U_{20}}=\dfrac{N_1}{N_2}=k,\ \dfrac{I_1}{I_2}\approx\dfrac{N_2}{N_1}=\dfrac{1}{k},\ |Z_1|=k^2|Z_2|$$

　　为了安全、可靠地使用变压器,必须了解变压器的额定值和效率。要学会正确使用几种特殊的变压器。

(6) 电磁铁由铁芯、线圈和衔铁三个基本部分组成，按使用的电源可分为直流电磁铁和交流电磁铁。汽车上使用的都是直流电磁铁。

(7) 继电器是用较小电流来控制较大电流的一种自动开关，在电路中起着自动操作、自动调节、安全保护等作用。常用的类型有电磁式、干簧式。

同步训练

3-1 简述铁磁性材料的磁性能。铁磁性材料是如何分类的？它们各有什么用处？

3-2 什么是铁磁性材料的磁滞性？它是如何形成的？

3-3 为什么变压器的铁芯要用硅钢片叠成？能否采用整块的铁芯？为什么？

3-4 简述磁路欧姆定律。

3-5 已知某变压器铁芯截面积为 120 cm²，铁芯中磁感应强度的最大值不能超过 1.2 T，若要用它把 10 000 V 工频交流电变换为 250 V 的同频率交流电，则应配匝数比为多少的原、副边绕组？

3-6 已知某单相变压器的原边绕组电压为 4 000 V，副边绕组电压为 250 V，负载是一台 250 V/25 kW 的电阻炉，试求原、副边绕组的电流各为多少。

3-7 已知某收音机输出变压器的 $N_1 = 600$ 匝，$N_2 = 300$ 匝，原来接阻抗为 20 Ω 的扬声器正匹配，现要改接成 5 Ω 的扬声器，求变压器的匝数 N_2 应为多少。

3-8 一台电压为 10 000 V/400 V、$S = 50$ kVA 的变压器，负载的功率因数 $\cos(\Delta\psi_2) = 0.8$，变压器铁损耗 $\Delta P_{Fe} = 412$ W，额定负载时铜损耗 $\Delta P_{Cu} = 1 350$ W，求变压器满载时的效率。

3-9 有一台额定容量为 50 kVA、额定电压为 4 000 V/200 V 的变压器，其高压绕组为 5 000 匝，试求：(1)低压绕组的匝数；(2)高压侧和低压侧的额定电流。

3-10 在图 3-44 所示的电路中，已知信号源的电动势 $E = 12$ V，内阻 $R_0 = 800$ Ω，负载电阻 $R_L = 10$ Ω，变压器的变比 $k = 10$，求负载上的电压 U_L。

3-11 已知喇叭（认为是纯电阻）的电阻为 8 Ω，(1)若直接接在内阻为 200 Ω、电动势为 10 V 的交流电源上，求喇叭获得的功率；(2)为了达到阻抗匹配，喇叭和交流电源间应接入匝数比为多大的变压器，此时喇叭才能发出最大声音（即获得最大功率）？(3)最大功率是多少？

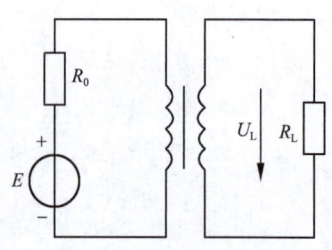

图 3-44 3-10 题图

3-12 已知汽油发动机点火线圈次级绕组为 23 800 匝，初级绕组为 340 匝，一般要点燃可燃混合气，次级至少需要产生 15 000 V 高压，问在点火时初级电压应保证多少伏？

3-13 一台电源变压器，$U_1 = 220$ V，$U_2 = 8$ V，$N_1 = 1 760$ 匝，现要改制成副边绕组输出电压为 12 V 的变压器，问需要将副边绕组加绕多少匝？

模块 4　电动机

电机是利用电磁感应原理实现电能与机械能相互转换的旋转机械,将机械能转换为电能的电机称为发电机;而将电能转换为机械能的电机则称为电动机。

根据使用的电源性质不同,电动机可分为交流电动机和直流电动机。交流电动机又分为异步电动机和同步电动机。在生产上,我们大量使用的是三相异步电动机;而在生活中,我们大量使用的是单相异步电动机,如电风扇、洗衣机等家用电器所用的电动机。汽车上使用的则多是直流电动机和各种特种电动机(如步进电动机)。

本模块主要讨论直流电动机的结构和工作原理、启动、调速和反转以及步进电动机的工作原理等。

学习任务 1　认识直流电动机

任务目标

了解直流电动机的结构与工作原理;了解直流电动机的四种不同的励磁方式;掌握电磁转矩的计算公式;能够分析直流电动机的工作原理;能够区分直流电动机的不同励磁方式。

学习任务 4-1

任务引入

现代汽车上安装有许多辅助电气设备,如电动刮水器、电动门窗、电动后视镜、电动天窗、电动座椅、中央集控门锁等,这些电气设备都是由直流电动机来驱动的。例如,电动刮水器通过机械连杆机构将电动机的旋转运动变为刮臂在风窗玻璃上一定范围内的往复运动,从而实现刮雨动作。另外,汽车启动系统中使用的启动机采用的也是直流串励式电动机。

通过以上叙述可知,汽车电气设备中使用的直流电动机有许多种类。你了解它们的结构和工作原理吗?你能给它们进行分类吗?为什么启动机要使用直流串励式电动机?它的工作特性如何?

相关知识

汽车辅助电气设备中使用了两种不同的直流电动机,不同的直流电动机其结构会有所不同。例如要对电动刮水器及以上的汽车辅助电气设备进行正确的故障诊断与排除,首先要了解直流电动机的种类、结构、工作原理,并且还要对各种辅助电气设备的控制电路进行正确的分析,只有这样才能快速准确地排除辅助电气系统的故障。

汽车上启动机的主要组成部分是直流电动机,要想对启动机进行正确拆检,就必须了解启动机的结构组成,了解直流电动机的结构及原理。不同种类的直流电动机结构不完全相同,工作特性也有所不同。因此只有掌握直流电动机的结构和工作原理,才能对直流电动机进行分类,才能正确分析其工作特性。

一、直流电动机的结构

直流电动机主要由定子(固定部分)和转子(旋转部分)两大部分组成,定子与转子之间有很小的气隙。其结构如图4-1所示。

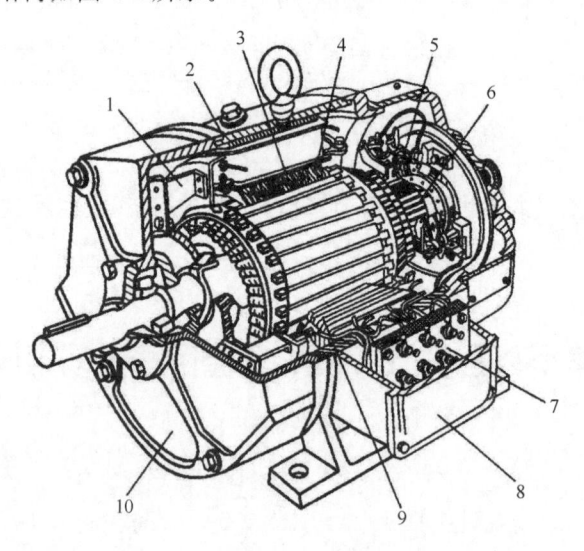

图 4-1 直流电动机的结构
1—风扇;2—机座;3—电枢;4—主磁极;5—刷架;6—换向器;7—接线板;8—出线盒;9—换向磁极;10—端盖

1. 定子

定子由机座、主磁极、换向磁极、端盖和电刷装置等部分构成,如图4-2所示。

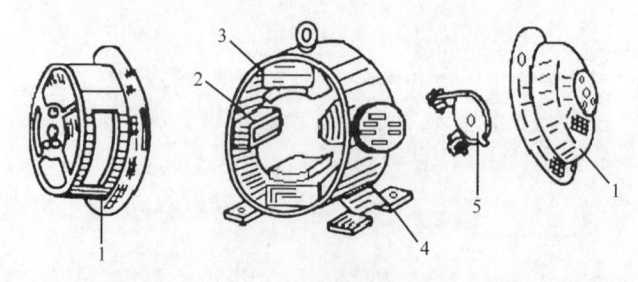

图 4-2 直流电动机的定子
1—端盖;2—换向磁极;3—主磁极;4—机座;5—电刷装置

机座用来放置主磁极和换向磁极,同时它也是磁路的一部分,起导磁作用,用铸铁或铸钢制成。机座的两边各有一个端盖,端盖的中心是空的,用来安装转轴。

主磁极装在机座的内壁,由磁极铁芯和励磁绕组组成,可以是一对、两对、三对等。当给励磁绕组通以直流电时,产生恒定的磁场,改变电源电流的极性即可改变磁场的方向。磁极铁芯一般都由整块钢制造或用1~1.5 mm厚的钢板叠成,在其上套有励磁绕组,由直流电流来励磁,其实,磁极铁芯就是一个电磁铁。只有小型直流电动机的主磁极才用永久磁铁,这种电动机称为永磁直流电动机。

换向磁极由换向磁极铁芯和绕组构成,与主磁极交替放置。其作用是产生附加磁场,改善换向性能,使电动机运行时在电刷与换向器的接触面上不至于产生有害的火花。对于1 kW以下的直流电动机来说,一般换向磁极的个数较少或不装换向磁极,超过1 kW的直流电动机都装有换向磁极。

电刷装置的作用是把转子电路与外电路连接起来,它由电刷、电刷盒、铜丝辫、压紧弹簧和电刷架等构成。电刷装置固定在电动机端盖上,可以移动,用以调整电刷的位置。电刷数一般等于主磁极数,同极性的电刷经软导线汇在一起,作为电枢绕组的引出端。

2. 转子

直流电动机的转子习惯上称为电枢,如图4-3所示,它由电枢铁芯、电枢绕组、换向器、转轴和风扇等组成。换向器由换向铜片和云母等组成。

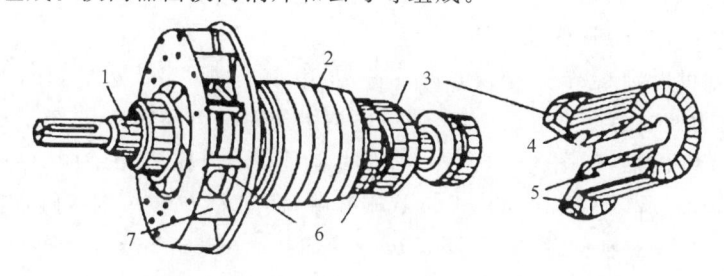

图4-3 直流电动机的转子
1—转轴;2—电枢铁芯;3—换向器;4—换向铜片;5—云母;6—电枢绕组;7—风扇

电枢铁芯作为电动机磁路的一部分,是用硅钢冲压成片叠成的,钢片之间是相互绝缘的,钢片边缘冲有许多均匀分布的槽口,叠成圆柱体后,外表面就形成许多均匀分布的槽,槽内用来嵌放电枢绕组。

电枢绕组由多个线圈按一定的规律连接起来,嵌放在电枢铁芯的槽内,线圈的两端与换向器按规律连接。电枢绕组是直流电动机的电路部分,用来产生感应电动势、感应电流和电磁转矩。电枢是直流电动机中实现能量转换的核心部分。

换向器是直流电动机一个比较重要的部件,装在转轴的一端,随电枢一起旋转。它的作用是与电刷一起将外加的直流电变换成交流电,提供给转子电路。

功率较大的直流电动机还装有风扇,用来加强冷却。

二、直流电动机的工作原理

想一想

通电导体在磁场中受电磁力的方向如何判定?受力的大小如何计算?

直流电动机与交流电动机原理大致相似,都是基于电磁感应的原理使转轴受到一个力偶的作用旋转起来。

1. 转动原理

我们以最简单的直流电动机模型来说明直流电动机的转动原理。如图4-4所示,N、S为一对主磁极,通过直流电源励磁产生恒定磁场。励磁绕组未在该图中画出,电枢绕组也

只是示意性地画了一个线圈。1、2 为两个换向片,它们与电枢绕组相连,A、B 两个电刷与外电路相连。

直流电动机的工作原理

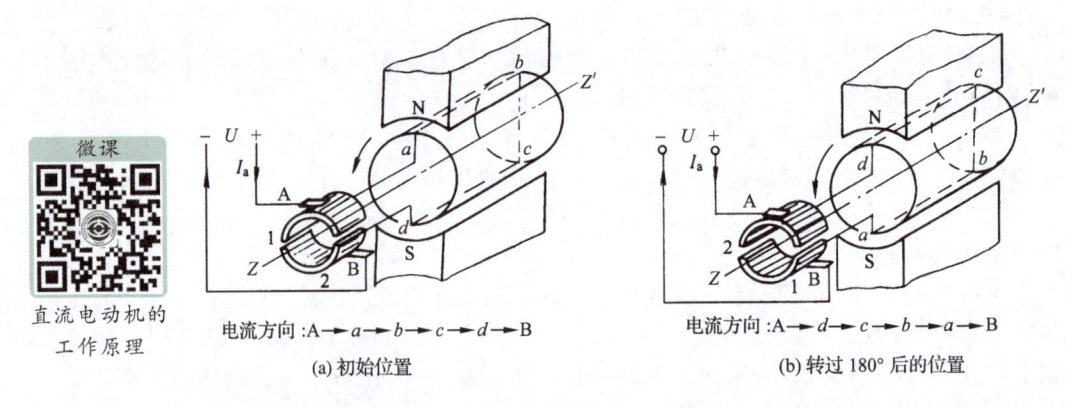

电流方向:A→a→b→c→d→B

(a) 初始位置

电流方向:A→d→c→b→a→B

(b) 转过 180° 后的位置

图 4-4 直流电动机的转动原理

如图 4-4(a)所示,直流电动机接通直流电源之后,电刷两端加了电压 U,A 刷为正,B 刷为负,换向片 1 与 A 刷接触,电流 I_a 方向:正极性端→从电刷 A(+)→换向片 1→线圈 abcd →换向片 2→电刷 B(-)→负极性端。

用左手定则可以判断 ab 边受到的力垂直 ab 边水平向左,cd 边受到的力垂直 cd 边水平向右,这一对力使电枢产生电磁力矩,使得电枢沿逆时针方向转动起来。

电枢转过 180° 之后,如图 4-4(b)所示,ab 边在下,cd 边在上,因为电刷固定不动,换向片与电枢一起转动,所以此时换向片 1 与 B 刷接触,换向片 2 与 A 刷接触,电流 I_a 方向:正极性端→电刷 A(+)→换向片 2→线圈 dcba→换向片 1→电刷 B(-)→负极性端,形成一个回路。电枢绕组中的电流已经反向。此时用左手定则可以判断,ab 和 cd 边产生的电磁转矩仍然使电枢沿逆时针方向转动,所以电枢旋转方向始终不变。

通过以上分析可知,电刷和换向器的作用是将电源的直流电及时转换成交流电送给电枢绕组,以保证电枢的电磁转矩方向不变,使电动机按一定方向旋转。

由于一个线圈的电磁转矩很小,所以实际直流电动机都是由多个线圈与换向器相连的。

> **想一想**
>
> 力矩的计算公式。

2. 电磁转矩

经过数学计算,直流电动机的电磁转矩可以用下面的公式来表示

$$M = K_T \Phi I_a \tag{4-1}$$

式中　　M——电磁转矩,N·m;

K_T——电磁转矩系数,与电动机的结构有关,是一个常数;

Φ——每极磁通,Wb;

I_a——电枢电流,A。

3. 电枢电动势和电枢电流

当电枢旋转时,在每根导体两端将产生感应电动势,直流电动机的电枢绕组由许多导体按一定规律连接,所有导体的感应电动势都是叠加的,即电枢总电动势与每根导体中的感应电动势成正比。所以电动机电枢总电动势大小为

$$E_f = K_e \Phi n \tag{4-2}$$

式中 E_f——电枢总电动势；

K_e——电枢电动势系数，与电动机的结构有关，是一个常数；

n——电动机的转速。

由式(4-2)可以看出，电枢总电动势与每极磁通 Φ 和转速 n 成正比，其方向与电枢电流的方向相反，所以也称其为反电动势，它总是限制电枢电流的变化，如图 4-5 所示。

根据基尔霍夫电压定律，由图 4-5 可以得出直流电动机的电压平衡关系式

$$U = E_f + I_a R_a \tag{4-3}$$

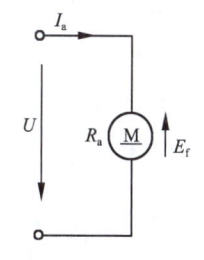

图 4-5 直流电动机的电枢电路

即外加电压 U 一部分用来抵消反电动势，另一部分降在电枢的电阻上。

R_a 为电枢回路的总电阻。由式(4-3)变化后可得出电枢电流的关系式为

$$I_a = \frac{U - E_f}{R_a} \tag{4-4}$$

想一想

如何判断图 4-4 中 ab 边和 cd 边产生的感应电动势的方向？

三、直流电动机的分类

通过以上直流电动机的结构和工作原理可知，直流电动机的磁场有两种产生方式：一种是由永久磁铁产生磁场；一种是给定子磁极铁芯上的励磁绕组通直流电产生磁场。电动机广泛采用的是第二种方式产生磁场。汽车电动后视镜、电动座椅中使用的均是永磁式直流电动机，电动刮水器、电动门窗中有的使用永磁式直流电动机，有的使用励磁式直流电动机。

对于励磁式直流电动机来讲，直流电动机在工作时，电枢绕组通过电刷外接直流电枢电源，用以产生电枢电流；励磁绕组也要外接直流励磁电源，用以产生主磁场，这两个方面协调工作，使得电枢获得一个电磁转矩转动起来。

电枢绕组和励磁绕组可以共用一个电源，也可以采用两个电源单独供电。即使是采用一个电源供电，也有不同的连接方式。励磁绕组与电源的连接方式被称为励磁方式。

想一想

图 4-6 所示为直流电动机的四种励磁方式，它们各有何用途和特点？汽车上有哪些地方用直流电动机拖动？

按照不同的励磁方式，直流电动机可以分为：他励式、并励式、串励式和复励式。

1. 他励式直流电动机

励磁绕组与电枢绕组采用两个电源供电，各有各的电源开关控制，没有直接的电联系，如图 4-6(a)所示，电枢电流 I_a 由电枢端电压 U 决定，而励磁电流 I_f 由励磁绕组端电压 U_f 决定。

微课

直流电动机的分类

2. 并励式直流电动机

励磁绕组和电枢绕组并联，由一个开关控制，如图 4-6(b)所示。其特点是励磁绕组的

电压即电枢电压,电源电流 I=电枢电流 I_a+励磁电流 I_f。为了减小损耗,并励式直流电动机的励磁电流一般较小,约为电枢电流的5%;为保证足够的磁通,励磁绕组一般导线较细,匝数多,电阻也大。

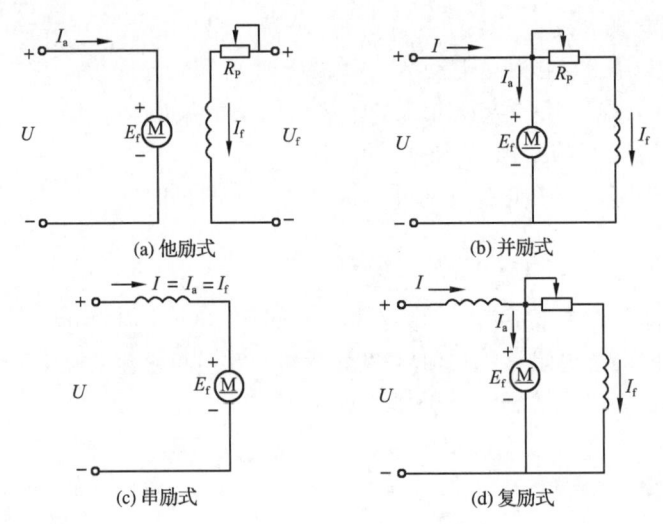

(a) 他励式

(b) 并励式

(c) 串励式

(d) 复励式

图 4-6 直流电动机的励磁方式

3. 串励式直流电动机

励磁绕组与电枢绕组串联之后,外接一个直流电源,由一个开关控制,如图 4-6(c)所示。其特点是励磁电流 I_f 与电枢电流 I_a 相同,这个电流一般较大,所以串励式直流电动机的励磁绕组导线较粗,匝数少,电阻小。

4. 复励式直流电动机

这种电动机中既有串励又有并励,一部分励磁绕组与电枢绕组串联,另一部分励磁绕组再与电枢绕组并联,如图 4-6(d)所示。其特点是电动机的主磁通由这两个励磁绕组共同产生。

任务实施

分析启动机中串励式直流电动机的工作特性

1. 启动机的组成

汽车上启动机的组成如图 4-7 所示。启动机一般由三部分组成:串励式直流电动机、传动机构、电磁开关。

(1) 串励式直流电动机

串励式直流电动机的作用是将电能转换为机械能,产生电磁转矩。为获得较大的启动转矩,目前车用启动机均采用串励式直流电动机。串励式直流电动机一般由电枢、磁极、电刷和壳体等组成,如图 4-8 所示。

电枢由外缘带槽的硅钢片(电枢叠片)叠成的电枢铁芯、嵌装在电枢铁芯槽内的电枢绕组、电枢轴和换向器等组成,如图 4-9 所示。

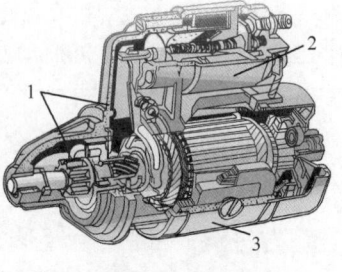

图 4-7 启动机的组成
1—传动机构;2—电磁开关;
3—串励式直流电动机

电枢轴用以固装电枢铁芯和换向器。其前端加工成外花键,与传动机构的内花键相结合,传动机构可在电枢轴上前后移动。

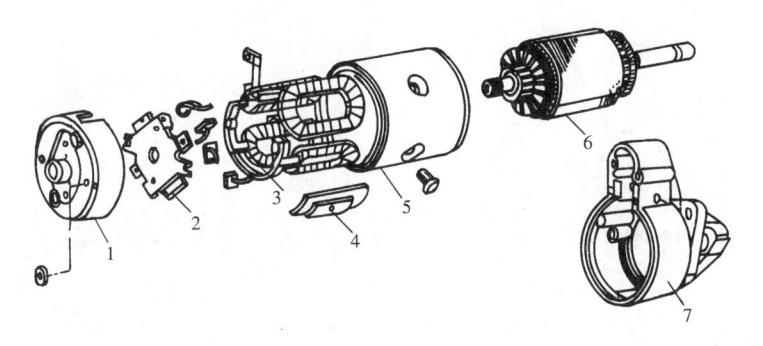

图 4-8 串励式直流电动机的组成

1—电刷端盖；2—电刷和电刷架；3—磁场绕组；4—磁极铁芯；5—机壳；6—电枢；7—驱动端盖

电动机工作时，流经磁场绕组和电枢绕组的电流很大，因此电枢绕组都采用较粗的横截面呈矩形的裸铜线绕制而成。为了防止裸铜线短路，在铜线与铁芯之间用绝缘纸隔开，并在槽口的两侧轧稳挤紧，防止在电动机工作时，由于离心力的作用而使绕组甩出。

换向器由许多铜制换向片组成，换向片的内侧制成燕尾状，嵌装在轴套上，并与电枢轴之间绝缘，其外圈车成圆形。电枢绕组各线圈的端头均焊接在换向片上，换向片与换向片之间用云母片绝缘，其结构如图 4-10 所示。换向器的作用是将来自固定不动的电刷上的电流输给旋转的电枢绕组，并实现旋转的电枢绕组在不同的位置时电流的换向。

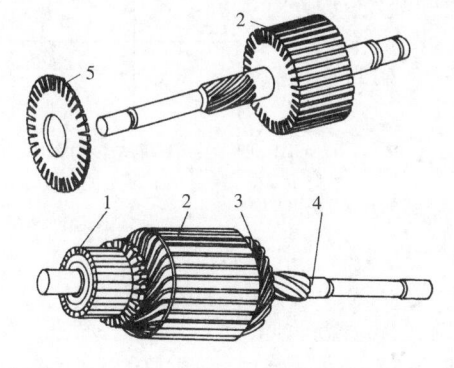

图 4-9 电枢的结构
1—换向器；2—电枢铁芯；3—电枢绕组；
4—电枢轴；5—电枢叠片

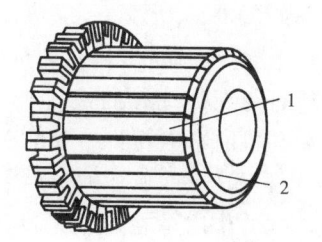

图 4-10 换向器的结构
1—铜质换向片；2—云母片

磁极由固定在壳体内圆周上的铁芯和绕在铁芯上的磁场绕组组成，如图 4-11 所示。一般有两对 4 个磁极，有的多至 6 个，磁场绕组经一定规律绕制后，使 4 个磁极的同性磁极相对安置，即 S 极对 S 极、N 极对 N 极。4 个励磁绕组相互串联，或者是 2 个励磁绕组串联后再并联，磁场绕组的一端接在外壳的接线柱上，另一端通过电刷与换向器串联，其内部电路如图 4-12 所示。

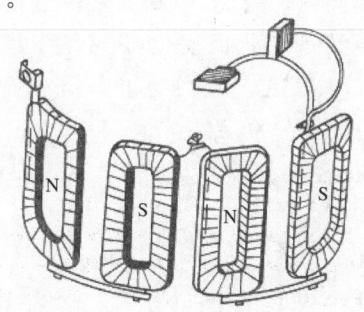

图 4-11 磁极与磁路

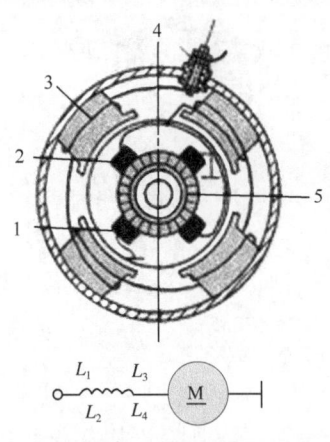

(a) 4个励磁绕组相互串联再和电枢绕组串联　　(b) 2个励磁绕组串联后并联再和电枢绕组串联

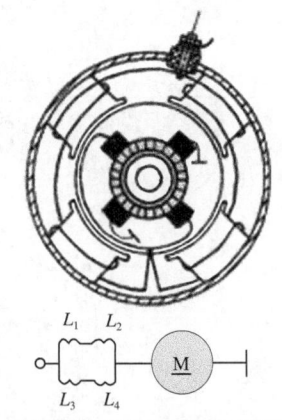

图 4-12　磁场绕组的连接方式

1—负电刷；2—正电刷；3—励磁绕组；4—接线柱；5—换向器

电刷由铜粉与石墨粉压制而成，以减小电阻，并增加耐磨性。4个磁极的电动机有4个电刷，装在端盖上的电刷架中，通过电刷弹簧（盘形弹簧）压紧在换向片上；其中两个与壳体绝缘称为正电刷，接在磁场绕组的末端，电流通过这两个非接铁电刷进入电枢绕组；另两个为接铁电刷称为负电刷，与壳体相连直接接铁，流经电枢绕组的电流通过这两个电刷接铁。电刷与换向器的装配关系如图 4-13 所示。

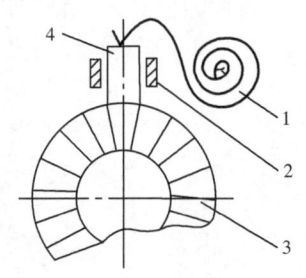

图 4-13　电刷与换向器的装配关系

1—盘形弹簧；2—电刷架；
3—换向器；4—电刷

壳体一般做成圆筒状，是启动机的磁极和电枢的安装机体。壳体上一般有与壳体绝缘的接线柱，此接线柱与磁场绕组的首端相连。启动机的电磁开关一般也安装在壳体上。

(2) 传动机构（或称啮合机构）

传动机构的作用是在启动发动机时，使启动机驱动齿轮啮入飞轮齿圈，将启动机的转矩传递给发动机曲轴；在发动机运转后，使驱动齿轮打滑或与飞轮齿圈自动脱开，单向传递启动机的转矩。

(3) 电磁开关（或控制装置）

控制装置的作用是接通和切断串励式直流电动机与蓄电池之间的电路，并将传动机构的驱动齿轮啮入或退出飞轮齿圈。

2. 串励式直流电动机的工作特性

串励式直流电动机的工作特性就是启动机的工作特性。串励式直流电动机的励磁绕组与电枢绕组串联，励磁电流与电枢电流是相同的。因此，串励式直流电动机的励磁电流较大，并且负载变化时，励磁电流随着电枢电流的变化而变化，若不考虑主磁通饱和，则有 $\Phi=KI_a$，代入电磁转矩公式有

$$M=K_T\Phi I_a=KK_T I_a^2=K' I_a^2 \tag{4-5}$$

式中，K 为比例系数，$K'=KK_T$。说明主磁通若不考虑饱和时，M 与电枢电流的平方成正比。

由电压平衡方程

$$U=E_f+(R_a+R_f)I_a=K_e\Phi n+(R_a+R_f)I_a$$

可得

$$n=\frac{U-(R_\mathrm{f}+R_\mathrm{a})I_\mathrm{a}}{K_\mathrm{e}\Phi} \quad (4\text{-}6)$$

由 $M=K_\mathrm{T}\Phi I_\mathrm{a}$ 可得 $I_\mathrm{a}=\dfrac{M}{K_\mathrm{T}\Phi}$，将其代入式(4-6)后得到

$$n=\frac{U}{K_\mathrm{e}\Phi}-\frac{R_\mathrm{f}+R_\mathrm{a}}{K_\mathrm{T}K_\mathrm{e}\Phi^2}M \quad (4\text{-}7)$$

式(4-7)给出了串励式直流电动机的转速与转矩 M 之间的关系，据此可以做出串励式直流电动机的机械特性曲线，如图 4-14 所示。该曲线表明，当电动机处于轻载或空载($I_\mathrm{a}=0$)时，转速很高，容易发生飞车事故；当负载增大时，转速下降很快，说明机械特性很软，因此串励式直流电动机不允许在轻载或空载状态下运行。

由于串励式直流电动机的电磁转矩与电枢电流的平方成正比，因此启动转矩较大，过载能力较强，所以一般用于起重机、电动机车等对启动转矩要求较高的提升运输设备中。汽车上的启动机采用的就是串励式直流电动机，在电动门窗系统中有时也使用串励式直流电动机。

复励式直流电动机的机械特性介于并励式直流电动机与串励式直流电动机之间，如图 4-14 所示。它兼有并励式直流电动机与串励式直流电动机的特点，所以它既可以用于轻载或空载的情况，也可以用于负载变化较大的场合，应用范围较广。

他励式直流电动机和并励式直流电动机具有较硬的机械特性曲线（图 4-14），当负载增大时转速略有下降，但变化不大。所以这种电动机调速范围广，适用于需要调速的轧机、金属切削机床、纺织印染机械等。

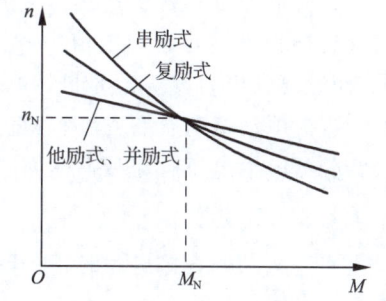

图 4-14　直流电动机的机械特性曲线

想一想

汽车启动机的主要作用是什么？

学习任务 2　分析汽车辅助电气设备用直流电动机电路

任务目标

了解直流电动机的降压启动、反转、调速；掌握直流电动机三种调速方法的原理及不同特点；能够分析汽车辅助电气设备用直流电动机电路。

学习任务 4-2

任务引入

你知道汽车电动门窗玻璃是如何进行升、降控制的吗？你知道电动座椅是如何进行上升、下降控制，如何进行整体前后移动，如何进行靠背倾斜度调整的吗？你知道电动后

视镜如何进行左右方向及上下方向调整的吗?你知道中央集控锁是如何锁住车门和打开车门的吗?你知道电动刮水器是如何进行调速控制的吗?你知道空调鼓风机是如何进行调速控制的吗?通过以下的学习,大家就会对以上问题有一个清楚的了解。

相关知识 >>>

电动门窗、电动座椅升、降都是由直流电动机驱动的,通过改变直流电动机的反转方向实现两种相反方向的运动,而且不同类型的电动机控制其反转的方法也会不同。电动刮水器、空调鼓风机的调速也会因直流电动机的类型不同,调速方法也不同。因此,我们有必要学习直流电动机的反转、调速的相关知识。

一、启动

直流电动机接通电源之后,转速从零到接近额定转速的过程称为启动。直流电动机的启动要求与交流电动机相同,启动时要求有足够大的启动转矩和较小的启动电流,一般启动电流应为额定电流的 1.5～2.5 倍,而且要求启动设备尽可能简单,经济可靠。

直流电动机的启动和制动反转

直流电动机的启动方法有:直接启动和降压启动。其中,降压启动又分为降低电枢电压启动和电枢回路串电阻启动。

1. 直接启动

直流电动机直接启动时,刚开始转速 n 为零,电枢反电动势 $E_f=0$,启动电流为

$$I_{st} = \frac{U - E_f}{R_a} = \frac{U}{R_a} \tag{4-8}$$

由于电枢电阻 R_a 很小,一般小于 1 Ω,所以启动电流很大,可达到额定电流的 10～20 倍,这样会对电源造成很大的冲击,波及同一电网上的其他用户,甚至会损坏电动机换向器及电枢绕组,所以,一般直流电动机不允许直接启动。

另外,直接启动的启动转矩为

$$M_{st} = K_T \Phi I_{st} \tag{4-9}$$

由于启动电流本身很大,所以启动转矩更大,较大的启动转矩会对电动机的机械传动部件产生很大的冲击力,造成机械性损伤,这也说明直接启动方法对较大容量的直流电动机是不合适的。

2. 降压启动

(1) 降低电枢电压启动

降低电枢电压的启动方法需要专用的可调直流电源,启动时先降低电源电压,启动电流会随之减小。随着启动过程的进行,转速逐渐升高,反电动势也逐渐增大,再慢慢提高电源电压,直到达到电源电压的额定值。

在工程应用中,传统上多采用直流发电机—电动机组对电动机进行启动控制,即用发电机作为电动机的供电电源,通过控制发电机发电电压由"低"变"高"使电动机安全启动,在运行中还可以实现调压调速。但采用电动机组噪声大、能耗多、占地面积大,因此,目前更多采用可控硅整流电源作为直流发电机的启动或调速电源。

(2) 电枢回路串电阻启动

电枢回路串电阻启动是指电源电压不变,在电枢回路中串入电阻。启动时,所串联的

电阻全部接入电路,相当于降低了电枢绕组两端的电压,从而使得电枢电流减小。随着转速的升高,逐级切除所串联的启动电阻,待转速接近额定转速时,切除全部电阻,启动过程就此结束。

使用直流电动机时,需特别注意磁场问题。直流电动机在启动时,应该保证首先有主磁通,所以在接通电枢电压之前应先接通励磁回路。另外,直流电动机在工作时,励磁绕组必须可靠连接,不允许磁场突然消失。因为上述两种情况都会产生很大的电枢电流,如果电动机原来处于空载运行,还会造成转速急剧上升,出现"失磁飞车"事故,这样会危及设备和操作人员的安全。

【例题】 一台并励式直流电动机,$P_N = 10$ kW,$I_N = 54.8$ A,$U_N = 220$ V,电枢电阻 $R_a = 0.4$ Ω。若采用直接启动方法,启动电流为多少?若采用电枢回路串电阻的启动方法,将启动电流降为额定值的1.5倍,则应该串联多大的启动电阻?

【解】 直接启动时,启动电流为

$$I_{st} = \frac{U_N}{R_a} = \frac{220}{0.4} = 550$$

在电枢回路串电阻启动时,启动电流为

$$I_{st} = \frac{U}{R_a + R_{st}} = 1.5 I_N$$

则启动电阻

$$R_{st} = \frac{U}{1.5 I_N} - R_a = \frac{220}{1.5 \times 54.8} - 0.4 = 2.3$$

二、制动

直流电动机的制动方式有:机械制动和电气制动。

电气制动是指通过某种方法,让电动机的电磁转矩与电动机的转动方向相反,从而形成制动转矩的一种方法,它又分为能耗制动、反接制动和回馈制动三种方法。电气制动的制动转矩大,操作方便,无噪声,所以应用场合较多。电气制动时,一般保持励磁方向不变,改变电枢电流的方向以获得制动转矩。这里主要介绍能耗制动的方法,其接线图如图4-15所示。

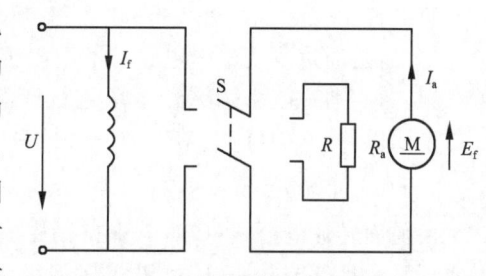

图4-15 能耗制动方法接线图

制动时,把电枢绕组从电源端切断,迅速打向制动电阻侧,开始能耗制动。电动机的励磁电流不变,由于惯性作用,电动机继续旋转,电枢绕组仍然切割磁力线,电动机处于发电状态,仍会产生感应电动势,其方向如图4-15所示,该感应电动势将削减原来的电枢电流(当然,电流不能突变),使电枢电流迅速减弱到零并反向(反向后的 I_a 如图4-15所示)。由于励磁方向不变,所以磁场对该电动机电枢的电磁转矩方向与电动机的转向相反,成为制动转矩。在制动过程中,电动机的动能转化成电能,全部消耗在制动电阻上,故称为能耗制动。能耗制动的线路比较简单,制动过程中不需要吸收电功率,比较经济,安全可靠,但制动时间较长,这种制动方法通常与电磁抱闸配合使用。

三、反转

> **想一想**
>
> 当要改变通电的直导体在磁场中受到的电磁力方向或改变通电线圈在磁场中旋转方向时,可以通过什么途径?

实际生产中,经常要求电动机能够实现反转。直流电动机的转向取决于电磁转矩的方向。因此要实现反转,只要设法改变电磁转矩的方向即可。

由电磁转矩公式可知,改变电磁转矩方向的方法有两种:

(1)保持电枢电流方向不变,改变励磁电流的方向(换接电源线)。并励式直流电动机用这种方法励磁换向时,因为励磁电路的电感很大,时间较长,一般很少采用。但在某些汽车的电动门窗电路中会使用一种双绕组串励式直流电动机进行控制,这种电动机采用两个绕向相反的励磁绕组,一个称为上升绕组,一个称为下降绕组,在给不同的励磁绕组通电时,会产生相反方向的磁场,电动机的旋转方向也因此不同(详见后面的"双绕组串励式直流电动机电动车窗控制电路")。

(2)保持励磁电流的方向不变,改变电枢电流的方向。这种方法只要将电枢电源的两条线对调即可,容易实现,所以常被用来实现电动机的反转(并励式直流电动机常采用该方法)。

四、直流电动机的调速

电动机调速是指通过改变电动机的电路参数来改变电动机的转速,从而改变生产机械的传动速度。

由式(4-6)可知,直流电动机的调速方法有三种:

第一种:当负载不变时,通过改变电源电压 U 进行调速;

第二种:通过改变电枢电路中的电阻 R_a 来调速;

第三种:通过改变励磁磁通 Φ 进行调速。

直流电动机的调速

下面以并励式直流电动机为例,说明直流电动机的调速方法。

1. 改变电源电压 U 调速

由前面转速的公式可知,若保持励磁电路中的磁通 Φ 不变,则当改变电源电压 U 时,可以实现平滑地调节转速,还可以实现无级调速。但应该注意 U 不能超过额定电压,所以这种调速方法也只能在额定转速以下做均匀调速,而且需要由单独的可调电源供电。目前用得最多的是晶闸管整流电源。图 4-16 所示为变电源电压调速的机械特性曲线。

2. 在电枢电路中串联电阻调速

当负载不变时,保持电源电压与励磁磁通不变,在并励式直流电动机的电枢电路中串联一个可调电阻器 R_{SC},如图 4-17 所示。

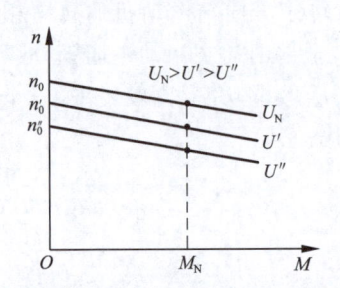

图 4-16 变电源电压调速的机械特性曲线

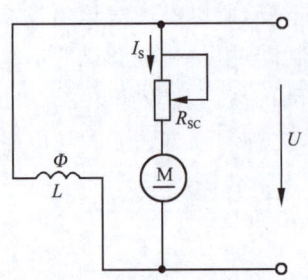

图 4-17 在电枢电路中串联电阻调速

当 R_{SC} 增大时→I_S 减小→电动机转速降低;反之,当 R_{SC} 减小时,电动机转速升高。

这种调速方法的缺点是:

(1)该调速方法运行的稳定性较差,只能从额定转速往下调,调速范围较窄。

(2)由于电枢电流较大,所需调速电阻的功率也较大,不易做到电阻值的连续调节,因此不能实现无级调速。

(3)当电路中串联电阻后,损耗会增大,电动机效率会降低,不太经济。

这种串联电阻调速所需要的设备简单,操作方便,这是它的优点,但由于功耗大,低速时运行稳定性差,不能连续调速,因此一般应用于调速范围要求不大且机械特性硬性要求不高的场合。

3. 改变励磁磁通 Φ 调速

在励磁电路中串联一个励磁变阻器 R_f,保持电枢电压及电枢电阻不变,通过改变励磁回路中串联的励磁变阻器 R_f,从而改变励磁电流和励磁磁通,实现调速,如图4-18所示。

随着 R_f 增大→励磁电流减弱→励磁磁通 Φ 变小→电动机转速升高;反之,R_f 减小,则电动机转速降低。图4-19可反映出转矩和转速的关系。

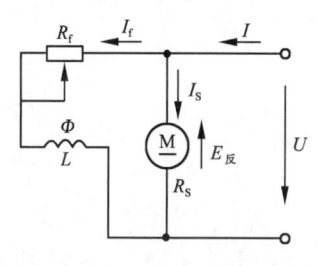

图4-18 并励式直流电动机改变励磁磁通的调速电路

由于并励式直流电动机的励磁电流较小,因而在调速过程中能量损耗也较小。

图4-20所示为串励式直流电动机改变励磁磁通的调速电路,此时,励磁变阻器 R_f 必须与励磁绕组并联。随着 R_f 减小→励磁变阻器电流增大→励磁电流减弱→磁通 Φ 变小→转速升高;反之,则转速降低。

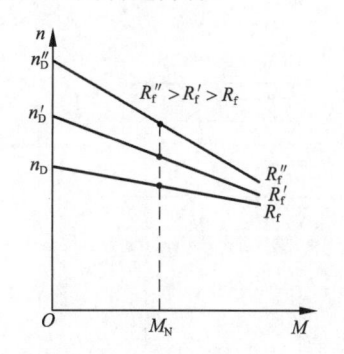

图4-19 改变励磁磁通调速的机械特性

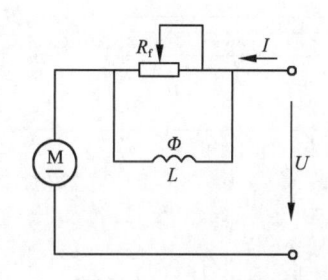

图4-20 串励式直流电动机改变励磁磁通的调速电路

任务实施

分析汽车辅助电气设备中的直流电动机电路

【练一练4-1】 汽车上电动门窗中使用的双绕组串励式直流电动机(图4-21)是如何实现反转的呢?(提示:分析主控开关3、分开关4分别控制右前门玻璃上升、下降时右前门电动机的电流路径,就可以知道电动机如何实现反转)

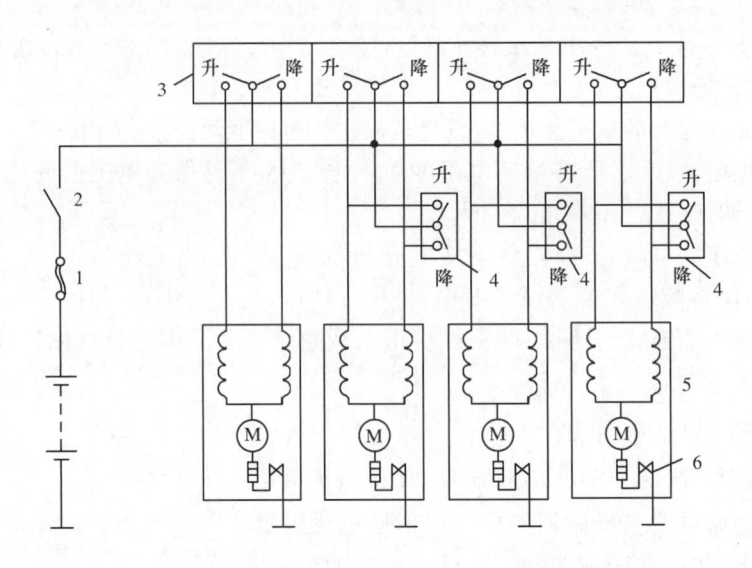

图 4-21 双绕组串励式直流电动机电动车窗控制电路

1—易熔丝；2—点火开关；3—主控开关；4—分开关；5—电动机；6—断路器

【练一练 4-2】 广州本田雅阁轿车驾驶席电动座椅（图 4-22）是如何实现向前、向后调整控制的？如何实现前端及后端向上、向下调整的？如何实现向前、向后倾斜控制的？

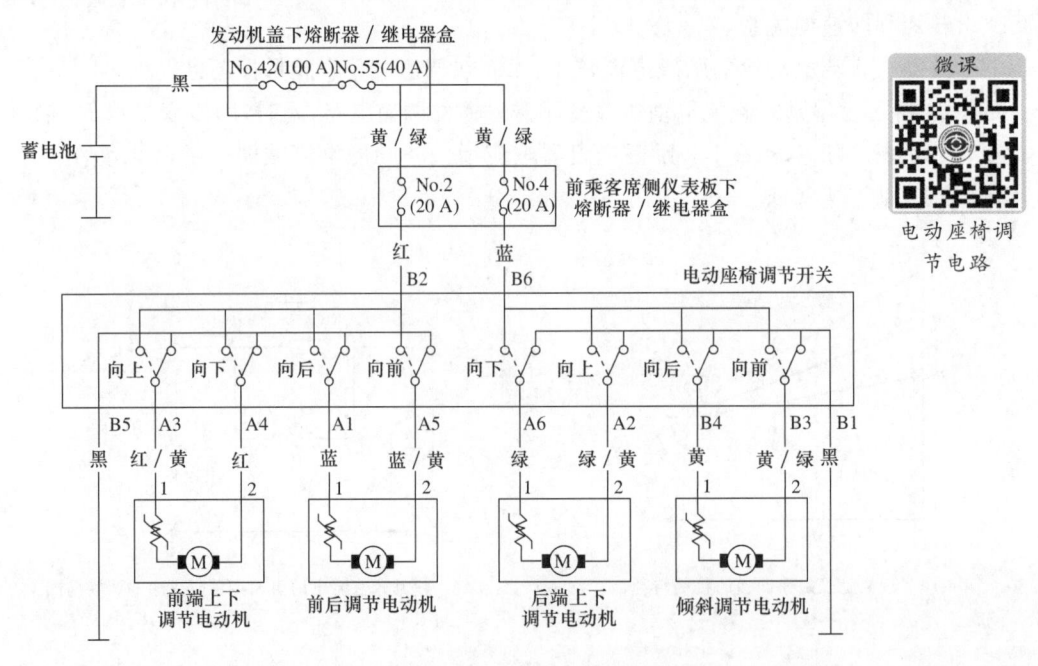

图 4-22 广州本田雅阁轿车驾驶席电动座椅的控制电路

【练一练 4-3】 汽车上的空调鼓风电动机调速采用了图 4-23 所示电路，请分析电路的调速原理，并说明使用了哪种调速方法。

【练一练 4-4】 请分析图 4-24 所示线绕式电动刮水器电动机低速、高速时的电流路径，并说明使用的是哪种调速方法。

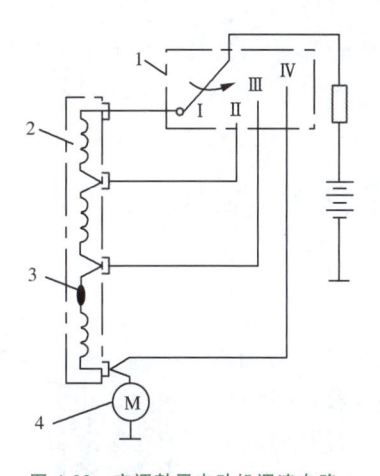

图 4-23　空调鼓风电动机调速电路
1—鼓风机开关；2—调速电阻；
3—限温开关；4—鼓风电动机

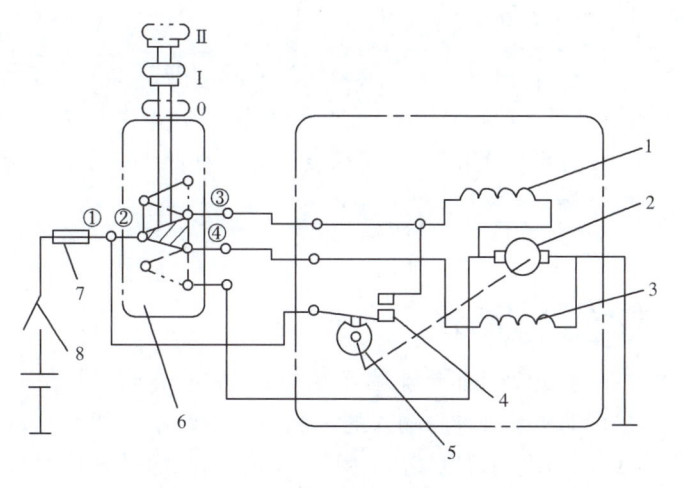

图 4-24　线绕式电动刮水器电动机控制电路
1—串励绕组；2—电枢；3—并励绕组；4—触点；
5—凸轮；6—刮水器开关；7—熔断器；8—电源开关

学习任务 3　了解步进电动机和开关磁阻电动机

任务目标

了解单三拍步进电动机和开关磁阻电动机的结构和工作原理。

素养提升

通过介绍新能源汽车的驱动电动机，了解国家新能源汽车发展现状和前景，增强我国从汽车制造大国到建设汽车制造强国的必胜信心。

学习任务 4-3

任务引入

在汽车怠速控制系统（ISC）中应用的怠速电控阀采用步进电动机，它接收电控发动机 ECU 的指令，对发动机怠速运转的转速进行控制；电子式汽车车速里程表也使用了步进电动机；许多汽车制造元件的检测，例如液压制动系统中制动主缸助力器总成的检测，气压制动系统中气制动阀的检测，汽车辅助照明随动系统是以单片机 AT892051 芯片为控制核心，控制步进电动机带动辅助照明光源，随转向盘的转动而转动。

步进电动机在汽车上有着更广泛的应用。汽车及其他控制中使用的多是三相反应式步进电动机，你了解它的结构吗？

开关磁阻电动机是 20 世纪 80 年代初随着电力电子、微电脑和控制理论的迅速发展而发展起来的一种新型调速驱动电动机,具有结构简单、运行可靠、成本低、效率高等优点,目前已成为直流电动机、交流电动机和永磁电动机调速系统强有力的竞争者,也广泛应用在电动汽车上。

相关知识

一般电动机都是连续运转的,而步进电动机却是一步一步运转的。步进电动机是一种将输入的电脉冲信号转换成相应的机械位移(角度位移或线位移)的机电装置,因为其随着输入的脉冲信号而断续性地运转,所以也称为脉冲电动机。在汽车上,常用它作为执行元件,如怠速控制系统以及电子车速里程表(如奥迪 100 型轿车)中都使用了步进电动机。步进电动机的转角与什么有关?转矩如何产生?这都是我们接下来要掌握的步进电动机的相关知识。

步进电动机的转角与输入的脉冲数成正比,它的转速与电脉冲频率成正比,而且不受电压波动、负载变化和外界环境等影响。它与一般的电动机相比,具有快速启动、反转、停止等特点,并且有调速范围宽、角度位移(或线位移)误差不会长期累积等优点,因此被广泛用在数控机床、自动记录仪表、钟表、计算机外围设备等许多领域。

每输入一个电脉冲,步进电动机就转过一个固定的角度,而它的旋转方向是随着输入脉冲相序的改变而改变的。

步进电动机按照转矩产生的原理不同,可以分为反应式步进电动机和激磁式步进电动机两种。激磁式步进电动机大体上与反应式步进电动机相同,只是转子上多了激磁绕组。这里我们只讲述简单的反应式步进电动机,汽车上有些地方用的也是这种电动机。

一、简单的反应式步进电动机的结构和原理

图 4-25 所示为反应式步进电动机的工作原理。

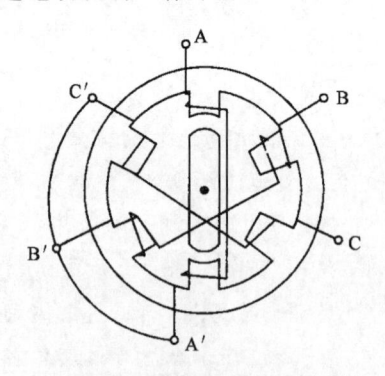

图 4-25 反应式步进电动机的工作原理

在对称的定子铁芯磁极上,绕有三相 Y 形连接的控制绕组,六个磁极均匀分布(间隔 60°),每相绕组的首端 A、B、C 接电源,末端 A′、B′、C′构成 Y 形连接。

中间的转子铁芯上没有绕组。转子铁芯是用硅钢片叠制而成的。当每对磁极上的每相绕组依次通入脉冲直流电时,转子会跟随脉冲的节拍旋转。下面介绍单三拍和六拍两种通电方式。

1.单三拍通电方式的步进电动机

(1)当先给 A 相绕组单独通入脉冲直流电时,定子和转子的气隙间就产生一个磁场,其磁场方向与 A 相绕组轴线(A-A′)重合,这时转子被磁化。我们知道,磁力线总是沿磁阻最小的路径闭合。于是,产生的磁场力使中间的转子转到与 A 相绕组轴线一致的方向,如图 4-25 中所示的位置。

(2)接着 B 相绕组单独通入脉冲直流电,定子与转子间的气隙磁场方向又与 B 相绕组轴线一致,磁力线又是沿磁阻最小的路径闭合,则转子就要转到 B 相绕组轴线处,即转子只有转到 B-B′轴线位置时,磁力线经过的闭合路径中气隙才最小,磁阻也最小。这样使转子在空间沿顺时针方向转过 60°。

(3)接着 C 相绕组单独通入脉冲直流电,同理,转子又会在空间沿顺时针方向转过 60°。

如果定子绕组按 A—B—C—A……顺序分别通电,转子就会沿着顺时针方向,一次转一个 60°角,持续地旋转下去。

由此可得出下面的结论:

①如果改变通入的电脉冲顺序(不再按 A—B—C—A……顺序)通电,转子就会反方向(逆时针)一步步地转动。

②改变通入的电脉冲频率,就会改变电动机的转速。频率越高,步进电动机的转速就越快。

步进角 θ:我们把转子在空间每旋转一个角度,称为前进了一步,这个角度称为步进角 θ。

单三拍:把从一相绕组 A 通入脉冲信号转换到另一相绕组 B 通电称为一拍,像这种反应式步进电动机每经过一拍,转子就前进一步的通电方式就称为"单三拍"(转子回到 A-A′轴线的位置通电需要转换三次)。所谓"单"是指每次只有一相绕组单独通电。

2.六拍

如果在 A 相不断电的情况下又接通 B 相(不是单独通电),此时,定子 A 相绕组产生的磁场和 B 相绕组产生的磁场共同作用,使转子不能顺时针旋转 60°,只能顺时针旋转 30°,这时步进角将会减小一半。此时如果按 A—AB—B—BC—C—CA 方式顺序通电,则转子将按 $\theta/2$ 步进角沿顺时针方向旋转。这种通电方式称为"六拍"。

> **课堂互动**
>
> 让学生总结,通过什么改变步进电动机的旋转方向?步进电动机的转速与脉冲频率有什么关系?

二、开关磁阻电动机

开关磁阻电动机的研究可以追溯到 19 世纪 40 年代,英国研究者将其应用于机车牵引系统。然而,直到 20 世纪 60 年代,随着电力电子技术、计算机技术和自动控制理论的发展,开关磁阻电动机的设计开发才得以全面开展,磁阻电动机的优点被广泛了解。

1.开关磁阻电动机的组成及工作原理

开关磁阻电动机总成通常由开关磁阻电动机、功率变换器、位置传感器和控制器四部分组成。

(1)开关磁阻电动机

①结构。开关磁阻电动机由定子和转子两部分组成,定子和转子都采用凸极结构形式,也

称双凸极结构，二者均由硅钢片制成，如图 4-26 所示。定子上安装有励磁绕组，转子上没有绕组。定子和转子的凸极个数都是偶数，一般转子凸极比定子凸极少 2 个。定子凸极与转子凸极之间有很小的气隙。相互对称的两个定子凸极上的绕组为串联形式，构成一相绕组，如图 4-27 所示，所以定子的相数（开关磁阻电动机的相数）为定子凸极数的二分之一。若定子有 6 个凸极，则称为三相开关磁阻电动机；若定子有 12 个凸极，则称为六相开关磁阻电动机。最为常见的开关磁阻电动机有三相 6/4 结构、四相 8/6 结构、六相 12/8 结构三种形式。

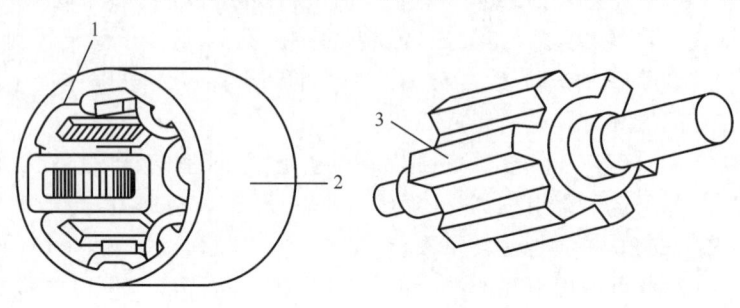

(a) 定子　　(b) 转子

图 4-26　开关磁阻电动机的定子和转子
1—励磁绕组；2—定子；3—凸极

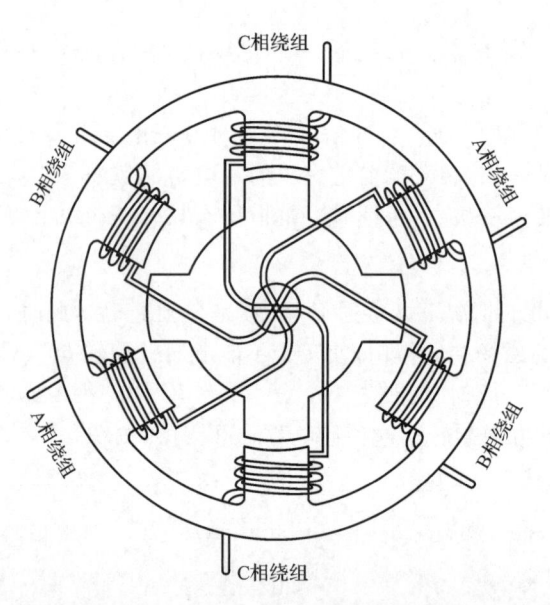

图 4-27　三相 6/4 开关磁阻电动机的截面和定子绕组连接

定子和转子不同的组合方案见表 4-1。

表 4-1　　　　　定子和转子不同的组合方案

相数	3	4	5	6	7	8	9
定子极数 Ns	6	8	10	12	14	16	18
转子极数 Nr	4	6	8	10	12	14	16
步进角 θ	30°	15°	9°	6°	4.28°	3.21°	2.5°

定子绕组的端部较短，没有相间跨接线，定子绕组通电产生磁场，磁通集中在磁极区。转子上不仅没有绕组，而且没有滑环或永磁体，结构简单。转子的旋转依靠定子绕组所产

生的电磁力。各相磁路的磁阻随转子的位置变化而变化。

②工作原理。开关磁阻电动机的工作原理与步进电动机的工作原理相同,也是遵循"磁阻最小原理"(磁通总是要沿磁阻最小的路径闭合)运行的。下面以三相6/4开关磁阻电动机为例说明其工作原理。

如图4-28(a)所示,转子凸极2-4与定子C相的两个凸极正对齐,转子凸极1-3与定子A相凸极之间相差一个步进角度θ(从表4-1可以得知这种磁阻电动机的步进角$\theta=30°$)。此时,若给定子A相绕组通电,B、C两相绕组不通电,则在A相定子中建立了一个以A-A为轴线的对称磁场,磁力线通过定子轭、定子凸极、转子凸极和转子轭形成闭合路径,在这个闭合路径中,此时定子和转子间的缝隙最大,磁阻最大,A-A对称磁场产生的弯曲磁力线沿着逆时针方向的切向磁拉力作用在转子上,产生转矩,将转子凸极1-3向定子A相轴线方向拖动,使转子逆时针旋转。转子凸极1-3逐渐向定子凸极A-A靠拢,图4-28(b)所示为转子逆时针转过10°时的情形,图4-28(c)所示为转子逆时针转过20°时的情形。当转子转过θ角(30°),转子凸极1-3与定子凸极A-A正对齐时,由于此时定子和转子间的缝隙最小,磁阻最小,磁场的切向磁拉力消失,转子将不再旋转,如图4-29(a)所示。

(a) 0° (b) 10° (c) 20°

图4-28 开关磁阻电动机工作原理分析(0°~20°)

(a) 30° (b) 40° (c) 50°

图4-29 开关磁阻电动机工作原理分析(30°~50°)

当转子转过θ角(30°),转子凸极1-3与定子凸极A-A对齐时(图4-29(a)),转子凸极2-4与定子B相凸极之间相差一个角度θ(30°)。这时给B相绕组通电,A、C两相绕组不通电,就会在B相定子中建立一个以B-B为轴线的对称磁场,磁力线通过定子轭、定子凸极、转子凸极和转子轭形成闭合路径,在这个闭合路径中,此时定子和转子间的缝隙最大,磁阻最大,B-B对称磁场产生的弯曲磁力线沿着逆时针方向的切向磁拉力作用在转子上,产生转矩,将转子凸极2-4向定子B相轴线方向拖动,使转子逆时针旋转。转子凸极2-4逐渐向定子凸极B-B靠拢,图4-29(b)所示为转子逆时针转过40°时的情形,图4-29(c)所示为转子逆时针转过50°时的情形。当转子转过θ角(又一个30°,即60°位置)时,转子凸极2-4与定子

凸极 B-B 正对齐,由于此时定子和转子间的缝隙最小,磁阻最小,磁场的切向磁拉力消失,转子将不再旋转,如图 4-30(a)所示。

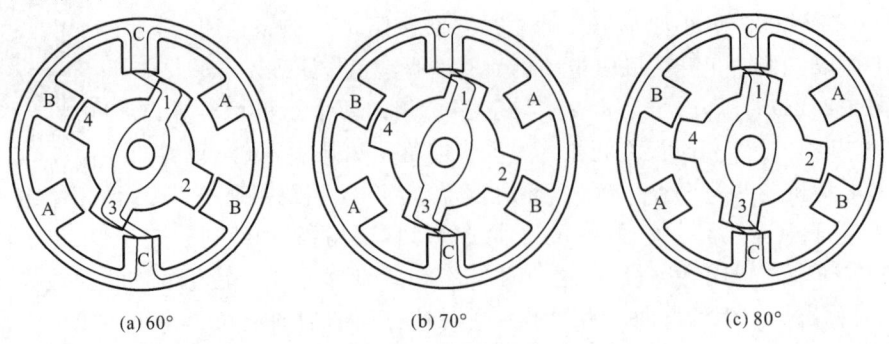

(a) 60°　　　　　　　　(b) 70°　　　　　　　　(c) 80°

图 4-30　开关磁阻电动机工作原理分析(60°～80°)

同理,当转子转到 60°时(图 4-30(a)),此时转子凸极 1-3 与 C 相凸极之间相差一个角度 θ(30°)。这时给 C 相绕组通电,A、B 两相绕组不通电,就会在 C 相定子中建立一个以 C-C 为轴线的对称磁场,转子凸极 1-3 同样会沿着逆时针方向在切向磁拉力作用下向定子凸极 C-C 靠拢,图 4-30(b)所示为转子逆时针转过 70°时的情形,图 4-30(c)所示为转子逆时针转过 80°时的情形。当转子转过 θ 角(又一个 30°,即 90°位置),转子凸极 1-3 与定子凸极 C-C 正对齐时,定子和转子间的缝隙最小,磁阻最小,磁场的切向磁拉力消失,转子将不再旋转。这时转子已由最开始的位置逆时针转过了 90°角。

此后,再按照以上顺序,接通和关断定子绕组 A 相、B 相、C 相的电流(每次只给定子中的一相绕组供电),电动机的转子将按照逆时针方向持续旋转。对于三相 6/4 开关磁阻电动机来讲,每更换一相绕组通电,转子就会转过一个步进角 30°,而且每次转子都是朝着磁阻减小的方向旋转,在磁阻最小位置(定子凸极与转子凸极对齐时)停止旋转。

如果按照 C 相、B 相、A 相的顺序给定子绕组通电,则磁阻电动机的转子会朝着相反的方向(顺时针)旋转,仍然是趋向于磁阻最小的方向。所以把这种电动机称为磁阻电动机。正是因为电动机靠磁阻工作,与绕组电流方向无关,即与磁通方向无关,所以在图 4-28、图 4-29、图 4-30 中没有画磁力线的方向。又因为每相绕组的电流通断和磁场产生直接受开关控制,所以也称为开关磁阻电动机。从上面的分析可知,要想实现开关磁阻电动机的反转控制是很容易的。

通过改变三相定子绕组中的电流大小,可以改变磁场的强弱,从而改变开关磁阻电动机的转矩大小和转子转速,因此开关磁阻电动机的调速也很容易实现。

通过控制定子凸极三相绕组的通电时间,可以产生与转子旋转方向相反的制动转矩。

(2)功率变换器

开关磁阻电动机各相绕组的电流通断是由功率变换器来实现的。功率变换器是连接电源与开关磁阻电动机的开关部件。功率变换器的线路有多种形式,并与开关磁阻电动机的相数、绕组形式(单绕组或双绕组等)有密切联系,如图 4-31 所示为功率变换器与定子三相绕组的连接。

BG_1、BG_2、BG_3 是三个开关晶体管,功率变换器通过这三个开关晶体管控制三绕组电流的通断,三个开关晶体管旁边并联的二极管是在开关晶体管截止时续流用的。

(3)位置传感器

定子绕组 A、B、C 各相绕组通断电看似简单,实际情况较复杂,绕组断电后产生的自感电流不会立即消失,要提前关断电源进行续流。为了加大转矩,相邻绕组电流导通的时间

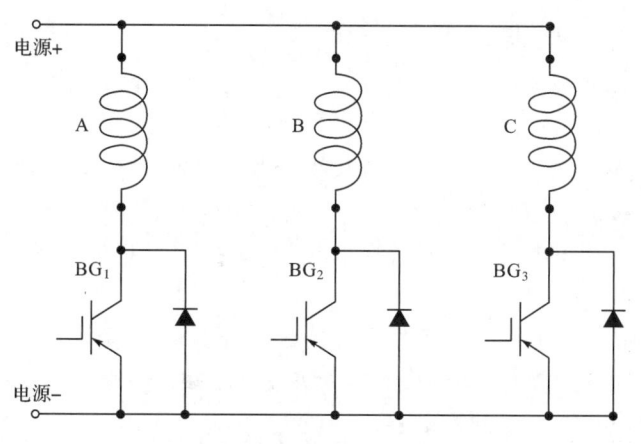

图 4-31 功率变换器与定子三相绕组的连接

会有重叠。控制电动机的转速、转矩,也要调整功率器件的开关时间。而各相绕组的导通与关断时间与定子和转子之间的相对位置有直接关系,因此开关磁阻电动机与步进电动机的一个区别就是安装了位置传感器。图 4-32 所示为位置传感器的安装位置。

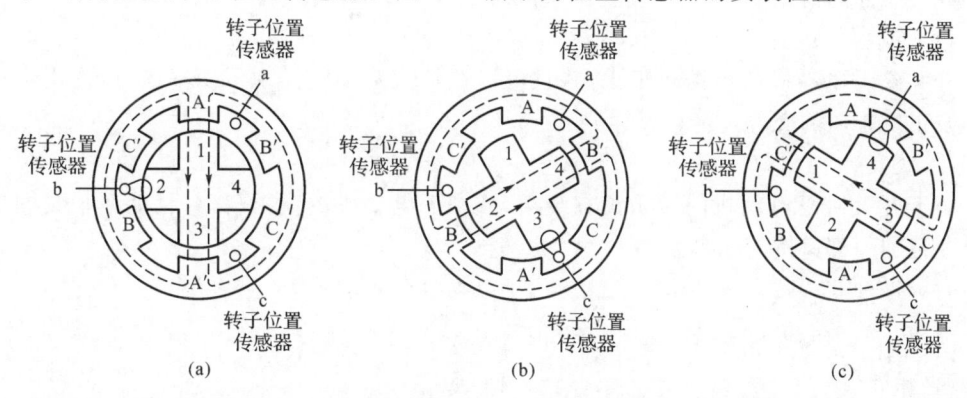

图 4-32 位置传感器的安装位置

从图 4-32 中看到,开关磁阻电动机在转子上安装了三个位置传感器,传感器为霍尔式。霍尔传感器中有小磁铁,当霍尔传感器与转子凸极对齐时,磁铁的磁力线穿过转子凸极形成磁力线回路,此时磁阻最小,磁通最大,产生霍尔信号。当某一霍尔信号产生时,表示转子转到相应的凸极位置,控制电路根据凸极位置信号,按照相序给相邻的定子磁极通电。例如,图 4-32(a)所示的三个转子位置传感器中只有转子位置传感器 b 与转子凸极 2 对齐,产生位置信号 b,控制电路将给 B 相绕组通电,其余两相绕组断电。当转子逆时针转过 30°后,如图 4-32(b)所示,只有转子位置传感器 c 与转子凸极 3 对齐,产生位置信号 c,控制电路将给 C 相绕组通电,其余两相绕组断电。当转子逆时针又转过一个 30°后,如图 4-32(c)所示,只有转子位置传感器 a 与转子凸极 4 对齐,产生位置信号 a,控制电路将给 A 相绕组通电,其余两相绕组断电。如此循环,转子连续转动。

由此可知,转子上的三个位置传感器的作用是为准确开关各相绕组的电流提供一个转子与定子凸极间相对位置的信号。常见的位置传感器根据原理不同分为光敏式、霍尔式、磁敏式及接通开关式等。

(4)控制器

控制器由微处理器(单片机)和外围接口电路组成。控制器综合处理位置检测器、电流检测器提供的电动机转子位置、速度和电流等反馈信息及外部输入的指令,实现磁阻电动机运行状态的控制,是磁阻电动机的指挥中枢。控制器具有的控制功能有:电流斩波控制;

角度位置控制；启动、制动控制；速度调节控制。

2. 开关磁阻电动机的性能特点

(1)结构简单，环境适应能力强

开关磁阻电动机为双凸极结构，转子上没有绕组或永磁体，转动惯量小，易于加速、减速，特别适合高速运转的工作环境。定子绕组为集中绕组，制造简单，紧凑，易于冷却。因此该电动机适用于高温甚至强烈振动的环境，维护简单，具有良好的环境适应能力。

(2)功率变换器简单可靠

功率变换器中的每个功率开关器件均直接与绕组串联，避免了直通短路的危险。又因为转矩和电流方向无关，所以功率变换器的开关器件个数可以减少，系统可以短相工作，容错能力强。

(3)可控参数多，调速性好

开关磁阻电动机驱动系统的控制参数有开通角、关断角、相电流幅值和相绕组电压等多个，控制较为灵活，可以采用多种控制方式使电动机运行在最佳状态，而且可以在不增加辅助开关器件的情况下，实现电动机四象限运行。

(4)转矩大，调速宽

开关磁阻电动机的启动转矩大，并且可以在较宽范围内实现恒功率运行，适用于频繁启停及正反方向的交替运行。

(5)效率高

由于开关磁阻电动机的转子没有绕组，减小了电动机的铜损耗，并且能在很宽的功率和转速范围内都保持高功率。

目前这种开关磁阻电动机已广泛应用于电动汽车驱动系统。

3. 开关磁阻电动机和步进电动机比较

(1)相同点

两种电动机的在结构上都由带绕组的定子和不带绕组的转子组成，转子和定子都有凸极；都是遵循"磁阻最小原理"；都使用直流电驱动，但不能用直流电直接驱动，都需要专用的控制电路驱动。

(2)不同点

步进电动机是按照给定的脉冲电流给定子绕组通电进行转动。可以单步转动，也可以连续转动。步进角小，主要用于精确控制。

开关磁阻电动机是根据转子位置信号决定定子绕组的通电，属于自控式自主同步电动机的一种。步进角大，主要用于连续运转的动力驱动。

任务实施

认识实际反应式步进电动机的结构

前面叙述的是最简单的反应式步进电动机，其步进角太大，精确度太低，在实际中并不适用。实际中，为了提高步进电动机的步进精度，即减小步进角，常常将步进电动机定子的每一个磁极分成许多个小齿，图4-33所示为实际的三相反应式步进电动机的工作原理。

在每个定子磁极和转子表面都增加了小齿，定子与转子的齿距相同，齿数适当，使得在一对磁极下的定子和转子的小齿能够做到一一对应，如图4-33中的A相绕组，而下一相绕组(如B相)的定子和转子的小齿正好错开齿距(设为t)的相数(设为m)分之一，即错开为

t/m。而再下一相绕组（如 C 绕组）的定子与转子的小齿又错开了 $2t/m$。依次推算下去，在定子绕组磁场作用下，步进电动机每运行一拍，转子则转过相当于 t/m 齿距的角度 θ，即有

$$\theta = \frac{360°}{ZN} \qquad (4\text{-}10)$$

式中，Z 为转子齿数；N 为转子转过一个齿距的运行节拍数。

因此，步进电动机通电 N 拍，转子则转过 $N\theta$ 的角度，相当于一个齿距。

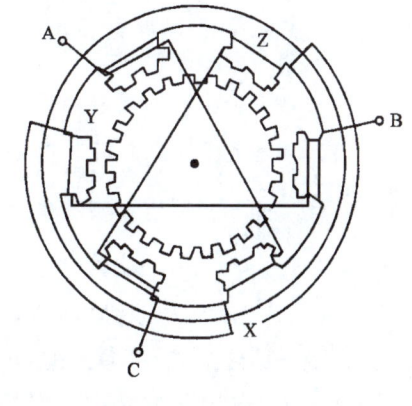

【练一练 4-5】 目前常见的三相反应式步进电动机定子有 6 个磁极，每个磁极上有 5 个齿，转子上有 40 个齿（$Z=40$），这种电动机若按单三拍通电（$N=3$），则 $\theta=$？若按六拍通电（$N=6$），则 $\theta=$？

【参考答案】 3°；1.5°。

步进电动机也可制成四相、五相、六相或更多相数，这样可以减小步进角，提高步进精度，改善运行性能。但相数越多，电动机的结构和它的驱动电源就会越复杂。

图 4-33　实际的三相反应式步进电动机的工作原理

想一想

实际的脉冲频率如果过高，可能会出现什么后果？

拓展阅读

纯电动汽车能耗指标技术标准

小　结

（1）直流电动机主要由定子和转子两大部分组成，其电磁转矩为：$M = K_T \Phi I_a$。电压平衡方程：$U = E_f + I_a R_a$，其中 $E_f = K_e \Phi n$。

按照不同的励磁方式，励磁式直流电动机可以分为他励式、并励式、串励式和复励式四种。

（2）直流电动机的启动方法有直接启动和降压启动。降压启动又有两种方法：一是降低电枢的端电压；二是在电枢回路中串联电阻。

直流电动机的制动方式有：机械制动和电气制动。

直流电动机的转向取决于电磁转矩的方向，改变电磁转矩方向的方法有两种：①保持电枢电流方向不变，改变励磁电流的方向；②保持励磁电流的方向不变，改变电枢电流的方向。

直流电动机调速是指通过改变电动机的电路参数来改变电动机的转速，从而改变生产机械的传动速度，由公式 $n = \dfrac{U - (R_f + R_a)I_a}{K_e \Phi}$ 可知，直流电动机的调速方法有三种：当负载不变时，通过改变电源电压 U 进行调速；通过改变电枢电路中的电阻 R_a 进行调速；通过改变励磁磁通 Φ 进行调速。

（3）步进电动机按转矩产生的原理不同，可以分为反应式步进电动机和激磁式步进电动机两种。

步进电动机每输入一个电脉冲,步进电动机就转过一个固定的角度,而它的旋转方向是随着输入脉冲相序的改变而改变的。

实际的三相反应式步进电动机,每运行一拍,转子转过的角度 $\theta = \dfrac{360°}{ZN}$,其中 Z 为转子齿数,N 为转子转过一个齿距的运行节拍数。

(4)开关磁阻电动机总成通常由开关磁阻电动机、功率变换器、位置传感器和控制器四部分组成。开关磁阻电动机由定子和转子组成,是双凸极结构。其转动原理与步进电动机的转动原理相同,也是遵循"磁阻最小原理"(磁通总是要沿磁阻最小的路径闭合)运行的。

同步训练

4-1 直流电动机由哪几部分构成?各有什么作用?

4-2 并励式直流电动机在负载及外加电源电压均不变的情况下,改变其励磁电流,电枢电流将会如何变化?

4-3 并励式直流电动机能不能采用改变电源电压的方向来改变电动机的转向?能不能采用降低电源电压的方法进行调速?为什么?

4-4 直流电动机的制动方法有哪几种?

4-5 为什么串励式直流电动机不能空载或轻载运行?

4-6 一台并励式直流电动机,电源电压 $U_N = 230$ V 时,电枢电流 $I_N = 60$ A,电枢电阻 $R_a = 0.1\ \Omega$,$\Phi = 0.08$ Wb,$K_e = 2.5$。求电枢反电动势及此时的转速。

案例拓展

模块 5　汽车常用仪器仪表的使用

随着汽车技术的发展,汽车上的电气设备越来越多,电子产品也越来越丰富。在进行检测诊断时必须依靠汽车仪表和专用仪器。本模块主要介绍兆欧表、汽车用数字万用表、汽车用示波器的使用方法。

学习任务 1　兆欧表的使用

任务目标

了解兆欧表的结构及原理。学会正确使用兆欧表。

素养提升

通过对学生测试过程规范性的严格要求和实例教育,培养学生对待工作精益求精、细致严谨的态度,鼓励学生树立职业使命感和大国工匠的精神。

任务引入

电机和电器的绝缘性能是否良好,关系到其正常运行和本身的安全。为防止绝缘材料因发热、受潮、污染、老化等原因造成绝缘层损坏,或有时为了检查修理后的电器绝缘性能是否达到规定要求,需要测量绝缘电阻。因为绝缘电阻数值比较大,通常为几十兆欧或几百兆欧,测量绝缘电阻必须用备有高压电源的兆欧表进行测量。兆欧表的刻度以兆欧为单位,可以比较准确地测出绝缘电阻的数值。

相关知识 >>>

兆欧表的结构及测量原理

兆欧表又称摇表,它是专门用于检查和测量电机、电器或供电线路的绝缘电阻的一种可携带式仪表。

1. 兆欧表的结构

常用兆欧表包括比率表型的磁电系测量机构和手摇直流发电机两个部分。

兆欧表的结构如图 5-1 所示,其可动部分有两个可动的线圈,并且互成一定角度,放置在一个带缺口的圆环形铁芯的外面,并与指针固定在同一个转轴上,极掌为不对称形状,以使气隙不均匀。

2. 兆欧表的测量原理

想一想

在已知并联电压的情况下,怎么求一条支路上的电流?

兆欧表的测量原理如图 5-2 所示。被测电阻 R_x 接于兆欧表测量端子"线端"L 和"地端"E 之间。摇动手柄,手摇直流发电机输出电流。线圈 1(电阻为 r_1)、R_1 和 R_x 串联,线圈 2(电阻为 r_2)和 R_2 串联,然后两条电路并联,接到手摇直流发电机输出电压 U 上。两个线圈上电流分别为

$$I_1 = \frac{U}{r_1+R_1+R_x} \qquad I_2 = \frac{U}{r_2+R_2}$$

两式相除可得

$$\frac{I_1}{I_2} = \frac{r_2+R_2}{r_1+R_1+R_x}$$

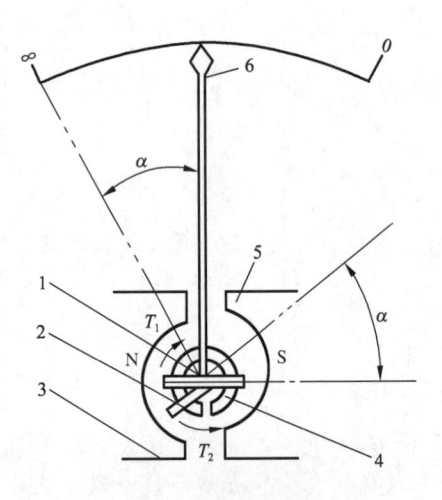

图 5-1 兆欧表的结构
1、2—可动线圈;3—永久磁铁;
4—带缺口的圆环形铁芯;5—极掌;6—指针

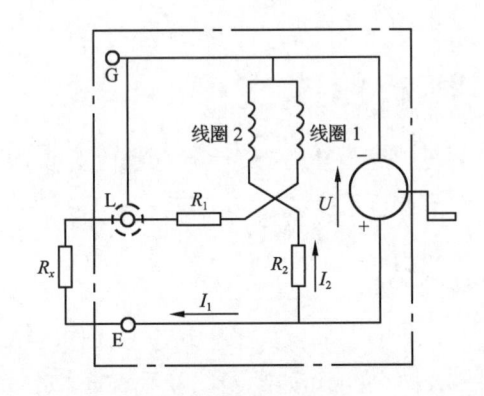

图 5-2 兆欧表的测量原理

在电流的比例式中,只有 R_x 为变量,所以改变 R_x 的数值,就会引起 I_1/I_2 的变化。

由于线圈 1 和线圈 2 绕向相反,流入电流 I_1 和 I_2 后,在永久磁场作用下,两个线圈上分别产生两个方向相反的转矩 M_1 和 M_2。气隙磁场不均匀,所以 M_1 和 M_2 既与对应的电流成正比,又与其线圈所处的角度有关。当 $M_1 \neq M_2$ 时,指针发生偏转,直到 $M_1 = M_2$ 时,指针停止。指针偏转的角度只取决于 I_1 和 I_2 的比值,此时指针所指的是刻度盘上显示的被测设备的绝缘电阻值。

当 E 端与 L 端短接时,I_1 为最大,指针沿顺时针方向偏转到最大位置,即"0"位置;当 E

端与 L 端未接被测电阻时，$R_x \to \infty$，$I_1 = 0$，指针沿逆时针方向转到"∞"的位置。

该仪表结构中没有反作用力矩的游丝，使用之前，指针可以停留在刻度盘的任意位置。

任务实施

兆欧表的使用

1. 正确使用兆欧表

(1) 选用兆欧表时，其额定电压一定要与被测的电器或线路的工作电压相对应，见表 5-1。兆欧表的手摇直流发电机的电压有 500 V、1 000 V、2 000 V、2 500 V 等，一般发电机都设有离心调速装置，以保证转子能够恒速转动。也有的兆欧表不用手摇直流发电机作为电源，而改用电池，然后通过晶体管直流交换器，把电池的低压直流电转换为高压直流电，例如 ZC26 和 ZC30 等兆欧表。

表 5-1　　　　　　　　　　兆欧表的选用

被测对象	被测电器的额定电压/V	兆欧表额定电压/V
线圈绝缘电阻	500 以下 500 以上	500 1 000
电力变压器、电动机线圈绝缘电阻	500 以上	1 000～2 500
发电机线圈绝缘电阻	200 以下 500 以下	500 1 000
电器绝缘电阻	500 以下 500 以上	500～1 000 2 500
瓷瓶		2 500～5 000

如果要测量高压设备的绝缘电阻，却用 500 V 以下的兆欧表，那么测量结果不能正确地反映在工作电压作用下的绝缘电阻；同样，也不能用电压太高的兆欧表去测量低压电器的绝缘电阻，以防破坏绝缘性。

(2) 使用前检查兆欧表是否完好，要先校表。校表具体方法：将表平放，观察指针偏转情况。先将 E、L 两端开路，以约 120 r/min 的转速摇动手柄，观测指针是否指到"∞"处；再将 E、L 两端短接，缓慢摇动手柄，观测指针是否指到"0"处。

(3) 正确接线。兆欧表的接线柱有三个：线(L)柱、地(E)柱、屏蔽(G)柱。在进行一般测量(线路对地的绝缘电阻、电机或设备绝缘电阻)时，只要把被测绝缘电阻接在 L 端与 E 端之间即可。

但在测量表面不干净或潮湿的设备时，为了准确测量绝缘材料内部的绝缘电阻(体积电阻)，就必须使用 G 接线柱。兆欧表的测量范围也要与被测绝缘电阻的范围相吻合。

(4) 由慢到快摇动手柄，直到转速达到 120 r/min 左右，保持手柄的转速均匀、稳定，一般稳定 1 min 后，读数即可。

(5) 测量完毕，待兆欧表停止转动，被测物体接地放电以后，才能拆除连接导线。

2. 使用兆欧表的注意事项

(1) 绝缘电阻测量必须在设备和线路停电状态下进行。对于含有大电容的设备，如高压供电线路，停电后不能立即进行测量，需要等待其完全放电后，再进行测量。

(2) 兆欧表的测量结果虽说与手摇直流发电机的电压无关，但因为导流丝存有残余力矩，以及仪表本身的灵敏度有限，手摇直流发电机必须供给兆欧表足够的电压，才能保证其正常工作。因此,测量时应使手摇直流发电机的转速保持在规定的范围内,否则,测量值会不准确。通常规定兆欧表的额定转速为 120 r/min。

(3)兆欧表测量时要远离大电流导体和外磁场。被测设备中如有半导体器件,应先将其插接件板拆去。

(4)测量过程中,若指针指向"0",则表示被测设备短路,应立即停止转动手柄。

> **课堂互动**
>
> 由学生测量发电机励磁绕组和爪形磁极的绝缘电阻或测量一台三相异步电动机对地的绝缘电阻。

学习任务 2　汽车用数字万用表的使用

任务目标

了解汽车用数字万用表的功能,学会用汽车用数字万用表测量直流电压和电流,测量电阻、温度、转速,能够利用汽车用数字万用表判断发电机整流二极管的好坏。

任务引入

现代汽车维修工最常使用的检测工具就是万用表,在检测汽车电路时,经常要用万用表测量汽车电路中各点的电位和导通性能,在检测汽车电气设备时,经常要用万用表测量电阻和电压。

相关知识 >>>

万用表是电子测量技术领域中出现最早的一种仪表,以测量电流、电压、电阻三大参数为主。常用的万用表可分为数字万用表(DMM)和指针式万用表(模拟指示仪表)两种。

对于传统发动机来讲,要检测电路中的电压、电流、电阻等参数,使用指针式万用表即可。但现代汽车普遍采用了电子控制技术,若使用低阻抗指针式万用表,则容易对车载电脑及传感器造成损坏。所以,最好采用高阻抗的汽车用数字万用表。汽车用数字万用表具有精确度高、测量速度快、输入阻抗高、量程范围宽、过载能力强、抗干扰能力强、功耗小、高分辨率等特点,这里只介绍目前已在检测中普遍使用的汽车用数字万用表。

一、汽车用数字万用表的测量功能

数字万用表按量程转换方式分为手动转换式、自动转换式、自动与手动综合式。

一般的数字万用表只能测量电压、电流、电阻,以及二极管、晶体管和电路的通断等。而汽车用数字万用表功能特别强大。汽车用数字万用表除了具有数字万用表的功能外,还具有一些汽车专用测试功能,可以测量温度、电容、传感器输出的电信号频率、闭合角、占空

比、发动机转速等参数,并具有峰值保持、读数保持(数据锁定)等功能。

有的汽车用数字万用表还具有自动断电、自动变换量程、电池测试(低电压提示)等功能。也有的专用数字万用表增加了示波器、运行记录器、发动机分析仪等功能。

现在常用的汽车用数字万用表有 EDA 系列、OTC 系列以及 VC400 型、KM300 型等。虽然面板形式不同,但功能相近。下面以 KM300 型(美国艾克强汽车测试设备公司产品)汽车数字万用表(图 5-3 所示为其外形)为例介绍汽车用数字万用表的使用方法。

在汽车电路中使用的是直流电,因此,下面我们只介绍直流电压和电流的测量及其他量的测量。

1. 测量直流电压

(1)将"选择开关"转到"DCV"(直流电压)位置,这时万用表会进入自动选择量程方式,自动选择最佳的测量量程。也可以按下"量程"选择按钮("RANGE"按钮),选择手动选择量程方式,每按一次"量程"选择按钮,即可选择到下一个大一点的量程。

数字万用表的使用

(2)将红表笔的插头插入面板上"V/Ω"(电压/欧姆)插孔,黑表笔的插头插入面板上"COM"插孔,再将两表笔并联接到被测电路上(图 5-4),读数即可。注意,红表笔(正)、黑表笔(负)应分别和电路测试点的"+""-"极性一致。

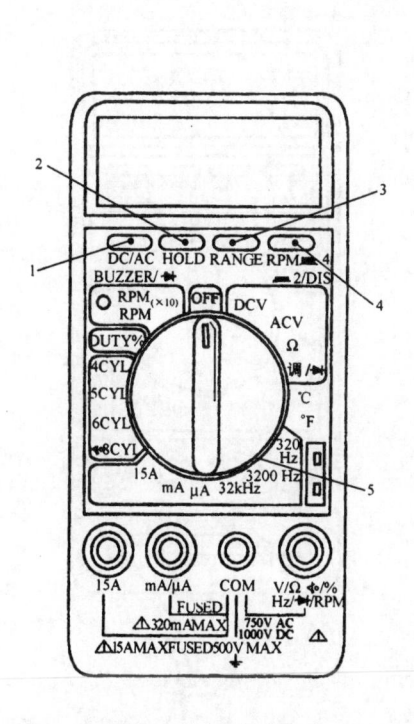

图 5-3 KM300 型汽车数字万用表的外形
1—"直流/交流"切换按钮;2—"保持"按钮;
3—"量程"选择按钮;4—"转速"选择按钮;5—选择开关

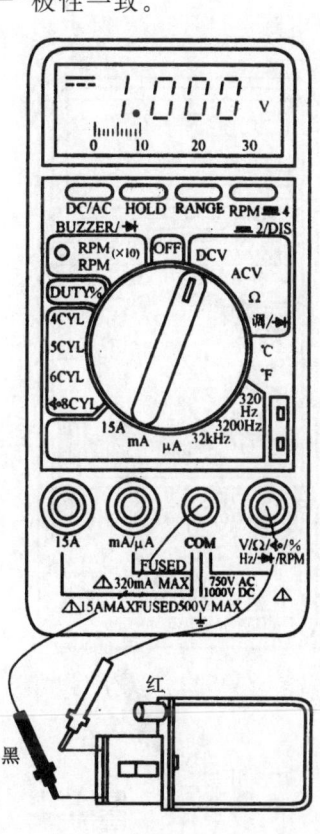

图 5-4 测量直流电压

应该强调的是,在"V/Ω"插孔和"COM"插孔之间标有"750 V AC 和 1 000 V DC MAX",它表示被测交流电压有效值不能超过 750 V,被测直流电压不能超过 1 000 V。否则,有可能会损坏仪表。

2. 测量直流电流

(1)按下"DC/AC"(直流/交流)切换按钮,选择直流。

(2)将"选择开关"转到"15 A"或"mA"或"μA"位置。红表笔的插头插在"15 A"或"mA/μA"插孔中,黑表笔的插头插入"COM"插孔中。若事先不能估计被测电流大小,应先从 15 A 量程开始。

(3)此时应将万用表串联接到被测电路上,如图 5-5 所示。等显示稳定后,读取数值。

3. 测量电阻

(1)将"选择开关"转到"Ω"位置,此时,万用表进入自动选择量程方式,能自动选择最佳量程。也可按下"RANGE"按钮,选择手动选择量程方式,每按一次"RANGE"按钮,即可选择到下一个大一点的量程。

(2)将红表笔的插头插入"V/Ω"插孔中,黑表笔的插头插入"COM"插孔中,再将两表笔接到被测电路上,如图 5-6 所示。显示稳定后读取数值即可。

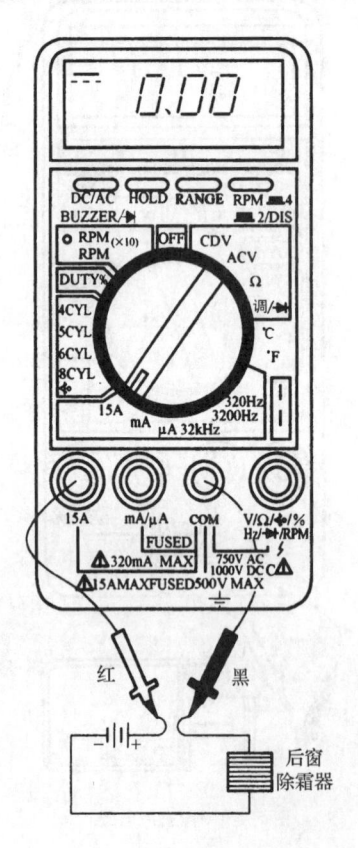

图 5-5 测量直流电流

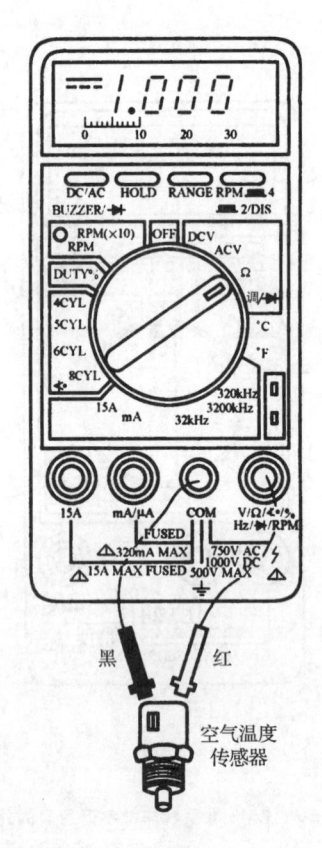

图 5-6 测量空气温度传感器电阻

注意:测量某元件的电阻时,要将其和电源先断开,再测量,不能带电操作,否则可能会烧坏仪表。

4.测量温度

(1)将"选择开关"转到"℃"或"°F"(温度)位置。

(2)将汽车用数字万用表配备的带测针的特殊温度插头插到面板上的黄色插孔内,让测针与被测温度的部位接触,如图5-7所示。待显示温度数值稳定后,读取该数值。

5.测量发动机转速

(1)将"选择开关"转到"RPM 或 RPM(×10)"(转速)位置。

(2)将感应夹的红色导线插入面板上"V/Ω"插孔,黑色导线插入面板上"COM"插孔,将感应夹夹在通往火花塞的高压线上,其上方的箭头应指向火花塞,如图5-8所示。

(3)按下"转速"选择按钮("RPM"按钮),根据被测发动机的冲程数和有无分电器,选择"4"或"2/DIS"。读取发动机转速值。

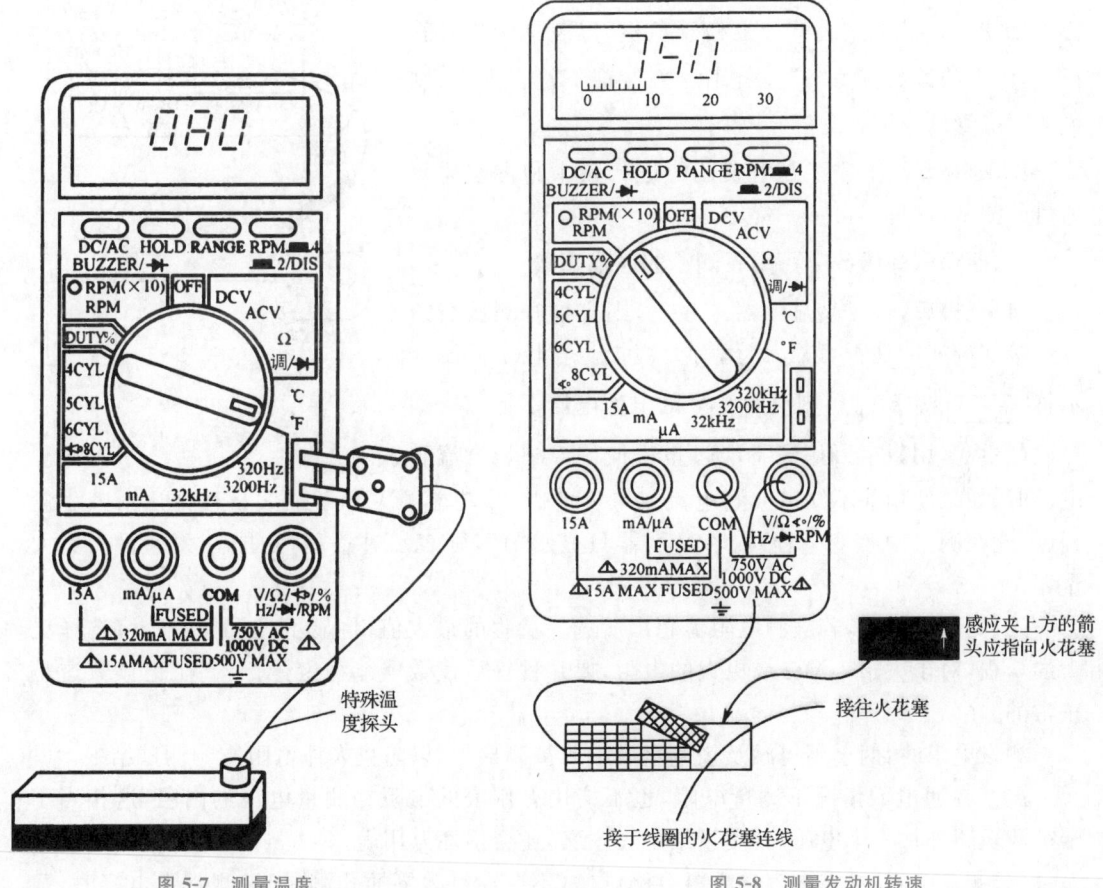

图 5-7 测量温度 　　　　图 5-8 测量发动机转速

6.测量触点闭合角

(1)根据要测量的发动机的气缸数,将"选择开关"转到触点闭合角区域中对应缸(4CYL、5CYL、6CYL、8CYL)位置上。

(2)闭合角插孔与"V/Ω"插孔是同一个插孔,将红表笔的插头插入"V/Ω"插孔,黑表笔的插头插入"COM"插孔,将两表笔接到被测电路上,如图5-9所示,读取触点闭合角数值。

7. 检测二极管的好坏

利用数字万用表通常都可以检测二极管的单向导电性。需要注意的是,用数字万用表检测二极管时,除了要用相应的挡位外,将红表笔的插头插入面板上"V/Ω"插孔中,黑表笔的插头插入面板上"COM"插孔中,然后将红表笔(内接表内电源正极)、黑表笔分别与二极管的正、负极连接,显示的是二极管的正向导通压降,对于硅管来说,应为0.5~0.8 V。若把红表笔接二极管负极,黑表笔接二极管正极,则表的读数应为"1"。若正反测量都不符合要求,则说明二极管已损坏。

KM300型汽车数字万用表还能进行频率和占空比等项目的测试,这里不再一一赘述。

二、使用汽车用数字万用表测量的注意事项

(1)开机后,若液晶显示器不显示,则应检查测试线的各连接部位连接是否可靠,熔丝有无烧损。若显示低压指示符 ▭ 或"BAT",则说明9 V的电池电压不足。

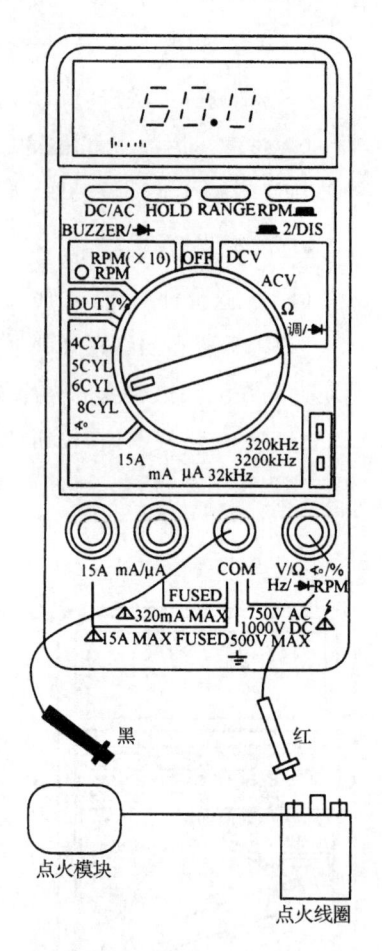

图5-9 测量触点闭合角

(2)汽车用数字万用表不能过量程使用。测量电流和电压时,如果使用前不知道被测电流或电压范围,将功能开关置于最大量程并逐渐减小量程(不能在测量中改变量程)。若显示器只显示"1",则表示过量程,功能开关应置于更大量程。

(3)测量电阻时,若被测电阻值超出所选择量程的最大值,将显示过量程"1",应选择更大的量程,对于大于1 MΩ或更大的电阻,要几秒钟后读数才能稳定,对于高阻值读数这是正常的。

测量电阻时,两手不得触及表笔金属端或被测部件,以防止人体电阻影响测试结果。

严禁在通电的情况下测量电阻,也不能用万用表的电阻挡测量电池的内阻,这相当于给被测电路外加一个电压,其测量结果无意义,还会损坏万用表。

(4)测量电容时,将电容插入电容测试座(不要通过表笔插孔测量)。测量大电容时,稳定读数需要一定时间。

(5)用数字万用表测量电容之前,必须先对电容短路放电,以防损坏万用表。

(6)使用h_{EF}挡测量三极管的放大倍数时,应注意PNP型与NPN型的三个电极不能接错。由于测量时电压较低(集电极约为3 V),电流小(基极约为10 μA),其测量结果仅供参考。

利用h_{EF}挡测量发光二极管时,测量时间要尽量缩短,以免降低万用表电池的使用寿命。

(7)使用汽车用数字万用表检查线路故障时,应先检查熔断丝、接线器和连接器,用万用表表笔从连接器前端插入检查时不可用力过大,以免引起端子变形。

任务实施

万用表的测量

1. 测量干电池和车用蓄电池的开路电压

按照前面已讲的测直流电压的方法,干电池的电动势为 1.5 V,蓄电池的电动势为 12 V,选择合适的直流电压量程,测量电池正、负极之间的电压即其开路电压。

2. 测量前照灯电路的电流

由蓄电池、前照灯、开关等元件连接成闭合电路,选择合适的直流电流量程,将万用表接在直流电路中,测量灯泡电路中的电流。

3. 测量电阻

准备点火系统用的高压导线、冷却液温度传感器、喷油器、点火线圈等汽车电气设备,通过测量以上这些设备的电阻,掌握测量电阻的方法。

4. 测量温度

用前面已讲的万用表的"温度挡",测量当前室内的温度,也可以测量一杯热水的温度。

5. 检测二极管

准备汽车硅整流发电机的整流器,用万用表的二极管挡位,检测整流器上每个二极管的好坏和极性。掌握用万用表检测二极管好坏的方法。

学习任务 3 汽车用示波器的使用

任务目标

了解电控系统输入信号与输出信号的种类,理解周期、频率、脉宽、占空比的概念;掌握汽车用示波器的功能,能够用 VANTAGE-MT2400 汽车示波器测量传感器的信号波形。

任务引入

在汽车检测与故障诊断中,不仅要能够借助汽车用示波器测量信号变化过程,还要根据信号变化过程进行波形分析。只有通过正确的波形分析,才能"看"到电子元件间的交流信号是否正常,才能迅速而准确地确定故障部位,同时还能验证维修结果。波形分析是对汽车电子控制系统进行故障诊断的一种有效方法,而波形分析的基础是正确使用示波器。

相关知识

一、电控系统输入信号与输出信号的种类

电控系统输入信号与输出信号的种类，基本上可分为模拟信号和数字信号两种。这些模拟信号和数字信号可分为直流信号、交流信号、频率调制信号、脉宽调制信号和串行数据信号。

(1) 直流信号波形

直流信号是一种模拟信号，汽车上产生直流信号的传感器有发动机冷却液温度传感器、进气温度传感器、节气门位置传感器、翼片式空气流量传感器、进气压力传感器等。

(2) 交流信号波形

交流信号也是模拟信号，在汽车上产生交流信号的传感器有车速传感器、轮速传感器、磁感应式曲轴位置与凸轮轴位置传感器。

(3) 频率调制信号波形

汽车电控系统中产生可变频率信号的传感器和装置有数字式空气流量传感器、光电式车速传感器、霍尔式车速传感器、光电式曲轴位置和凸轮轴位置传感器、霍尔式曲轴位置和凸轮轴位置传感器等。

(4) 脉宽调制信号波形

汽车电控系统中产生这种信号的电路和装置有喷油器、EGR控制电磁阀、涡轮增压控制电磁阀、怠速控制电磁阀等。

(5) 串行数据信号波形

串行数据信号波形由发动机控制电脑、车身控制电脑、防抱死制动系统电脑以及其他控制模块产生。

二、示波器

1. 示波器概述

现代汽车电控系统都具有故障自诊断功能。一旦电控系统出现故障，故障自诊断系统就将故障分类，并以故障码的形式储存在存储器里。但是故障自诊断系统检测故障也有一定局限性。

(1) 它只能检测出传感器、执行器的好坏，ECU输出信号是否在适当的范围内，确定电路是否断路或短路，但对于油路、气路及点火系统的高压电路故障则无能为力，这些故障仍需要由人工进行诊断。

(2) 故障自诊断系统只能缩小故障范围，而很难准确判断具体的故障部位。

(3) 一旦故障自诊断系统出现问题，也必须使用其他手段来检测故障部位。

汽车用示波器的扫描速度大大高于故障信号速度，因此示波器可以快速捕捉故障电信号，甚至许多间歇故障信号间歇，并且还可用较慢的速度来显示这些信号波形，以便让维修人员一边观察、一边分析。它还能以储存的方式记录信号波形。在电控系统中，无论是高速信号还是低速信号都可用示波器来观察被测部件的工作状况，并且可以通过观察波形知道故障是否已经排除。

示波器：用来显示和记录随时间变化的电量（如电压、电流等）的仪器。

示波器的组成：一般由传感器（包括夹持器、测试探头和测针等）、中间处理环节和显示器组成。

示波器的分类：按基本形式可分为模拟式示波器和数字式示波器；按显示器形式可分为阴极射线管式示波器和液晶式示波器；按用途可分为通用示波器和专用示波器。

2.分析示波器波形的重要参数

对于任意一个传感器或执行器以及电路，所有的汽车电子信号都具有以下可度量的参数指标中的一个或几个。它们分别可以用以下可度量的六个参数指标加以判断。

（1）波形的峰值 U_m

波形的峰值表示波形的最低和最高的差值，也称脉幅，有时也用 A 表示，如图 5-10 所示。

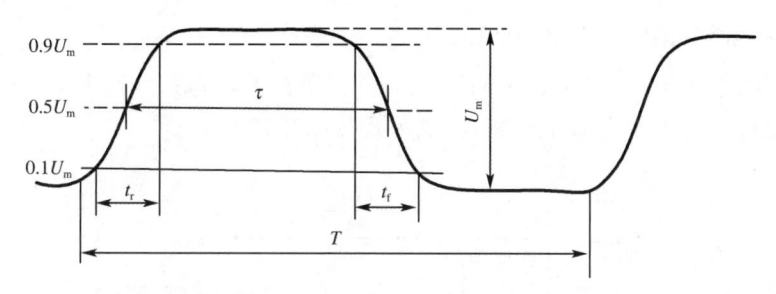

图 5-10　实际产生的脉冲波形

（2）波形的周期 T 和频率 f

在周期性脉冲中，相邻两个脉冲波形相位相同点之间的时间间隔称为周期，用 T 表示，如图 5-10 所示。

频率表示波形每秒内重复的周期数，一般是指 1 s 内重复出现的次数（Hz），$f=1/T$。

（3）形状

波形的形状是指脉冲信号的外形特征，指明它的曲线、轮廓、脉冲的上升时间 t_r（$0.1U_m$ 至 $0.9U_m$）、脉冲的下降时间 t_f（$0.9U_m$ 至 $0.1U_m$）等。

（4）波形的脉冲宽度 τ

波形的脉冲宽度表示脉冲信号持续的时间，通常以 ms 表示，如图 5-10 和图 5-11 所示。

（5）波形的占空比 D

占空比 D 表示信号的脉冲宽度与信号周期的比值，用百分比表示，即 $D=\dfrac{\tau}{T}\times100\%$，如图 5-11 所示。例如，某矩形波脉冲宽度＝20 ms，T＝43 ms，占空比 D＝20÷43×100％＝47％。

（6）阵列

波形的阵列是指组成信息信号的重复方式。

图 5-11　整形后的矩形波占空比

3.汽车用示波器的基本功能

在 20 世纪 60 年代，发达国家首先将示波器用于汽车点火系统和故障诊断。汽车用示波器按功能分为专用型示波器和多功能型示波器。专用型示波器如美国艾克强袖珍型 MODEL575 双通道示波器/万用表、美国 OTCVISION 四通道示波器。多功能型示波器如美国 FLUKE 公司的 F98，它将双通道示波器、发动机分析仪、运行记录器和数字万用表组合成一体；深圳元征科技股份有限公司的 ADC2000 汽车诊断电控单元，具有解码、示波器、万用表和发动机分析等许多功能。

汽车用示波器的基本功能就是对汽车电控系统中的模拟信号和数字信号进行波形显示。除此之外，还有附加功能，包括万用表功能和发动机性能测试功能。

汽车示波器多为双通道显示，甚至为四通道显示，能够同时显示多个波形，把示波器连接到四个不同传感器与执行器，即可以把四种信号波形同时显示出来，便于分析判断。示波器备有一些附加测试探头与车辆连接，可以测试发动机的启动电流、交流发电机二极管等。

任务实施

一、认识 VANTAGE-MT2400 汽车示波器

SNAP-ON 公司的 VANTAGE-MT2400 汽车示波器为波形显示、数字万用表和诊断数据库三合一的多功能型综合检测分析仪，其外观如图 5-12 所示。

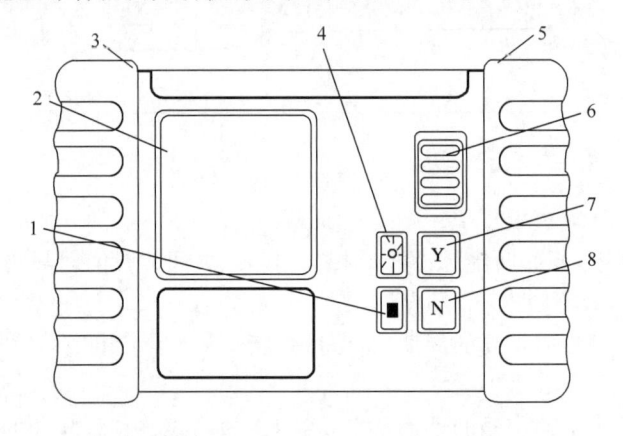

图 5-12 VANTAGE-MT2400 汽车示波器的外观

1—电源开关按钮；2—LCD 显示屏；3—左手柄；4—LCD 显示屏背景灯开关按钮；5—右手柄；6—滚轮；
7—"Y"按钮；8—"N"按钮

（1）VANTAGE-MT2400 汽车示波器有 1 个用于显示数据的 LCD 显示屏和 4 个按钮、1 个滚轮。4 个按钮分别是：LCD 显示屏背景灯开关按钮、电源开关按钮、用于确定选项的"Y"按钮、用于否定或后退一步的"N"按钮。

（2）调整 LCD 显示屏亮度的方法：按下 LCD 显示屏背景灯开关按钮，慢慢滚动滚轮直至满意为止。滚动滚轮，屏幕上的光标移动，可选所需选项；"Y"按钮用于激活选单确定选项，"N"按钮用于放弃选择或退出选项。按下电源开关按钮，可打开示波器；关闭时，按下电源开关按钮，保持至示波器关闭为止；也可在常规设置中，设置为一段时间未操作，示波器自动关闭。

（3）该示波器具有 5 个测试通道接口和 1 个串行打印机接口（RS-232 接口），其中 2 个测试通道 CH3（接口 1）、CH4（接口 2）可通过一个 9 脚的 mini-DIN 连接器连接压力表和 kV 级模块系统，如图 5-13 所示。

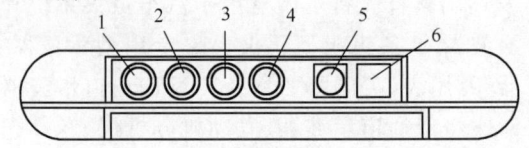

图 5-13 VANTAGE-MT2400 测试接口说明

1—电流接口；2—接口 2；3—搭铁接口；4—接口 1；5—接口 3/4；6—RS-232 接口

选择不同的通道接口,示波器可显示不同的内容,包括直流电流和电压、交流电压、电阻、频率、脉宽、压力、真空度、转速、次级电压、循环频率等数值,还可测试其连续性及二极管压降。

(4)诊断数据库资料:示波器可提供传感器、动作执行元器件、控制信号的测试及制造商和各系统的信息,如一般元器件的工作原理、技术参数、接头位置、正常波形显示等。

滚动滚轮,并按下"Y"按钮,可选定所需菜单。当选择测试项时,示波器会自动进入万用表功能,显示测试数据。在万用表状态下和图形模式中,可显示测试波形,X 轴为时间坐标轴,Y 轴为测试最大值与最水值。按下"N"按钮,可实现万用表和测试帮助信息的切换。退出测试功能并返回到元件测试选择菜单时,首先应滚动滚轮,使屏幕正文进入测试帮助处,按下"N"按钮并放开。

示波器使用两节电池,由熔断丝保护内部线路,机壳侧面有熔断丝、电池、记忆卡及更换说明。

二、示波器的正确使用

(1)元器件测试设置:打开 VANTAGE-MT2400 汽车示波器时,LCD 显示屏上会显示版权及主选单,如图 5-14 所示。

(2)通过滚轮从主选单选择元器件测试项,确定后仪器将会列出所选车型:克莱斯勒、福特、通用、吉普、奥迪、宝马、本田、现代、马自达等。

(3)滚动滚轮选择待测车型(如奥迪),按"Y"按钮进入所选车型(奥迪)测试系统(若要改变车型可按"N"按钮返回车型选择显示)。

主选单
元器件测试性能特征及优越性
万用表常规设置
波形显示怎样……
存储屏幕 A—Z 的索引
使用者测试
用户设定

图 5-14　LCD 显示屏显示的主选单

(4)选择燃油喷射系统,按"Y"按钮进入生产年款选择、发动机型号选择;选好后按"Y"按钮返回主选单。

(5)选择元器件测试性能特征及优越性,按"Y"按钮进入元器件选项:凸轮轴位置传感器、冷却液温度传感器、活性炭罐电磁阀、燃油压力、进气温度传感器、点火控制模式、喷油器、爆震传感器、空气流量传感器、氧传感器、转速传感器、节气门阀控制模式、故障诊断代码电路、旧术语、缩写应用、依普通项目列出元器件单等。

(6)选择凸轮轴位置传感器,按"Y"按钮进入该项目:原理、位置、连接、测试。

依次选择上述项目,仪器将提示传感器的原理、位置、线路连接及测试,例如,当选择测试项时,仪器会自动进入万用表功能,显示数据测试。滚动滚轮,并按"Y"按钮,可选定所需选单;按"N"按钮,可实现万用表和测试帮助信息的切换。退出测试功能并返回到元器件测试选择选单时,首先应滚动滚轮,使屏幕正文进入测试帮助处,按"N"按钮并放开。

(7)其他传感器的测试与上述类似。

(8)如果在主选单中选择万用表功能,则按"Y"按钮进入万用表使用模式。此模式下示波器可作为独立的万用表使用,在全屏幕显示时有四种主要检测模式:图形、数字、双重显示和单独显示。在半屏幕显示时可作为兼有元器件测试功能的万用表使用,有五种测试模式:数字、图形、双重显示、全屏显示和单独显示。

(9)在万用表状态下的图形模式中,可显示测试波形。与示波器类似,X 轴为时间坐标轴,Y 轴为测试上限,上、下限可通过将光标移动到屏幕的适当位置,滚动滚轮选择的值来改变。

(10)双重显示方式能显示两个波形,可同时比较两组读数、两组波形或一组读数、一组波形。

(11)在主选单上可选择用户设定,它可以改变仪器的操作功能,用户设定包括:断电定时设定、背光定时设定、对比度调节、英制/公制切换、最大值/最小值声响报警、打印机/波特率设定和转速来选择。

三、使用注意事项

在操作 VANTAGE-MT2400 汽车示波器前,要先阅读以下安全操作说明,避免损坏主机或其他附件,为了确保人身及仪器的安全,须遵守以下操作规则。

(1)在更换电池、熔断丝、数据资料卡之前,一定要拔掉所有测试表笔,并关掉仪器电源。

(2)如果仪器两端的黑色橡胶保护套没有安装好,不可操作仪器。

(3)测试电流或电压不可超过仪器规定的最大测试值。

(4)任何测试输入端和搭铁端均不可加载 250 V 以上的交、直流电压。

(5)不可用 VANTAGE-MT2400 汽车示波器的电流测试端测试交流信号,测试直流信号的电压不可高于 32 V。

(6)更换的熔断丝必须符合规格:10 A,32 V。

(7)测试 60 V 以上的直流信号或 24 V 以上的交流信号要特别小心。

(8)不可在 RS-232 接口与任何测试接口加载 250 V 以上的电压。

(9)不可在含有可燃性或爆炸性气体的环境使用 VANTAGE-MT2400 汽车示波器。

(10)测量电压值时必须保证电流测试孔不插任何测试笔。

(11)在转换测试功能前一定先将表笔从当前的测试电路中拆除,先拆除红色或蓝色表笔,后拆除黑色表笔。

(12)在量取电阻值时,一定将要测试的元器件从电路中断开(或拆除)。

(13)启动发动机进行测试前,要将变速杆放于空挡(手动挡)或 P 位(自动挡),拉紧手刹,抱死驱动轮。

拓展阅读 >>>

★上网查找一些关于汽车用数字万用表、示波器的型号及功能,下载下来,与同学交流,讨论示波器的使用。

技能宝贵

小 结

(1)常用兆欧表包括比率表型的磁电系测量机构和手摇直流发电机两个部分。

选用兆欧表时,其额定电压一定要与被测的电器或线路的工作电压相对应,使用前检查兆欧表是否完好,要先校表,需要正确接线。

(2)汽车用数字万用表除了具有数字式万用表的功能外,还可以测量温度、电容、传感器输出的电信号频率、闭合角、占空比、发动机转速等参数,掌握这些量的测量方法。

(3)学会分析示波器波形的重要参数,掌握 VANTAGE-MT2400 汽车示波器的使用。

同步训练

5-1 简述兆欧表的测量原理。

5-2 简述用数字万用表测量水温传感器电阻的步骤,实际测量水温传感器电阻和节气门位置传感器的电阻。

5-3 用万用表测量一个开磁路点火线圈的初级电阻和次级电阻。

5-4 什么是波形的占空比?

5-5 使用汽车用示波器时应该注意哪些事项?

5-6 用汽车用示波器实际测量曲轴位置传感器的波形。

案例拓展

模块 6 模拟电子技术基础

模拟电子技术是研究电子器件和电子线路及其应用的科学技术。通过对本模块的学习，使汽车类专业的学生掌握必需的电子技术基础理论知识及基本技能，初步掌握阅读和分析简单电子线路原理图的一般规律，了解电子技术在汽车专业中的应用。

学习任务 1 二极管及其检测

任务目标

了解 P 型、N 型半导体，能够分析 PN 结的形成过程及单向导电性；了解二极管的结构及伏安特性，了解特殊二极管特点及在汽车上的应用；能够判别二极管的好坏和极性。

学习任务6-1

素养提升

通过学习我国半导体行业的发展历史和现状，树立远大理想，积极投身民族复兴大业。

任务引入

半导体器件是电子线路的基础，各种半导体器件的原理是以 PN 结的特性为基础的。半导体二极管和三极管是最常用的半导体器件，也是构成集成电路的基本单元。它们的基本结构、工作原理、特性是学习电子技术和分析电子电路必不可少的基础。

利用二极管的单向导电性不仅可以进行整流，还可在汽车仪表稳压电路中稳压，还可做汽车上的指示灯和报警灯。总之，二极管在汽车上有着较广泛的应用。

相关知识 >>>

一、半导体的基本知识

我们把导电能力介于导体和绝缘体之间，且其导电性能受外界条件的影响很大的一些物质称为半导体,如硅、锗、砷、硫化镉等。半导体在纯度、制造和加工方法等方面有很多不同。利用半导体材料制造出的产品,从最简单的二极管、三极管到集成电路等半导体器件,已被广泛应用于收音机、录音机、电视等家电产品和汽车、计算机等方面。为了更好地了解这些半导体器件的性质,下面来介绍有关半导体的基本知识。

1. 半导体及其导电特性

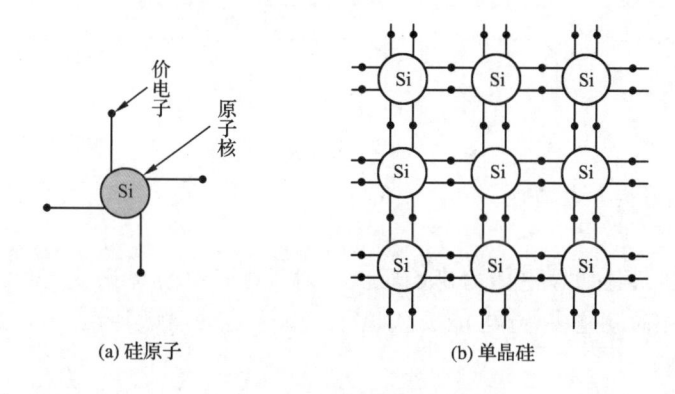

物体的导电性是由物体内可自由移动的带电粒子数目的多少来决定的。我们把能在物体内自由移动的带电粒子称为载流子。常用的半导体材料是硅和锗,它们都是四价元素。纯净的半导体具有晶体结构,所以半导体又称为晶体。硅和锗的结晶纯度必须高于99.999 999 999 999%时,这样提纯后的单晶半导体称为本征半导体。在本征半导体中,内部只有一种元素的原子,原子和原子间的排列有一定规律,这就是共价键结构,如图6-1所示。

图6-1 硅原子和单晶硅的结构

本征半导体在绝对零度(−273 ℃)时,电子被共价键束缚得很紧,其内部没有载流子导电,此时等同于绝缘体。当温度升高(如常温下)或有光照半导体时,由于热激发,一些电子获得一定能量后会挣脱束缚成为自由电子,从而具有一定的导电能力,同时在自由电子原有的位置上会留下相应的空位置,称为空穴,这种现象称为本征激发(热激发)。温度升得越高,本征激发就越强。

本征激发产生的自由电子带负电荷,空穴因失去电子带正电荷。它们都是带电荷的载流子,总是成对出现的,所以也称为电子—空穴对。自由电子和空穴也会重新结合,称为复合。在一定温度下,本征激发与复合达到相对平衡,半导体中的载流子便维持一定数目。在没有外加电场的情况下,自由电子与空穴的运动是无规则的,半导体中不产生电流。当有外加电场存在时,它们在电场力的作用下,沿不同的方向运动,形成电流。所以说,半导体中同时存在着电子导电和空穴导电,空穴导电是半导体导电的一种特有方式,也是它与金属在导电原理上的本质区别。自由电子和空穴的产生如图6-2所示。常温下,本征半导体的载流子浓度很低,因此,导电能力很差。

2. 影响半导体材料导电能力的因素

半导体材料有广泛的应用,并不是因为它的导电能力介于导体和绝缘体之间,而是因为它具有导体所没有的一些特殊的性能,因而它的导电能力受光照、温度、杂质的影响很大,主要体现在以下几个方面:

(1)掺杂性

半导体的电阻率(通常情况下,电阻率为$1\times10^{-3}\sim1\times10^{9}$ Ω·cm)受杂质含量的影响很大。例如,在本征半导体硅中只要掺入亿分之一的硼元素(B),电阻率就会减小到原来的

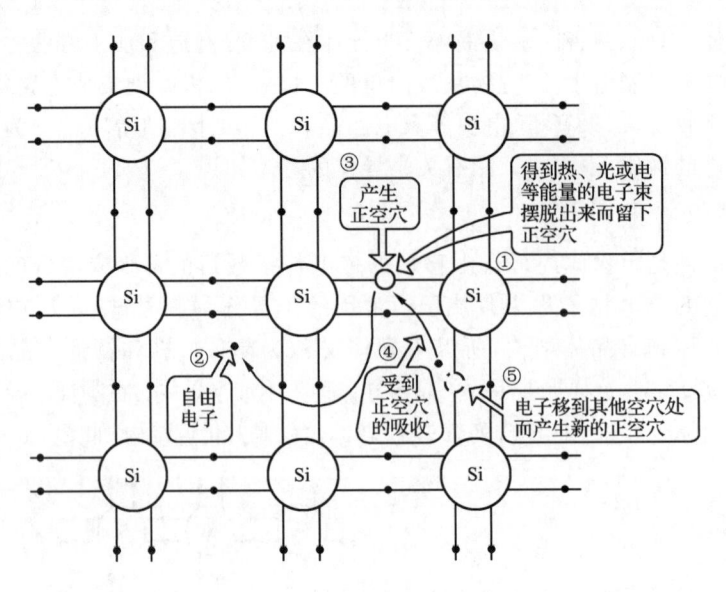

图 6-2 自由电子和空穴的产生

万分之一,导电能力会大大增强。

(2) 热敏性

环境温度对半导体的导电能力影响很大。对于本征半导体来说,温度越高,产生的电子—空穴对数目相对就越多,导电能力就越强。基于这种热敏特性,可制成各种温度敏感元件,如热敏电阻等。

(3) 光敏性

一些半导体材料受到光照时,载流子数目会剧增,导电能力随之增强,这就是它的光敏特性。基于这种特性,可制成各种光敏器件,如光敏电阻、光电二极管、光电三极管、光控晶闸管和光电池等。

3. 半导体的分类

半导体大体上可以按以下方法来分类:

半导体材料 $\begin{cases} 按化学成分不同可分为 \begin{cases} 元素型半导体(如硅、锗) \\ 化合物型半导体(如砷化镓、硫化镉) \end{cases} \\ 按是否含杂质可分为 \begin{cases} 本征半导体 \\ 杂质型半导体:N型半导体和P型半导体 \end{cases} \end{cases}$

4. N 型半导体和 P 型半导体

(1) N 型(电子型)半导体

在本征半导体硅或锗内掺入微量的五价砷元素或磷元素(所谓杂质)所形成的半导体称为 N 型半导体。

由于杂质砷元素的原子最外层有五个价电子,所以在与周围硅原子构成的共价键结构中就会存在多余的价电子,多余出的价电子受原子核的束缚力很小,很容易挣脱原子核的束缚成为自由电子,每掺入一个砷原子,就会在形成共价键的时候多出一个自由电子,从而会产生大量自由电子,如图 6-3 所示,使半导体的导电能力大大增强。

可见,N 型半导体中的多数载流子(简称多子)是电子,少数载流子(简称少子)是空穴,N 型半导体主要靠电子导电。

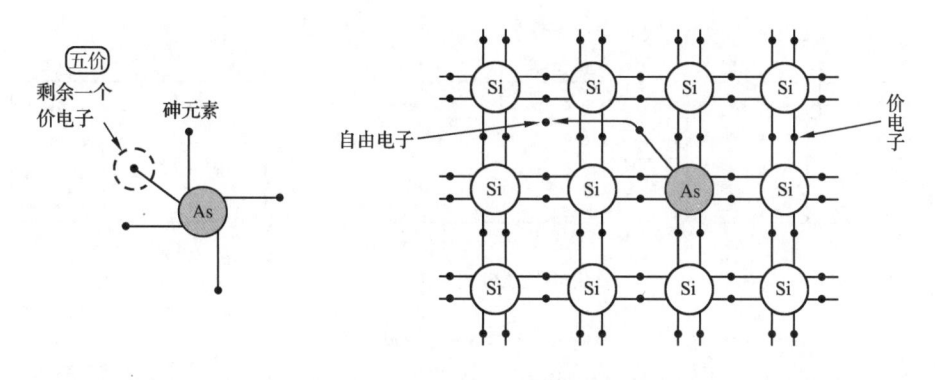

图 6-3　N 型半导体(单晶硅掺砷产生自由电子)

(2)P 型(空穴型)半导体

在本征半导体硅或锗内掺入微量的三价元素(所谓杂质,如硼、铝等),可使半导体中的空穴浓度增大,形成 P 型半导体。

由于杂质硼元素的原子核最外层只有三个价电子,所以每个硼原子在与其相邻的硅原子构成共价键结构时,由于缺少一个价电子,均会留出一个空穴,这样就会形成大量空穴,如图 6-4 所示。可见,P 型半导体中多数载流子是空穴,少数载流子是电子。它主要靠空穴导电。

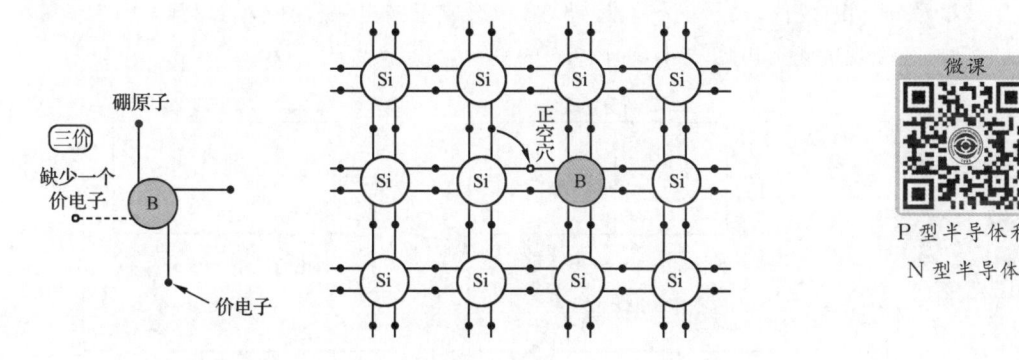

图 6-4　P 型半导体(单晶硅掺硼产生空穴)

应当注意的是:不论是 N 型半导体还是 P 型半导体,整个晶体都呈现电中性。因为本征半体和杂质元素的每个原子原本都是中性的,在 N 型半导体中电子有正离子与之对应,在 P 型半导体中,空穴有负离子与之对应。所在,宏观上 N 型半导体和 P 型半导体对外不显电性,仍呈现电中性。

5.PN 结的形成及其单向导电性

(1)PN 结的形成

在一块单晶片上,采用特殊工艺方法,两边分别掺入不同杂质,分别形成 P 型半导体和 N 型半导体,在两种半导体的交界面处就形成了 PN 结,如图 6-5 所示。PN 结才是构成各种半导体器件的基础。

如图 6-5 所示,P 型区内空穴浓度高,自由电子浓度低;N 型区内自由电子浓度高,空穴浓度低。P 型半导体和 N 型半导体结合后,在分界面处就出现了自由电子和空穴的浓度差。两侧的载流子将互相扩散,浓度高的向浓度低的一侧扩散。这种扩散与往水中滴入浓度高的墨水时,墨水慢慢向四周水中扩散,最终完成与水混合的现象相似。

在交界面附近,P 区的空穴向 N 区扩散后,被 N 区的电子复合掉,在 P 区的分界处留下

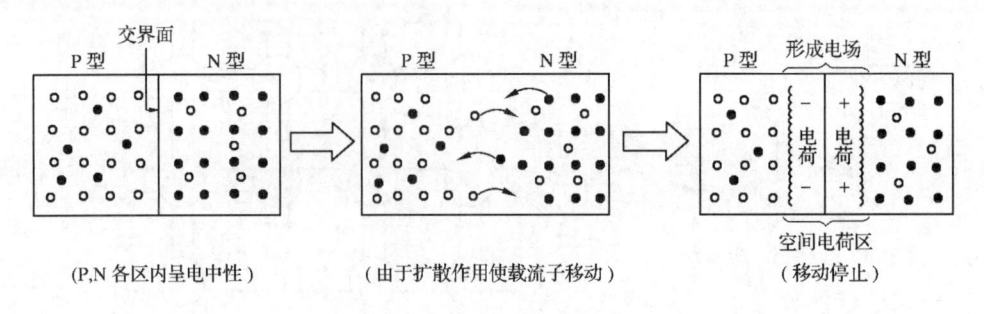

图 6-5　PN 结的形成

一些负离子;N 区的电子向 P 区扩散后,被 P 区的空穴复合掉,在 N 区的分界处留下一些正离子。于是,导致在交界面的附近形成了一个没有载流子的空间电荷区(也称耗尽区),P 型一侧带负电,N 型一侧带正电,这个带电薄层称为 PN 结。

PN 结形成的电场称为内电场,它对多子的扩散运动起阻挡作用,而交界面两侧的少子在内电场作用下又产生漂移运动。当扩散运动产生的电流和漂移运动产生的电流达到动态平衡时,PN 结的宽度得以固定,称为平衡 PN 结。

(2)PN 结的单向导电性

当 PN 结加正向电压时,外电场与内电场的方向相反,当外电场大于内电场时,内电场的作用被抵消,PN 结变薄,多子的扩散运动增强,形成正向电流。外电场越强,正向电流越大,这时 PN 结呈现的正向电阻很小,如图 6-6(a)所示。

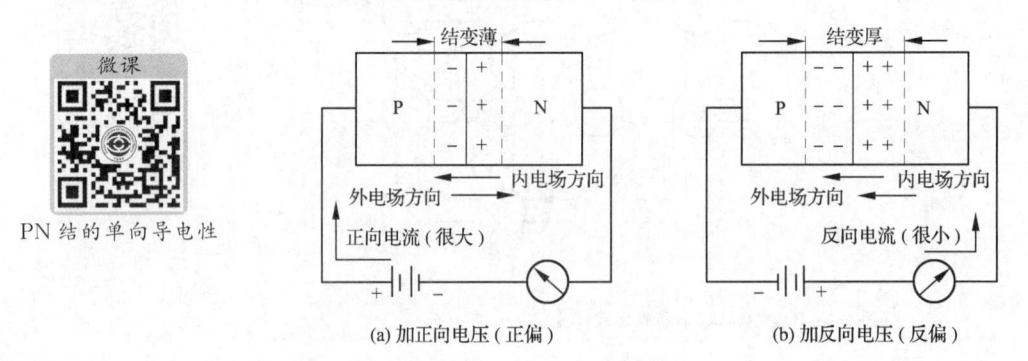

图 6-6　PN 结的单向导电性

当 PN 结加上反向电压时,此时外电场与内电场方向一致,使内电场的作用增强,PN 结变厚,多子的扩散运动难以进行,但内电场的增强有助于少子的漂移运动,形成反向电流。由于常温下少子数量很少,因此一般情况下反向电流很小,即 PN 结的反向电阻很大,如图 6-6(b)所示。

综上所述,PN 结具有单向导电性,即加正向电压(正偏)时,电阻很小,PN 结导通,形成较大的正向电流;加反向电压(反偏)时,电阻很大,PN 结截止,反向电流基本为零。二极管、三极管等半导体器件的工作特性都是以 PN 结的单向导电性为基础的。

二、普通二极管

1.普通二极管的结构及特性

(1)二极管的结构

晶体二极管是电子电路中最简单的电子器件,它虽然没有放大作用,但广泛应用于整流电路、消弧电路、限幅电路、稳压电路、脉冲数字电路中。二极管的种类很多,其形状、大小和用途也各有不同,图 6-7 所示是常见二极管的外形。

(a) 整流二极管

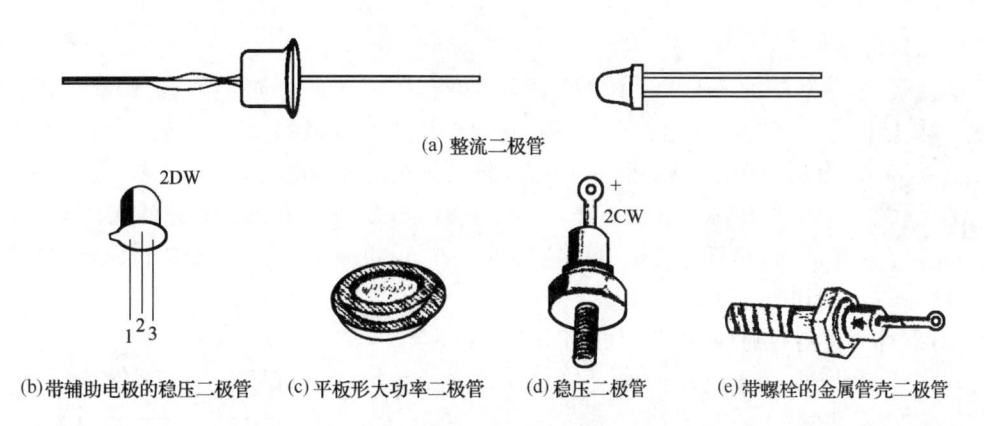

(b) 带辅助电极的稳压二极管　(c) 平板形大功率二极管　(d) 稳压二极管　(e) 带螺栓的金属管壳二极管

图 6-7　常见二极管的外形

在形成 PN 结的 P 型半导体和 N 型半导体上，分别引出电极引线，并用金属、塑料或玻璃封装后，即构成一个晶体二极管。从 P 型半导体上引出的电极称为二极管的正极或阳极，用"＋"表示；另一电极称为负极或阴极，用"－"表示。二极管的电路符号如图 6-8 所示，文字符号为 VD，箭头方向表示二极管正向导通时的电流方向。

图 6-8　二极管的电路符号

(2) 二极管的分类

二极管的种类很多，通常可以按以下方法分类：按所用材料分为硅管和锗管；按用途分为普通管、整流管、开关管、稳压管等；按结构分为点接触型和面接触型（图 6-9）。

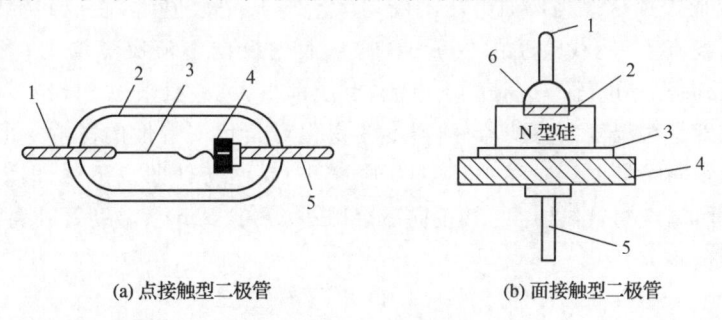

(a) 点接触型二极管　　　(b) 面接触型二极管

图 6-9　二极管的结构

1—阳极引线；2—外壳；3—金属丝；4—N 型锗片；5—阴极引线；6—铝合金小球

(3) 二极管的伏安特性

伏安特性是指加在二极管两端的电压与通过它的电流之间的关系，可用伏安特性曲线来表示（图 6-10）。

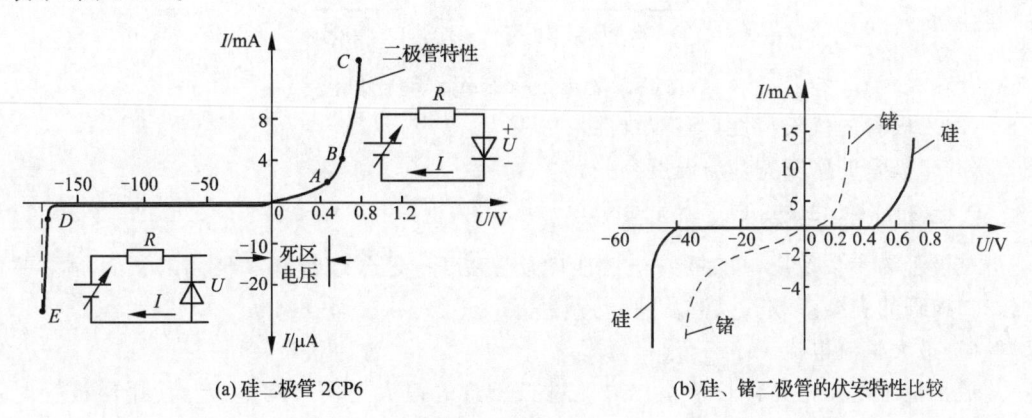

(a) 硅二极管 2CP6　　　(b) 硅、锗二极管的伏安特性比较

图 6-10　二极管的伏安特性

①正向特性

在图6-10(a)中，OA段称为"死区"。这是正向特性的起始部分，正向电流几乎为0。这是因为外加正向电压很小时，外电场还不足以克服PN结内电场对多子扩散运动的阻力，所以呈现出很高电阻，电流很小。这段区域对应的电压称为死区电压，也称为阈值电压或坎电压。硅管的死区电压约为0.5 V，锗管的死区电压约为0.1 V[图6-10(b)]。二极管的正向伏安特性实验电路如图6-11所示。

二极管的伏安特性(正偏)

AB段称为正向导通区。当外加电压超过这一数值后，电流开始出现，随着电压的增大，电流也逐渐增大，当电压达到某值(硅管为0.7 V，锗管为0.3 V)时，电流将骤然增大，这一电压称为正向饱和导通电压。

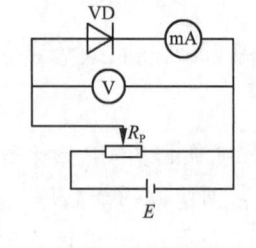

②反向特性

OD段称为反向截止区。当二极管加上反向电压时，由于PN结内电场被加强，使PN结变厚，少子的漂移运动将大于多子的扩散运动而形成反向电流。在常温下少子的数量很少，所以反向电流很小，由于少子全部参与导电，所以又称为反向饱和电流。这时二极管呈现很高的电阻，在电路中相当于一个断开的开关，呈截止状态。

图6-11 二极管的正向伏安特性实验电路

二极管的伏安特性(反偏)

DE段为反向击穿区。当反向电压不断增大直至某一数值时，便把共价键上的价电子强行拉出，形成载流子，使载流子的数量猛增，从而使反向电流突然增大，形成击穿现象。这一电压称为反向击穿电压。这时由于电流、电压都很大，一般来说PN结将被破坏。

另外，二极管是对温度敏感的器件，温度的变化对其伏安特性的影响主要表现为：随着温度的升高，其正向特性曲线左移，即正向压降减小；反向特性曲线下移，即反向电流增大。一般在室温附近，温度每升高1 ℃，其正向压降减小2～2.5 mV；温度每升高10 ℃，反向电流增大1倍左右。

总结：

(1)二极管具有单向导电性，二极管只允许电流从管的"+"极流向管的"−"极，而不允许电流从"−"极流向"+"极。它的单向导电性可以用水流和阀门的比喻来帮助理解，如图6-12所示，箭头表示水流方向。

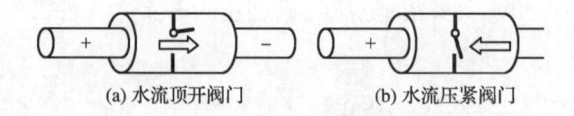

(a) 水流顶开阀门　　(b) 水流压紧阀门

图6-12 晶体二极管的单向导电性比喻

(2)二极管的伏安特性具有非线性。

(3)二极管的伏安特性与温度有关。

2. 二极管的主要参数

二极管的参数是反映二极管电性能的质量指标，是合理选择和使用二极管的主要依据。二极管的主要参数有以下几种：

(1)最大整流电流 I_{FM}

最大整流电流指允许长期工作时流过二极管的最大正向平均电流。使用二极管时不允许超过最大整流电流,否则将烧坏管子。该数值和 PN 结的面积、二极管的材料及散热条件有关。

(2)最高反向工作电压 U_{RM}

最高反向工作电压指二极管正常使用时所允许加的最大的反向电压,一般为二极管反向击穿电压值的 1/2 或 2/3,以确保二极管能安全工作。使用中若超过此值,管子将有被击穿的危险。

(3)最大反向电流 I_{RM}

最大反向电流指常温下二极管加最大反向电压时,流过管子的反向电流。最大反向电流越大,说明管子的单向导电性越差,且受温度影响也越大。它是二极管性能好坏的重要标志,越小越好。硅管的反向电流一般在几微安以下,比锗管小得多,所以常用作整流元件。

三、特殊二极管

1. 稳压二极管

(1)稳压二极管的伏安特性

稳压二极管(简称稳压管)是用一种特殊工艺制成的面接触型的硅二极管,它工作在反向击穿区,也称为齐纳二极管。这种管子杂质浓度较高,PN 结较薄。它的伏安特性与普通二极管类似,只是稳压二极管的反向击穿区特性曲线很陡,如图 6-13(a)所示。

由于曲线很陡,反向电流在很大范围内变化时,端电压的变化很小,因而具有稳压作用。图 6-13(a)中的 U_B 表示反向击穿电压,当电流的增量 ΔI_Z 很大时,只引起很小的电压变化 ΔU_Z。只要限制反向电流不超过其最大稳定电流,就不会形成破坏性的热击穿。因此,在电路中应与稳压管串联一个具有适当阻值的限流电阻[图 6-13(c)]。

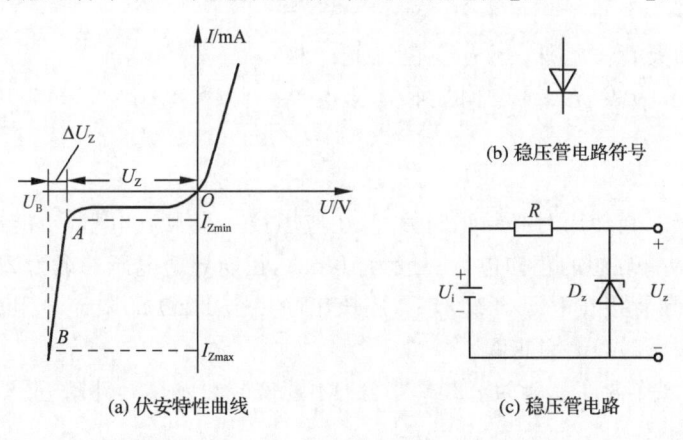

图 6-13 稳压管的伏安特性曲线、电路符号及稳压管电路

(2)稳压二极管的主要参数

①稳定电压 U_Z

稳定电压指稳压管反向击穿后稳定工作的电压值(击穿电压)。不同型号的稳压管具有不同的稳压值。相同型号的稳压管,因制造工艺不易控制,其稳压值也有少许差别,如 2CW1 的 $U_Z=7\sim8.5$ V。但具体到某一只稳压管,它的稳定电压是确定的。

②稳定电流 I_Z

稳定电流指稳压管在稳定电压时的工作电流,其范围是 $I_{Zmin}\sim I_{Zmax}$[图 6-13(a)]。最小稳定电流 I_{Zmin} 是指稳压管进入反向击穿区时的转折点电流。最大稳定电流 I_{Zmax} 是指稳压管长期工作时允许通过的最大反向电流,其工作电流应小于 I_{Zmax}。

③最大耗散功率 P_M

最大耗散功率指稳压管工作时允许承受的最大功率，其值为 $P_M=I_{Zmax}U_Z$。工作时超过此值，稳压管将出现热击穿而烧坏。

④动态电阻 r_Z

动态电阻指稳压管正常工作时，两端的电压变化量与电流变化量之比，被定义为 $r_Z=\Delta U_Z/\Delta I_Z$。

r_Z 是衡量稳压管性能好坏的指标，击穿区特性曲线越陡，则 r_Z 越小，稳压效果越好。

应当注意：
● 稳压管在工作时一定是正极接低电位，负极接高电位。而且工作时，必须与一个电阻串联，如图 6-13(c)所示，该电阻提供了稳压管的稳定工作电压。阻值根据稳压管的参数有一个取值范围。
● 稳压管虽然能稳压，但它所能通过的电流有限，一般只用于低电压、小电流的工作场合，对一些高电压或大电流的工作场合不能选用稳压管稳压。

2. 发光二极管

发光二极管简称 LED，是一种能把电能转换成光能的特殊器件。它是采用砷(As)、镓(Ga)、磷(P)合成的二极管，内部基本单元仍旧是一个 PN 结。这种二极管不仅具有普通二极管的正、反向特性，而且当给其施加正向电压时，该二极管还会发出可见光和不可见光(电致发光)，其亮度随着流过电流的增大而提高，发光的颜色和构成 PN 结的材料有关。目前应用的有红、黄、绿、蓝、紫等颜色的发光二极管。此外，还有变色发光二极管。图 6-14 所示为发光二极管的外形及电路符号。

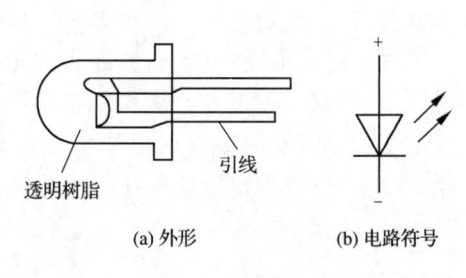

图 6-14 发光二极管的外形及电路符号

应当注意：

(1)发光二极管在使用时必须正向偏置，还应串接一个限流电阻，不能超过极限工作电流 I_{FM}。发光二极管理想的正向电流一般为 10 mA，正向导通电压一般为 2 V。在汽车上如果直接将发光二极管接在电源(12 V)上，应该串联一个 1 kΩ 的限流电阻。因为根据欧姆定律可得 $R=(12-2)/10=1$ kΩ。

(2)使用时，工作温度一般为 −20~75 ℃，不要安装在发热元件附近。

3. 光电二极管

光电二极管的结构与普通二极管的结构基本相同，只是在它的 PN 结(结面积尽量大，电极面积尽量小，结很浅)处，通过管壳上的一个玻璃窗口能接收外部的光线，其结构和外形如图 6-15 所示。当光线照射 PN 结时，半导体共价键中的电子将获得能量，产生的电子—空穴对会增多。在外加反向电压作用下，内电场增强，反向电流增加，反向电流大小与光的照度成正比，利用这个特性制成光电二极管。图 6-16(a)是光电二极管的电路符号，图 6-16(b)是它的等效电路，图 6-16(c)是它的伏安特性曲线。

注意：光电二极管大部分应用场合与稳压管类似，工作在反向状态(负极接高电位，正极接低电位)，只有个别场合工作在正向状态。

(a) 结构　　　　　　　　　　　　　　(b) 外形

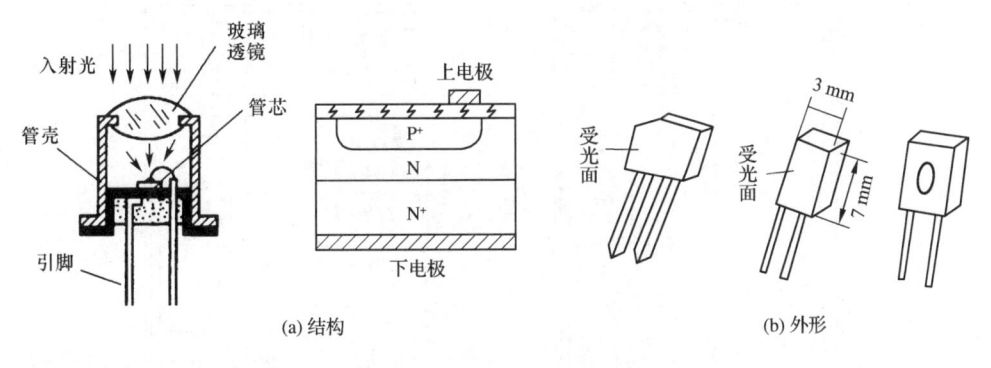

图 6-15　光电二极管的结构和外形

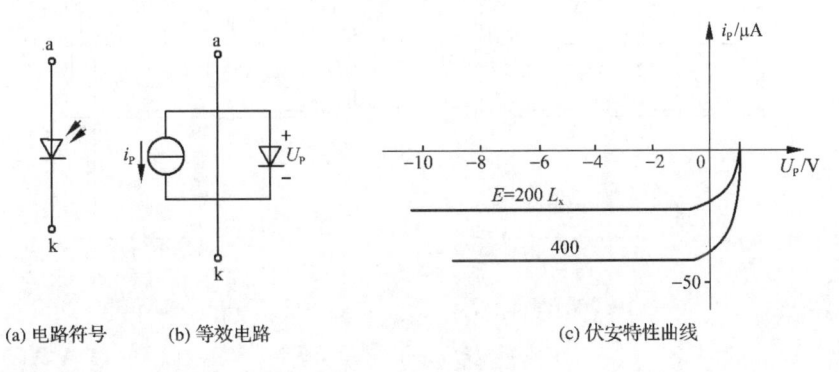

(a) 电路符号　　(b) 等效电路　　　　　　(c) 伏安特性曲线

图 6-16　光电二极管

任务实施

一、硅整流发电机整流器的检测

硅整流发电机整流器的检测主要是对整流器上所有的二极管进行检测,检测其单向导电性能的好坏。

首先应识别整流器上二极管的正、负极端子。一般可以通过管壳上的标记或符号加以识别。对于常用 1 N 系列的塑料、玻璃封装的二极管来说,靠近色环的引脚为负极;对于发光二极管来说,管脚引线长的为正极。

在识别出了整流器上二极管的正、负极性后,可以利用数字万用表对其进行检测。这和检测普通的单个二极管是完全相同的。

一般数字万用表都有专门的二极管测试挡(如 DT890A),在此挡位,将红表笔接触二极管的正极,黑表笔接触二极管的负极,相当于给二极管加正向电压,二极管正向导通,显示的是二极管的正向导通电压(0.5~0.8 V),如图 6-17(a)所示。若将二极管的正、负极与万用表的两个表笔反接,则万用表显示"1.000"。如果正接、反接测量是以上的结果,则说明二极管单向导电性能好。

如果不知道二极管的管脚极性,当显示导通电压时,可以判断出,红表笔所接的是二极管的正极,黑表笔所接的是二极管的负极。

当二极管内部短路时,无论二极管是正接还是反接测量,均显示"0";当二极管内部断路时,无论二极管是正接还是反接测量,均显示"1"。这两种结果都说明二极管已损坏,需要更换。

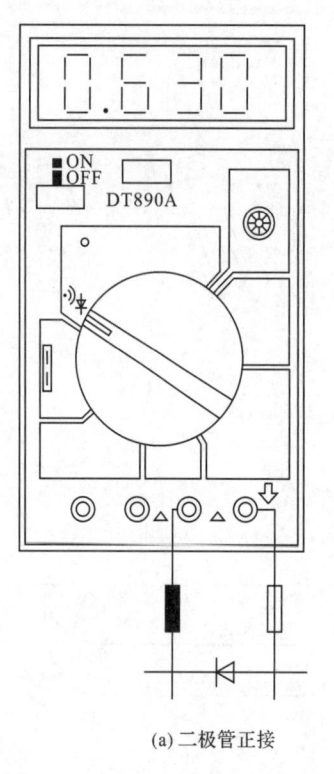

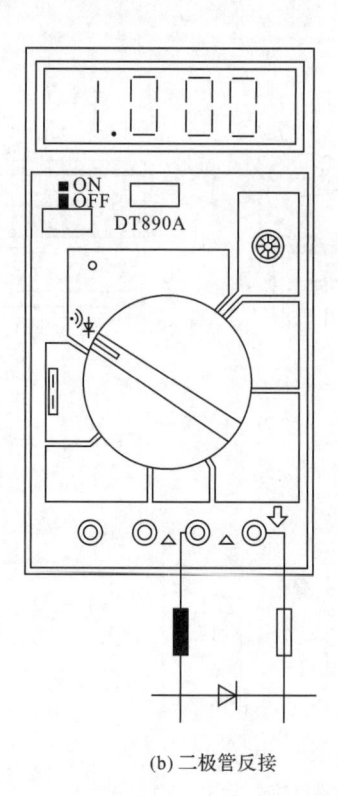

(a) 二极管正接　　　　　　　　(b) 二极管反接

图 6-17　数字万用表检测二极管

二、特殊二极管在汽车上的应用

1. 稳压二极管在汽车上的应用

在汽车电路中,由于有的电气元件的工作电流比较大,汽车电源系统的电压会出现波动。在汽车仪表电路、充电系统和一部分电子控制电路中,一些需要精确电压值的地方经常利用稳压管来获取所需电压。图 6-18 是用稳压管为汽车仪表提供稳定电压的电路,稳压管与电阻串联,与需要稳压的仪表并联。若仪表电压需稳定在 7 V,就可使用额定电压为 7 V 的稳压管。即使电源电压发生变化,也只是引起大小不同的电流流过电阻和稳压管,改变了降在电阻上的电压,而稳压管始终维持 7 V 电压不变。

微课
特殊二极管及应用

2. 发光二极管在汽车上的应用

在汽车电路中,发光二极管随处可见,主要用在仪表板上作为指示信号灯或报警信号灯。比如液体液面过低,制动蹄片过薄,制动灯、尾灯、前照灯等烧坏,这时相应的发光二极管就会被接通发光,发出警报。

图 6-19 为舌簧式液位传感器控制电路,可以用在汽车上许多需要进行液位过低的报警电路中。

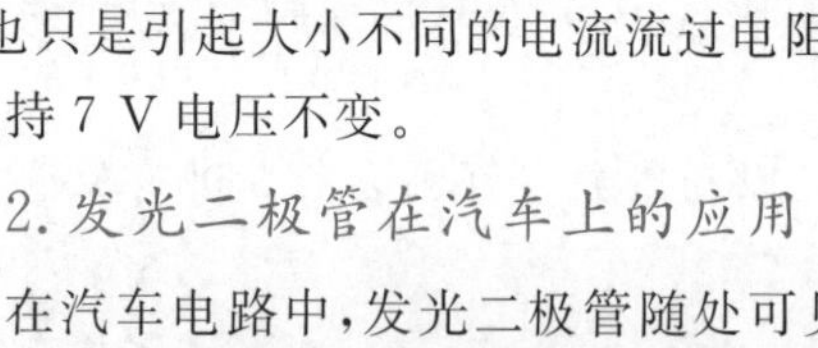

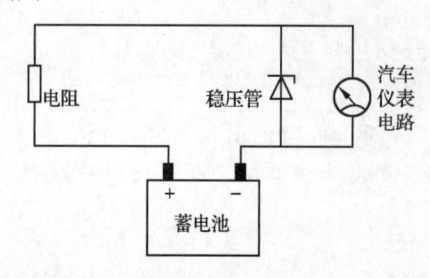

图 6-18　稳压管的实验及在汽车上的应用 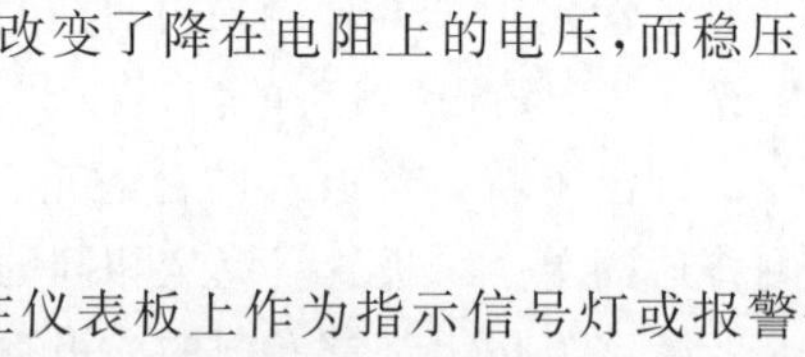　　　　图 6-19　舌簧式液位传感器控制电路

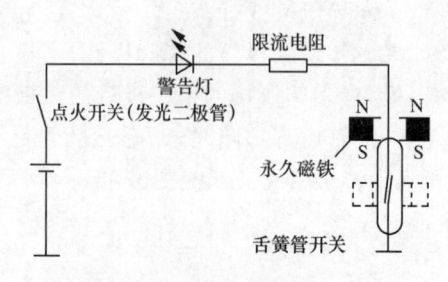

在汽车照明产品中,目前在各种档次的车型中,应用 LED 技术最多的是高位刹车灯。因为普通白炽灯泡的启动时间较长,一般为 100～300 ms,而 LED 的启动时间仅为几十纳秒。对高速行驶中至关重要的制动灯而言,这样的时间差距就意味着相差 4～7 m 的刹车距离,可以大大降低事故发生率。

发光二极管除上述单个使用外,在汽车仪表中还常用来作为显示器件,如经常被做成 7 字符段、14 字符段或矩阵式发光器件,也可以显示图形符号,如图 6-20 所示。

(a)7 字符段　(b)14 字符段　(c)7 字符段显示的数字　(d)14 字符段显示的字母

图 6-20　字符段显示法

红外发光二极管还经常作为光源与光电三极管组合在一起制成光电传感器或光电耦合器,作为汽车传感器应用到燃油流量检测、曲轴位置检测、车速检测、转向盘转角检测等方面。大家有兴趣可以查阅有关技术资料。

3. 光电二极管在汽车上的应用

利用光电二极管制成光电传感器,可以把非电信号转变为电信号,以便控制其他电子器件。汽车上有的传感器就是利用光电二极管制成的。例如,丰田凌志 LS400 UCF10 型轿车上自动空调系统中用的日照强度传感器就是一个光电二极管。如图 6-21 所示,该传感器可以把太阳照射的光转换成电流的变化,车内自动空调计算机对这种变化进行检测,来调节排风量和排风口温度。

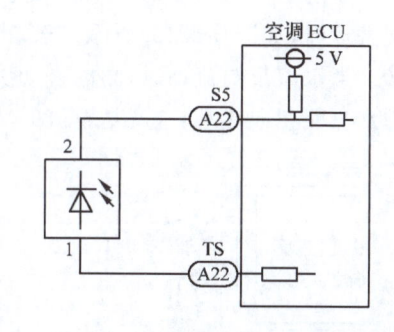

图 6-21　凌志 LS400 UCF10 型轿车上自动空调系统中用的日照强度传感器线路

光电二极管作为光传感器还被应用到汽车灯光自动控制器中,用来检测车辆周围亮、暗程度。光电式曲轴位置传感器用来向电控单元输送曲轴转角信号,电控单元根据这些信号计算发动机转速和曲轴位置。

> **想一想**
>
> 汽车上还有哪些地方用到光电二极管?

学习任务 2　整流滤波电路及稳压电路

> **任务目标**
>
> 了解单相桥式整流电路的连接特点,会分析整流过程,掌握单相桥式整流电路直流电流的计算,能正确选择整流二极管;理解电容、电感滤波的原理,能正确连接电感、电容滤波电路;理解稳压管稳压电路的工作原理,能正确连接硅稳压管稳压电路。

学习任务 6-2

> **任务引入**
>
> 汽车上使用的是直流电,但它不是直流发电机产生的,而是将三相交流发电机产生的三相交流电通过整流器整流后获得的。汽车上有许多电气设备正常工作都需要有稳定的电压。本次任务是学习整流电路和稳压电路。

相关知识

将交流电变换成单向脉动电流的过程称为整流,完成这种功能的电路称为整流电路(整流器)。为什么要学习整流电路呢?因为汽车上的发电机产生的是交流电,而车上用电设备使用的都是直流电,这就需要通过整流器(六只硅二极管)将发电机产生的交流电变为直流电。二极管具有单向导电性(好像一个闸门),常作为整流元件。为了分析问题方便,在讨论二极管整流电路时,可将二极管视为理想元件,即正向偏置时,忽略其正向压降;反向偏置时,忽略其反向漏电流,并设负载是纯电阻性负载。

整流的功能如图 6-22 所示。交替变化的电流如水流推动水车一样,会使水车正向、反向交替运转,如图 6-22(a)所示。若在水流通道中设一个闸门,正向水流时闸门打开,水车运转。当水流反向流动时,闸门自动关闭,如图 6-22(b)所示,水车也不会反转。这样的系统中水只能正向流动,这就是整流的功能。

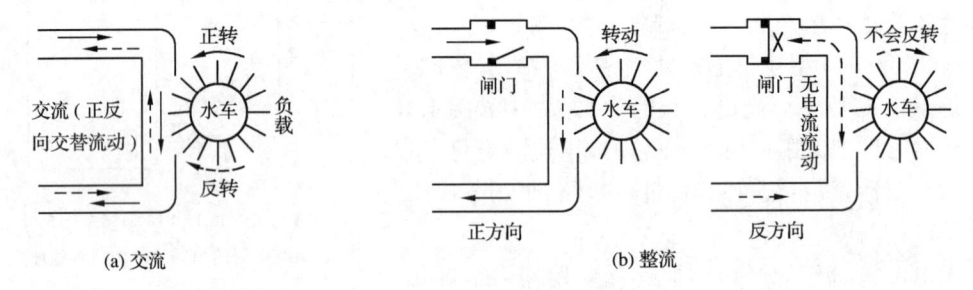

图 6-22 整流的功能

常见的整流电路有:单相半波、全波、桥式和倍压整流电路。单相桥式整流电路用得最为普遍。汽车硅整流发电机采用的是三相桥式整流电路。这里主要介绍单相桥式整流电路。

一、单相桥式全波整流电路

> **想一想**
>
> 什么是二极管的单向导电性(二极管的闸门效应)?

1. 单相桥式全波整流工作原理

单相桥式全波整流电路图如图 6-23(a)所示,图 6-23(a)中 T 为电源变压器,它的作用是将交流电压 u_1 变成整流电路所要求的交流电压 u_2,$u_2=\sqrt{2}U_2\sin\omega t$,$R_L$ 是需要直流供电的负载电阻,四个整流二极管 $VD_1\sim VD_4$ 接成电桥的形式,故称为桥式整流电路。

在 u_2 的正半周($0\leqslant\omega t<\pi$),由于 a 端为正,b 端为负,所以二极管 VD_1 和 VD_3 承受正向电压而导通,电流方向:由次级绕组的 a 端$\rightarrow VD_1\rightarrow R_L\rightarrow VD_3\rightarrow b$ 端,构成导电回路。二极管 VD_2 和 VD_4 因承受反向电压而截止,如图 6-23(a)的实线所示。

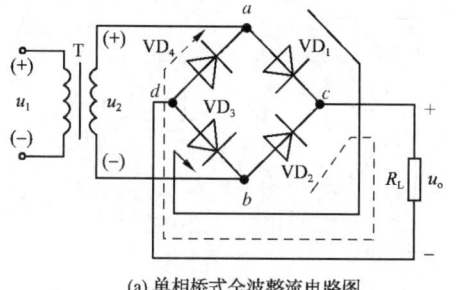

(a) 单相桥式全波整流电路图

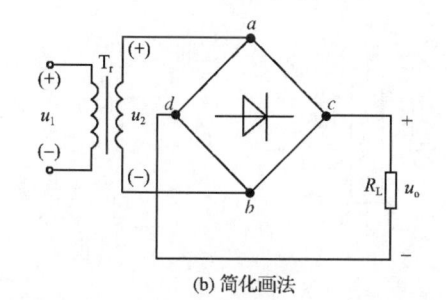

(b) 简化画法

(c) 负载 R_L 上电压、电流的波形图

图 6-23 单相桥式全波整流电路

在 u_2 的负半周($\pi \leqslant \omega t < 2\pi$),变压器的 a 端为负,b 端为正,所以 VD_2 和 VD_4 承受正向电压而导通,电流方向:由次级绕组的 b 端→VD_2→R_L→VD_4→a 端,构成导电回路。二极管 VD_1 和 VD_3 因承受反向电压而截止,如图 6-23(a)的虚线所示。

在以后各个半周期内,将重复上述过程,四个二极管中两个、两个地轮流导通,轮流截止。因此在整个周期内,负载电阻 R_L 上均有电流流过,而且始终是一个方向,即都是从负载的上端流向下端,所以称为全波整流。负载 R_L 上电压、电流的波形如图 6-23(c)所示。变压器次级绕组在整个周期的正、负两个半周内都有电流通过,提高了变压器的利用率。

为了便于大家理解单相桥式全波整流的工作原理,我们可以按照推动水车的水系将单相桥式全波整流电路改造成如图 6-24 所示的状态,二极管就是图中的闸门,当电源电压为正半周时,就相当于送来水的方向为上入下出的情况[图 6-24(a)];当电源电压为负半周时,就相当于送来水的方向为下入上出的情况[图 6-24(b)]。这样一个桥式闸门控制的水系,送入的水流是变化的,但送出的水流方向总是不变的。单相桥式全波整流电路的工作原理如图 6-24(c)所示。

2.负载获得的直流电压和电流

该直流电路输出的直流电压的平均值为

$$U_o = \frac{1}{\pi}\int_0^\pi \sqrt{2}U_2\sin(\omega t)d(\omega t) = \frac{2\sqrt{2}}{\pi}U_2 \approx 0.9U_2 \tag{6-1}$$

负载电流的平均值为

$$I_o = \frac{U_o}{R_L} = 0.9\frac{U_2}{R_L} \tag{6-2}$$

式中,U_2 为变压器次级电压的有效值。

3.整流二极管的选择原则

(1)流过二极管的平均电流

在单相桥式全波整流电路中,二极管 VD_1、VD_3 和 VD_2、VD_4 是两个、两个地轮流导通,

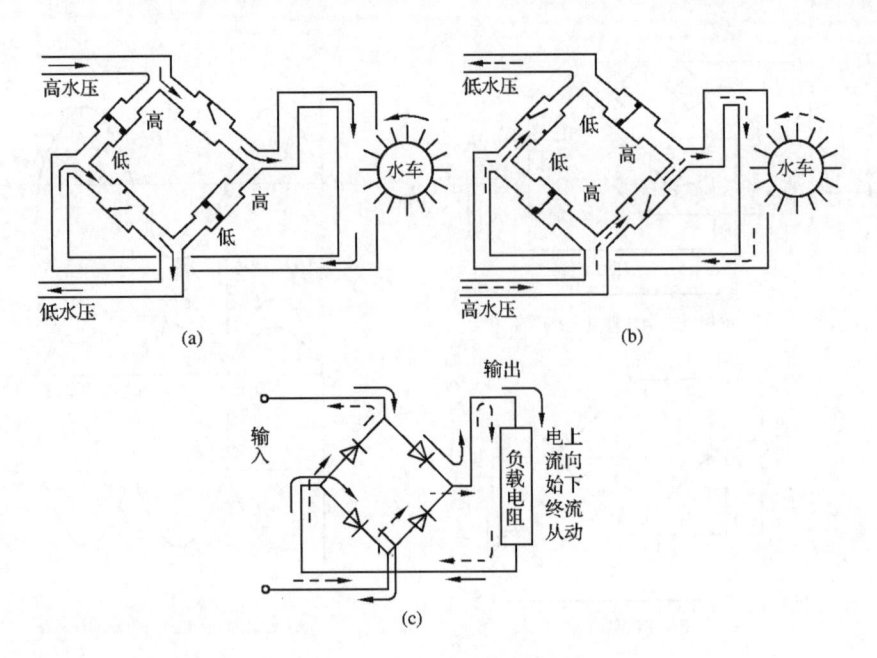

图 6-24 单相桥式全波整流的比喻

所以流经每个二极管的平均电流 I_D 为

$$I_D = \frac{1}{2}I_o = \frac{0.45U_2}{R_L} \tag{6-3}$$

(2)最大反向电压

二极管在截止时管子两端的最大反向电压可以从图 6-23(c)中看出。在 u_2 的正半周，VD_1、VD_3 导通，VD_2、VD_4 截止。此时 VD_2、VD_4 所承受的最大反向电压均为 u_2 的最大值，即

$$U_{2m} = \sqrt{2}U_2 \tag{6-4}$$

整流电路选择二极管的原则(实际使用中仍需留出余量,以保证二极管的安全)：

①二极管的最大整流电流 I_{FM} 应大于二极管的平均电流，$I_{FM} > 0.5I_o$。

②二极管的最大反向电压 U_{RM} 应大于 U_2 的最大值，$U_{RM} > U_{2m}$。

单相桥式全波整流电路的优点是输出电压高，纹波电压较小，二极管所承受的最大反向电压较低，同时，因电源变压器在正、负半周内都有电流供给负载，电源变压器得到了充分的利用，因此，这种电路在半导体整流电路中得到了颇为广泛的应用。该电路的缺点是二极管用得较多，但目前二极管价格比较便宜，市场上也已有整流桥堆出售，如 QL51A-G、QL62A-L 等，其中 QL62A-L 的额定电流为 2 A，最大反向电压为 25～1 000 V。

二、滤波电路

经整流得到的直流电，脉动成分很大，含有很多交流成分，在电子设备中是无法使用的，为了减小整流后电压的脉动，常采用滤波电路使负载两端得到脉动较小的直流电。滤波就是将脉动的直流电变为比较平滑的直流电的过程(滤去脉动成分，保留直流成分)。完成此功能的电路称为滤波电路。

滤波电路一般由电容、电感、电阻等元件组成。常用的滤波电路有电容滤波电路、电感滤波电路、复式滤波电路等。

1. 电容滤波电路

电容滤波电路是最简单、最有效、最常用的一种滤波电路，图 6-25 所示为单相桥式全波

整流的电容滤波电路。在分析电容滤波电路时,要特别注意电容和负载并联,电容两端电压U_C对整流组件导电的影响。整流组件只有受到正向电压作用时才会导通,否则截止。

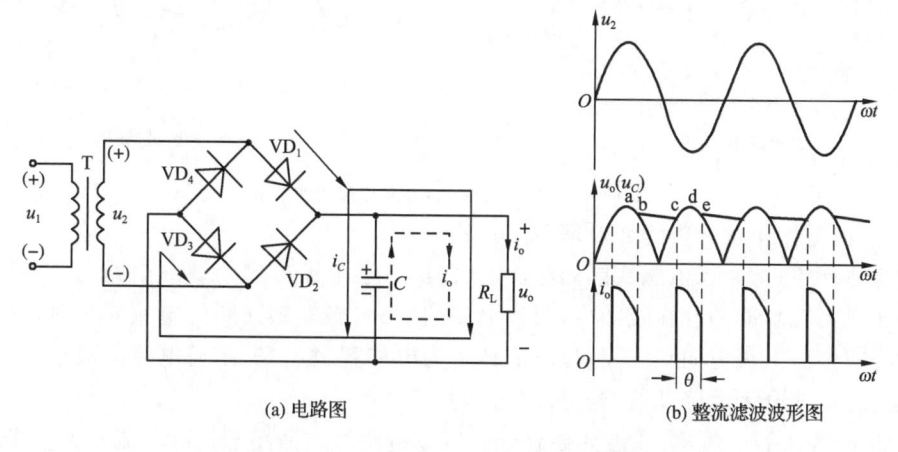

(a) 电路图

(b) 整流滤波波形图

图 6-25 单相桥式全波整流的电容滤波电路

(1)从阻抗的角度分析滤波原理

电容 C 具有"隔直通交"的作用,即对于直流电来说,相当于开路,对于交流电却呈现较小的阻抗($X_C=1/(\omega C)$)。若将电容 C 与负载电阻并联,则整流后的直流分量全部流过负载,而交流的成分则被电容旁路,因此在负载上只有直流电压,其波形变得平滑。

(2)从能量的角度分析滤波原理

如图 6-25(b)所示,在 u_2 一个周期内,两次对电容充电,电容两次对负载电阻 R_L 放电,使负载得到的电压、电流波形比整流时的波形更加平滑,输出电压的平均值更高。

(3)电容滤波电路的特点

①电容滤波放电时间常数($\tau = R_L C$)越大,放电过程越慢,脉动成分越小,输出电压越高,滤波效果越好。此时,输出的电压平均值为

$$U_o \approx 1.2 U_2 \tag{6-5}$$

式中,U_2 为变压器次级电压的有效值。

②为获得较好的滤波效果,一般按下式选取滤波电容

$$R_L C \geq (3 \sim 5) \frac{T}{2} \tag{6-6}$$

式中,T 为电网交流电的周期,通常选用电解电容,注意电容接入时的极性和耐压值。

电容滤波器简单轻便,但外特性较差(带负载的能力较差,当 R_L 较小时,C 放电较快,U_o 将下降)。因此其适用于负载较小且变化不大的场合,电容一定要和负载并联。

2. 电感滤波电路

图 6-26 所示为单相桥式全波整流的电感滤波电路。

(1)从阻抗的角度分析滤波原理

电感 L 具有"通直隔交"的作用,即对于直流,阻抗为零(线圈电阻忽略不计),对于交流却呈现较大的阻抗($X_L = \omega L$)。若把电感 L 与负载 R_L 串联,则整流后的直流分量几乎无衰减地传到负载,交流分量却大部分降落在电感上。负载上的交流分量很小,因此负载上的电压接近于直流。

(a) 电路图   (b) 波形图

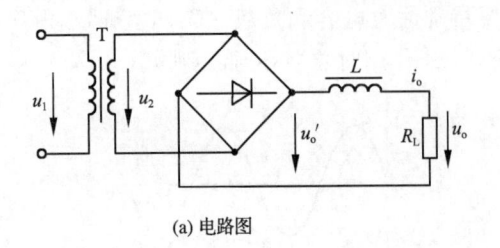

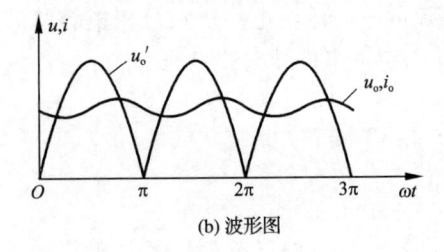

图 6-26　单相桥式全波整流的电感滤波电路

(2) 从能量的角度分析滤波原理

由自感现象可知,当电感线圈的电流增大时,自感电流方向与线圈中原电流方向相反,将电能转变为磁场能储存在线圈内,阻碍电流的增大;当电感线圈的电流减小时,自感电流方向与线圈中原电流方向相同,将磁场能转变为电能释放出来,阻碍电流的减小,从而使负载电流的脉动成分大大降低,达到滤波的目的。

显然,L 越大,R_L 越小,滤波效果越好。所以电感滤波适用于负载电流较大的场合。它的缺点是体积大,较笨重,成本较高。

应当注意的是,电感滤波时电感一定要和负载串联。

3. 复式滤波电路

为进一步改善滤波效果,实际使用中常将电感滤波和电容滤波复合使用,即复式滤波。采用的电路形式主要有:LC 滤波器电路(图 6-27)、π 型 LC 滤波器电路(图 6-28)、π 型 RC 滤波器电路(图 6-29)等。

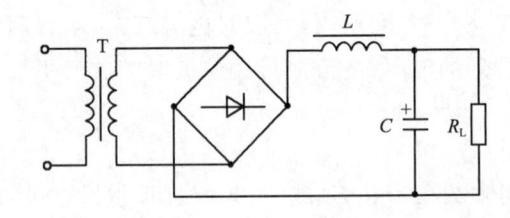

图 6-27　LC 滤波器电路

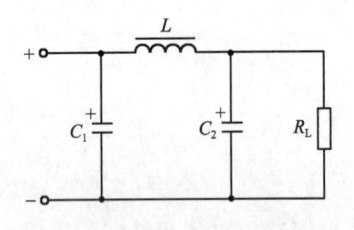

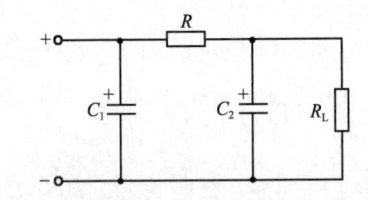

图 6-28　π 型 LC 滤波器电路　　　　图 6-29　π 型 RC 滤波器电路

LC 滤波器适用于电流较大且要求电流脉动小的场合。π 型 LC 滤波器的滤波效果更好,外特性差些,适合于小电流负载。π 型 RC 滤波器适用于负载电流较小且输出电压脉动较小的场合。

三、稳压管稳压电路的工作原理

稳压管并联型稳压电路如图 6-30 所示,由稳压管 D_Z 和限流电阻 R 组成,稳压管在电路中应为反向连接,它与负载电阻 R_L 并联后,再与限流电阻 R 串联,故属于并联型稳压电路。下面简单分析该电路的工作原理。

流过 R 的电流为 $I_R=(U_o'-U_o)/R$,R 的作用是保证负载 R_L 开路时,流过稳压管 D_Z 的

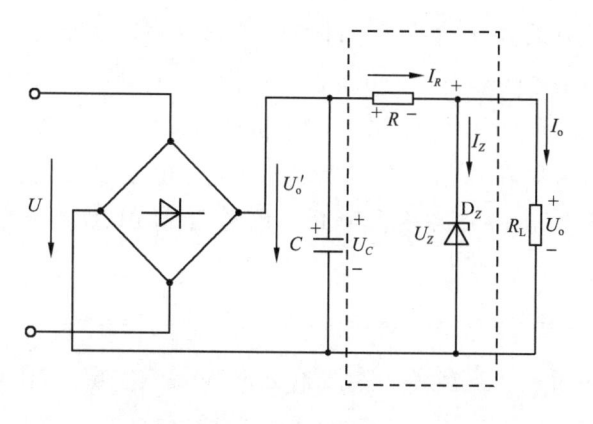

图 6-30 稳压管并联型稳压电路

电流 $I_Z \leqslant I_{Zmax}$。当 U 或 R_L 变化时,电路能自动调整 I_Z 大小,以改变 R 上的压降 IR,达到维持输出电压 $U_o(=U_Z)$ 基本恒定的目的,下面分两种情况分析其稳压过程。

(1)负载电阻 R_L 不变,电网电压 U 发生变化时

当负载电阻 R_L 不变,电网电压 U 增大时,滤波电路输出电压 $U_o'=U_C$ 也随之增大,如果限流电阻 R 的阻值选择适当,最终可使 U_o 基本上保持不变。上述稳压过程可表示如下:

$$U\uparrow \rightarrow U_o'\uparrow \rightarrow U_o(U_Z)\uparrow \rightarrow I_Z\uparrow(急剧)\rightarrow I_R\uparrow \rightarrow U_R\uparrow \rightarrow U_o\downarrow$$

这样抑制了输出电压的增大,使负载两端电压基本不变。

相反,若电源电压减小使 $U_o'(=U_C)$ 减小时,与上述过程相反,也能使负载两端电压基本保持不变。

(2)电网电压 U 不变,负载电阻 R_L 发生变化时

假设电网电压 U 保持不变,负载电阻 R_L 减小时的稳压过程如下:

$$R_L\downarrow \rightarrow U_o\downarrow \rightarrow U_Z\downarrow \rightarrow I_Z\downarrow(急剧)\rightarrow I_R\downarrow \rightarrow U_R\downarrow \rightarrow U_o(=U_o'-U_R)\uparrow$$

从而使 U_o 基本保持不变。

当负载电阻增大时,稳压过程与上述过程相反,大家可自行分析。

由以上分析可知,稳压管稳压电路是由稳压管的电流调节作用和限流电阻 R 的电压调节作用互相配合实现稳压的。

值得注意的是,限流电阻 R 除了起电压调节作用外,还起到了限流的作用。如果稳压管不经过限流电阻 R 而直接并联在滤波电路的输出端上,它不仅不能起到稳压作用,还可能使稳压管中电流过大而损坏稳压管,所以稳压管稳压电路中必须串接一个限流电阻。

任务实施

桥式整流电路的应用

1.单相桥式整流电路的计算

【练一练 6-1】 一单相桥式整流电路接到 220 V 正弦工频交流电源上,负载电阻 $R_L=50\ \Omega$,负载电压平均值 $U_o=100$ V。根据电路要求选择整流二极管。

【解】 整流电流的平均值为 $I_o=U_o/R_L=100/50=2$

流过每个二极管的平均电流值为 $I_D=\dfrac{1}{2}I_o=2/2=1$

变压器副边电压有效值为 $U_2=U_o/0.9=100/0.9=111$

二极管在电路中承受的最大反向电压 $U_{2m}=\sqrt{2}U_2=1.414\times111=157$

提示：为保证整流电路工作安全，在选择二极管时，二极管的最大整流电流 I_{FM} 应大于二极管中流过的电流平均值 I_D，二极管的最高反向工作电压 U_{RM} 应比二极管在电路中承受的最大反向电压 U_{2m} 高出一倍左右。因此可以选用 2CZ12D 二极管，其最大整流电流为 3 A，最大反向电压为 300 V。

> **课堂互动**
>
> 设计一个单相桥式全波整流电路，要输出 36 V 的直流电压，100 mA 的直流电流，请为该电路选择合适的二极管。

2.硅整流发电机的整流电路

图 6-31(a)所示为硅整流发电机的整流电路，图 6-31(b)所示为三相定子绕组产生的三相交流电波形图，图 6-31(c)所示为整流后负载获得的直流电压波形图。整流是利用 6 只硅二极管组成的三相桥式整流电路来完成的。请同学们分析硅整流发电机的整流过程。

硅二极管导通的原则：3 只正极管（VD_1、VD_3、VD_5）的正极分别接在发电机三相绕组的始端上，它们组成共阴极接法。所以 3 只正极管的导通原则是：在某一瞬间正极电位最高者优先导通；而 3 只负极管（VD_2、VD_4、VD_6）的负极分别接在发动机三相绕组的始端，它们组成共阳极接法。3 只负极管的导通原则是：在某一瞬间负极电位最低者导通。

微课
硅整流发电机整流原理

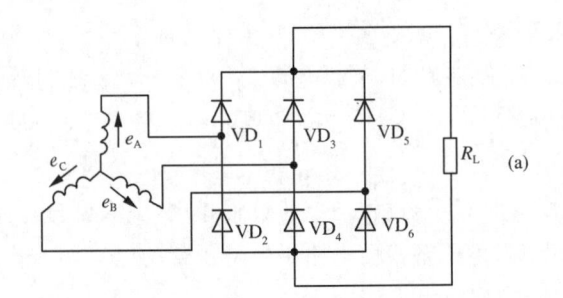

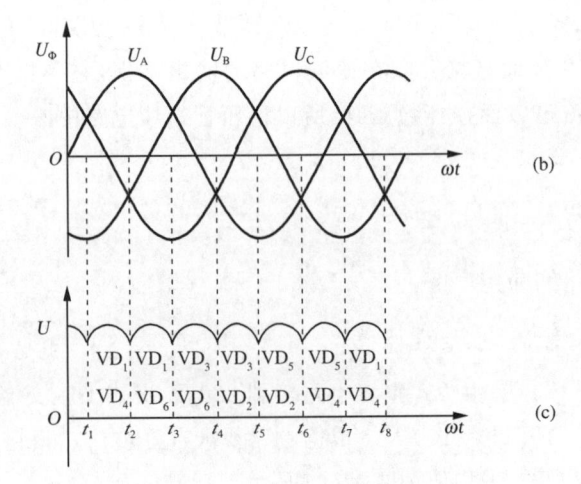

图 6-31 三相桥式整流电路及电压波形图

学习任务 3　三极管及其应用

> **任务目标**
>
> 了解三极管的结构、种类和主要参数,掌握各电极电流分配关系,掌握三极管处于三种工作状态的条件;了解达林顿管的连接,能正确连接并分析三极管的开关电路在汽车电路中的应用;能够正确连接两种管子的放大电路。了解光电三极管、光电耦合器的结构及原理,了解它们在汽车上的应用。

> **任务引入**
>
> 在工业生产中,常需要将微弱的电信号加以放大,放大电信号是电子电路中的基本用途之一,而三极管是放大电路中最常用的基本器件。三极管具有放大、开关、振荡、混频、频率变换等作用。三极管在汽车上的应用也很广泛,主要还是利用三极管的开关作用和放大作用。许多汽车传感器中用到了光电三极管和光电耦合器。

相关知识

一、三极管的结构与分类

三极管是在一块半导体上用掺入不同杂质的方法制成两个紧挨着的 PN 结,两个 PN 结将半导体分成三个区域,经过封装,再从三个区域引出三个电极,如图 6-32 所示。三极管的三个区:发射区——发射载流子的区域;基区——载流子传输的区域;集电区——收集载流子的区域。各区引出的电极依次为发射极(e、E 极)、基极(b、B 极)和集电极(c、C 极)。发射区和基区在交界处形成发射结;基区和集电区在交界处形成集电结。根据半导体各区的载流子类型不同,三极管可分为 NPN 型和 PNP 型两大类。其电路符号如图 6-32(b)、图 6-32(d)所示,箭头表示发射结正向电流的流向,三极管的文字符号是 VT。

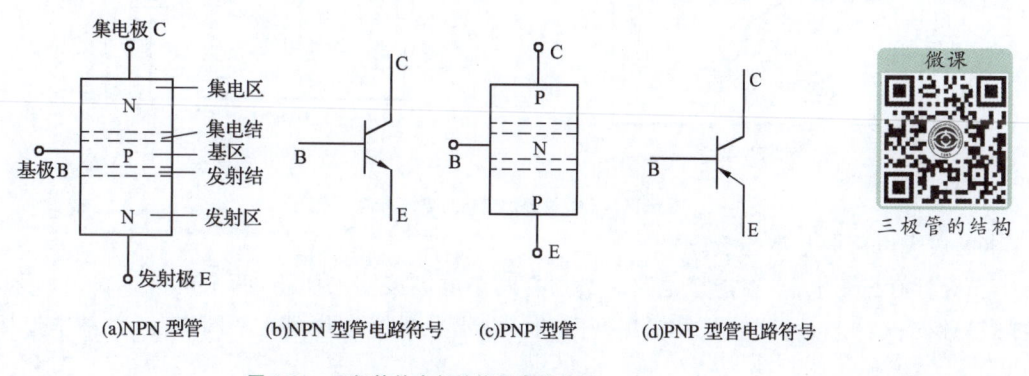

(a)NPN 型管　　(b)NPN 型管电路符号　　(c)PNP 型管　　(d)PNP 型管电路符号

图 6-32　三极管的内部结构及电路符号

为使三极管具有电流放大作用,在制造过程中必须满足实现放大的内部结构条件,即

(1)发射区掺杂浓度远大于基区和集电区的掺杂浓度,以便于有足够的载流子供"发射"。

(2)基区很薄(一般只有几微米至几十微米),且掺杂浓度很低,以减少载流子在基区的复合机会,这是三极管具有放大作用的关键所在。

(3)集电区比发射区体积大且掺杂少,集电结的面积要大,发射结的面积要小,以利于收集载流子。

由此可见,三极管并非两个 PN 结的简单组合,不能用两个二极管来代替;在放大电路中也不可将发射极和集电极对调使用。当然,要使三极管具有放大作用,除了上述的内因之外,还要有外部条件。

三极管的种类很多,按结构可分为:点接触型、面接触型;按材料可分为:硅管(多为NPN 型)、锗管(多为 PNP 型);按功率可分为:小功率管、中功率管、大功率管;按工作频率可分为:低频管、高频管、开关管;按内部 PN 结组合顺序分为:NPN 型和 PNP 型等。

二、三极管的电流放大作用

三极管的电流放大作用是指三极管具备以基极电流的微小变化控制集电极电流较大变化的作用,即"以小控大、以弱控强"的作用,并非真正把小电流放大了。

不论是 PNP 型还是 NPN 型的三极管,实现电流放大作用的基本条件是:发射结必须加正向电压(正偏),集电结加反向电压(反偏)。

1. 三极管的工作电压和基本连接方式

(1)工作电压

如图 6-33 所示,其中 VT 为三极管,U_{CC} 为集电极电源电压,U_{BB} 为基极电源电压,PNP 型和 NPN 型三极管外部电路所接电源极性正好相反,R_B 为基极电阻,R_C 为集电极电阻。若以发射极电位为参考点,则三极管发射结正偏,集电结反偏这个外部条件也可用电压关系来表示:

对于 NPN 型:$U_C > U_B > U_E$;

对于 PNP 型:$U_E > U_B > U_C$。

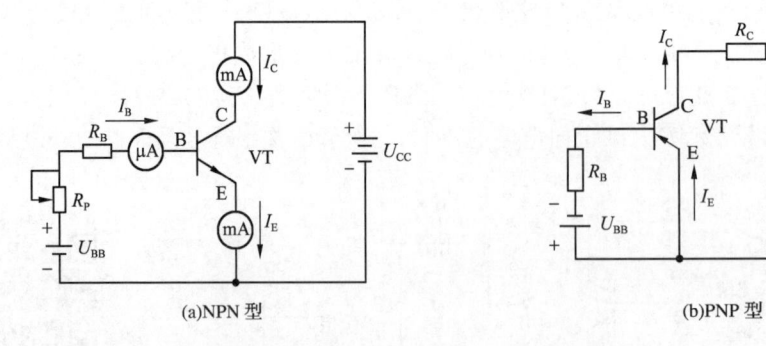

(a)NPN 型　　(b)PNP 型

图 6-33　三极管外加电压与电流方向

(2)放大电路的基本连接方式

三极管有三个电极,在连接电路时必须有两个电极接输入回路,两个电极接输出回路,这样势必有一个电极作为输入和输出回路的公共端。根据公共端的不同,有三种基本连接方式。

①共发射极接法(简称共射接法)。共射接法是以基极为输入回路的一端,集电极为输

出回路的一端,发射极为输入、输出回路的公共端,如图6-34(a)所示。

②共基极接法(简称共基接法)。共基接法是以发射极为输入回路的一端,集电极为输出回路的一端,基极为输入、输出回路的公共端,如图6-34(b)所示。

③共集电极接法(简称共集接法)。共集接法是以基极为输入回路的一端,发射极为输出回路的一端,集电极为输入、输出回路的公共端,如图6-34(c)所示。

图6-34中"⊥"表示公共端,又称接地端。无论采用哪种接法,都必须满足发射结正偏,集电结反偏,才能使三极管具有电流放大作用。

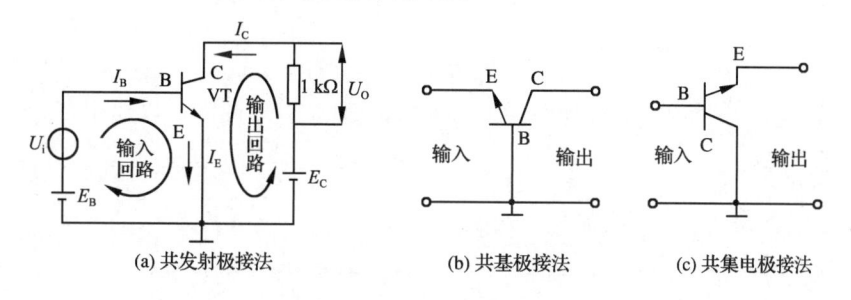

图6-34　三极管放大电路的三种组态

2.电流放大原理

在图6-35中,U_{BB}为基极电源,用于向发射结提供正向电压,R_B为限流电阻。U_{CC}为集电极电源,要求$U_{CC}>U_{BB}$。它通过R_C、集电结、发射结形成回路。由于发射结获得了正向偏置电压,其值很小(硅管约为0.7 V),因而U_{CC}主要降落在电阻R_C和集电结两端,使集电结获得反向偏置电压。

三极管内部载流子的运动情况可以分为三个过程:

(1)注入过程

如图6-35所示,在正向电压的作用下,发射区的多子(电子)不断向基区扩散,并不断地由电源得到补充,形成发射极电流I_E。

(2)扩散与复合过程

发射到基区的电子,由于基区薄且浓度小,绝大部分向集电区扩散,且绝大多数电子都能扩散到集电结边缘。在扩散过程中,少部分电子与基区的空穴复合,形成基极电流I_B。基区多子(空穴)也要向发射区扩散,由于其数量很小,可忽略。

(3)收集过程

由于集电结反偏,这些电子全部漂移过集电结,形成集电极电流I_C,从而完成收集从发射极发射出的电子的过程。

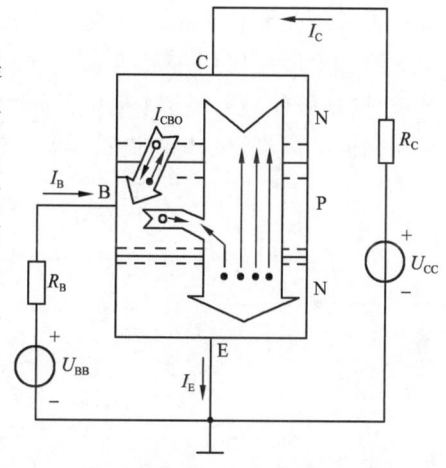

图6-35　NPN型三极管中载流子的运动

从上述过程可以看出,三个电极中的电流间的关系为

$$I_E = I_B + I_C \tag{6-7}$$

式中　I_E——发射极电流;

I_B——基极电流;

I_C——集电极电流。

在三极管的各极电流中,由于电流 I_B 是少数载流子运动形成的,所以数值很小,I_E、I_C 是多数载流子的运动形成的,数值较大。当 I_B 增大时,I_C 也成比例增大,I_C 与 I_B 的比值称为直流电流放大系数,用 $\bar{\beta}$ 表示,则有

$$I_C = \bar{\beta} I_B \qquad I_E = (1+\bar{\beta}) I_B (\text{mA})$$

式中,$\bar{\beta}$ 为三极管的直流电流放大系数,体现了晶体管的电流放大能力。

当 I_B 有微小变化时,会引起 I_C 的较大变化,我们把集电极电流变化量与基极电流变化量之比称为交流电流放大系数,用 β 表示。

$$\beta = \frac{\Delta I_C}{\Delta I_B} \tag{6-8}$$

通常情况下,β 和 $\bar{\beta}$ 相差很小,故不再加以区别,工程估算时两者可以通用。

想一想

三极管电流放大作用的实质是什么?

3. 电流放大作用比喻

为了帮助大家理解,可以将电流放大作用理解为一个水龙头,如图 6-36 所示。图 6-36 中阀门由手柄控制,手柄微调可控制水管中水的流量变化。若把三极管看作一个电流的控制阀,则基极就是控制这个电流的阀门,只不过这个阀门不是靠旋转来改变通路的大小,而是靠基极电流来控制集电极和发射极间的电流大小。

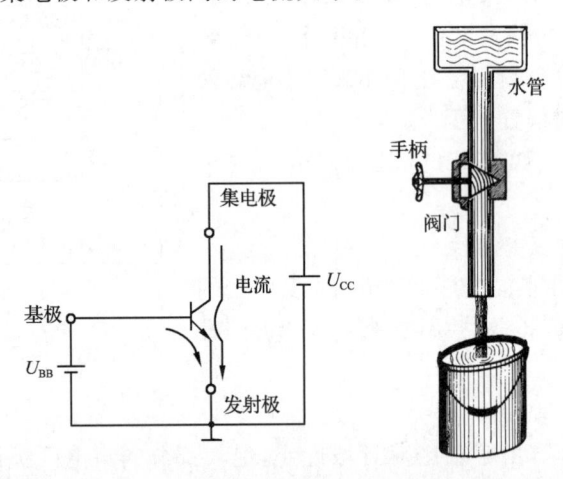

图 6-36 三极管电流放大作用比喻

课堂互动

图 6-37 所示是测量三极管各电极电流的电路,测量的数据见表 6-1,用以验证 3BX1 型三极管各电极的电流分配关系,你能求出三极管的直流电流放大系数和交流电流放大系数吗?

表 6-1　　　　图 6-37 3BX1 型三极管的测量数据　　　　mA

I_E	1	2	3	4
I_C	0.96	1.91	2.86	3.81
I_B	0.04	0.09	0.14	0.19

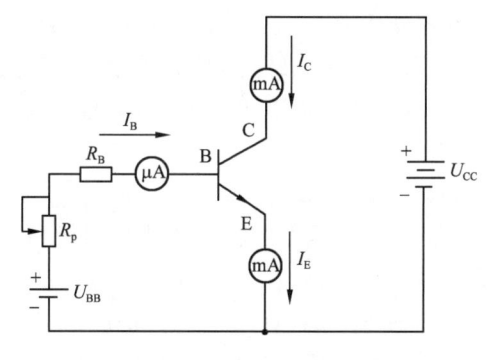

图 6-37 测量三极管各电极电流的电路

三、三极管的基本参数

三极管的参数是表征三极管性能和安全使用范围的物理量,是正确使用和合理选择三极管的依据。三极管的参数较多,这里只介绍主要的几个。

1. 电流放大系数

电流放大系数的大小反映了三极管放大能力的强弱。

(1)共发射极交流电流放大系数 β

$$\beta = \frac{\Delta I_C}{\Delta I_B}\bigg|_{U_{CE}=常数}$$

β 的大小体现了共射极接法时,三极管的放大能力。

(2)共发射极直流电流放大系数 $\bar{\beta}$

两个电流放大系数的含义虽然不同,但工作在输出特性曲线放大区平坦部分的三极管,二者差异极小,可做近似相等处理,在今后使用时,不加说明时,可互相替代。常用的小功率三极管的 β 值一般为 20~100。β 值太小,三极管电流放大作用小;β 值过大,三极管工作的稳定性差,一般选 β 值为 40~80 的三极管较为合适。由于制造工艺的分散性,同一型号三极管的 β 值是有差异的。

2. 极间反向电流

(1)集电极—基极间的反向电流 I_{CBO}

I_{CBO} 是指发射极开路时,集电极—基极间的反向电流,也称集电结反向饱和电流。温度升高时,I_{CBO} 急剧增大,温度每升高 10 ℃,I_{CBO} 增大一倍。选择三极管时应选择 I_{CBO} 小,并且 I_{CBO} 受温度影响小的三极管。三极管的 I_{CBO} 如图 6-38 所示。

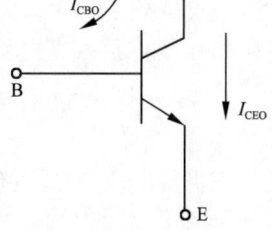

(2)集电极—发射极间的反向电流 I_{CEO}

I_{CEO}(图 6-38)是指基极开路时,集电极—发射极间的反向电流,也称集电结穿透电流。它反映了三极管的稳定性,其值越小,受温度影响也越小,三极管的工作就越稳定。

图 6-38 三极管的 I_{CEO} 和 I_{CBO}

3. 极限参数

三极管的极限参数是指在使用时不得超过的极限值,以此保证三极管安全地工作。

(1)集电极最大允许电流 I_{CM}

集电极电流 I_C 过大时,β 将明显下降,I_{CM} 为 β 下降到规定允许值(一般为额定值的 1/2~2/3)时的集电极电流。使用中若 $I_C > I_{CM}$,三极管不一定会损坏,但其 β 值会明显下降。

(2) 集电极最大允许功率损耗 P_{CM}

三极管工作时，U_{CE} 的大部分降在集电结上，因此集电极功率损耗 $P_C = U_{CE}I_C$，近似为集电结功耗，它将使集电结温度升高，从而使三极管发热，导致三极管损坏。工作时 P_C 必须小于 P_{CM}。

(3) 反向击穿电压 $U_{(BR)EBO}$、$U_{(BR)CEO}$、$U_{(BR)CBO}$

$U_{(BR)EBO}$ 为集电极开路时使发射结不致击穿，施加在发射极和基极之间允许的最大反向电压；$U_{(BR)CEO}$ 为基极开路时使集电结不致击穿，施加在集电极和发射极之间允许的最大反向电压。$U_{(BR)CBO}$ 为发射极开路时使集电结不致击穿，施加在集电极和基极之间允许的最大反向电压，一般为几十伏，有的可达几百伏甚至几千伏。它们之间的关系为：$U_{(BR)CBO} > U_{(BR)CEO} > U_{(BR)EBO}$。通常 $U_{(BR)CEO}$ 为几伏到几十伏，$U_{(BR)EBO}$ 为几伏，有的不到 1 伏。

根据三个极限参数 I_{CM}、P_{CM}、$U_{(BR)CEO}$ 可以确定三极管的安全工作区，如图 6-39 所示。三极管工作时必须保证在安全工作区内，并留有一定的余量。

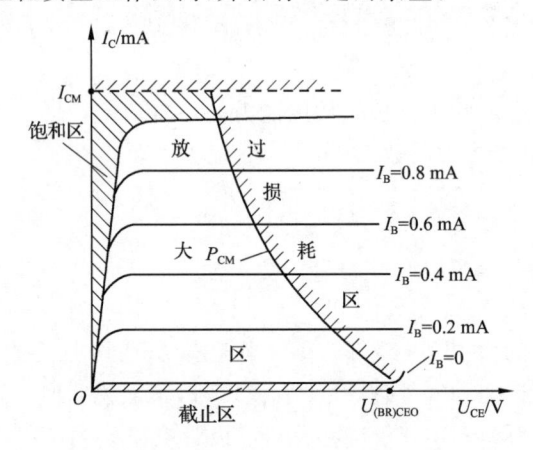

图 6-39 三极管的安全工作区

四、三极管的工作状态及开关电路

由三极管输出特性曲线簇可见，三极管除了以上介绍的放大区外，还可以工作在另外两个区：截止区、饱和区。即三极管有三种不同的工作状态：放大状态、截止状态、饱和状态。三极管除了可作为放大器件应用于各种模拟电路中之外，还可以用来充当开关，此时只工作在截止状态或饱和状态。

1. 饱和状态和截止状态

(1) 饱和状态

三极管的 I_C 曲线近似于直线上升的部分与纵坐标之间的区域称为饱和区，这个区域中 I_C 不再随着 I_B 增大而增大，如图 6-39 所示。

三极管工作在饱和状态的条件是：发射结和集电结都处于正向偏置，此时集电极 C 和发射极 E 间的管压降很低（$U_{CE} \approx 0$），但电流很大，呈现出低电阻状态，C、E 之间相当于一个闭合的开关。

(2) 截止状态

在基极电流 $I_B = 0$ 曲线以下的区域称为截止区，如图 6-39 所示。

三极管工作在截止状态的条件是：发射结反向偏置或零偏置，集电结处于反向偏置（实际上，发射结电压低于死区电压时，三极管就已进入截止状态）。此时 $I_B \approx 0$，$I_C \approx 0$，集电极 C 和发射极 E 间的管压降很高（$U_{CE} \approx U_{CC}$，见图 6-37），呈现出高电阻状态，C、E 之间相当于一个断开的开关，几乎无电流通过。

2.三极管的开关电路

三极管有三种工作状态,我们可以通过控制基极电流,使其工作在不同的状态。当三极管在基极电流控制下,在截止与饱和两种状态间交替变换,就如同一个开关的断开与闭合状态交替变换一样。如图 6-40 所示为 NPN 三极管的开关状态。

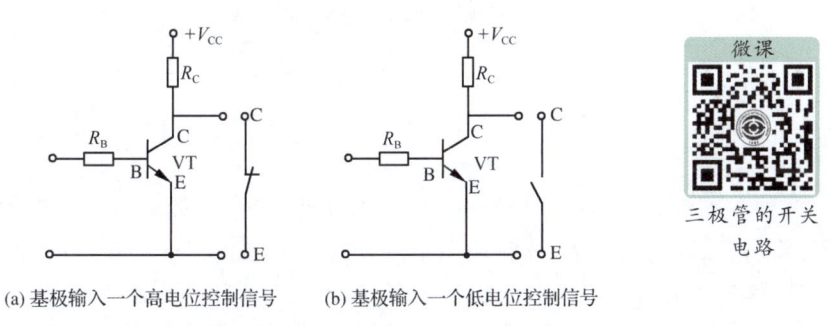

图 6-40　NPN 三极管的开关状态

(a) 基极输入一个高电位控制信号　　(b) 基极输入一个低电位控制信号

(1)NPN 三极管开关电路

①NPN 三极管的开关状态

当基极 B 输入一个高电位控制信号时(如图 6-40(a)所示,发射结、集电结都加正向电压),三极管 VT 进入饱和状态,C、E 间相当于闭合的开关。

当基极 B 高电位控制信号撤离后(输入低电位),三极管 VT 进入截止状态,C、E 间相当于断开的开关(图 6-40(b))。利用三极管的这种特性,就构成了 NPN 三极管的开关状态。

图 6-40 中,R_B 为基极限流电阻,作用是防止基极电流过大;R_C 为集电极电阻,该电路中是防止三极管导通时电源短路。在实际开关电路中(图 6-41),R_C 常由被控的电子元件所取代。图 6-41 中,R 起限制基极电流的作用,以防控制信号过大而损坏三极管;二极管 VD 起续流作用,保护三极管免受反向电动势的冲击。

②NPN 三极管开关电路的实验

如图 6-42 所示,当按下开关后,三极管管有基极电流,处于饱和状态,看到发光二极管发光;当断开开关后,基极无电流,三极管处于截止状态,发光二极管熄灭。

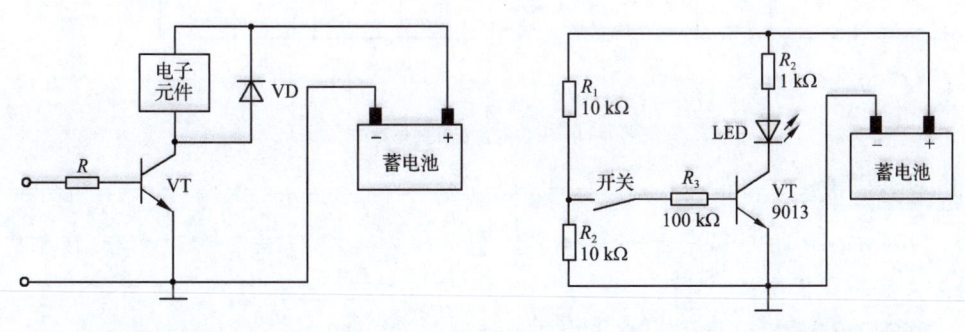

图 6-41　NPN 三极管开关电路　　图 6-42　NPN 三极管开关电路实验装置

想一想

在图 6-42 中,按下开关、断开开关时,三极管 VT9013 的发射结和集电结处于什么状态?

(2)PNP 三极管开关电路

PNP 三极管的开关电路与 NPN 三极管开关电路的组成类似,如图 6-43 所示。

(a) 基极输入一个低电位控制信号　　　　(b) 基极输入一个高电位控制信号

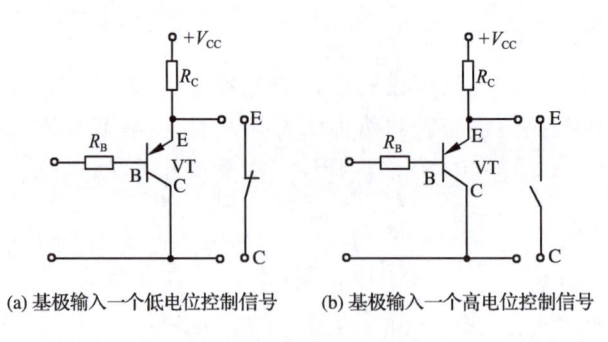

图 6-43　PNP 三极管的开关状态

当加在基极 B 上的控制信号电位低于发射极电位时(输入一个低电位控制信号时),三极管 VT 进入饱和状态,C、E 间相当于闭合的开关[图 6-43(a)]。当基极 B 低电位控制信号撤离后,三极管 VT 进入截止状态,C、E 间相当于断开的开关[图 6-43(b)]。

在许多汽车电路中,一些三极管经过特殊工艺制造,只需要很小的基极电流就能够达到饱和状态,这种三极管几乎只工作在截止和饱和两种状态,即开关状态。一般将经常工作在这两种状态,起到开关作用的三极管称为开关管。从用一个小电流可以控制大电流这点来看,继电器和三极管是一样的,它们最大的区别在于继电器有触点,而三极管没有触点。

(3) 多极开关电路

有时在电路中为了控制的需要,会用到两级或三级开关电路,这些电路在汽车发电机的电子调压器电路中经常用到。

在图 6-44(a)、图 6-44(b)所示的两级和三级开关电路中,发光二极管分别由三极管的导通与截止来控制。

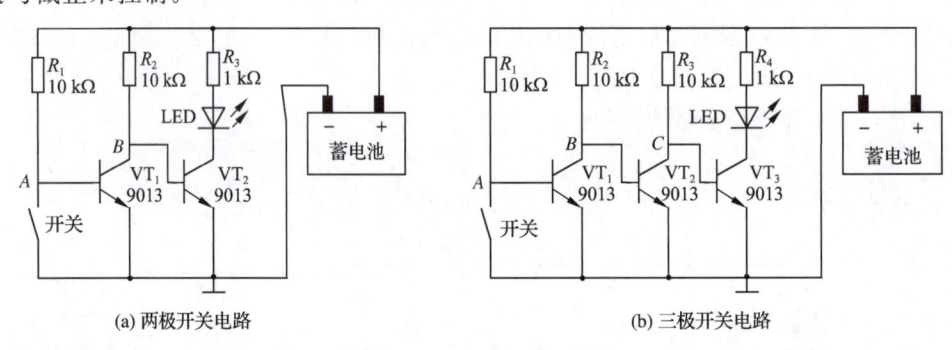

(a) 两极开关电路　　　　(b) 三极开关电路

图 6-44　三极管多级开关电路

想 一 想

图 6-44(a)中 LED 要想发光,需使 VT_2 处于什么状态?若要使 VT_2 导通,B 点是处于高电位还是低电位?VT_1 的状态又与 A 点的电位是什么关系?开关闭合时 A 点的电位是高还是低?开关打开时,A 点的电位是高还是低?

① 两级开关电路的工作原理

在图 6-44(a)中,当开关断开时,蓄电池电压经 R_1 加到 VT_1 上,VT_1 基极有电流,VT_1 饱和导通,VT_1 的集电极和发射极(搭铁点)间电压几乎为零($U_B=0$),而这个电压也是加在 VT_2 的发射结间的电压,所以 VT_2 截止,其集电极和发射极间相当于一个断开的开关,发光二极管不发光。

当开关闭合时，A 点的电位为零，VT_1 基极无电流，VT_1 截止（U_B 电位增大），蓄电池电压经过 R_2 加在 VT_2 的基极，VT_2 饱和导通，发光二极管发光。这时 $U_B=0.7\text{ V}$。

②三极开关电路的工作原理

三极开关电路如图 6-44(b)所示，工作原理与两极开关电路类似。

注意：这种连接的前后两个三极管的状态是正好相反的，如 VT_1 导通时，VT_2 状态与之相反，它是截止的。VT_2、VT_3 的状态是相反的，这样，VT_1、VT_3 两管的状态是相同的。在电路中，只要控制了输入级的 VT_1 状态，也就控制了输出级的 VT_3 状态，就起到了控制用电设备电路的作用。

> **想一想**
>
> 在图 6-44 所示的两个开关电路中，三极管 VT_1、VT_2 饱和导通时，B 点、C 点的电位分别为多少？图 6-44(a)中 B 点的电位与 VT_2 的状态是什么关系？图 6-44(b)中 C 点的电位与 VT_3 的状态是什么关系？试总结电路中几个三极管间的相互状态关系。

五、达林顿管（复合管）

在功率放大电路中，输出级为了输出一定功率，对功率管的耐压、电流容量和允许的功率耗散，都有较高的要求。例如在 12 V 的汽车上，当蓄电池供给 1 000 W 交流发电机的磁场电流为 4 A 时，假设功率管的放大系数为 40，则基极电流就需要在 1 000 mA 以上，这样大的电流如果由前一级来供给，显然不现实，所以需要采取电流放大措施。

I_B 和 I_C 有电流放大关系，如果把前一级三极管的集电极电流接到后一级三极管的基极，如图 6-45 所示，将电流继续放大以驱动负载元件。这样连接在一起的两个三极管称为复合管，当作一个三极管用，因为这种接法是由达林顿（Darlington）首先提出的，所以也称为达林顿管。它的放大系数为

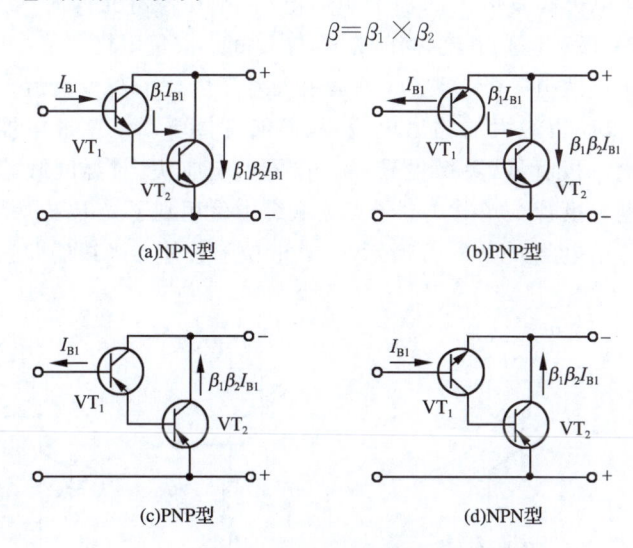

$$\beta = \beta_1 \times \beta_2$$

(a)NPN型   (b)PNP型

(c)PNP型   (d)NPN型

图 6-45 复合管的几种接法

上述情况中,如果加接一只放大系数为 50 的三极管,要实现所需的功率放大,只需一个 2 mA 的基极电流即可,这样就比较现实可行。汽车电子点火系统的点火控制模块大多采用达林顿管作为输出端,达林顿管与负载的连接如图 6-46 所示。

注意:在汽车电路中,有时控制信号不能直接控制开关管的通断,而要经过三极管放大后再去控制开关管,这种电路搭配经常会在汽车电子电路中看到,在分析电路时,一定要注意前、后两个三极管的连接状况和不同作用。

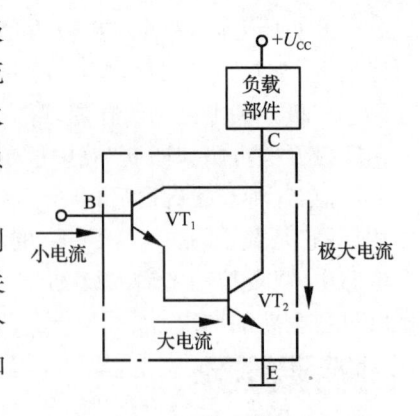

图 6-46 达林顿管与负载的连接

想一想

图 6-46 中的两个三极管状态是不是总是相同的呢?当 $\beta_1=50$,$\beta_2=50$ 时,这个复合管相当于一个放大系数为多大的三极管呢?

六、光电三极管和光电耦合器

1. 光电三极管

光电三极管也称光敏三极管或光电管,它和光电二极管都是利用光电效应制成的半导体器件。它的等效电路和电路符号如图 6-47 所示。

光电三极管的集电结为光电二极管结构,基极电流由光电二极管提供,所以一般没有基极外引线(有些产品为了调整方便,基极有外引线)。

若在光电三极管的集电极和发射极间加上正向电压,则在没有光照时,C 与 E 间几乎没有电流。当有光照时,基极产生光电流,同时在 C 与 E 间形成集电极电流(几毫安~几百毫安),光电三极管的输出特性与三极管类似,只是用入射光代替了基极电流。光电三极管制成达林顿管形式时,可以获得较大的输出电流,从而能直接驱动某些继电器动作。光电三极管的响应速度比光电二极管慢,灵敏度较高。在要求响应快、对温度敏感小的场合选用光电二极管而不用光电三极管。光电式电子点火系统中就用到了光电三极管。

光电三极管的基本应用电路如图 6-48 所示,A 点电位随着外界光线的照射强度变化而发生变化。

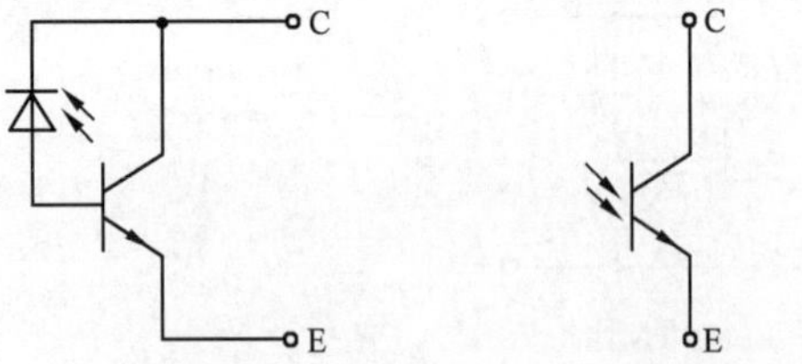

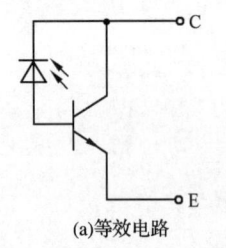

图 6-47 光电三极管的等效电路和电路符号
(a) 等效电路　　(b) 电路符号

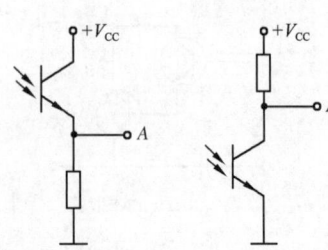

图 6-48 光电三极管的基本应用电路

2. 光电耦合器

把发光器和受光器组合封装在一个管壳内,可实现以光信号为媒介的电信号转换,采用这种组合方式的器件称为光电耦合器。

砷化镓红外线发光二极管常用作发光器,受光器的种类很多,如光敏二极管、光敏三极管、光电晶闸管和光电集成电路等。汽车上常用到的是由发光二极管和光敏二极管组合成的光电耦合器和由发光二极管和光敏三极管组合成的光电耦合器,如图6-49所示。

(a)发光二极管和光敏二极管组合成的光电耦合器　　(b)发光二极管和光敏三极管组合成的光电耦合器

图6-49　光电耦合器的图形符号

当光电耦合器作为传感器使用时,称为光电式传感器,如图6-50所示。在汽车上用到光电式传感器的地方有:曲轴位置检测、车高位置检测、转向角度检测、车速传感器、前照灯自动控制系统等,它们利用在光传感器的中间设置遮挡物,利用遮挡物是否挡住光线来判断遮挡物的位置(遮挡物和被检测的对象连接在一起),传递位置信号或转过的遮挡物的个数信号。

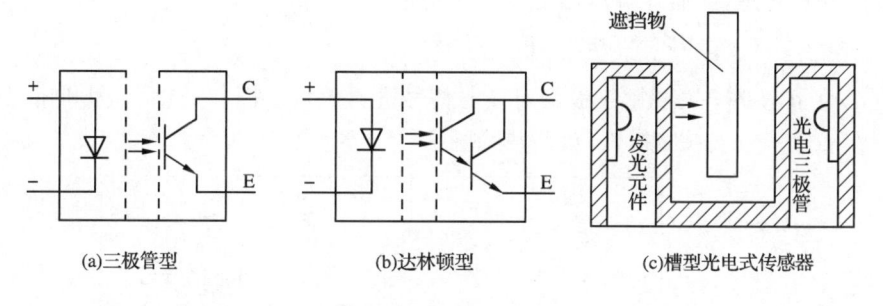

(a)三极管型　　(b)达林顿型　　(c)槽型光电式传感器

图6-50　光电式传感器

任务实施

晶体管在汽车电路的典型应用

1. 汽车电子电路中的三极管开关电路

三极管开关电路主要用在电子调压器、电子点火器以及各种信号报警电路中。下面以蓄电池液位报警电路为例,说明三极管开关电路在汽车上的具体应用。

蓄电池液位报警电路的传感器是一个装在蓄电池盖上的铅棒,如图6-51所示。

从图6-51中可以看出,作为报警灯的发光二极管是由VT_2的状态来控制的,而VT_2的状态是由蓄电池的液面高低来控制的。

如图6-51(a)所示,当蓄电池液位符合要求时,铅棒(相当于正电极)浸在电解液中,铅棒与电池负极间产生电压,铅棒的电位(A点)一般为6 V,VT_1的基极流过电流,VT_1处于饱和状态,B点的电位(VT_2的基极电位)几乎为零,VT_2截止,作为报警灯的发光二极管不亮。

如图6-51(b)所示,当蓄电池液位低于规定数值时,铅棒则不能浸在电解液中,铅棒与电池负极间不产生电压($V_A=0$),VT_1的基极无电流,VT_1处于截止状态,从而使B点的电位(VT_2的基极电位)上升,VT_2导通,接通发光二极管的搭铁回路,作为报警灯的发光二极管发光,提醒驾驶员蓄电池存液不足。

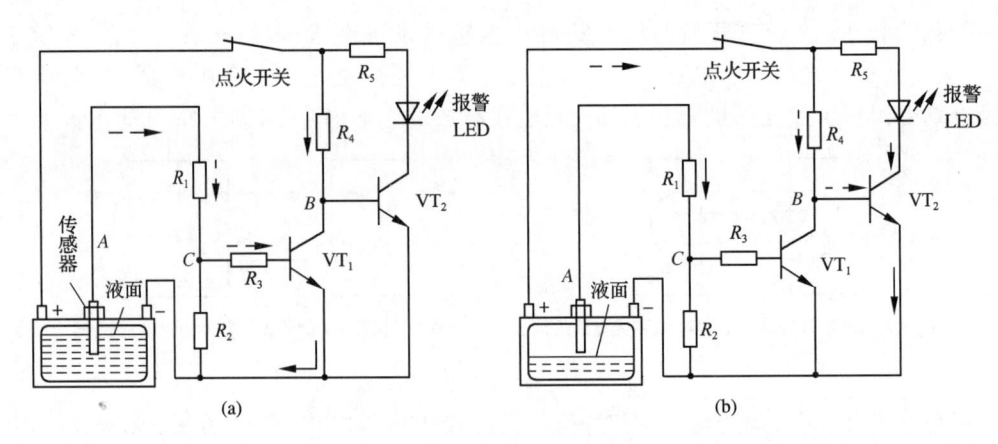

图 6-51 蓄电池液位报警电路原理

图中 R_5 是发光二极管的限流电阻。从上述电路原理可知,根据 A 点的电位是 6 V 还是 0 V 就可以确定蓄电池的电解液是"充足"还是"不充足"。

其实汽车电路中包含很多报警电路,基本原理就是通过监控一个点的电位变化,来控制三极管的开关状态,从而在输出端发出声音或光的报警信号。

2. 汽车电子电路中的三极管放大电路

在汽车电子电路中主要用三极管对微弱信号进行放大。图 6-52 所示为利用三极管放大特性制作的汽车电气线路搭铁(短路)探测器。

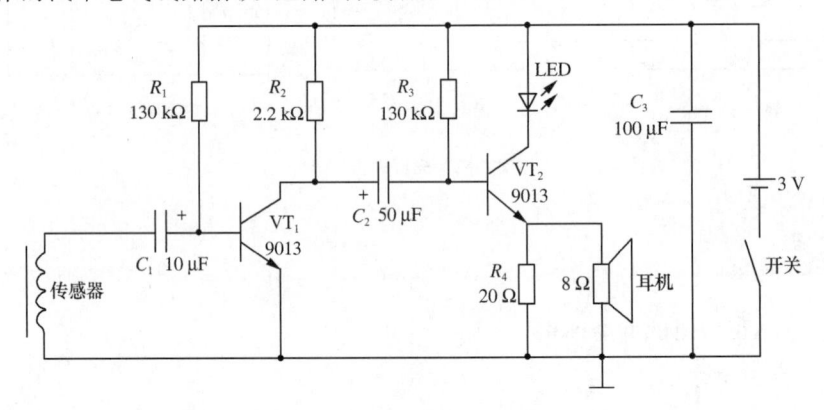

图 6-52 汽车电气线路搭铁(短路)探测器

本探测器可以在不拆解导线的情况下,快速查出搭铁故障所发生的部位。

探测器的工作原理:当导线搭铁后,在搭铁点产生短路电流,短路点就会向周围发生高次谐波信号。该信号被图 6-52 中的传感器接收到,在传感器中产生很弱的交变信号。经 VT_1 放大后,在 VT_1 的集电极就会得到放大了的交变信号,再送入 VT_2 的基极进行放大,使和 VT_2 串联的发光二极管闪烁发光,接在 VT_2 发射极的耳机发出声响。传感器越接近故障点,接收到的信号越强,经过两次放大后,发光二极管越亮,耳机发出声响越大。这样很快就能找到搭铁故障点。

3. 达林顿管在电压调节器电路中的应用

图 6-53 所示为达林顿管在 JFT106 型电压调节器电路中的具体应用,图 6-53 中 VT_2 和 VT_3 构成了达林顿管,在此起开关作用。请同学们自己分析该调节器的调压过程。

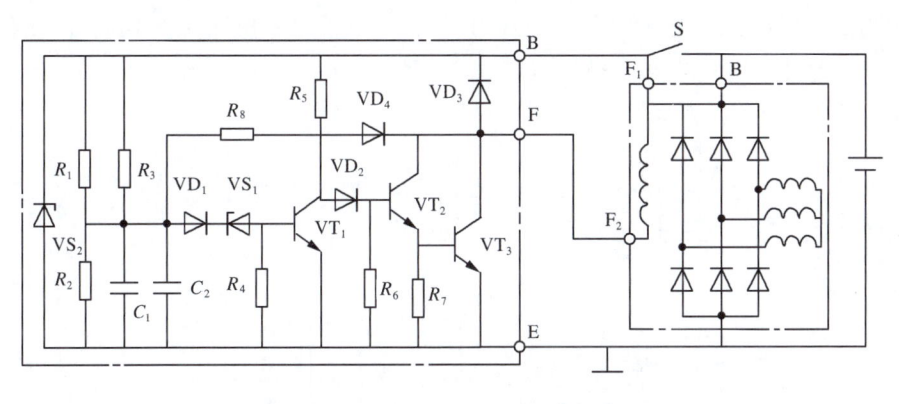

图 6-53　JFT106 型电压调节器电路

学习任务 4　晶闸管

任务目标

认识普通晶闸管的结构；了解晶闸管的不同类型；掌握不同类型晶闸管的导通条件和关断方法。

任务引入

在汽车发电机的整流电路中会用到晶闸管，在电动汽车车载充电器和非车载充电器交流线路的输入整流中会用到开关型晶闸管。另外在汽车逆变器、调压电路等方面都会用到晶闸管。因此我们有必要学习有关晶闸管的相关知识。

学习任务 6-4

相关知识

晶闸管是一种大功率半导体器件，又称为可控硅。它具有体积小、耐压高、容量大、使用维护简单、控制灵敏等优点，主要用于整流、逆变、调压、开关等方面。它的缺点是过载能力和抗干扰能力较差，控制电路比较复杂。

晶闸管的种类很多，有普通晶闸管、双向晶闸管、可关断晶闸管以及快速晶闸管等。在此以普通晶闸管为例，介绍晶闸管的结构。

一、普通晶闸管

1. 结构

图 6-54 所示为普通晶闸管的外形和电路符号，图 6-55 所示为普通晶闸管的内部结构。普通晶闸管的内部有一个硅半导体材料做成的圆形薄片形状管心。晶闸管采用铝片或铂片作为衬底，由 PNPN 四层半导体组成，每两层半导体交界面处都会形成一个 PN 结，这样在内部会形成三个 PN 结（J_1、J_2、J_3）。从最外层 P_1 引出的电极称为阳极，用 A 表示；从最外

层 N_2 引出的电极称为阴极,用 K 表示;从中间的 P_2 层引出的电极称为控制极(或称门极、栅极,也称可控极),用 G 表示,一般控制极线较细。

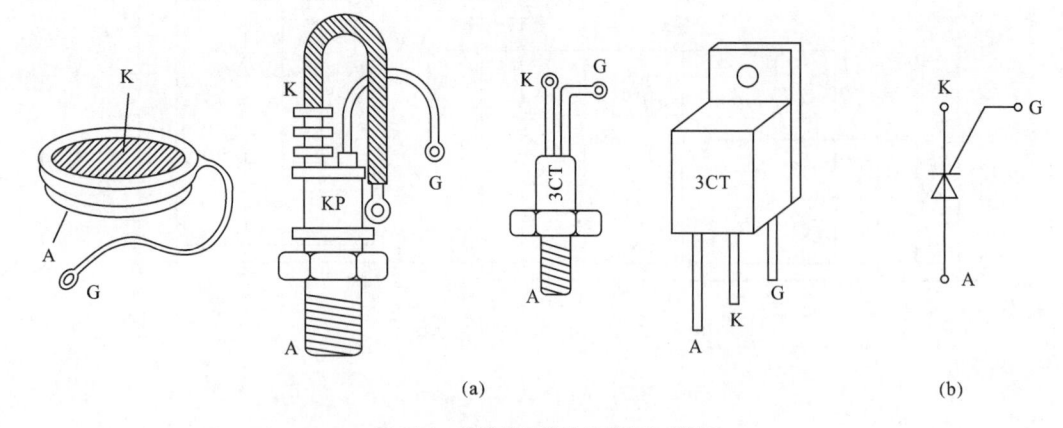

图 6-54 普通晶闸管的外形和电路符号

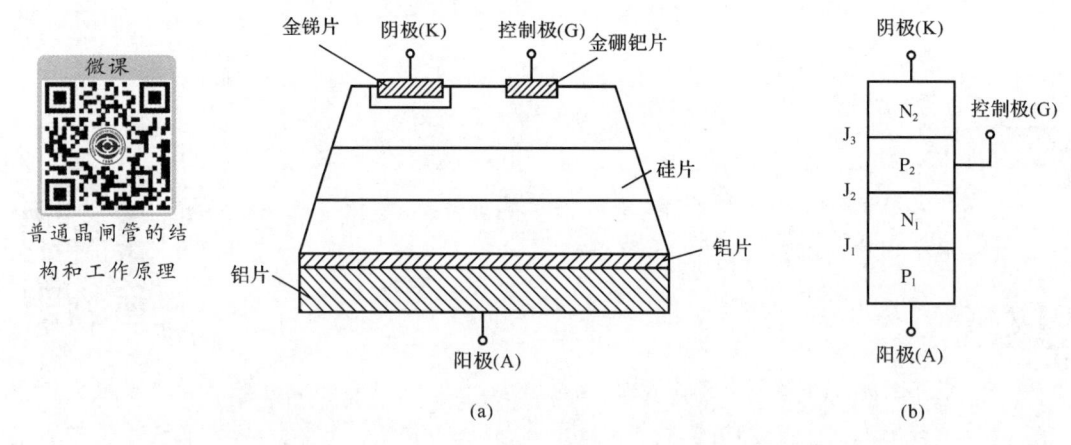

图 6-55 普通晶闸管的内部结构

为了解普通晶闸管的工作原理,也可以将内部四层结构的晶闸管看成由 PNP 型和 NPN 型两个晶体管连接而成的,前面的 PNP 的基极与后面 NPN 的集电极相连,后面的 NPN 的基极与前面的 PNP 的集电极相连,晶闸管的阳极 A 相当于 PNP 的发射极,阴极 K 相当于 NPN 的发射极,如图 6-56 所示。

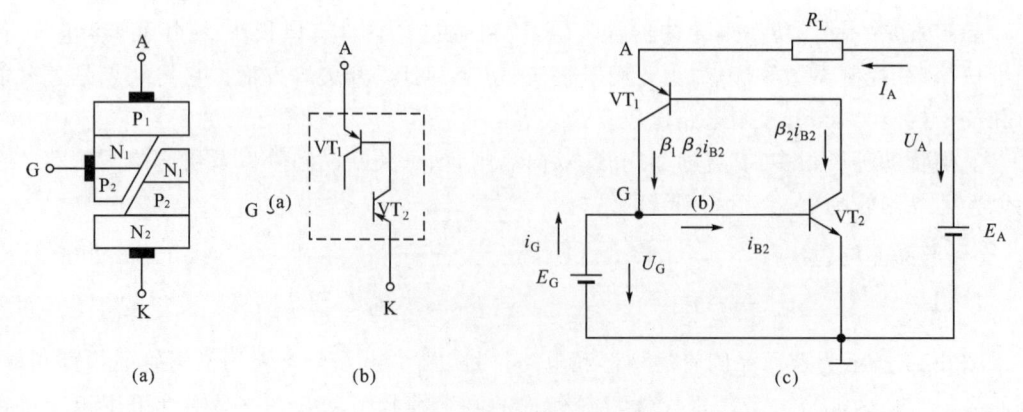

图 6-56 普通晶闸管的等效结构和电路图

2. 工作原理

晶闸管在电路中具有两种工作方式:导通、阻断(截止)。可以通过图 6-57 所示的实验电路,来更好地理解晶闸管的工作情况。

(a) 反向阻断　　　　(b) 正向阻断　　　　(c) 正向导通　　　　(d) 去掉触发信号

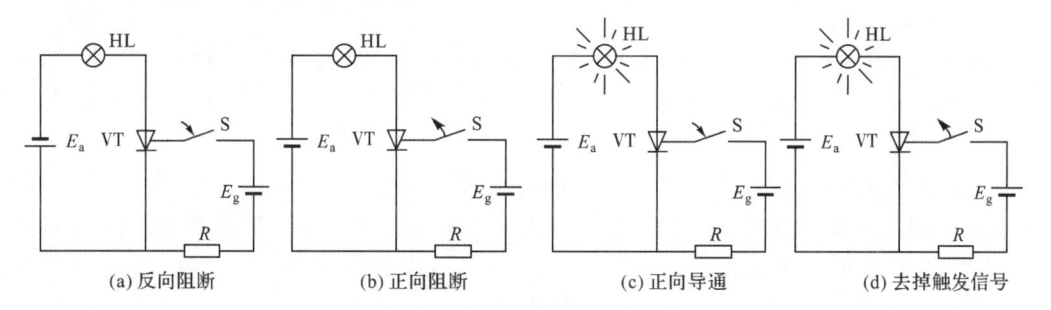

图 6-57　晶闸管导通的实验电路

从图 6-57(a)中可以看出,晶闸管电路中有以下两个回路:

晶闸管的主电路:电源 E_a(－)→灯 HL→晶闸管阳极 A→阴极 K→电源 E_a(＋);

晶闸管的控制电路:电源 E_g(＋)→开关 S→晶闸管控制极 G→阴极 K→电阻 R→电源 E_g(－)。

对应图 6-57 中四种电路情况下的晶闸管的工作情况见表 6-2。

表 6-2　　　　　　　　　晶闸管的工作过程

对应的电路图	晶闸管工作状态	阳极 A	阴极 K	控制极 G	开关 S	灯的状态
图 6-57(a)	反向阻断(截止)	阳极接电源 E_a 的负极	阴极接电源 E_a 的正极,同时经 R 接 E_g 的负极	通过开关 S 接控制电路电源 E_g 的正极	无论 S 断开还是闭合	始终不亮
图 6-57(b)	正向阻断(截止)	阳极接电源 E_a 的正极	阴极接电源 E_a 的负极,同时经 R 接 E_g 的负极	同上	S 断开	不亮
图 6-57(c)	正向导通	阳极接电源 E_a 的正极	同上	同上	S 闭合(有触发信号)	亮
图 6-57(d)	正向导通	阳极接电源 E_a 的正极	同上	同上	在图 6-57(c)晶闸管导通后,S 断开(去掉触发信号)	亮

为了说明晶闸管的导通原理,也可以将晶闸管的四层半导体和三个 PN 结比喻成水管和阀门,通过图 6-58 来理解晶闸管的导电特性。

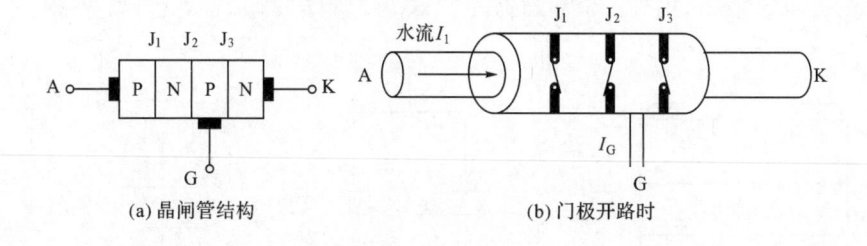

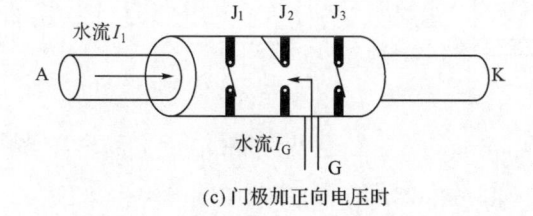

(a) 晶闸管结构

(b) 门极开路时

(c) 门极加正向电压时

图 6-58　晶闸管结构及其导电特性的比喻

晶闸管的实验电路

从图 6-58(b)中可以看出，三个 PN 结可看成三个单向阀门，但中间 PN 结 J_2 的方向和 J_1、J_3 的方向相反。

水流欲从阳极 A 流向阴极 K，若不用一小股水流从控制极 G 冲开 J_2 反方向的阀门那么该方向的水流无法顶开，而只能压紧阀门 J_2，故水管处于断流状态（相当于正向阻断）。

当有了足以顶开阀门 J_2 并使其上翻的水流 I_G[图 6-58(c)]时，水流欲从 A 端流向 K 端，该方向的水流就能轻易顶开阀门 J_1 和 J_3，故水管中水流畅通相当于晶闸管的正向导通状态。

而此时去掉控制极的小股使阀门 J_2 上翻的水流 I_G，水流仍能由 A 端流向 K 端保持畅通（相当于阀门 J_2 只要在瞬间足量水流 I_G 的冲击下完全打开并上翻后，J_2 就不会自行关闭）。

当水流欲从 K 端流向 A 端时，而该方向的水流无法顶开，只能压紧阀门 J_3 和阀门 J_1，故水管同样处于断流状态（相当于反向阻断状态）。

3．导通条件

通过以上的分析，可以得出晶闸管的导通条件：在阳极与阴极之间加正向电压的前提下，控制极与阴极之间也要加足够大的瞬间正向触发电压（$U_{GK}>0$）才能导通，二者缺一不可。

4．关断方法

通过以上的分析，可以得出晶闸管的关断方法：

(1)减小阳极电流 I_A，使其小于晶闸管维持导通所需的最小电流（称为维持电流，用 I_H 表示），即 $I_A<I_H$。

(2)将阳极电压降至零或使其反向。将阳极电压降至零相当于水流 I_A 太小时，阀门 J_2 会因下落而关闭，从而使水管断流；阳极加反向电压相当于采用关闭阀门 J_1 和 J_3 的方法使其断流。

二、双向晶闸管

从外表上看，双向晶闸管和普通晶闸管相似，也有三个电极，如图 6-59 所示。但是，三个电极中除了 G 仍称为控制极外，另外两个电极通常不称为阳极和阴极，而称为主电极 T_1 和 T_2。双向晶闸管的内部实际由五层半导体组成，也称为五层三端半导体器件。

可以根据双向晶闸管的内部结构将其等效为两只反向并联的普通晶闸管，所以双向晶闸管的电路符号也和普通晶闸管不同，是把两个普通晶闸管反接在一起画成的，它的型号在我国一般用"3CTS"或"KS"表示；国外的资料也有用"TRIAC"来表示的。

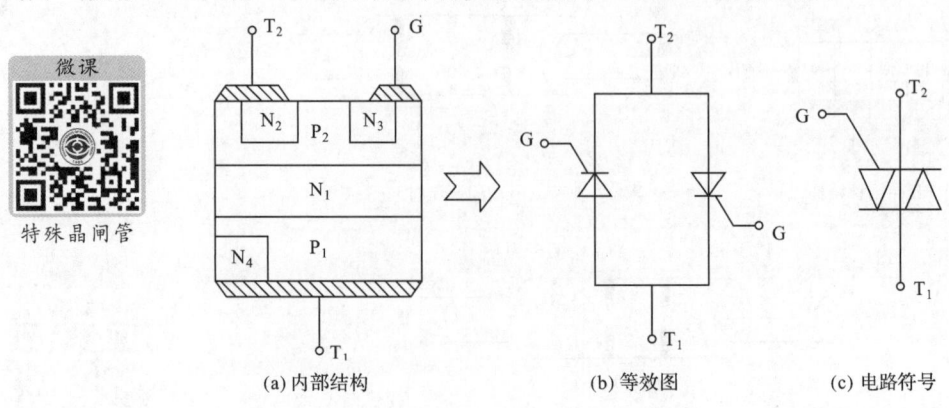

(a) 内部结构　　(b) 等效图　　(c) 电路符号

图 6-59　双向晶闸管的结构和电路符号

双向晶闸管不像普通晶闸管那样，必须在阳极和阴极之间加上正向电压，管子才能导通。对于双向晶闸管来说，两个主电极无所谓哪个是阳极，哪个是阴极。它的任何一个主电极（如 T_1），如图 6-59(b)中等效的两个晶闸管，对于左边这个晶闸管来说是阴极，而对于右边晶闸管来说就是阳极；反过来也一样。因此，无论给双向晶闸管主电极 T_1、T_2 之间加正向还是反向电压，只要控制极有触发信号（无论触发信号的极性如何），它都能被触发导通。双向晶闸管的这个具有双向可控导电特性是普通晶闸管所没有的。

三、可关断晶闸管

普通晶闸管（SCR）靠门极正信号触发之后，即使撤掉信号也能维持导通状态。欲使之关断，必须切断电源，使正向电流低于维持电流 I_H，或施以反向电压强制关断。这就需要增加换向电路，不仅使设备的体积、质量增大，而且会降低效率，产生波形失真和噪声。

可关断晶闸管（GTO）也称门控晶闸管，它克服了上述缺陷，既保留了普通晶闸管耐压高、电流大等优点，又可以在门极加反向触发信号时自行关断。

可关断晶闸管的外形、内部结构和电路符号如图 6-60 所示。可关断晶闸管（以 P 型门极为例）由 PNPN 四层半导体材料构成，其外部也有三个电极，分别为阳极 A、阴极 K、控制极（门极）G。它的导通条件与普通晶闸管的导通条件相同。但是在其内部包含数十个甚至数百个共阳极的小 GTO 单元，这些 GTO 单元的阴极和门极在器件内部并联，这正是为了实现门极控制关断而设计的。

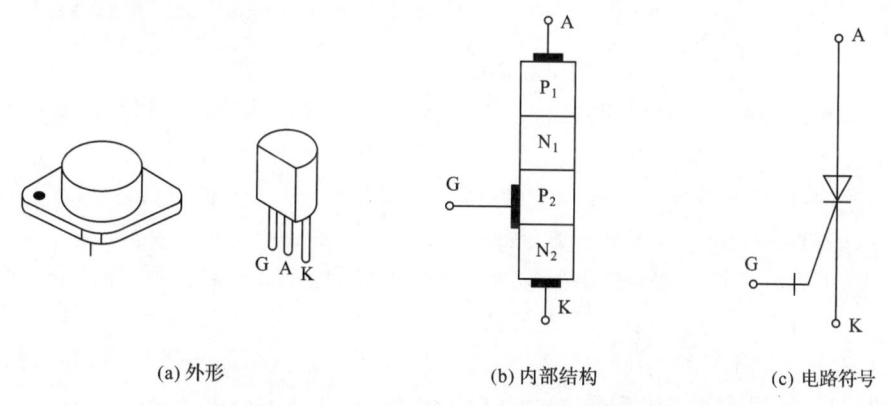

(a) 外形　　　　(b) 内部结构　　　　(c) 电路符号

图 6-60　可关断晶闸管的外形、内部结构和电路符号

可关断晶闸管在导通状态时，若在其门极 G 上加一个适当的负电压，就能使导通的晶闸管自行关断，所以它和普通晶闸管的关断原理及关断方式是截然不同的。这是由于普通晶闸管在导通之后即处于深度饱和状态，而可关断晶闸管在导通后只能达到临界饱和，所以在其门极上加负向触发信号即可关断。

因而在使用上可关断晶闸管比普通晶闸管方便，是理想的高压、大电流开关器件。可关断晶闸管的容量及使用寿命均超过电力晶体管，只是工作频率比电力晶体管低。目前，可关断晶闸管已达到 3 000 A、4 500 V 的容量。大功率可关断晶闸管已广泛用于斩波调速、变频调速、逆变电源等领域，显示出强大的生命力。

四、光控晶闸管

光控晶闸管也称光开关管（光控硅），是一种光敏器件，也是一种用光信号或光电信号进行触发的晶闸管。图 6-61 给出了光控晶闸管的外形、内部结构、电路符号、外接电源和等效电路。

(a) 外形　　　　　　(b) 内部结构　　　　　　(c) 电路符号

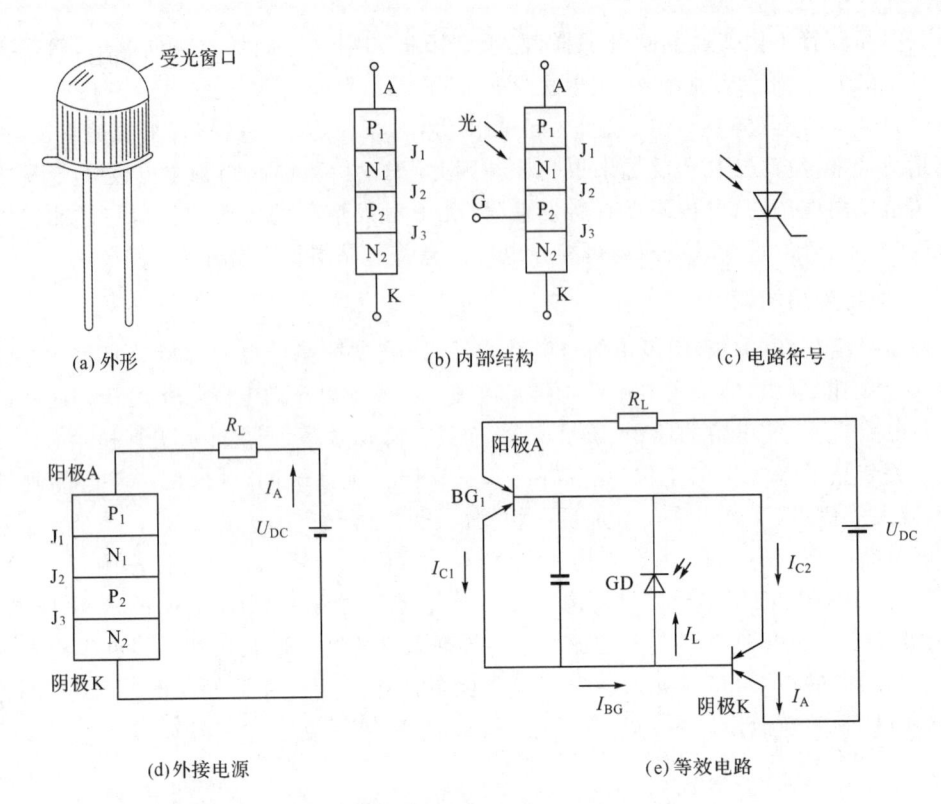

(d) 外接电源　　　　　　(e) 等效电路

图 6-61　光控晶闸管

光控晶闸管的内部也是由 P_1—N_1—P_2—N_2 四层半导体构成的,可以等效为两个晶体管和一个光电二极管组成的电路。光控晶闸管由于其控制信号来自光的照射,没有必要再引出控制极,所以它的外部只有两个电极,一个是阳极 A,另一个是阴极 K(或 C)。门极为受光窗口(小功率晶闸管)或光导纤维、光缆等。

光控晶闸管的工作原理:当在光控晶闸管的阳极加上正向电压,阴极加上负向电压时[图 6-61(d)],光控晶闸管可以等效成图 6-61(e)所示的电路。只要用足够强的光线照射到受光窗口,光电二极管会立即导通,这个光电流会使前、后两个晶体管导通,在它们之间形成很强的正反馈,很快达到饱和导通。

能使光控晶闸管导通的最小光照度,称为导通光照度。光控晶闸管与普通晶闸管一样,只要有足够强度的光源照射到受光窗口,就立即成为导通状态,而后即使撤离光源也能维持导通,只有加在阳极和阴极之间的电压为零或反相,才能关闭。

任务实施

晶闸管在汽车电路中的应用

晶闸管在汽车电路中可以用于整流、逆变、调压、开关等各个方面。下面介绍一种简单的晶闸管开关电路。

图 6-62 所示为一种简单的双向晶闸管 T 控制主电路的无触点交流开关电路。闭合开关 S,调节限流电阻 R。当增大限流电阻 R 的阻值时,由于 R 串联在晶闸管的门极电路中,通过的电流小于晶闸管门极的触发导通电流 I_{GT},晶闸管在交流电过零时会自动关断主电路。但是,只要调节电阻 R,使通过的电流等于或大于晶闸管门极的触发导通电流 I_{GT},双向晶闸管就可以在每半个周期中都导通,使主电路工作。

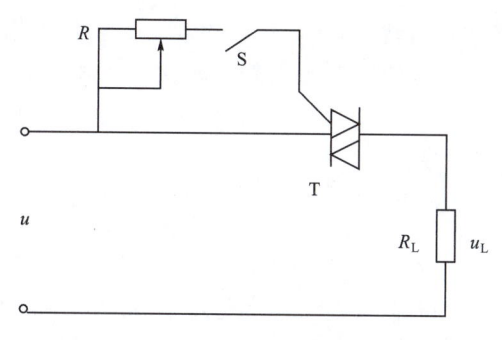

图 6-62 双向晶闸管无触点交流开关电路

晶闸管交流开关电路的触发电路可以是其他无触点的、高低阻值变化的电路；电路处于高阻状态时，通过小电流，晶闸管不导通；电路处于低阻状态时，通过大电流，晶闸管导通。

用高电压、大电流晶闸管代替继电器或交流接触器，可以直接控制高电压、大电流负载的通断，实现无触点控制。

学习任务 5　认识场效应管

任务目标

了解 N 沟道增强型、N 沟道耗尽型 MOS 场效应管的结构及电流控制原理；了解场效应管放大电路及其在汽车电路中的应用。

学习任务 6-5、学习任务 6-6

任务引入

场效应管车用电压调节器低电压启动电路，将场效应管用在汽车发电机电压调节器电路中可使汽车发电机在低电压供电，低转速条件下能正常进入怠速发电状态，还能降低油耗，并且电路简单、性能可靠、发电稳定。场效应管还是组成车用集成电路的主要器件。本次任务就来学习场效应管。

相关知识

一、场效应管简介

场效应管(Field Effect Transistor，FET)是较新型的半导体器件，它利用电场效应来控制晶体管的电流，因而得名。它的外形与普通三极管相似，但是二者的控制特性却截然不同。普通三极管工作在放大状态时，输入端始终有基极输入电流，改变基极输入电流就可改变集电极输出电流，所以三极管是电流控制器件，因而三极管组成的放大器，其输入电阻($1×10^2 \sim 1×10^4$ Ω)不高。场效应管是通过改变输入电压(利用电场效应)来控制输出电流的，属于电压控制器件，它几乎不吸收信号源电流，不消耗信号源功率，因此输入电阻($1×10^9 \sim 1×10^{14}$ Ω)十分高。除此之外，场效应管还具有温度稳定性好、抗辐射能力强、噪

声低、制造工艺简单、便于集成等优点,所以在近代微电子学中得到了广泛的应用。

场效应管分为结型场效应管(JFET)和绝缘栅型场效应管(IGFET),目前最常用的是绝缘栅型场效应管。绝缘栅型场效应管简称 MOS 管,绝缘栅型场效应管按导电沟道形成的不同,又可分为增强型和耗尽型。

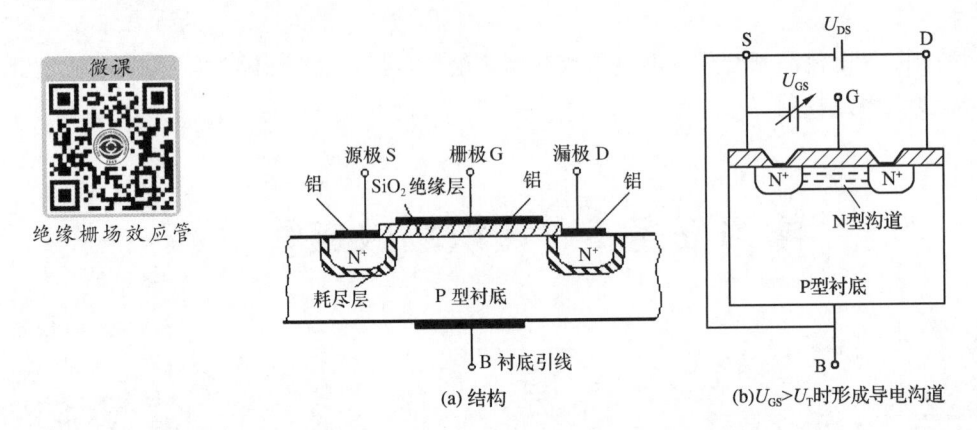

1. N 沟道增强型 MOS 管

N 沟道增强型 MOS 管的结构如图 6-63(a)所示。它把一块掺杂浓度较低的 P 型半导体作为衬底,然后在其表面上覆盖一层 SiO_2 的绝缘层,再在 SiO_2 绝缘层上刻出两个窗口,通过扩散工艺形成两个高掺杂的 N 型(用 N^+ 表示)区,并在 N^+ 区和 SiO_2 绝缘层的表面各自喷上一层金属铝,分别引出源极 S、漏极 D 和栅极 G。衬底上也引出一根引线,通常情况下将它和源极在内部相连。

图 6-63 N 沟道增强型 MOS 管

(a) 结构　　(b) $U_{GS}>U_T$ 时形成导电沟道

结型场效应管通过改变 U_{GS} 来控制 PN 结的阻挡层宽窄,从而改变导电沟道的宽度,达到控制漏极电流 I_D 的目的。而绝缘栅型场效应管则是利用 U_{GS} 来控制"感应电荷"的多少,以改变由这些"感应电荷"形成的导电沟道的状况,然后达到控制漏极电流 I_D 的目的。

对 N 沟道增强型 MOS 管,当 $U_{GS}=0$ 时,在漏极和源极的两个 N^+ 区间的是 P 型衬底,因此漏、源极之间相当于两个背靠背的 PN 结。所以无论漏、源极之间加上何种极性的电压,总是不导通的,即 $I_D=0$。

当 $U_{GS}>0$ 时,(为方便,假定 $U_{DS}=0$),则在 SiO_2 绝缘层中产生了一个垂直于半导体表面、由栅极指向 P 型衬底的电场。这个电场排斥空穴,吸引电子,当 $U_{GS}>U_T$ 时,在绝缘栅下的 P 型区中形成了一层以电子为主的 N 型层。由于源极和漏极均为 N^+ 型,故此 N 型层在漏、源极间形成电子导电的沟道,称为 N 型沟道,如图 6-63(b)所示。U_T 称为开启电压(当 U_{DS} 一定时,漏极电流 I_D 达到某一数值时所需加的 U_{GS} 的数值),此时在漏、源极间加 U_{DS},则形成电流 I_D。显然,此时改变 U_{GS} 则可改变沟道的宽窄,即改变沟道电阻大小,从而控制了漏极电流 I_D 的大小。由于这类场效应管在 $U_{GS}=0$ 时,$I_D=0$;只有在 $U_{GS}>U_T$ 后才出现沟道,形成电流 I_D,U_{GS} 越大,I_D 也越大,故称为增强型。

2. N沟道耗尽型MOS管

N沟道耗尽型MOS管是在制造过程中,预先在SiO_2绝缘层中掺入大量的正离子,因此,在$U_{GS}=0$时,这些正离子产生的电场也能在P型衬底中"感应"出足够的电子,形成的导电N型沟道,如图6-64所示。衬底通常在内部与源极相连。

当$U_{DS}>0$时,将产生较大的漏极电流I_D。若使$U_{GS}<0$,则它将削弱正离子形成的电场,使N沟道变窄,从而使I_D减小。当U_{GS}变得更小的时候,达到某一数值时沟道消失,$I_D=0$。使$I_D=0$的U_{GS}称为夹断电压,用U_P表示。$U_{GS}<U_P$,沟道消失,所以称为耗尽型。

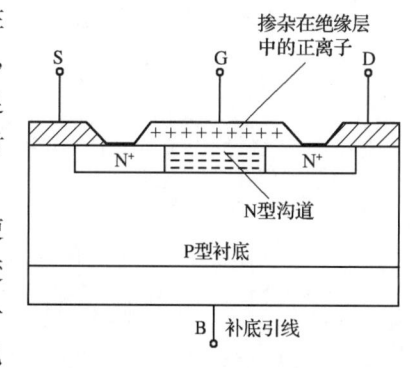

图6-64 N沟道耗尽型MOS管的结构

P沟道场效应管的工作原理与N沟道类似,如图6-65所示为各类绝缘栅型场效应管的电路符号,其原理在此从略。

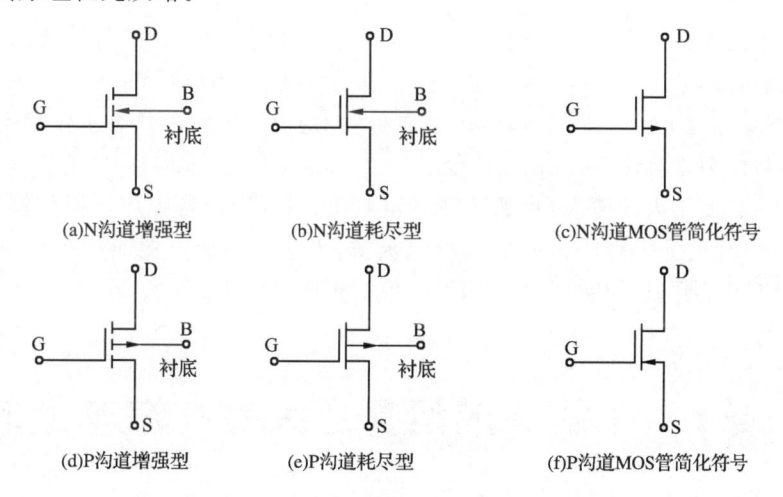

(a) N沟道增强型 (b) N沟道耗尽型 (c) N沟道MOS管简化符号
(d) P沟道增强型 (e) P沟道耗尽型 (f) P沟道MOS管简化符号

图6-65 各类绝缘栅型场效应管的电路符号

任务实施

场效应管放大电路及其应用

1. 场效应管放大电路

这里只介绍一种简单的场效应管放大电路。

图6-66所示电路是一个共源极自偏压放大电路,其中场效应管的栅极通过电阻R_G接地,源极通过电阻R_S接地。这种偏置方式靠漏极电流I_D在源极电阻R_S上产生的电压为栅、源极间提供一个偏置电压U_{GS},故称为自偏压放大电路。静态时,源极电位$U_S=I_D R_S$。由于栅极电流为零,R_G上没有电压降,栅极电位$U_G=0$,因而栅源偏置电压$U_{GS}=U_G-U_S=-I_D R_S$。耗尽型MOS管也可采用这种形式的偏置电路。该放大电路的输入信号经C_1流入栅极,放大了的输出信号从漏极经C_2输出。具体的放大过程与晶体管类似,此处不再详细介绍。

图6-67所示电路是自偏压电路的特例,其中$U_{GS}=0$。显然这种偏置电路只适用于耗尽型MOS管,因为在栅、源极间电压大于零、等于零和小于零的一定范围内,耗尽型MOS

管均能正常工作(对增强型 MOS 管不适用)。

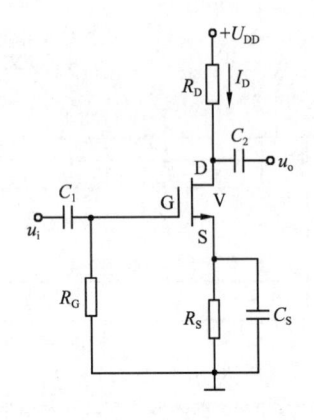

图 6-66　共源极自偏压放大电路　　　　图 6-67　特殊自偏压电路

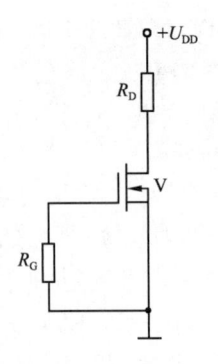

2. 场效应管的应用

MOS 管不能单独使用,主要用于构成大规模集成电路。由 MOS 管构成的集成电路被称为 CMOS 集成电路。在汽车上由单极型场效应管构成的集成逻辑门电路,称为 MOS 门电路。CMOS 门电路是一个非门电路(属于 MOS 门电路的一种),具有工作稳定性好、开关速度快、抗干扰能力强等优点,应用很广泛。

在汽车上,也使用大功率 MOS 管来驱动电动机、风扇等设备工作。但是修车时一定要注意的是,MOS 管的栅极和沟道间的隔离层极薄,人手上的静电便能烧穿它,所以不要随意触摸车上 ECU 连接插件内的插针或 ECU 内的集成电路板。

学习任务 6　了解集成运算放大器在汽车上的应用

任务目标

了解集成运算放大器的组成,理解正反馈、负反馈的概念,掌握反相比例、同相比例运算电路及差动输入放大电路的放大倍数及电路实现的特殊功能;了解集成运算放大器在汽车上的应用。能正确认识两种不同的电压比较器,了解电压比较器在汽车电路中的应用。

任务引入

前面我们学习的是分立元件组成的电子电路,本任务学习集成电路。集成电路是相对于分立电路而言的,把整个电路的各个元件以及相互之间的连接同时制造在一块半导体芯片上,组成一个不可分割的整体。集成电路在汽车上有着越来越广泛的应用。

相关知识

集成电路的英文名称是 Integrated Circuit,缩写为 IC。它是 20 世纪 60 年代初发展起来的一种新型电子器件。现在的超大规模集成电路的每个基片上可集成几百万只半导体器件。

集成电路与分立元件相比,具有成本低、体积小、耗能低、质量轻及可靠性高等特点。集成电路的制造工艺十分复杂,实际应用的集成电路的内部结构也是相当复杂的,对使用者来说,主要弄清楚集成电路的型号、功能、参数和线路连接就可以了。

现在使用的集成运算放大器,简称集成运放,是一种高放大倍数($1\times10^4 \sim 1\times10^6$)的直接耦合放大电路。它在不同的外接反馈网络配合下,能够实现比例、加、减、乘、除、微分、积分等数学运算。随着集成运算放大器的大量生产,它已成为一种通用性很强的功能部件,在自动控制系统、测量仪器仪表、计算机及汽车电路中得到了广泛的应用。

一、集成运算放大器简介

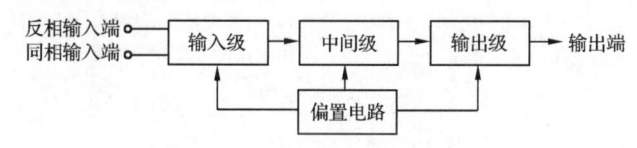

1. 集成运算放大器的组成

集成运算放大器的组成框图如图 6-68 所示,它通常包括以下四个组成部分:

图 6-68 集成运算放大器的组成框图

(1)输入级

输入级的作用是提高输入电阻,减小零点飘移,提高整个电路的共模抑制比,一般都采用差动放大电路。

(2)中间级

中间级主要用于电压放大,要求电压放大倍数要高,一般由共发射极放大电路组成。

(3)输出级

输出级直接与负载相连,要求它有足够大的功率输出,为减小输出电阻,提高电路的带负载能力,通常采用互补对称式功放电路。

(4)偏置电路

偏置电路的作用是向各级放大电路提供偏置电流,以设置合适的静态工作点和提供恒流源。

此外,通常根据实际需要还可以设置一些辅助电路,如过电流、过电压、过热保护等电路。

2. 集成运算放大器的外形和电路符号

图 6-69 所示为几种汽车专用集成运算放大器的外形,其功能和性能简介见表 6-3。

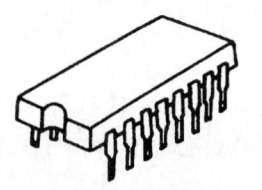

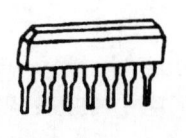

(a) 双列直插式封装　　(b) 单列直插式封装

(c)TO-5 型封装　　(c)F 型封装　　(e) 陶瓷扁平式封装

图 6-69　几种汽车专用集成运算放大器的外形

表 6-3　　　　　　　　　汽车专用集成运放的功能和性能简介

名称	型号	封装形式及代号	功能和性能简介
汽车电压调节器 IC	MC3325	塑封 646	外搭铁型交流发电机配用;具有过电压保护、温度补偿、断路报警等功能
低压差电压调节器 IC	LM2931 LM2931C	塑封 29 221A 314D	外搭铁型交流发电机配用;具有调节允许差小、过电压保护、温度补偿、断路报警等功能
点火控制 IC	MC3334	塑封 626	用于高能可变导通角磁感应式电子点火系统,导通角和火花能量在电路内部可自动调整
发动机转速检测 IC	MC3344	塑封 646 陶瓷封装 632	输入频率范围宽(10 Hz～100 kHz)、磁滞阻尼可调、电源电压范围宽(7～14 V)
喷油器驱动器 IC	MC3484	塑封 314B	用于发动机燃油喷射系统,驱动喷油器
驱动开关 IC	MC399T	塑封 314D	接通负载电路,防止产生瞬时高压
汽车转向灯闪光器 IC	UAA1041	塑封 626	控制转向灯闪光,具有过电压保护、转向灯故障报警、短路保护等功能

　　集成运算放大器的外形有双列直插式、扁平式、金属圆壳式三种,双列直插式和扁平式集成运放的引脚排列如图 6-69 所示。F007 集成电路是具有 8 线金属圆壳式封装的固体器件,它的管脚排列如图 6-70 所示,管脚 2、3 分别为反相输入端和同相输入端,管脚 6 为输出端,管脚 4、7 分别为外接负、正直流电源端,其余管脚用于外接其他元件。

　　集成运算放大器的电路符号如图 6-71 所示。在实际电路中还应在图 6-71 所示的符号中画出其电源端子。

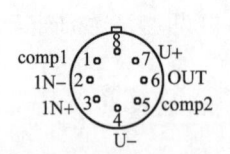

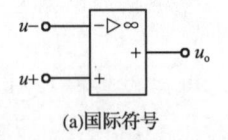

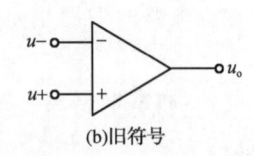

(a)国际符号　　(b)旧符号

图 6-70　F007 的管脚排列　　　　图 6-71　集成运算放大器的电路符号

二、由集成运放组成的几种基本放大器电路

　　通常集成运放必须外接负反馈网络才能正常工作。在此先介绍几个概念:反馈、正反馈、负反馈。

　　电路的反馈就是将放大电路输出量(电压或电流)的一部分或全部,通过一定的电路(称为反馈电路或反馈网络)以一定的方式送回到放大电路的输入端,并同输入信号一起参与控制作用,以使放大电路某些性能获得改善的过程。这一过程可用图 6-72 所示的框图来表示。引入反馈后的放大电路称为反馈放大电路,也称为闭环控制。

按照反馈对放大电路性能影响的效果可将反馈分为:正反馈和负反馈。

若反馈信号 X_F 与输入信号 X_i 相位相反,反馈使净输入信号 X_B(也称为有效输入信号)小于输入信号 X_i,从而使放大电路的放大倍数减小,这种反馈称为负反馈。

凡是引入反馈信号 X_F 后,$X_B > X_i$,使放大电路的放大倍数增大,这种反馈称为正反馈。

正反馈虽能提高放大倍数,但同时也加剧了放大电路性能的不稳定性,它主要用于脉冲和振荡电路。负反馈虽然减小了放大倍数,但是它对提高放大电路的工作稳定性和改善电路性能指标起到了重要作用,一般多级放大电路都要引入负反馈,它主要用于放大电路的自动调节。

集成运算放大器根据输入方式的不同,构成了三种最基本的实用放大器电路,这三种基本电路是其他各种应用电路的基础。

1. 反相比例运算电路

反相比例运算就是输出信号与输入信号大小成比例、相位却相反。图 6-73 所示为用集成运放和一些外接电阻构成的反相比例运算电路(也称为反相放大器)。

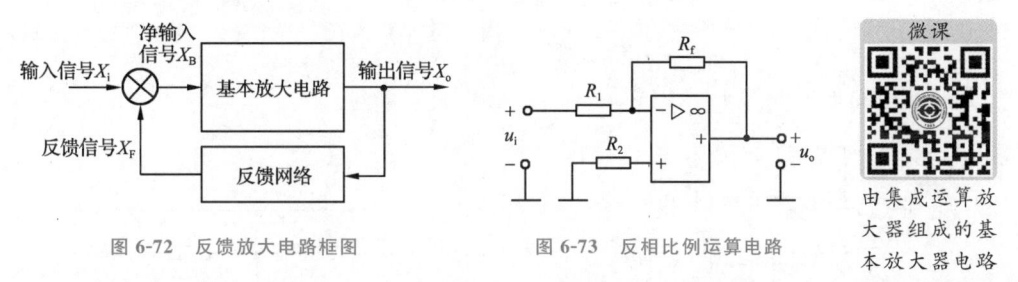

图 6-72 反馈放大电路框图　　图 6-73 反相比例运算电路

由集成运算放大器组成的基本放大器电路

输入信号 u_i 经输入端电阻 R_1 加到反相输入端;同相输入端经平衡电阻 R_2 接地,输出信号经反馈电阻 R_f 加到反相输入端,从而形成一个负反馈放大器,u_i 为加到反相输入端上的电压,u_o 为输出电压。

为使电路对称,平衡电阻 R_2 的阻值应为 R_1 与 R_f 的并联电阻值,使差动输入级的静态电阻尽可能平衡。

反相比例运算电路的放大倍数为

$$A_f = -\frac{R_f}{R_1} \tag{6-9}$$

闭环输出电压为

$$u_o = A_f u_i = -\frac{R_f}{R_1} u_i \tag{6-10}$$

式(6-10)中的"—"号表示输出电压与输入电压相位相反,并且成比例,比例系数为 R_f/R_1。这也说明放大倍数只与 R_f、R_1 有关,与放大器本身无关,只要改变 R_f 或 R_1 就可改变输出电压和输入电压的比例,这也正是集成运放的通用性所在。其等效电路如图 6-74 所示。

当 $R_f = R_1$ 时,$u_o = -u_i$,该比例运放就是一个反相器,或称反号器(非门),如图 6-75 所示。

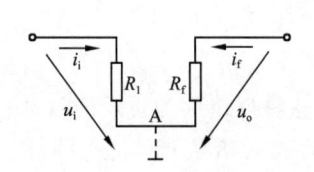

图 6-74　反相比例运算电路的等效电路

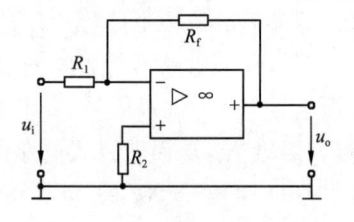

图 6-75　反相器

2. 同相比例运算电路

同相比例运算就是输出信号与输入信号大小成比例、相位相同，也称为同相放大器，电路如图 6-76 所示。

输入信号 u_i 经输入端电阻 R_2 加到同相输入端；反相输入端经 R_1 接地，输出信号经反馈电阻 R_f 加到反相输入端。R_2 起限流保护的作用，为了使电路对称，R_2 的阻值为 $R_2 = R_f$。

同相比例运算电路的放大倍数为

$$A_f = 1 + \frac{R_f}{R_1} \qquad (6-11)$$

输出电压为

$$u_o = A_f u_i = (1 + \frac{R_f}{R_1}) u_i \qquad (6-12)$$

其等效电路如图 6-77 所示。

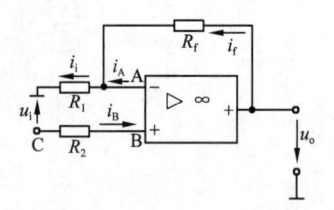

图 6-76　同相比例运算电路

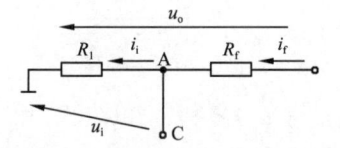

图 6-77　反相比例运算电路的等效电路

输出公式中无"－"号，表示输出电压与输入电压相位相同，并且成比例，比例系数为 $1 + R_f/R_1$。

当 R_1 开路时（R_1 为∞）或取 $R_f = 0$ 时，该比例运放的放大倍数 $A_f = 1$，$u_o = u_i$，这时的同相比例集成运放就是一个电压跟随器或称同相器，如图 6-78 所示。

> **课堂互动**
>
> 比较同相比例运算电路和反相比例运算电路的异同点。

3. 差动输入放大电路

差动输入放大电路（差分放大器）如图 6-79 所示。

两个信号 u_{i1}、u_{i2} 分别通过 R_1、R_2 加到反相输入端和同相输入端。输出信号通过与 R_3 相匹配的电阻 R_f 反馈到反相输入端，从而构成闭环反馈电路。为了保证输入端平衡工作和提高共模抑制比，需选取电路参数 $R_1 = R_2$，$R_3 = R_f$。

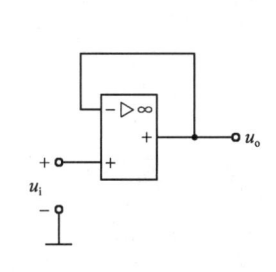

图 6-78　电压跟随器(同相器) 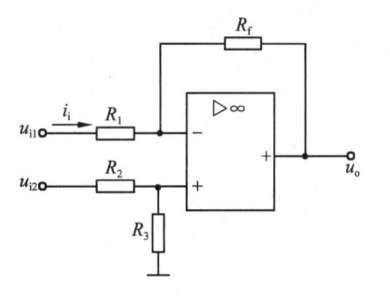　　　　图 6-79　差动输入放大电路

集成运放工作在线性放大区,可以利用叠加原理进行计算。

当 u_{i1} 单独作用时($u_{i2}=0$),电路是反相比例运算,输出信号电压为

$$u_{o1} = -\frac{R_f}{R_1}u_{i1}$$

当 u_{i2} 单独作用时($u_{i1}=0$),电路是同相比例运算,输出信号电压为

$$u_{o2} = (1+\frac{R_f}{R_1})u_{i2}(\frac{R_3}{R_2+R_3})$$

当 u_{i1}、和 u_{i2} 共同作用时,输出信号电压为(将 $R_1=R_2$,$R_3=R_f$ 代入得)

$$u_o = u_{o1} + u_{o2} = -\frac{R_f}{R_1}u_{i1} + (1+\frac{R_f}{R_1})u_{i2}(\frac{R_3}{R_2+R_3}) = -\frac{R_f}{R_1}(u_{i1}-u_{i2})$$

放大倍数为

$$A_f = -\frac{R_f}{R_1} \tag{6-13}$$

输出信号电压正比于两个输入信号电压之差。

当 $R_f=R_1$ 时,则 $A_f=-1$,$u_o=u_{i2}-u_{i1}$,即输出信号电压等于两个输入信号电压之差。因此,双端输入放大电路可以实现常规的减法运算。

【例题】　在图 6-79 所示的电路中,已知 $R_1=R_2=10$ kΩ,$R_f=R_3=30$ kΩ,$u_{i1}=3$ V,$u_{i2}=0.5$ V,试求输出电压 u_o。

【解】　　　　$u_o = -\frac{R_f}{R_1}(u_{i1}-u_{i2}) = -\frac{30}{10} \times (3-0.5) = -7.5$ V

三、电压比较器

电压比较器就是可以对一个模拟电压信号和一个参考电压信号进行比较的电路,并能把比较的结果反映在输出端。电压比较器电路中的集成运放是无反馈的开环电路,如图 6-80 所示。

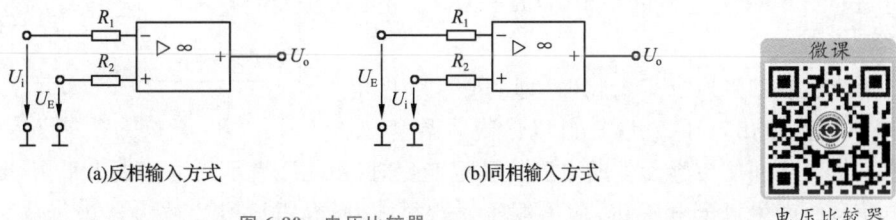

(a)反相输入方式　　　　(b)同相输入方式

图 6-80　电压比较器

电压比较器一般有两个输入端和一个输出端。输入信号通常是两个模拟量,一般情况下,一个输入信号是固定不变的参考电压 U_E(比较基准电压),另一个输入信号则是变化的信号电压 U_i。输出信号只有两种可能的状态:高电平和低电平。

当信号电压由反相输入端输入时,称其为反相输入方式,如图 6-80(a)所示。当信号电压由同相输入端输入时,称其为同相输入方式,如图 6-80(b)所示。

1. 反相输入方式

当 $U_i > U_E$ 时,$U_o = U_-$,输出低电平;当 $U_i < U_E$ 时,$U_o = U_+$,输出高电平。

若输入信号电压 U_i 为图 6-81(a)所示的正弦波,U_E 为一个直流电压(用作参考电压),则输出电压 U_o 为图 6-81(b)所示的方波。

2. 同相输入方式

当 $U_i > U_E$ 时,$U_o = U_+$,输出高电平;当 $U_i < U_E$ 时,$U_o = U_-$,输出低电平。

注意:电压比较器的转换点电压可正、可负,也可为零,但大小应根据集成运放生产厂家给出的输入同步范围进行设置。

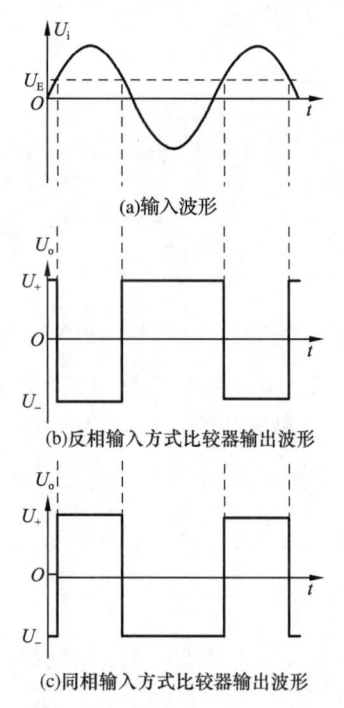

图 6-81 电压比较器反相输入方式的输入输出波形

想一想

电压比较器两种输入方式的输出信号是不是只有高、低电平两种状态?可以将电压比较器用在什么场合?比较两种输入方式的不同点。

任务实施

集成运算放大器在汽车电子电路中的应用

1. 电桥信号放大电路

电喷发动机中,有许多传感器采用了电桥电路,如热线式(热膜式)空气流量计、半导体应变式进气压力传感器、电容式压力传感器、压电式爆震传感器等电路均采用如图 6-82 所示的电桥信号放大电路。图 6-82 中电桥的一个臂($R + \Delta R$)是由传感器构成的。

当传感器的阻值没有变化时,即 $\Delta R = 0$ 时,电桥平衡,电路输出电压 $u_o = 0$;当传感器因温度、压力或其他变化而使传感元件的电阻值发生变化时(用 ΔR 表示),电桥失去平衡,变化量转换成电信号而产生输出电压 u_o。输出电压一般很小,所以需要经过放大器进行放大。又因为两个输入端均有信号输入,故此放大电路也叫差分放大电路。

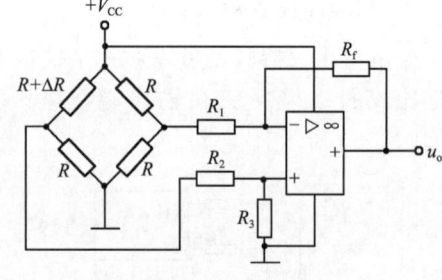

图 6-82 电桥信号放大电路

图 6-83 所示为桑塔纳 2000Gli 型轿车采用的压敏电阻式进气压力传感器的结构和工作原理。

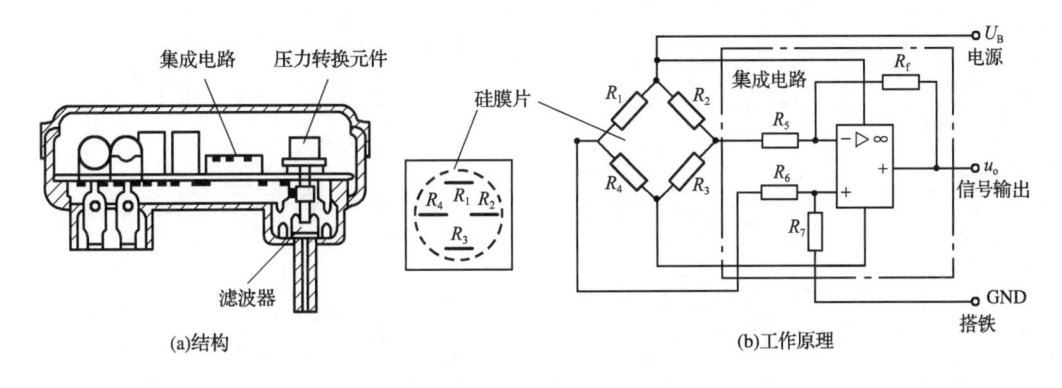

图 6-83 压敏电阻式进气压力传感器的结构和工作原理

该传感器有一个通气口与进气管相通,进气压力通过该口加到压力转换元件(由四个压敏电阻构成的硅膜片)上。硅膜片受压力变形后,电桥输出信号,压力越大,输出信号越大。该信号经过集成运放放大后传送给电喷系统 ECU。

2. 电压比较器在汽车电子电路中的应用

(1)汽车电路中几种典型的电压比较器

在汽车电子电路中,最常用的电压比较器有以下几种(均由美国国家半导体公司生产):LM741、LM324 和 LM339。

①LM741

LM741 引脚如图 6-84 所示,国内相同的型号是 F741。

LM741 是双电源单集成运放器,采用双列直插式封装,一共有 8 个引脚,可以用作放大器,也可以用作电压比较器。其中,4 脚接负电源,在放大交流信号时接负电位信号,用以保证信号的完整性,在汽车电路中作为放大器或电压比较器时直接搭铁;7 脚接正电源;2 脚是放大器的反相输入端;3 脚是同相输入端;6 脚是输出端;1、5 脚是在放大交流信号时电路调零端,汽车电路中不用;8 脚是空脚。

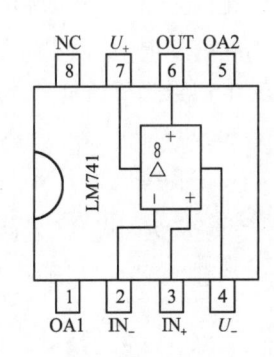

图 6-84 LM741 引脚

②LM324

LM324 采用双列直插式封装,共有 14 个引脚,如图 6-85 所示,可以用作放大器和电压比较器。内部是 4 个独立的运算放大器。4 个运算放大器可以单独使用,但使用时一定要加上电源。国内相同的型号是 F324。

③LM339

LM339 国内相同的型号是 F339,采用单电源供电,共有 14 个引脚,如图 6-86 所示。内部是 4 个独立的电压比较器,可以单独使用,也可以 4 个同时使用。

应当注意的是:集成电路的电源一般每一个芯片只引出一对引脚,而在一般电路图中并不标出电源引脚。在实际组装电路时,则一定要将电源引脚连接好,在其他集成电路中也是如此。

图 6-85 LM324 引脚

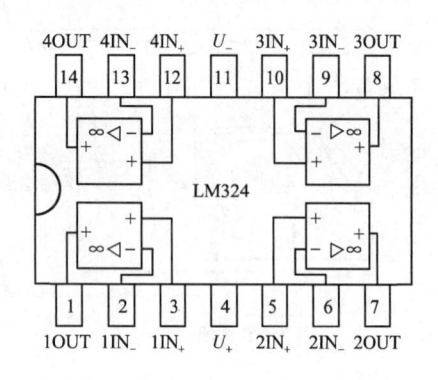

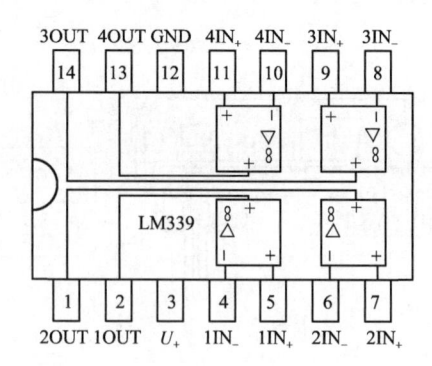

图 6-86 LM339 引脚

(2) 简单电压比较器的应用

汽车上许多传感器输出的是模拟信号,而 ECU 能处理的是数字信号。电压比较器可以作为模拟电路和数字电路的接口,用来进行模/数(A/D)转换,此外电压比较器还用在自动控制、信号测量及波形转换、超限报警等汽车电子电路中。

电压比较器最常见的应用电路有三种形式:简单电压比较器、滞回电压比较器和窗口电压比较器。

在电喷发动机闭环控制系统中,氧传感器与 ECU 之间就是通过电压比较器进行信号传递的。如图 6-87 所示为氧传感器与 ECU 连线。控制系统规定,当氧传感器输出电压大于 0.5 V 时,认为混合气过浓;小于 0.5 V 时,认为混合气过稀。控制系统根据氧传感器的输出信号对喷油量进行修正,从而控制发动机在理想空燃比附近工作,保证排放合乎法规要求。

在有些汽车上装有蓄电池电压过低报警电路,该电路如图 6-88 所示,由 LM741、稳压管、发光二极管及一些电阻组成。参考电压 5 V,在实验室中可以用直流电源代替蓄电池做实验。

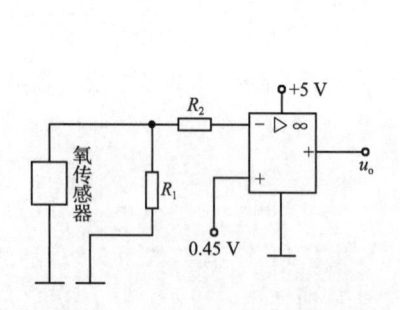

图 6-87 氧传感器与 ECU 连线

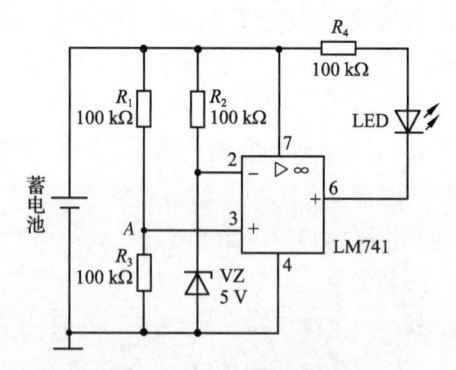

图 6-88 蓄电池电压过低报警电路

课堂互动

同学们可以根据学过的比较器原理分析图 6-88 中的报警系统工作的原理。图中蓄电池为 12 V,A 点的正常电位为多少?先分析该电路是同相输入电压比较器,还是反相输入电压比较器?输出端 6 输出高电平时发光二极管亮,还是输出低电平时发光二极管亮?

(3)滞回电压比较器的应用

在简单电压比较器的基础上加正反馈就构成了滞回电压比较器,如图6-89所示,它经常被用来进行不规则信号的整形,将正弦波整形为方波脉冲信号。

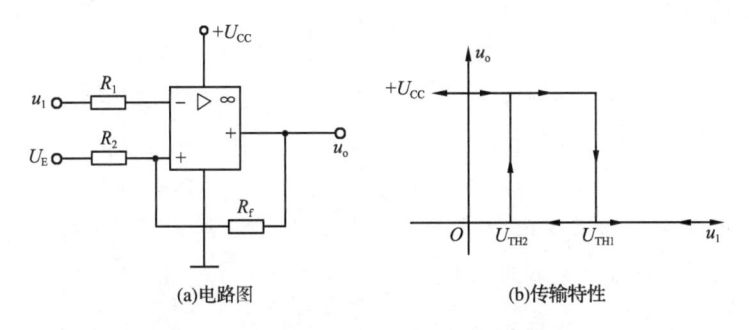

(a)电路图　　　　　　　(b)传输特性

图6-89　反相滞回电压比较器电路和传输特性

例如,在汽车防抱死系统中,车轮速度是靠轮速传感器传递给ECU的。霍尔轮速传感器向ECU传送的是将霍尔元件产生的微弱的正弦波信号放大整形为11.5～12 V的标准脉冲信号,如图6-90、图6-91所示,它就是通过由集成运放构成的电子电路实现的。

图6-90　霍尔轮速传感器的电路

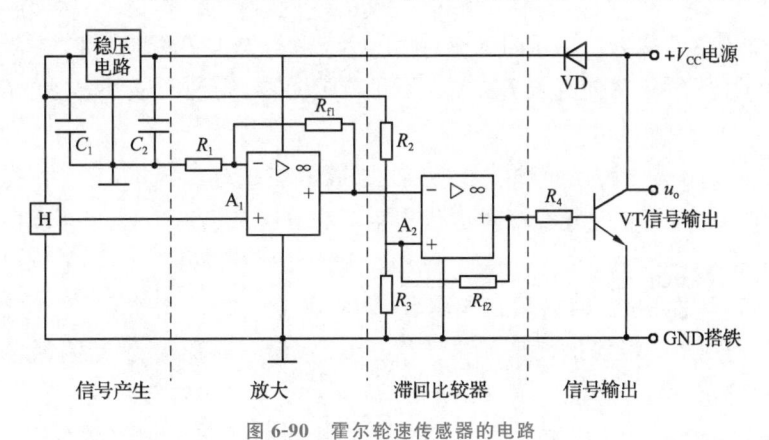

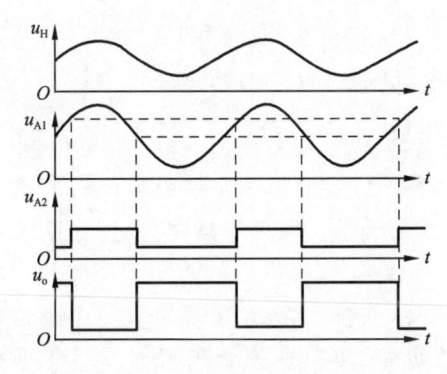

图6-91　霍尔轮速传感器电路各级波形

拓展阅读 >>>

★ 美国的巴丁、萧克莱、布拉顿(John Bardeen, William Shockley, Walter Brattain)合作研究晶体管的理论和制作,在1947年底,制成了世界上第一个晶体三极管,并于1956年获得了诺贝尔物理学奖。上网查找他们的资料,查找半导体技术的发展情况,查发光二极管、光电管等在汽车上的应用,并与同学分享交流。

小 结

(1)影响半导体材料导电能力的因素有:掺杂性、热敏性、光敏性等。

P型半导体中空穴为多数载流子,N型半导体中电子为多数载流子。PN结具有单向导电性,即加正向电压时,PN结导通;加反向电压时,PN结截止。

(2)二极管具有单向导电性,其伏安特性具有非线性。二极管的主要参数有:最大整流电流 I_{FM}、最大反向电压 U_{RM}、最大反向电流 I_{RM}。

用模拟式万用表可以检测二极管的单向导电性。将万用表置于 $R \times 1$ k 或 $R \times 100$ 欧姆挡,黑表笔接二极管正极,红表笔接负极,测得的正向阻值较小(100~1 000 Ω);反之,两表笔对调后测得的反向阻值较大(数百千欧以上),说明二极管正常,单向导电性很好。

若测得的二极管的正向电阻小,反向电阻大,且两者相差很大,说明二极管是好的;若测得的二极管反向电阻太小,则说明该管已失去了单向导电性;若反向电阻无穷大,则说明该管内部已开路;若反向电阻为零,则说明该管已被击穿,不能使用。

稳压二极管是一种用特殊工艺制成的面接触型的硅二极管,它工作在反向击穿区,其PN结较薄。稳压二极管的伏安特性与普通二极管类似,只是反向击穿区特性曲线很陡。

发光二极管在使用时必须正向偏置,还应串接一个限流电阻,不能超过极限工作电流。发光二极管的亮度随着流过的电流增大而提高,发光的颜色和构成PN结的材料有关,除了能发出可见光外,还可发出不可见的红外线。

光电二极管一般工作在反向状态,即负极接高电位,正极接低电位。

(3)单相桥式整流电路中负载获得的直流电压和电流分别为

$$U_o = 0.9 U_2, I_o = \frac{U_o}{R_L} = 0.9 \frac{U_2}{R_L}$$

式中,U_2 为变压器次级电压的有效值。

滤波电路一般由电容、电感、电阻等元件组成。因为电感具有"通直隔交"的作用,滤波时一定要和负载串联。电容器具有"隔直通交"的作用,滤波时一定要和负载并联。

(4)稳压管工作时要和负载并联,并且要串联一个限流电阻。稳压管的稳压电路是由稳压管的电流调节作用和限流电阻 R 的电压调节作用互相配合实现稳压的。

(5)三极管可分为NPN型和PNP型两大类,它们都有三个区(发射区、基区、集电区)、三个电极(发射极、基极、集电极)、两个PN结。

三极管的电流放大作用实质是指以基极电流的微小变化控制集电极电流较大变化的作用,即"以小控大、以弱控强"的作用,并非真正把小电流放大了。三极管的交流电流放大系数为 $\beta = \dfrac{\Delta I_C}{\Delta I_B}$。

晶体管有三种不同的工作状态:放大状态、截止状态、饱和状态。不论是 PNP 型还是 NPN 型的三极管,实现电流放大作用的基本条件是:发射结必须加正向电压,集电结则要加反向电压;处于饱和状态的条件是:发射结和集电结都处于正向偏置,此时 $U_{CE} \approx 0$,CE 间相当于一个闭合的开关;处于截止状态的条件是:发射结反向偏置或零偏置、集电结处于反向偏置,此时 $I_B \approx 0$,$I_C \approx 0$,CE 间相当于一个断开的开关,几乎无电流通过。

复合管的电流放大系数为 $\beta = \beta_1 \beta_2$。

(6)晶闸管是一种大功率半导体器件。晶闸管的导通条件是:在阳极正向电压的前提下,门极加足够大的瞬间正向($U_{GK} > 0$)触发电压。晶闸管的关断条件是:使 $I_A < I_H$ 或将阳极电压降至零或使其反向。

(7)场效应管分为结型场效应管(JFET)和绝缘栅型场效应管(IGFET),绝缘栅型场效应管简称 MOS 管,绝缘栅型场效应管又可分为增强型和耗尽型。

(8)集成运放通常包括输入级、中间级、输出级、偏置电路。

反馈分为正反馈和负反馈。通常集成运放必须外接负反馈网络才能正常工作。负反馈虽然降低了放大倍数,但是它对提高放大电路的工作稳定性和改善电路性能指标起到了重要作用,一般多级放大电路都要引入负反馈。

集成运算放大器根据输入方式的不同,构成了三种最基本的实用放大器电路:

一是反相比例运算电路,其放大倍数为 $A_f = -\dfrac{R_f}{R_1}$

二是同相比例运算电路,其放大倍数为 $A_f = 1 + \dfrac{R_f}{R_1}$

三是差动输入放大电路,其放大倍数为 $A_f = -\dfrac{R_f}{R_1}$

(9)电压比较器一般有两个输入端和一个输出端。输入信号通常是两个模拟量,一个输入信号是固定不变的参考电压 U_E,另一个输入信号则是变化的信号电压 U_i。输出信号只有两种可能的状态:高电平和低电平。

当信号电压由反相输入端输入时,称其为反相输入方式;当信号电压由同相输入端输入时,称其为同相输入方式。

同步训练

6-1 什么是 N 型半导体、P 型半导体？它们主要靠什么导电？

6-2 什么是 PN 结？其主要特性是什么？

6-3 如何用万用表欧姆挡判别二极管的好坏与极性？

6-4 电容滤波和电感滤波电路的特性有什么区别？各适用于什么场合？

6-5 稳压管和普通二极管有哪些异同点？

6-6 怎样利用万用表判断三极管是 PNP 型还是 NPN 型？

6-7 晶体管有几种工作状态？分别写出管子处于三种工作状态时两个 PN 结应满足的条件及对三极管各电极电位的要求。

6-8 工作在放大区的某三极管，当 I_B 从 20 μA 增大到 40 μA 时，I_C 从 1 mA 变为 2 mA，该三极管的放大系数 β 约为多少？

6-9 某三极管的发射极电流等于 1 mA，基极电流等于 20 μA，则集电极电流等于多少？

6-10 试判断图 6-92 所示各电路中的三极管是否有可能工作在放大状态？

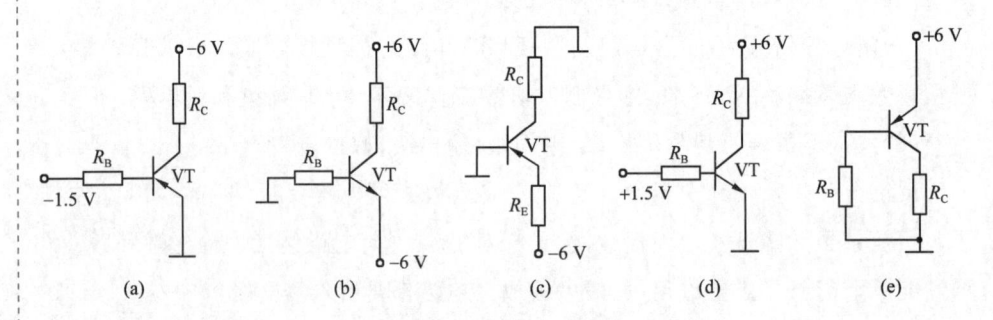

图 6-92 6-10 题图

6-11 晶闸管的导通条件是什么？晶闸管控制极的作用是什么？在什么条件下晶闸管由导通变为关断？

6-12 当三极管起开关作用时，其工作在哪个区域？三极管的开关作用在汽车上有什么作用？

6-13 集成运算放大器由哪几部分组成？各部分有何特点？

6-14 同相比例运算电路和反相比例运算电路有何异同？

6-15 什么是电压比较器？它有几种输入方式？

模块 7　数字电路基础

学习任务 1　数字电路基础知识

任务目标

了解数字信号及数字电路特点，能够进行十进制数和二进制数之间的转换；了解 8421BCD 编码的特点；了解逻辑代数与普通代数的区别，掌握基本的与、或、非逻辑运算；掌握逻辑代数的基本运算法则。

学习任务 7-1

素养提升

通过讨论人工智能、机器人等前沿技术，激发学生多维思考，培养创新意识和创新能力。

任务引入

汽车上的数字仪表广泛采用了数字电路，汽车上许多传感器向 ECU 输送的信号是数字信号。数字信号与模拟信号、模拟电路与数字电路有着不同的特点和计算方式。本次任务主要学习数字电路的基本知识，它们是学习后续内容的基础。

相关知识 >>>

一、数字信号和数字电路

1. 数字信号

在汽车电子控制系统的电路中，电信号主要在传感器、ECU、执行元件之间进行传递。传感器输入给 ECU 的电信号大体可以分为两大类：一类是其数值随时间的变化而连续变化的信号，称为模拟信号，如热敏电阻式水温传感器和进气温度传感器输出的信号；另一类信号的数值随时间的变化是离散的，只有高、低间隔变化，多以脉冲信号的形式出现，这一类信号称为数字信号，如光电式曲轴位置传感器输出的信号。图 7-1 所示为模拟信号和数字信号的波形。

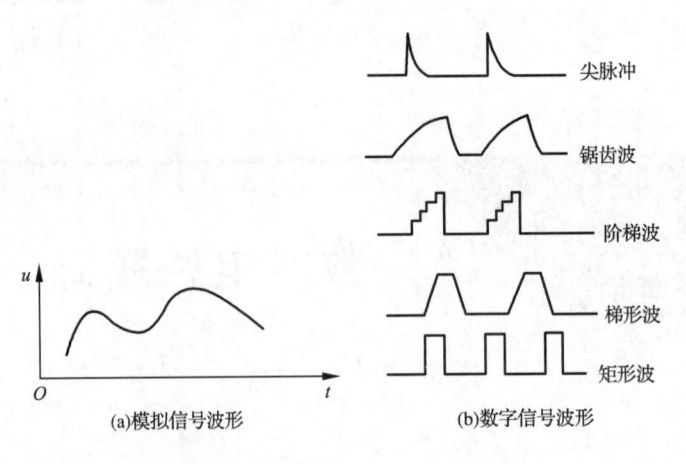

图 7-1 模拟信号和数字信号的波形

2. 数字信号的主要参数

描述数字信号的主要参数有：脉冲幅度 A、周期 T、脉宽 τ、占空比 D，如图 7-2 所示。电路中没有脉冲信号时的状态称为静态，静态时的电压值可以为正、负或零（一般为 0 V 左右）。脉冲出现时的电压大于静态时的电压值，称为正脉冲（图 7-2），脉冲出现时的电压小于静态时的电压值，称为负脉冲，如图 7-3 所示。

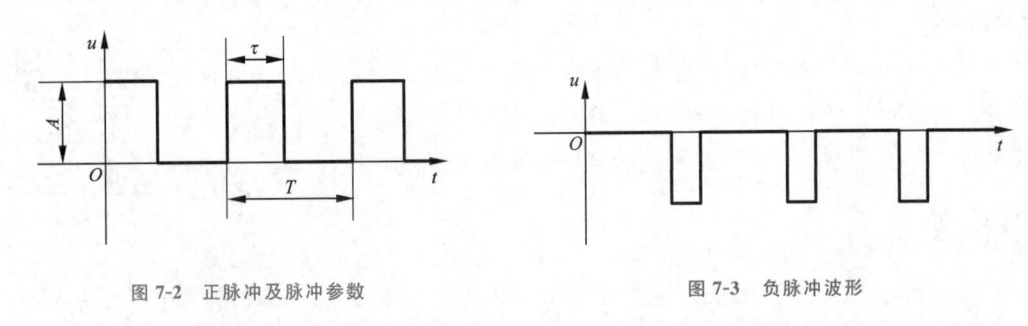

图 7-2 正脉冲及脉冲参数

图 7-3 负脉冲波形

3. 数字电路及特点

按照电子电路中工作信号的不同，通常把电子电路分为模拟电路和数字电路。处理模拟信号的电子电路称为模拟电路，如模块 6 所述的各类放大电路、稳压电路等都属于模拟电路。处理数字信号的电子电路称为数字电路，如本模块将要介绍的各种门电路、触发器、计数器等都属于数字电路。

数字电路有许多区别于模拟电路的特点，主要表现为：

(1) 数字电路在计数和进行数值运算时采用二进制数，每一位只有 0 和 1 两种可能。数字电路中的电子元件通常工作在开关状态，电路结构简单，容易制造，便于集成及系列化生产，成本较低，使用方便。

(2) 数字电路通常是利用脉冲信号的有无（代表和传输 0 和 1 的数字信息）、个数、频率、宽度来进行工作的，与脉冲幅度无关，因此，其抗干扰能力强，准确度高。

(3) 数字电路不仅能完成数值运算，而且能进行逻辑判断和逻辑运算。这在控制系统中是不可缺少的，因此也把数字电路称为"逻辑电路"。由数字电路组成的数字系统，只要增加数字的位数，就可以提高其运算精度。

(4) 数字电路的分析方法不同于模拟电路，其重点在于研究各种数字电路输出信号与输入信号之间的逻辑关系，因此分析数字电路采用的数学工具是逻辑代数，表达数字电路逻辑功能的方式主要有真值表、逻辑表达式和波形图等。

数字电路也有一定的局限性，因此，人们往往把数字电路和模拟电路结合起来，组成一个完整的电子系统，以扩大其应用。

二、数制和编码

虽然十进制数及其运算是大家非常熟悉的，但在数字电路中，采用十进制数却很不方便。因为在数字电路中，数码是通过电路或元件的不同状态来表示的，若要使电路或元件由十种不同的状态来表示0～9十个数码，这在技术上是很困难的。而最容易实现的是使电路或元件具有两种工作状态，如电路的通与断、电位的高与低、晶体管的导通与截止等。所以，在数字电路中，采用只有两个数码0和1的二进制数是极其方便的，从而使二进制数在数字电路中得到了极为广泛的应用。

数制就是数值的表示方法，十进制是人们日常生活中最熟悉的数值表示方法，在数字电路中广泛采用二进制计数体制，在书写计算机程序时，还常用到八进制和十六进制计数体制。这里只简单介绍二进制数和编码。

1. 二进制数和二进制代码

（1）二进制数

二进制数是只用0和1两个数码，按照一定规律排列来表示数值大小的，计数时以2为基数，逢二进一。为了与十进制数区别开，二进制数通常在数码的末尾加字母B(Binary)表示，如110B，读作"壹壹零B"。

在实际中，常常需要进行十进制数和二进制数之间的相互转换。

例如，将十进制数35转换成二进制数的方法是"除2求余法"。

$$\begin{array}{r|l}
2 & 35 \quad\text{余数}\\
2 & 17 \cdots\cdots 1(K_0) \text{ 低位}\\
2 & 8 \cdots\cdots 1(K_1)\\
2 & 4 \cdots\cdots 0(K_2)\\
2 & 2 \cdots\cdots 0(K_3)\\
2 & 1 \cdots\cdots 0(K_4)\\
& 0 \cdots\cdots 1(K_5) \text{ 高位}
\end{array}$$

可以写成：$(35)_{10} = 100011B$

如果这个十进制数带小数点，则可以用下面的方法分别进行二进制数的转换。

例如，将十进制数44.375转换成二进制数的方法如下：

整数部分采用基数连除法，先得到的余数为低位，后得到的余数为高位。

小数部分采用基数连乘法，先得到的整数为高位，后得到的整数为低位。

$$\begin{array}{r|l}
2 & 44 \quad\text{余数 低位}\\
2 & 22 \cdots\cdots 0=(K_0)\\
2 & 11 \cdots\cdots 0=(K_1)\\
2 & 5 \cdots\cdots 1=(K_2)\\
2 & 2 \cdots\cdots 1=(K_3)\\
2 & 1 \cdots\cdots 0=(K_4)\\
& 0 \cdots\cdots 1=(K_5) \text{ 高位}
\end{array}$$

$$\begin{array}{l}
0.375\\
\times\ 2\\
\hline
0.750 \cdots\cdots 0=(K_{-1}) \text{ 高位}\\
0.750\\
\times\ 2\\
\hline
1.500 \cdots\cdots 1=(K_{-2})\\
0.500\\
\times\ 2\\
\hline
1.000 \cdots\cdots 1=(K_{-3}) \text{ 低位}
\end{array}$$

所以：$(44.375)_{10} = (101100.011)_2$

举例：$(56.75)_{10} = (111000.11)_2$

采用基数连除、连乘法，可将十进制数转换为任意的N进制数。

将二进制数转换成十进制数，可以按"权"展开并求和。

我们知道,一个十进制数 888,虽然每一个位置上的数码都是 8,但是,右边第一个 8 表示的是个位数(个位的权是 10^0),即 8;右边第二个 8 表示的是十位数(十位的权是 10^1),即 80;右边第三个 8 表示的是百位数(百位的权是 10^2),即 800。所以可以写成:

$$888 = 8 \times 10^2 + 8 \times 10^1 + 8 \times 10^0$$

同十进制数一样,二进制数中的同一数码因在二进制数中的位置不同而表示不同的数值。因此,二进制数 110B 转换成十进制数的方法如下:

$$110B = 1 \times 2^2 + 1 \times 2^1 + 0 \times 2^0 = (6)_{10}$$

二进制数的运算法则(符合交换律):

0+0＝0　0+1＝1　1+1＝10　0×0＝0　1×0＝0　1×1＝1

(2)二进制代码

二进制代码与二进制数是不同的。把二进制数按照一定的规律组合在一起,表示一定的信息,这样的一组二进制数称为二进制代码。例如:十进制数 3 转换成二进制数为"11"(写成 11B),但是从表 7-1 中可以看出,给十进制数 3 编制的四位"8421BCD 码"二进制代码是"0011",给 3 编制的四位"格雷码"二进制代码却是"0010"。

赋予每个代码以固定含义的过程,就称为编码。

将具有特定含义的信号用二进制代码来表示的过程称为二进制编码。

2.二—十进制编码(BCD 码)

所谓二—十进制编码,就是用四位二进制代码来表示一位十进制数码,简称 BCD 码。由于四位二进制码有 0000,0001,…,1111 等 16 种(2^4)不同的组合状态(表 7-1),故可以选择其中任意 10 个状态以代表十进制中 0~9 的 10 个数码,其余 6 种组合是无效的。因此,按选取方式的不同,可以得到不同的二—十进制编码。BCD 码的多种形式中,最常用的是 8421BCD 码、格雷码、2421BCD 码、5421BCD 码等,这里只介绍 8421BCD 码。

表 7-1　　　　　　　　　常用 BCD 码

十进制数	8421BCD 码	余 3 码	格雷码	2421BCD 码	5421BCD 码
0	0000	0011	0000	0000	0000
1	0001	0100	0001	0001	0001
2	0010	0101	0011	0010	0010
3	0011	0110	0010	0011	0011
4	0100	0111	0110	0100	0100
5	0101	1000	0111	1011	1000
6	0110	1001	0101	1100	1001
7	0111	1010	0100	1101	1010
8	1000	1011	1100	1110	1011
9	1001	1100	1101	1111	1100
权	8421			2421	5421

8421BCD 码是选用四位二进制码的前 10 个代码 0000~1001 来表示十进制数的 0~9 这 10 个数码。十进制数转换成二进制数以后,二进制数不足四位的,在其前面补 0,补足四位。例如,0~7 转换成二进制数以后,都不足四位,在这些二进制数之前补 0(表 7-1),变成四位二进制编码。此编码的特点如下:

(1)这种编码实际上就是四位二进制数的前 10 个代码的组合,每组(四位)内 8421BCD 码符合二进制规则,而组与组之间则是十进制,即按其自然顺序所对应的十进制数每一位的表示和通常的二进制相同。例如,十进制数 145 的 8421BCD 码形式为

$$(145)_{10} = (0001\ 0100\ 0101)_{8421BCD}$$

8421BCD 码与十进制数的转换：$(0111\ 0100\ 1001)_{8421BCD} = (749)_{10}$

(2)它是一种有权码。四位二进制编码中由高位到低位的权依次是 2^3、2^2、2^1、2^0(8、4、2、1)，故称为 8421BCD 码。在 8421BCD 码这类有权码中，如果将其二进制数码乘以其对应的权后求和，就是该编码所表示的十进制数。

例如，$(1001)_{8421BCD} = 1 \times 2^3 + 0 \times 2^2 + 0 \times 2^1 + 1 \times 2^0 = (9)_{10}$

(3)在这种编码中，1010～1111 这 6 种组合状态(从 10～15 这 6 个十进制数的二进制码)是不允许出现的，称为禁止码。

8421BCD 码是最基本、最常用的编码，因此必须熟记。在汽车电子仪表显示电路中，经常要将信息转换成 8421BCD 码，然后进行显示。

8421BCD 码只利用了四位二进制数的 16 种组合 0000～1111 中的前 10 种组合 0000～1001，其余 6 种组合 1010～1111 是无效的。如果采取不同的方式从 16 种组合中选取 10 种组合，可以得到其他二—十进制码，如 2421BCD 码、5421BCD 码等。余 3 码是由 8421BCD 码加3(0011)得来的，是一种无权码。

三、逻辑和逻辑代数

1. 逻辑

逻辑是指事物的原因(条件)与结果的关系，即因果关系。数字电路其实就是利用电路的输入信号来反映条件，用输出信号反映结果，从而使电路的输入、输出之间代表了一定的逻辑关系，因此，数字电路又称为逻辑电路。

2. 逻辑代数

逻辑代数就是用以描述逻辑关系，反映逻辑变量运算规律的数学，它是按照一定的逻辑规律进行运算的。

逻辑代数是英国数学家乔治·布尔在总结了人类思维规律的基础上建立和发展起来的，并且首先在开关电路中获得了广泛应用，故又称布尔代数或开关代数，它是研究逻辑电路的数学工具，为分析和设计逻辑电路提供了理论基础。

3. 逻辑代数与普通代数的区别

逻辑代数中的逻辑变量和普通代数中的变量一样，也可以用字母 A、B、C、$\cdots$、X、Y、Z 等来表示。逻辑代数也是由逻辑变量(用字母表示)、逻辑常量(0 和 1)和逻辑运算符(与、或、非)组成的，但它与普通代数不同的是：

(1)逻辑代数中所有变量只允许取两个值 0 和 1(没有中间值)。

(2)逻辑代数中变量的取值(0 和 1)并不表示数量的大小，它只用来表示两种对立的逻辑状态。如果用 0 表示开关闭合，则 1 就表示开关断开；如果用 0 表示无信号，则 1 就表示有信号；如果用 0 表示逻辑假，则 1 就表示逻辑真等。

(3)在逻辑代数中，只有三种基本的逻辑运算，即与运算、或运算、非运算。其他逻辑运算都是通过这三种基本运算的组合来实现的。

逻辑代数之所以能用来研究逻辑电路，是因为逻辑电路的各个输入端及输出端只有两种稳定的工作状态，恰好能用逻辑代数中的两个变量值 0 和 1 来表示，并且逻辑代数的运算规律又恰好反映了逻辑电路的内在联系和变化规律。

四、三种基本逻辑运算

1. 与逻辑和与运算

(1)与逻辑

当决定某一事件的所有条件(前提)都具备时，该事件才会发生(结论)，这种结论与前

提的逻辑关系称为与逻辑关系。例如,两个串联开关共同控制一个电灯,如图 7-4 所示,只有当开关 A 与 B 同时接通(两个条件同时都具备)时,电灯 F 才亮。

(2)与运算

实现与逻辑关系的运算称为与运算。运算符号为"·",通常可以省略。与运算又称逻辑乘。引入与运算后,前面的电灯 F 亮这一命题与两个开关闭合之间的逻辑关系可表示为

$$F = A \cdot B$$

当 A、B 开关闭合时,变量取值为"1",反之为"0";电灯 F 亮为"1",电灯 F 不亮为"0",则与运算显然只有几种运算:

$$0 \cdot 0 = 0 \quad 0 \cdot 1 = 0 \quad 1 \cdot 0 = 0 \quad 1 \cdot 1 = 1$$

2. 或逻辑和或运算

(1)或逻辑

在决定某一事件的各个条件中,只要有一个或一个以上的条件具备,该事件就会发生,这种逻辑关系称为或逻辑关系。在图 7-5 所示电路中,开关 A 和 B 并联,当开关 A 接通或 B 接通,或者 A 和 B 都接通时,电灯 F 就会亮。

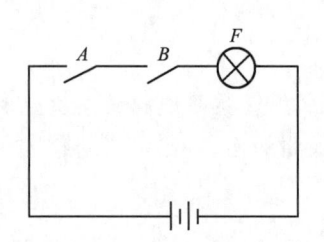

图 7-4 两个串联开关控制电灯的电路

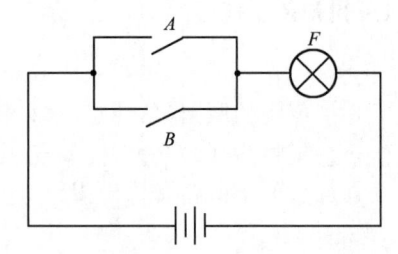

图 7-5 两个并联开关控制电灯的电路

(2)或运算

实现或逻辑关系的运算称为或运算。运算符号为"+",因此,或运算又称逻辑加。这样,两个并联开关控制电灯的逻辑关系可表示为

$$F = A + B$$

或运算的规律:

$$0 + 0 = 0 \quad 0 + 1 = 1 \quad 1 + 0 = 1 \quad 1 + 1 = 1$$

3. 非逻辑和非运算

(1)非逻辑

在逻辑问题中,若条件具备时,事件不发生;而当条件不具备时,该事件必然发生,这种结论与前提完全相反的逻辑关系称为非逻辑关系。在图 7-6 所示电路中,开关 A 和电灯 F 并联,当开关 A 接通时,电灯 F 不亮;而当开关 A 断开时,电灯 F 反而亮。

(2)非运算(求反运算)

实现非逻辑关系的运算称为非运算,非运算用"¯"表示。这样,开关 A 接通和电灯 F 亮的逻辑关系可表示为

$$F = \overline{A}(读作 A 非)$$

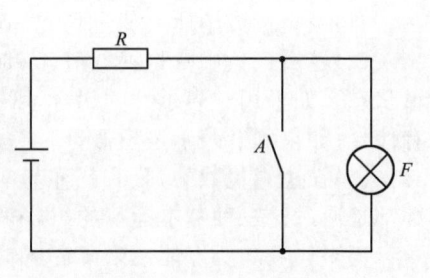

图 7-6 开关与电灯并联电路

非运算的规律:

$$\overline{0} = 1 \quad \overline{1} = 0$$

五、逻辑代数的基本运算规则

1. 逻辑代数的基本运算规则

$$0 \cdot A = 0$$
$$1 \cdot A = A$$
$$A \cdot \overline{A} = 0$$
$$0 + A = A$$
$$1 + A = 1$$
$$A + A = A$$
$$A + \overline{A} = 1$$
$$\overline{\overline{A}} = A \text{(两次求反等于本身)}$$

> **想一想**
>
> 每个逻辑变量的取值有几个？你能验证上述运算法则的正确性吗？

2. 逻辑代数的基本定律

交换律　　　　　　　　$A \cdot B = B \cdot A$
　　　　　　　　　　　$A + B = B + A$

结合律　　　　　　　　$A \cdot (B \cdot C) = (A \cdot B) \cdot C$
　　　　　　　　　　　$A + (B + C) = (A + B) + C$

分配律　　　　　　　　$A \cdot (B + C) = AB + AC$
　　　　　　　　　　　$A + B \cdot C = (A + B)(A + C)$

反演律　　　　　　　　$\overline{A \cdot B} = \overline{A} + \overline{B}$
　　　　　　　　　　　$\overline{A + B} = \overline{A} \cdot \overline{B}$

3. 两个常用的公式

$$A + AB = A$$
$$A + \overline{A}B = A + B$$

由此可见，在一个逻辑表达式中，如果一个乘积项的反变量是另一乘积项的因子，则该反变量是多余的。例如 $AB + \overline{AB}CD$，乘积项 $\overline{AB}CD$ 可简化为 CD。

任务实施 >>>

基本的数字电路知识应用

1. 数制和编码计算

【练一练 7-1】 写出 35 的二进制数，若用 8421BCD 码表示应为多少？一个数的二进制数和二进制编码是一回事吗？一个十进制数 8421BCD 码为 0001 0110 1000，这个十进制数为多少？

1101B 转换成十进制数怎样转换？将十进制数 46 怎么转换成二进制数？

2. 用真值表验证反演律

由于逻辑变量 A、B 只有两种可能的取值，即"0"或"1"，因此可用逻辑变量不同取值的表格（逻辑状态表，或称逻辑真值表）来证明反演律（又称摩根定理）是成立的。证明见表 7-2。

表 7-2　　　　　　　　　　　　反演律的证明

A	B	$\overline{A+B}$	$\overline{A}\cdot\overline{B}$	$\overline{A\cdot B}$	$\overline{A}+\overline{B}$
0	0	1	1	1	1
0	1	0	0	1	1
1	0	0	0	1	1
1	1	0	0	0	0

由表 7-2 的关系可以看出，$(\overline{A+B})$ 和 $(\overline{A}\cdot\overline{B})$ 在不同取值情况下的逻辑值均相等，同样，$(\overline{A\cdot B})$ 和 $(\overline{A}+\overline{B})$ 的逻辑值也相等，所以摩根定理是成立的。在应用此定理时要注意：

$$\overline{A+B}\neq\overline{A}+\overline{B} \qquad \overline{A\cdot B}\neq\overline{A}\cdot\overline{B}$$

3. 验证公式

用真值表验证 $A+AB=A$ 公式的正确性。

4. 化简逻辑函数

$$F=AB+AC+BC+\overline{A}C, F=ABC+ABC+ABC$$

学习任务 2　逻辑门电路

任务目标

掌握逻辑与门、或门、非门电路的功能和电路符号；能够用真值表表示基本逻辑门电路；掌握与非门、或非门电路逻辑功能及电路符号，学会分析基本门电路的逻辑功能；能够分析 TTL 与非门的工作原理，熟悉典型集成 TTL 与非门 74LS20 的引脚排列；学会分析 CMOS 非门电路和与非门电路是如何实现其逻辑功能的。

学习任务 7-2

任务引入

现代汽车有的是用电子控制系统来控制发动机的，而在控制电路中很多都是由基本的门电路组合形成的。本学习任务主要是学习基本逻辑门和集成逻辑门电路的基本知识。

相关知识 >>>

在数字逻辑电路中，只有两种相反的工作状态——高电平、低电平，分别用"1"和"0"表示。当用"1"表示高电平、"0"表示低电平时，称为正逻辑关系，反之称为负逻辑关系。一般不特殊说明时，一律采用正逻辑关系。对应正逻辑关系，开关接通为"1"，断开为"0"；晶体管截止为"1"，饱和为"0"；电灯亮为"1"，暗为"0"等。

数字电路中，由开关元件组成的可以实现一定逻辑关系的电路称为逻辑门电路，简称门电路。数字电路中的基本逻辑关系有三种：与、或、非。相应的，基本门电路有：与门、或门、非门。门电路是数字电路的基本单元,由与门、或门、非门经过简单的组合,可构成另外一些常用的复合逻辑门,如与非门、或非门、异或门等。

一、三种基本的逻辑门电路

1.二极管与门电路

如图 7-7(a)所示为二极管与门电路图,它有两个输入端 A、B,输出端为 F。

由图 7-7(a)可知,在输入端 A、B 中有一端 A 输入高电平 3 V,而另一端 B 输入低电平 0 V,则二极管 VD_2 必然优先获得正偏电压而导通,并将输出端的电位钳制在低电平(0 V),从而迫使 VD_1 反偏截止。只有输入端 A、B 同时输入高电平 3 V 时,VD_1、VD_2 都会导通,于是输出端 F 的电位才是高电平 3 V(忽略正向导通时二极管的压降)。

由此可知输入信号和输出信号呈现与逻辑关系,即 $F=A \cdot B$,其逻辑符号如图7-7(b)所示。

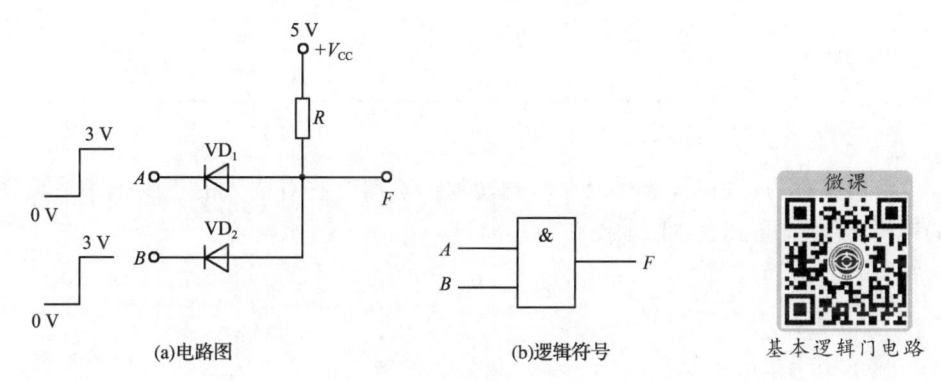

图 7-7 二极管与门电路图及其逻辑符号

如果将高电平 3 V 用"1"表示,低电平 0 V 用"0"表示,与门逻辑真值表见表 7-3,即"有 0 为 0,全 1 为 1"。输入端的个数当然可以多于两个,有几个输入端可以用几个二极管。

表 7-3　　　　与门逻辑真值表

A	B	$F=A \cdot B$
0	0	0
0	1	0
1	0	0
1	1	1

可见,若将数字电路的输入作为条件,输出作为结果,则把输入与输出之间能实现与运算的电路称为与门电路。

2.二极管或门电路

如图 7-8(a)所示为二极管或门电路图,它也有两个输入端 A、B,一个输出端 F。

由图 7-8(a)可知,如果忽略二极管导通时的压降,当输入端 A、B 中有一个(或一个以上)为高电平 3 V 时,则与之相连的二极管必然优先获得正偏电压而导通,使输出端 F 为高电平 3 V。只有输入端 A、B 同时为低电平 0 V 时,输出端 F 才输出低电平 0 V。由此可知,该电路的输入端与输出端呈现或逻辑关系,所以该电路称或门电路。逻辑关系为 $F=A+B$,其逻辑符号如图 7-8(b)所示。或门逻辑真值表见表 7-4,即"有 1 为 1,全 0 为 0"。

(a)电路图　　　　　　　　　(b)逻辑符号

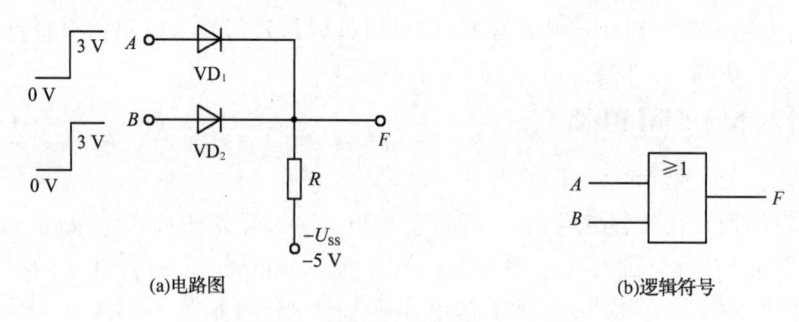

图 7-8　二极管或门电路图及其逻辑符号

表 7-4　　　　　或门逻辑真值表

A	B	F=A+B
0	0	0
0	1	1
1	0	1
1	1	1

3. 三极管非门电路

非门又称为反相器，是实现逻辑翻转的门电路。它对输入的逻辑电平取反，实现相反的逻辑功能输出，其电路图如图 7-9(a)所示。

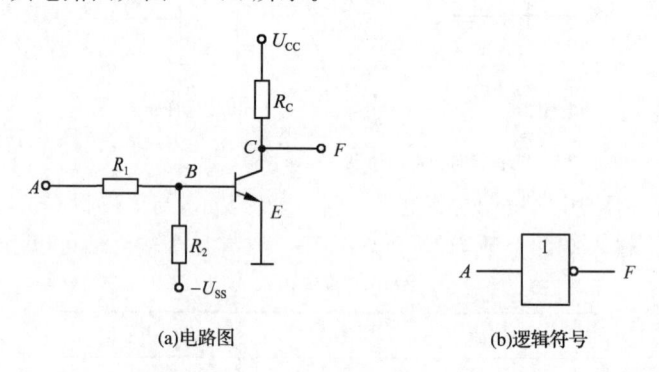

(a)电路图　　　　　　　　　(b)逻辑符号

图 7-9　三极管非门电路图及其逻辑符号

只要电阻 R_1、R_2 和负电源($-U_{SS}$)参数配合适当，则当输入端 A 输入低电平 0 V 时，三极管的基极为低电位，发射极又接地，发射结反偏，三极管可靠截止，输出端 F 为高电平 $U_F=U_{CC}=3$ V。而当输入端 A 输入高电平 3 V 时，三极管基极为正电位而饱和导通，集电极与发射极的电位相等，输出端 F 为低电平 0 V，从而实现非运算。

非运算的逻辑符号如图 7-9(b)所示，非门逻辑关系为 $F=\overline{A}$，真值表见表 7-5。非门逻辑表达式为

$$F=\overline{A}$$

表 7-5　　　　　非门逻辑真值表

A	$F=\overline{A}$
0	1
1	0

任务实施

一、分析复合逻辑门电路的逻辑功能

以上学习了进行三种基本逻辑运算与、或、非的基本逻辑门电路:与门电路、或门电路、非门电路,我们知道复杂的逻辑运算是建立在以上三种基本运算基础上的,下面请同学们利用前面所学的知识实现较为复杂的逻辑运算。

1. 与非门电路

与和非的复合运算称为与非运算(先求与,再求非)。实现与、非复合运算的电路称为与非门电路。与非门相当于在与门的基础上加了一个非门,其逻辑结构、逻辑符号及电路如图 7-10 所示。

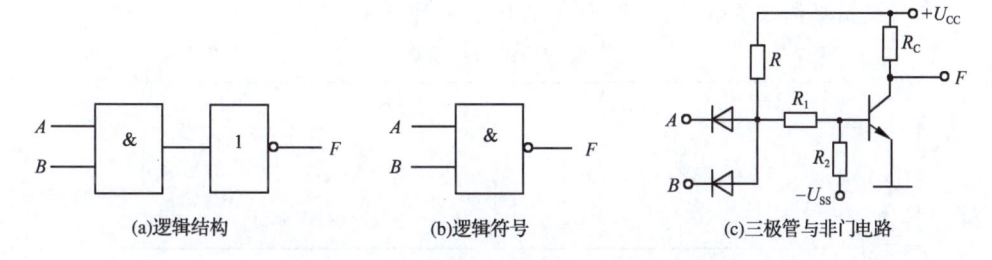

(a)逻辑结构　　　　(b)逻辑符号　　　　(c)三极管与非门电路

图 7-10　与非门的逻辑结构、逻辑符号及电路

与非门的逻辑表达式为

$$F=\overline{A \cdot B}$$

与非门逻辑真值表见表 7-6,逻辑功能是"有 0 则 1,全 1 则 0"。

表 7-6　　与非门逻辑真值表

A	B	$A \cdot B$	F
0	0	0	1
0	1	0	1
1	0	0	1
1	1	1	0

74 系列的与非门有多种型号,例如,74LS00(四 2 输入与非门)、74LS10(三 3 输入与非门)等。与非门的输入端也可以不止两个,输出端却只有一个。图 7-11 所示为 74LS00 与非门芯片引脚排列,它集成了四个有 2 个输入端的与非门。

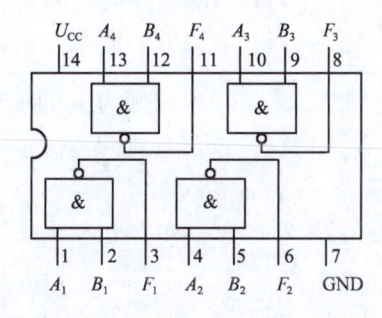

图 7-11　74LS00 与非门芯片引脚排列

2. 或非门电路

实现或、非复合运算的电路称或非门电路,是先求或、再求非的运算,相当于在或门的

基础上，再加一个非门，或非门的逻辑结构、逻辑符号及电路如图 7-12 所示。

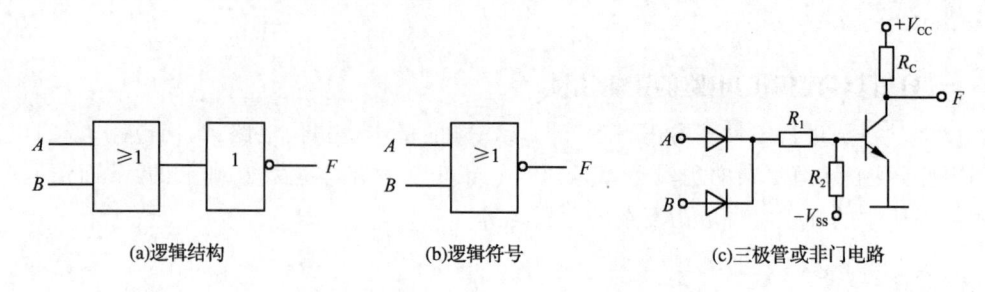

(a)逻辑结构　　(b)逻辑符号　　(c)三极管或非门电路

图 7-12　或非门的逻辑结构、逻辑符号及电路

或非门的逻辑表达式为

$$F=\overline{A+B}$$

或非门逻辑真值表见表 7-7，即"有 1 则 0，全 0 则 1"。

表 7-7　或非门逻辑真值表

A	B	A+B	F
0	0	0	1
0	1	1	0
1	0	1	0
1	1	1	0

74 系列的或非门也有多种型号，如 74LS02（四 2 输入或非门）和 CD4001（四 2 输入或非门）、74LS27（三 3 输入或非门）等。或非门的输入端也可以不止两个，输出端却只有一个。

3. 异或门电路

式 $F=A\overline{B}+\overline{A}B$ 的逻辑运算称为异或运算，逻辑符号如图 7-13 所示，记作

$$F=A\oplus B=A\overline{B}+\overline{A}B$$

异或门逻辑真值表见表 7-8。

图 7-13　异或门逻辑符号

表 7-8　异或门逻辑真值表

A	$\overline{B}$	$\overline{A}$	B	F
0	1	1	0	0
0	0	1	1	1
1	1	0	0	1
1	0	0	1	1

异或门逻辑真值表总结为"相同则为 0，不同则为 1"，即两个输入信号相同时，输出为 0；两个输入信号不同时，输出为 1，因此异或门具有判断两个输入信号异同的能力，所以常用于数码比较电路中。

常用的集成电路异或门芯片为 74LS86（四 2 输入异或门），其逻辑符号和引脚图如图 7-14 所示。

4. 与或非门电路

将两个与门、一个或门和一个非门组合在一块芯片上，就构成了与或非门。与或非逻辑运算表达式为

$$F=\overline{AB+CD}$$

(a)逻辑符号　　　　(b)引脚

图 7-14　74LS86 逻辑符号和引脚

与或非门的逻辑功能可以表述为：只有 A、B 同时为 1 或 C、D 同时为 1 时，F 才为 0；否则 F 为 1。其逻辑结构和逻辑符号如图 7-15 所示。

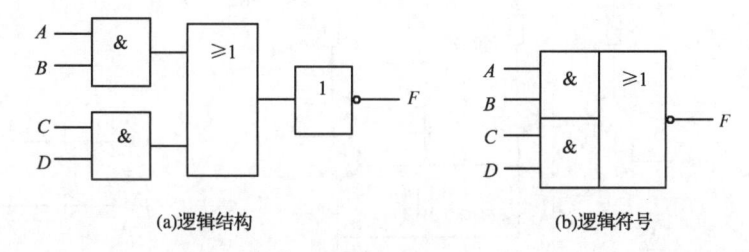

(a)逻辑结构　　　　(b)逻辑符号

图 7-15　与或非门的逻辑结构和逻辑符号

【练一练 7-2】　请写出与或非门的逻辑真值表。

课堂互动

师生共同总结以上所讲的逻辑门的功能。从以上的门电路不难看出，与门、或门、非门是最基本的门电路，其他门电路都是建立在三种基本门电路或者说三种基本逻辑运算的基础上的。

【练一练 7-3】　某地区举行选秀的海选活动，有三名评委。选手必须获得评委的一致认可，才能通过海选。假设我们是电子设计师，帮他们设计一个电路，能体现评委判定和选手是否过关之间的逻辑关系。

【练一练 7-4】　如何用二极管实现多个输入信号的与门电路，请画出 3 个输入信号的二极管与门电路。

二、认识集成逻辑门电路

前面讲过的基本门电路都是由二极管、三极管等分立元件组成的电路，称为分立元件门电路。分立元件门电路体积大、焊点多、可靠性差。随着集成电路技术的发展，实际应用中已不再采用分立元件门电路。非常复杂的组合逻辑电路完全可以集成在一个芯片上，其性能也在不断改进，如提高输入电阻、提高带负载能力、降低自身损耗、提高抗干扰能力等。集成逻辑门电路包含三种数字集成电路，分别是 TTL 电路、CMOS 电路和 ECL 电路。应用最为广泛的是 TTL 电路和 CMOS 电路。

TTL(Transistor-Transistor-Logic，晶体管-晶体管-逻辑)电路是输入端和输出端都采用双极型三极管构成的逻辑电路，也称为晶体管-晶体管-逻辑电路。TTL 电路包含多种系列，均采用 5 V 直流电源供电。各种系列的 TTL 门电路具有不同的性能特征，其标注是在 54 或 74 后

面跟代表系列的字母以及代表逻辑门类型的数字。基本 TTL 门电路的标注如下:

74——标准 TTL(后面没有字母);74S——肖特基 TTL;

74LS——低功耗肖特基 TTL;74LS20——二 4 输入低功耗肖特基 TTL 与非门;

74LS04——六反相器 TTL。

TTL 电路的开关速度较高,其缺点是功耗较大,TTL 电路中,应用最广泛的是 TTL 与非门电路。

1. TTL 与非门电路

(1)TTL 与非门电路结构

图 7-16(a)所示为典型的 TTL 与非门电路,它由三部分组成:输入级、中间级和输出级。

(a)典型的TTL与非门电路 (b)VT_1的等效电路

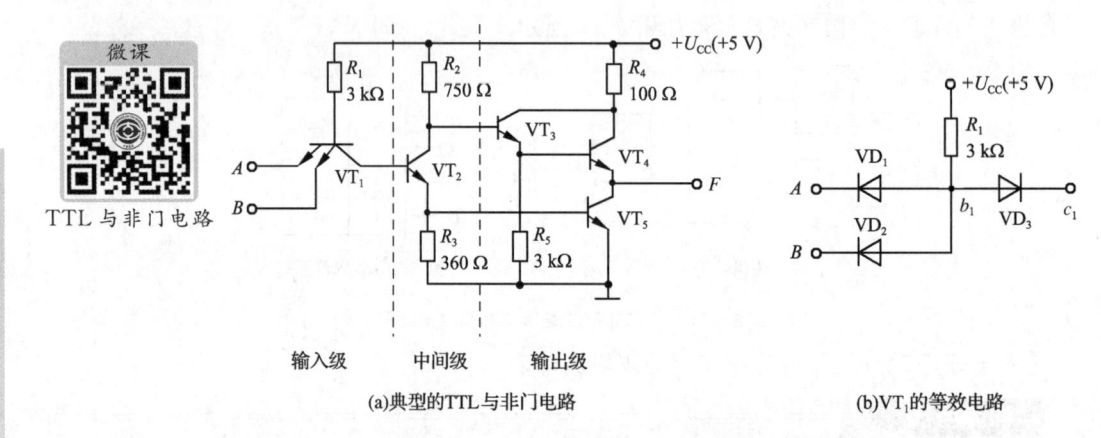

图 7-16 TTL 与非门电路和多发射极三极管 VT_1 的等效电路

①输入级由 VT_1 和电阻 R_1 组成。VT_1 是一个多发射极的三极管,可以把它的集电结看成一个二极管,而把发射结看成与前者是背对背的几个二极管,其等效电路如图 7-16(b)所示,可见,VT_1 的作用和二极管与门电路的作用完全相同。

②完成与逻辑功能的中间级由 VT_2、R_2、R_3 组成,其作用是将输入级送来的信号分成两个相位相反的信号来驱动 VT_3 和 VT_5 管。

③输出级由 VT_3、VT_4、VT_5、R_4 和 R_5 组成,其中 VT_5 为反相管,VT_3、VT_4 组成的复合管是 VT_5 的有源负载,完成逻辑上的非运算。

(2)TTL 与非门电路的工作原理

图 7-16(a)所示电路的工作原理如下:

①当输入端 A 为低电平(0)时,对应于输入端 A 的 VT_1 发射结导通,VT_1 的基极电位为 0.7~1 V,该电位不足以使 VT_1 的集电结和 VT_2、VT_5 导通,所以,VT_2、VT_5 均处于截止状态。VT_2 截止,会导致 VT_3、VT_4 导通,输出端 F 为高电平。同理,输入端 B 为低电平时,输出端 F 也为高电平(1)。

②当输入端 A、B 的信号全为高电平(1)时,VT_1 的基极电位等于 VT_1 的集电结和 VT_2、VT_5 的发射结电压之和,大约为 2.1 V,所以 VT_1 的几个发射结都截止,VT_1 管的基极电位升高,导致 VT_1 的集电结和 VT_2、VT_5 均导通,VT_2 导通,会导致 VT_3、VT_4 截止,输出端 F 为低电平(0)。

可见图 7-16(a)所示电路的输入信号、输出结果之间满足与非逻辑关系,是一个与非门。

> **想一想**
>
> 与非门实现的逻辑功能是什么？图 7-16 所示的 TTL 与非门的逻辑符号是不是用前面的与非门逻辑符号？74LS20 与 74LS00 有什么区别？

图 7-17 所示是 TTL 集成与非门 74LS20 的引脚排列。74LS20 内含两个 4 输入与非门。在一片集成电路内的各个逻辑门互相独立，可以单独使用，但共用一根电源引线（U_{CC}）和一根地线（GND）、74LS20 的 3 脚和 11 脚为空。集成与非门 74LS00 引脚排列见前面图 7-11。

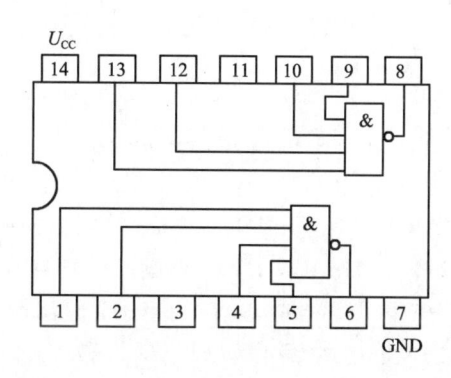

图 7-17 TTL 集成与非门 74LS20 的引脚排列

2. TTL 非门电路

> **想一想**
>
> NPN 型三极管处于截止和饱和状态的条件是什么？

图 7-18(a)所示是一个 TTL 非门电路，当输入端 A 为低电平(0.3 V)时，电路工作在截止状态，VT_2、VT_3 截止，VT_4 和 VD 导通，输出端 F 为高电平(3.6 V)；当输入端 A 为高电平(3.6 V)时，电路工作在导通状态，VT_2 导通，VT_3 饱和导通，VT_4、VD 截止，输出端 F 为低电平(0.3 V)，电路实现了非逻辑功能。

常用的 TTL 非门集成电路芯片 74LS04 有六个反相器，如图 7-18 所示，U_{CC} 为电源引脚，GND 为接地引脚。

3. CMOS 门电路

由单极型场效应管构成的集成逻辑门电路即 MOS 门电路，它具有制造工艺简单、集成度高、抗干扰能力强等优点。MOS 门电路可分为三种类型 PMOS 门电路、NMOS 门电路和 CMOS 门电路。

CMOS 门电路的许多最基本逻辑单元都是用 P 沟道增强型 MOS 管和 N 沟道增强型 MOS 管，按照互补对称形式连接起来构成的，故称为互补型 MOS 集成电路，简称 CMOS 集成电路。CMOS 集成电路具有电压控制、功耗极低、连接方便、开关速度高等一系列优点，是目前应用最广泛的集成电路之一。

(a)TTL 非门电路　　　　　　　　　(b)74LS04引脚排列

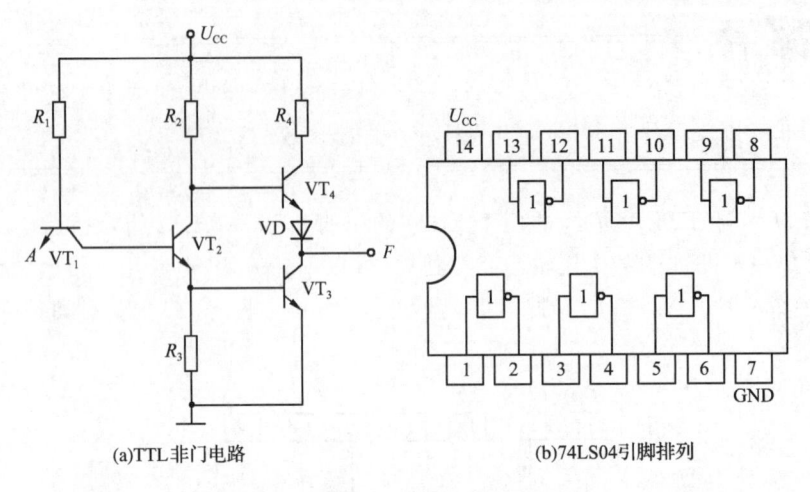

图 7-18　TTL 非门电路及 74LS04 引脚排列

(1)CMOS 非门电路

CMOS 非门电路也称 CMOS 反相器,其电路图如图 7-19(a)所示。由一个 N 沟道增强型 MOS 管 V_N 和一个 P 沟道增强型 MOS 管 V_P 组成。两管参数对称,制作在同一块硅片上,两管的栅极连在一起作为输入端 A,漏极连在一起作为输出端 F。

图 7-19 中 CMOS 非门的电源电压 U_{DD} 需大于 V_N 管和 V_P 管的开启电压绝对值之和,一般两管开启电压的绝对值相等。

当输入端 A 为低电平时,V_N 管截止,V_P 管导通,输出端 F 为高电平(图 7-19(b));当输入端 A 为高电平时,V_N 管导通,V_P 管截止,输出端 F 为低电平(图 7-19(c)),实现的是非逻辑功能。

(a)CMOS非门电路　　　(b)输入端A为低电平时的等效电路　　　(c)输入端A为高电平时的等效电路

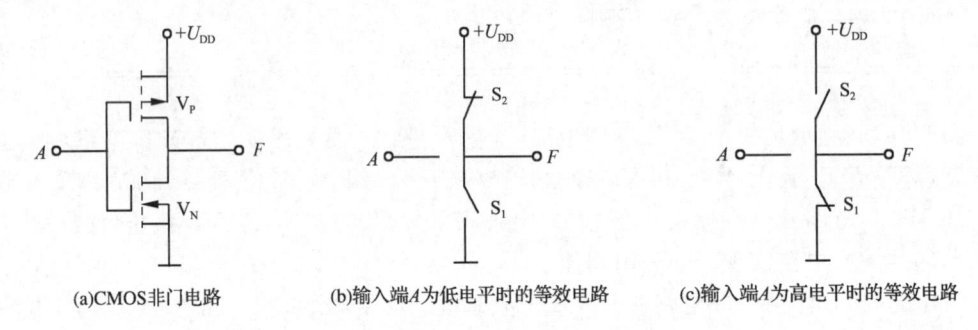

图 7-19　CMOS 非门电路及其等效电路

CMOS 非门的主要特点如下:

①静态功耗小。无论输入是低电平还是高电平,V_N 和 V_P 管总有一个是截止的,静态电流极小,功耗在 1 μW 以下,故称 CMOS 电路为微功耗器件。

②静态传输特性好,抗干扰能力强。CMOS 电路电压传输特性陡峭,抗干扰能力强,接近于理想门电路的电压传输特性,如图 7-20 所示。例如,电源 U_{DD} 取 5 V 时,当 A 在 0 至略小于 $U_{DD}/2(2.5 V)$ 范围内变化时,B 为高电平,约为 4.95 V;当 A 略高于 2.5 V 时,B 为低电平,约为 0.05 V。实际电路中,由于 V_N 和 V_P 管的参数不可能完全对称,实际的电压传输特性要差一些。

③允许的电源电压波动范围大。一般情况下,电源电压在 3~18 V 范围变化时,CMOS 非门均能正常工作。

④CMOS 非门电路的主要缺点是输入端容易被静电击穿,在使用不当时容易损坏。

(2) CMOS 与非门

图 7-21 所示为 CMOS 与非门电路。两个 N 沟道增强型 MOS 管 V_{N1} 和 V_{N2} 串联,两个 P 沟道增强型 MOS 管 V_{P1} 和 V_{P2} 并联。V_{P1} 和 V_{N1} 的栅极连接起来作为输入端 A,V_{P2} 和 V_{N2} 的栅极连接起来作为输入端 B,输出端为 F。

若输入端 A、B 当中有一个或全为低电平 0 时,V_{N1}、V_{N2} 中有一个或全部截止,V_{P1}、V_{P2} 中有一个或全部导通,输出端 F 为高电平 1。

只有当输入端 A、B 全为高电平 1 时,V_{N1} 和 V_{N2} 才会都导通,V_{P1} 和 V_{P2} 才会都截止,输出端 F 才会为低电平 0。可见电路实现了与非逻辑功能。

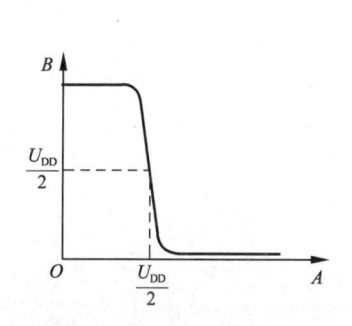

图 7-20 CMOS 非门电压传输特性

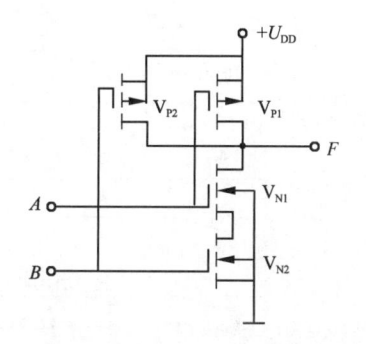

图 7-21 CMOS 与非门电路

三、门电路在汽车电子电路中的应用

1. 非门电路在汽车水箱水位报警电路中的应用

汽车水箱中冷却液量的减少,不仅直接影响发动机的冷却系统,也会影响到汽车的正常行驶,所以在有些汽车上装备了水箱液位过低报警器。汽车水箱液位过低报警器电路如图 7-22 所示,它能在水箱液位低于最低液位时,发出声光报警,提醒驾驶员注意添加冷却液。

门电路在汽车上的应用

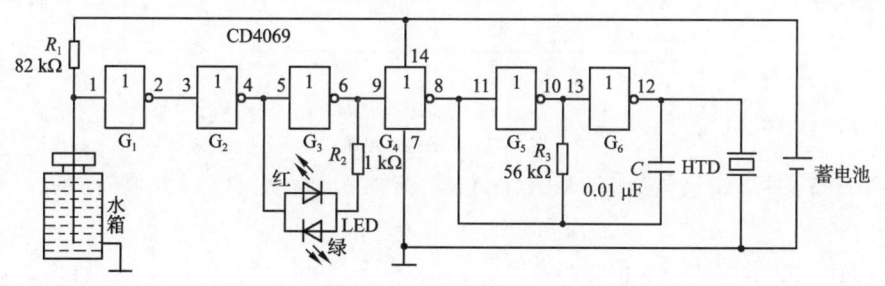

图 7-22 汽车水箱液位过低报警器电路

电路中的集成电路 CD4069 集成了六个反相器,即 $G_1 \sim G_6$。该集成电路的 14 脚为电源正极输入端,7 脚为电源负极输入端。HTD 为压电陶瓷蜂鸣器,型号为 HTD-27A-1。在水箱中放置一根铜线作为传感器,一般选用直径为 2 mm 的漆包线。铜线的下端应置于最低液位处,但不能让铜线与水箱体接触,因为水箱体搭铁。

(1) 当水箱液位符合要求时,铜线浸在冷却液中。由于水箱体搭铁和液体的导电作用,使得 CD4069 的 1 脚为低电平,经过 G_1 反相器后,2 脚为高电平,4、5 脚为低电平,6、9 脚为高电平,使得绿色 LED 发光,指示液位正常。8 脚为低电平,由于二极管的钳位作用,11 脚被固定在低电平,那么 12 脚也是低电平,所以由 G_5、G_6 及 R_3、C 构成的多谐振荡器不工作,与 12 脚连接的蜂鸣器 HTD 不响。

(2)当水箱液位低于最低液位时,铜线离开冷却液悬空,这时,CD4069 的 1 脚为高电平,2 脚为低电平,4、5 脚为高电平,6、9 脚为低电平,使得红色 LED 发光,指示液位低于最低限制液位。此时,因为 9 脚为低电平,经过 G_4 反相后,8 脚为高电平,由于二极管的单向导电性,11 脚被悬空,所以多谐振荡器(C 开始充放电)开始振荡,蜂鸣器 HTD 发出叫声,提醒驾驶员加注冷却液。

2. 门电路在汽车中央集控门锁电路中的应用

现代轿车都装有门锁装置,为了防止驾驶员将钥匙忘在点火开关内而下车关门,专门设计了门锁控制电路,图 7-23 所示为门锁控制电路。

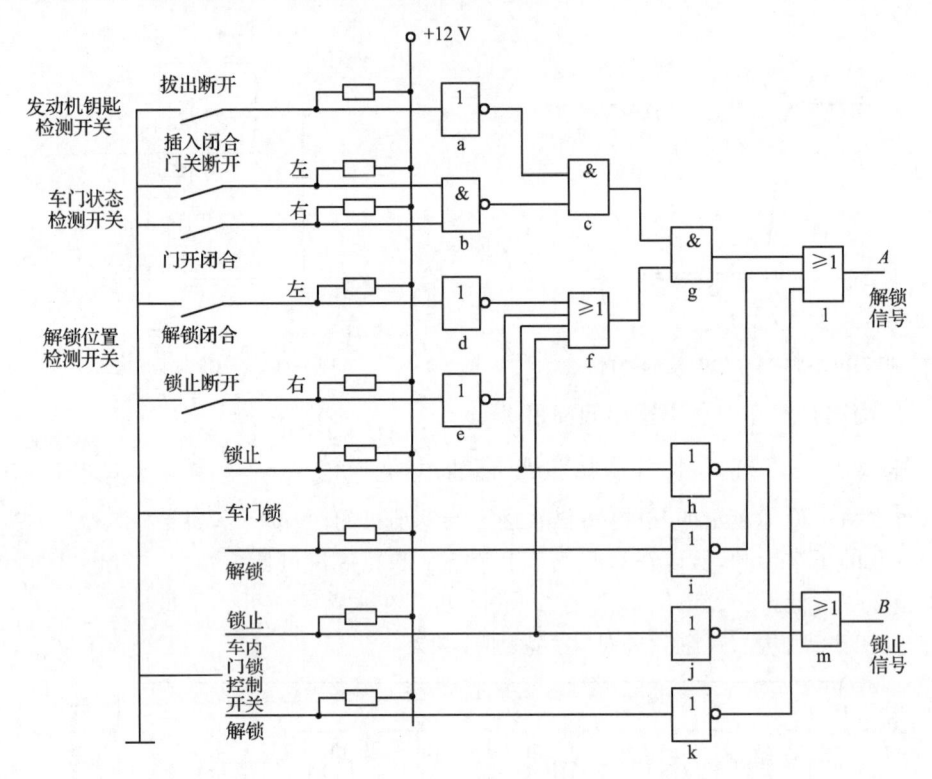

图 7-23 门锁控制电路

从图 7-23 中可知,该电路由非门(如 d)、与门(如 c)、与非门(如 b)、或门(如 f)等多个门电路组合而成。

(1)门锁控制电路的输入信号

①发动机钥匙检测开关。钥匙插入点火开关内为闭合态,拔出为断开态。

②车门状态检测开关。车门打开的状态为车门状态检测开关的闭合态,车门关闭为断开态。

③解锁位置检测开关。处于解锁位置为解锁闭合态,处于锁止位置为锁止断开态。

④车门锁(车门钥匙)状态。分别有锁止、解锁两个状态。

⑤车内门锁控制开关。有两个状态:锁止位置、解锁位置。

(2)锁车和解锁

①在正常情况下,当驾驶员拔出发动机钥匙、准备锁车时,发动机钥匙检测开关断开→非门 a 输入高电平→输出低电平→与门 c、g 输出低电平,控制解锁信号 A 的或门 l 的状态完全由车门锁或车内门锁控制开关实现控制。

②当车门钥匙旋向锁止位置时,非门 h 输入低电平→输出高电平→或门 m 输出高电平→发出锁止信号 B。

③当车门钥匙旋向解锁位置时→非门 i 输入低电平→输出高电平→或门 l 输出高电平→发出解锁信号 A。

与此相似,当车内门锁控制开关被扳向锁止或解锁位置时,或门 m 或 l 也会发出相应的锁止信号 B 或解锁信号 A。

(3)车门未关好时的锁车提醒

当车门未关好,准备锁车时,由于车门状态检测开关中的一个必为闭合状态,与非门 b 有一个输入为低电平→输出为高电平→与门 c、g 输出高电平→或门 l 输出高电平→发出解锁信号 A。使得车门无法锁止,提醒驾驶员车门未关好。

(4)解决解锁装置不到位的问题

当解锁时,如果解锁装置没有到位,开关断开→解锁位置检测开关输入为高电平→非门 d、e 中有一个输出低电平→或门 f 输出高电平→与门 g 输出高电平→或门 l 输出高电平→发出解锁信号 A,使得解锁过程到位。

(5)钥匙未拔提醒

当驾驶员将发动机钥匙遗忘在点火开关内、准备锁车时,发动机钥匙检测开关闭合→非门 a 输入低电平→输出高电平→与门 c、g 输出高电平(其他开关均正常)→或门 l 输出高电平→发出解锁信号 A,不能锁止车门,提醒驾驶员钥匙遗忘在车内。

学习任务 3　触 发 器

任务目标

了解常用 RS 触发器、JK 触发器、D 触发器的逻辑符号,学会分析几种触发器的逻辑状态及功能。

学习任务 7-3、学习任务 7-4

任务引入

日本丰田汽车公司已在轿车上较为广泛地应用了一种可以任意打开与关闭的电动车顶(天窗),以便车内乘员采光、通风、取暖等。它主要是运用了触发器来控制顶窗开与关。这次任务我们就来学习触发器的工作原理。

相关知识

数字电路中除了门电路之外,还有触发器电路。触发器电路是一种具有记忆能力的基本逻辑单元,它有两个不同的稳定状态,分别称为"0"状态和"1"状态,可用来记忆逻辑"0"和"1"两种信息状态,起到信息的接收、存储和传输的作用。

触发器可以由分立元件组成,也可以由集成门电路组成,还可以把整个触发器制作在一块半导体基片上,构成集成触发器。

触发器在一定的触发信号控制下,能从一种先稳定状态翻转到另一种次稳定状态,并保持这一状态稳定不变,直到下一个输入信号使它再次翻转。

触发器按其稳定工作状态可分为双稳态触发器、单稳态触发器、无稳态触发器(多谐振荡器)等;按其功能可分为 RS 触发器、JK 触发器和 D 触发器等。在汽车电路中应用较多的主要有 RS 触发器和 D 触发器等。

一、RS 触发器

1. 基本 RS 触发器

基本 RS 触发器由两个集成的与非门各自的输入、输出端交叉耦合而成,逻辑电路如图 7-22(a)所示,其逻辑符号如图 7-24(b)所示。

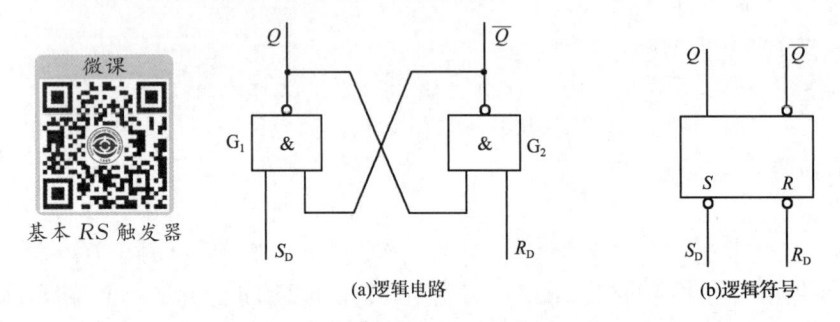

(a)逻辑电路　　　　　　(b)逻辑符号

图 7-24　基本 RS 触发器的逻辑电路及逻辑符号

S_D 和 R_D 是触发器的两个输入端,其中 S_D 称为直接置位端(或直接置 1 端),R_D 称为直接复位端(或直接置 0 端)。Q 与 $\overline{Q}$ 是 RS 触发器两个逻辑互补的输出端,两者的逻辑状态在正常条件下永远保持相反。

这种 RS 触发器有两种稳定的状态:一种状态是 $Q=1,\overline{Q}=0$,称为置位状态(1 态);另一种状态是 $Q=0,\overline{Q}=1$,称为复位状态(0 态)。在外加信号的作用下,上述两个稳定状态可以相互转化,这个过程称为触发器的翻转,该外加信号称为触发脉冲。

下面分四种情况来分析基本 RS 触发器的输出与输入的逻辑关系。反映触发器输出与输入之间逻辑关系的表称为特性表,是一种特殊的逻辑真值表(表 7-9)。表 7-9 中体现了触发器的输出状态与触发器原状态以及两个输入 R_D、S_D 之间的关系。

表 7-9　　　　　　　　　　基本 RS 触发器逻辑真值表

R_D	S_D	Q	逻辑功能
1	0	1	置 1
0	1	0	置 0
1	1	保持	保持
0	0	不稳定	不允许

基本 RS 触发器的主要优点:结构简单,具有置 1、置 0、保持功能。存在的问题主要是:RS 直接控制触发器的输出,即只要 R、S 信号存在,触发器输出状态就会随之发生变化,导致电路抗干扰能力下降;R、S 信号不能同时为 0。

因为 R、S 信号全为 0 时,触发器处于要避免的不稳定状态,故在无信号输入时,R、S 信号通常都应接在高电平上(通常情况电路内部已接电源,输入端不接地就相当于接高电平,称为悬空),所以有信号输入时,应采用负脉冲(低电平 0),称为低电平触发(或负脉冲触发),为反映这一特点,在逻辑符号的输出端靠近方框处画一个空心小圆圈,表示该触发器要求用负脉冲触发。若无此小圆圈,则表明要用正脉冲触发。

2. 同步 RS 触发器

基本 RS 触发器直接受触发脉冲的控制,只要在 R 端或 S 端出现置 0、置 1 信号,输出状态就随之改变,它的抗干扰能力差。另外,当数字电路中有多个触发器时,往往需要用一个统一的脉冲信号进行控制,使多个触发器协调动作,步调一致。基于这些原因,设计了同步 RS 触发器。

同步 RS 触发器逻辑电路及逻辑符号如图 7-25 所示。

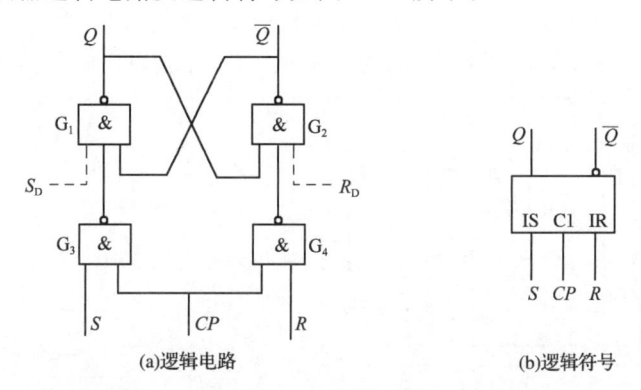

(a)逻辑电路　　(b)逻辑符号

图 7-25　同步 RS 触发器的逻辑电路及逻辑符号

同步 RS 触发器由 G_1 和 G_2 构成基本 RS 触发器,两个与非门 G_3 和 G_4 做引导门(控制门);S_D 为直接置位端,R_D 为直接复位端,也称它们为异步输入端;R、S 分别是置 0 和置 1 的数据输入端,也称为同步输入端。

同步 RS 触发器状态不仅受 R、S 输入端信号控制,而且要求按一定的时间节拍,把 R、S 端的状态反映到输出端。这就要求再加一个控制端 CP(它是由一个标准脉冲信号源提供的)。只有在控制端 CP 出现脉冲信号时,触发器才动作,至于触发器变换到什么状态,仍然由输入端 R、S 的输入信号来决定。所谓同步,是指通过引导电路实现时钟对输入端 R 和 S 的同步控制。

同步 RS 触发器的工作过程如下:

(1)当 $CP=0$ 时,G_3、G_4 门被封锁,其输出全为 1,此时,不论 R、S 端信号电平如何变化,均不会改变 G_1、G_2 门的输出,触发器均保持原状态不变,即 $Q^{n+1}=Q^n$,触发器不动作。

(2)当 $CP=1$ 时,G_3、G_4 门打开,触发器接收输入信号 R、S,并按照 R、S 输入电平而变化。综上所述,同步 RS 触发器的逻辑真值表见表 7-10。表中,Q^n 表示时钟到来之前触发器的输出状态;Q^{n+1} 表示时钟到来之后触发器的输出状态。

表 7-10　　　　　　　　　同步 RS 触发器逻辑真值表

CP	R	S	Q^{n+1}	逻辑功能
0	×	×	×	禁止工作
1	0	0	Q^n	保持
1	0	1	1	置1
1	1	0	0	置0
1	1	1	不定	不允许

注:×表示任意状态。

该触发器实现了时钟电平控制,只有 $CP=1$ 期间工作,抗干扰能力提高了。但是,当 $S=R=1$ 时,破坏输出互补状态,触发器失效,这是正常工作所不允许出现的状态,应禁止此状态出现。

RS 触发器虽然结构简单,但有两个严重缺点:其一是有不确定状态;其二是触发器在

CP 持续期间有可能发生多于一次的翻转(有空翻现象)。造成的错误是:触发器翻转后,CP 脉冲如不及时撤除,关闭引导门,它将会引进新的输入状态,使触发器再次翻转。假如 CP 脉冲较宽,此翻转可能进行多次,使得触发器的最后状态无法确定,这在计数电路中是绝对不允许的。为克服上述缺点,产生了另一种常用的 JK 触发器。

二、JK 触发器

在同步 RS 触发器中,必须限制"输入 R 和 S 同时为 1"状态的出现,这给使用带来很大不便。为了从根本上消除这种情况,可将同步 RS 触发器接成如图 7-26(a)所示的形式,同时将输入端 S 改成 J,输入端 R 改成 K,CP 为脉冲输入端。这样就构成了 JK 触发器。

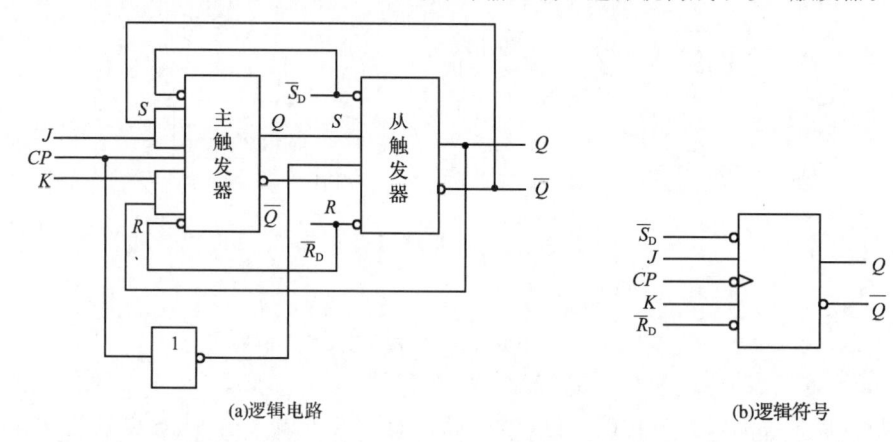

(a)逻辑电路   (b)逻辑符号

图 7-26 主从型 JK 触发器的逻辑电路及逻辑符号

JK 触发器的结构有多种。图 7-26 所示为主从型 JK 触发器的逻辑电路图和逻辑符号。它是由两个同步 RS 触发器组成的。两个同步 RS 触发器分别称为主触发器和从触发器。

当脉冲输入端 $CP=1$ 时,非门输出 $\overline{CP}=0$,从触发器被封锁,状态保持不变,主触发器接收 R、S 端的输入信号。

当 CP 从 1 跳变为 0 时,主触发器状态保持不变,从触发器输入端接收主触发器的输出信号,因其对输入状态反相,故从触发器输出与主触发器输出一致,即状态一致。

主从型 JK 触发器具有以下功能:

(1)若 $J=0,K=0$,时钟脉冲 CP 输入后,不论触发器的初态是 0 还是 1,触发器状态均不变。

(2)若 $J=0,K=1$,时钟脉冲 CP 输入后,不论触发器原来处于何种状态,触发器下一个状态是 0(置 0 态)。

(3)若 $J=1,K=0$,时钟脉冲 CP 输入后,不论触发器原来处于何种状态,触发器下一个状态总是 1(置 1)。

(4)若 $J=1,K=1$,时钟脉冲 CP 输入后,不论触发器原来处于何种状态,触发器在原有状态下翻转一次,原来为 0 翻转为 1,原来为 1 翻转为 0。触发器翻转次数正好反映 CP 脉冲的个数。这样连续施加脉冲,则可用来累计脉冲的数目,称为计数工作状态。此时触发器具有计数功能。主从型 JK 触发器逻辑真值表见表 7-11。表中,Q^n 表示时钟到来之前触发器的输出状态;Q^{n+1} 表示时钟到来之后触发器的输出状态。

表 7-11　　　　　　　　　　　　　　JK 触发器逻辑真值表

J	K	Q^{n+1}	逻辑功能
0	0	Q^n	保持
0	1	0	置 0
1	0	1	置 1
1	1	$\overline{Q^n}$	计数（翻转）

可见，主从型 JK 触发器是在 CP 从 1 跳变为 0 时翻转的，称为时钟脉冲下降沿触发。这种在时钟脉冲边沿触发的触发器又称为边沿触发器，而由时钟脉冲的高电平或低电平触发的触发器（如 RS 触发器）称为电平触发器。在逻辑符号中输入端处有"＞"标记时，表示边沿触发，下降沿触发以再加小圆圈表示（图 7-26(b) 的 CP 端）。边沿触发器能够避免计数时"空翻"。

主从型 JK 触发器是一种性能完善、非常实用的触发器，常见的类型有 74LS73 和 74LS102。

三、D 触发器

D 触发器又称数据锁存器，它只有一个同步输入端 D。D 触发器逻辑符号及波形如图 7-27 所示。图中 CP 端不标注小圆圈，表明触发器在时钟脉冲上升沿触发。触发器的输出状态取决于时钟脉冲 CP 到来之前时同步输入端 D 的状态。

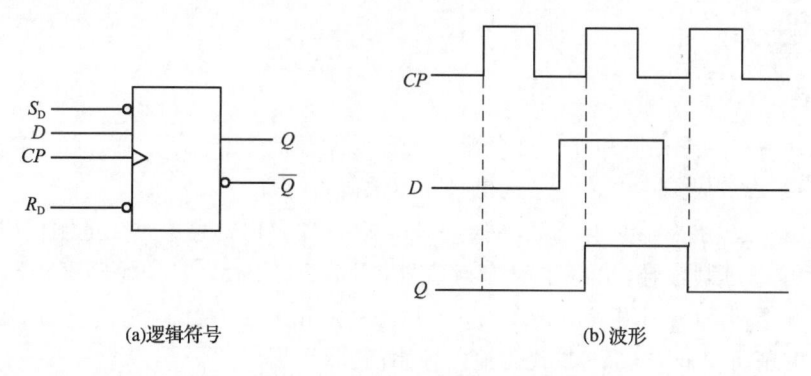

(a) 逻辑符号　　　　　　　　　　　　　(b) 波形

图 7-27　D 触发器逻辑符号及波形

在时钟脉冲 CP 到来之前，即 CP＝0 时，触发器状态维持不变；当时钟脉冲 CP 到来后，即 CP＝1 时，输出状态等于时钟脉冲到来之前的输入信号。即

$$Q^{n+1}=D$$

D 触发器逻辑真值表见表 7-12。表中，Q^{n+1} 表示时钟到来之后的输出状态。

表 7-12　　　　　　　　　　　　　　D 触发器逻辑真值表

D	Q^n	Q^{n+1}	逻辑功能
0	0	0	置 0
0	1	0	
1	0	1	置 1
1	1	1	

学习任务 4　寄存器与计数器

任务目标

了解寄存器的工作过程；了解二进制计数器和十进制计数器的工作过程；能够用波形图分析计数器的计数过程。

任务引入

在数字装置中，经常需要将一些数据信息（如测量数值、运算结果、指令等）暂时存放起来等待调用和处理，这时就要用到寄存器。能实现计数的电路称为计数器，计数器是对脉冲信号进行计数，也用来计时和分频。几乎所有的数字系统都有计数器。所以，寄存器和计数器是计算机和数字系统中不可缺少的重要部件。

相关知识

一、寄存器

寄存器分为数码寄存器和移位寄存器。前者只能存放数据信息，后者除了能够存放数码外，还可以实现数码的左右移动。这里只介绍数码寄存器。

前面我们讲过，触发器具有记忆功能，每一个触发器可以寄存一位二进制代码（0或1）。如要寄存 N 位二进制代码，就要有 N 个触发器，图7-28所示为三位代码寄存器的逻辑电路。它由 D 触发器和与门组成。触发器 F_1、F_2、F_3 是用来寄存二进制代码的，与门1、2、3是代码接收控制门，与门4、5、6是代码输出控制门。

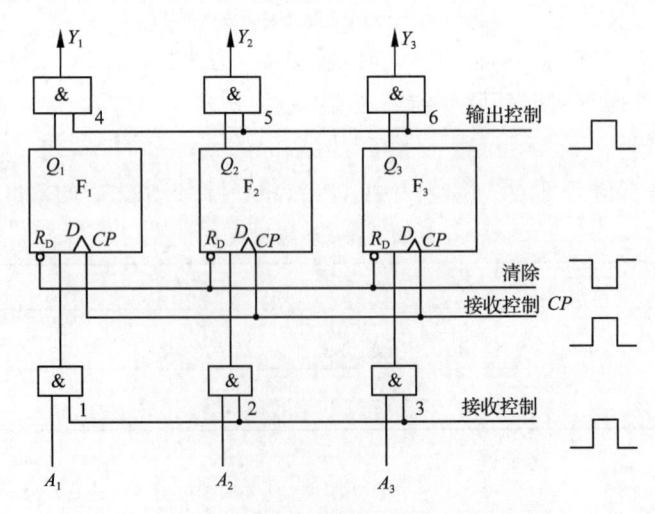

图7-28　三位代码寄存器的逻辑电路

寄存器接收代码的方式有两种：双拍接收方式（第一拍清零，第二拍存放代码）和单拍接收方式(不需要事先清零,只需一拍就可以完成寄存代码的过程)。

寄存器的输入、输出方式有四种:串行输入串行输出、串行输入并行输出、并行输入串行输出和并行输入并行输出。

现以寄存110这个代码为例说明代码寄存器的工作过程:

(1)第一步首先消除原有代码,即将寄存器清零(clear)。根据触发器的功能,当直接置0端 R_D 为低电平时,触发器便被置于0态,因此,当清除信号到来时,三个触发器均处于0态。触发器为000状态。

(2)第二步接收代码。三个欲寄存的代码110以高、高、低电平的形式送至接收控制门的三个输入端 A_1、A_2、A_3 上,当接收控制门出现高电平1时,三个接收控制门的输出分别是110。由 D 触发器的功能,当 CP 端出现正脉冲时,便把 D 输入端的信号存入触发器,因此,CP 到来后,触发器 F_1、F_2 被置于1态,F_3 保持0态。寄存器便成了110状态,即代码110被存入寄存器内,当寄存器变为110状态后,各触发器输出端 Q_1、Q_2、Q_3 电位分别为高、高、低,只要不出现清零信号,寄存器将总保持这一状态。

(3)第三步输出代码。当输出控制端出现高电平时,输出控制门4、5、6输出端分别给出了高、高、低电平,即以电平的形式将寄存器所寄存的代码110发送出去。

上述寄存器在存入数码时,各位输入数码是同时进入寄存器的,各位输出量也是同时输出的,因此,称为并行输入并行输出方式。

二、计数器

计数器的种类很多,按照计数体制可以分为:二进制计数器、N 进制计数器;按照功能可分为:加法计数器、减法计数器、可逆计数器;按照触发方式可分为:同步计数器、异步计数器。这里只简单介绍二进制计数器和十进制计数器。

1. 二进制计数器

二进制计数器是按照二进制计数规律计数的,图7-29所示为三位二进制计数器的逻辑电路。它由三个 D 触发器组成,每个触发器均接成计数状态。最低位触发器 F_1 的 CP 端是计数脉冲输入端,其他位触发器的 CP 端接到它所对应的低位触发器的 $\overline{Q}$ 端。下面结合图7-30所示的波形来分析计数器的计数过程。

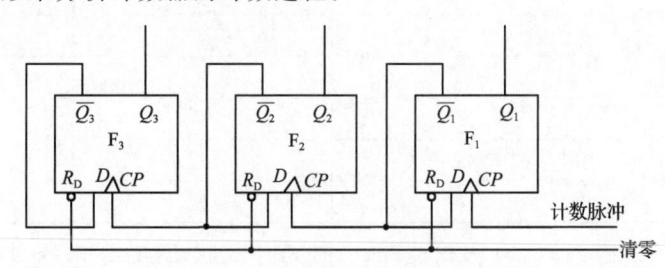

图7-29 三位二进制计数器的逻辑电路

(1)第一步清零

在 R_D 加清零信号,将计数器置于初始状态,即 $Q_3Q_2Q_1=000$。

(2)第二步计数

①第一个计数脉冲到来时,F_1 翻转,计数器 $Q_3Q_2Q_1$ 翻转成"001"状态。

②第二个计数脉冲到来时,F_1 由1翻转为0,此时,F_1 的输出端 $\overline{Q_1}$ 由低电位跳变为高电位,相当于有一个进位信号加在 F_2 的 CP 端,作为 F_2 的 CP 脉冲,于是 F_2 也翻转一次,由0

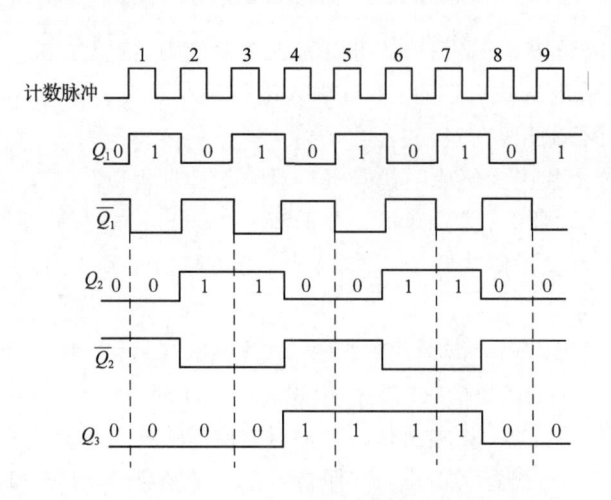

图 7-30 二进制计数器波形

变 1,计数器的状态由 001 变为了 010。

③当第三个计数脉冲输入时,F_1 又由 0 翻转为 1,计数器的状态由 010 变为 011。

④之后,计数脉冲不断输入,计数器的状态按表 7-13 中所示的规律变化。其波形图则如图 7-30 所示。到第八个(2^3)计数脉冲输入时,计数器的状态由 111 变为 000,完成一个计数周期,后续的计数脉冲到来时,计数器重复上述过程。

上述表明,一个三位二进制计数器,每隔八个计数脉冲,计数器完成一个计数周期。第三级触发器输出信号的频率为计数脉冲的八分之一,所以这种计数器可以用来作为 8∶1 的分频器(divider),四位二进制计数器可以作为 16∶1 的分频器,其余类推。

表 7-13　　　　　　　　　　二进制计数器状态表

记数脉冲	计数器状态		
	F_3	F_2	F_1
初态	0	0	0
1	0	0	1
2	0	1	0
3	0	1	1
4	1	0	0
5	1	0	1
6	1	1	0
7	1	1	1
8	0	0	0

可见,这种计数器的输出有两种情况:一种是计数状态输出,由各级触发器的 Q 端输出;另一种是分频输出,只由最高位触发器的 Q 端输出(Q_1 二分频输出端,Q_2 四分频输出端,Q_3 八分频输出端)。

2. 十进制计数器

十进制有 10 个数码,很难找到能直接表示 10 个数码的单元电路。所以,实际上是利用简单的二进制计数电路实现十进制计数的。当然,电路要加以改进,改成二—十进制计数电路。

在二进制计数器中,若触发器的级数为 n,则计完 2^n 个计数脉冲后,完成一个计数周期。十进制计数器是计完 10 个计数脉冲后,完成一个计数周期。

十进制计数器有 10 个计数状态,需采用四级触发器,四级触发器可以出现十六种状态,其中有六种状态是多余的,在计数过程中不允许出现,应予禁止。至于具体是哪六种状态应禁止出现,则与编码方式及选用的触发器类型有关。

以 8421BCD 码为例,当计数脉冲以第一到第九依次输入时,对应于 8421BCD 码计数器状态从 0001 变到 1001,这与二进制计数器完全相同。但当第十个计数脉冲输入时,计数器应恢复到起始状态 0000,并向前产生一个进位脉冲,所以 1010～1111 这六种状态是多余状态。

十进制计数器与二进制计数器的主要区别就在于要清除这些多余状态。为此,可以在四位二进制计数器的基础上,加上适当的控制门电路,当第十个计数脉冲到来时,使计数器跳过多余状态,返回起始状态,并产生进位脉冲。控制门电路的形式很多,下面举例说明。

图 7-31 所示为十进制计数器的逻辑电路,其基本部分是按二进制计数器连接的四个 D 触发器,计数脉冲经过反相后加到 F_1 的 CP 端,与非门 1 构成控制电路。图中的触发器都有两个置 0 端,只要其中有一个清零信号,触发器就被清除为 0。现结合波形(图 7-32)说明计数器的工作情况。

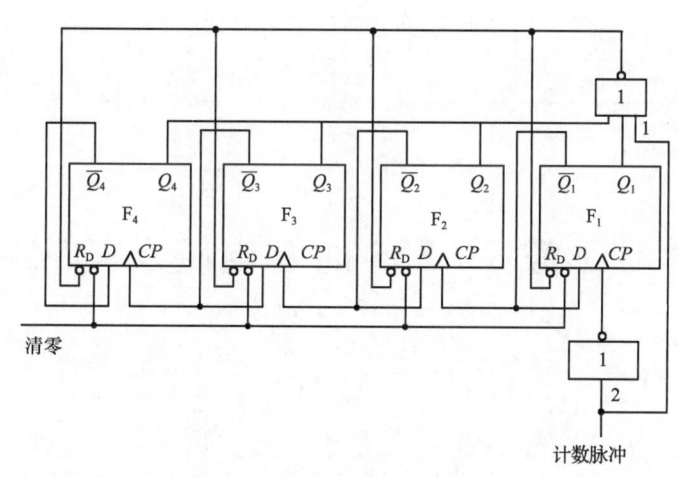

图 7-31 十进制计数器的逻辑电路

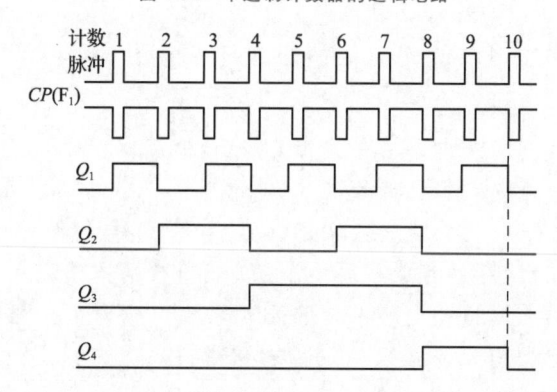

图 7-32 十进制计数器波形

计数器清零后到第九个计数脉冲到来之前,计数器的状态是按二进制计数规律变化的。在此期间,F_4、F_1 不同时出现 1 态,总有一个为 0 态,故与非门 1 输出总为高电平,对各触发器不发生影响。第九个计数脉冲到来后,计数状态变为 1001,Q_4、Q_1 均为高电平,当第

十个计数脉冲到来时,与非门 1 输出一个负脉冲,加到各触发器的直接置 0 端,将触发器置 0,于是计数器返回到起始状态,第十一个计数脉冲又是 0001 输出。这样就可以使计数器的计数规律符合十进制计数的要求。十进制计数器状态表见表 7-14。

表 7-14　　　　　　　　　　　十进制计数器状态表

计数脉冲数	计数器状态(输出二进制数)				对应十进制数
	Q_4	Q_3	Q_2	Q_1	
初态 0	0	0	0	0	0
1	0	0	0	1	1
2	0	0	1	0	2
3	0	0	1	1	3
4	0	1	0	0	4
5	0	1	0	1	5
6	0	1	1	0	6
7	0	1	1	1	7
8	1	0	0	0	8
9	1	0	0	1	9
10	0	0	0	0	0

学习任务 5　555 时基电路及其应用

任务目标

了解 555 时基电路及工作原理,清楚 555 时基电路的引脚功能;掌握 555 时基电路在汽车电路中的应用。

任务引入

前面我们已经学习了数字电路的一些相关知识,如何加深所学的知识也是很重要的。555 时基电路是一种能够产生定时信号(或称时钟信号),完成各种定时或延时功能的中规模集成电路。它将模拟功能和数字逻辑功能巧妙地结合在一起,电路功能灵活,只要在外部配上几个阻容元件,就可以构成性能稳定而准确的方波发生器、单稳态触发器和施密特触发器等。它在汽车电子电路中应用很广泛,如转向灯闪光器、电动刮水器间歇控制器、防盗报警器、前照灯自动变光器、电子转速表等。

相关知识

一、555时基电路

1. 555时基电路的基本结构

555的原始产品是NE555,后来又出现了LM555、μA555、XR555、CA555、RM555、FX555、5G555等,统称为555。它们的等效电路、形式和内电阻值虽然略有不同,但基本结构并无根本差别,外部引脚是相同的。按其内部电路、功能结构可以简化为图7-33所示的形式。

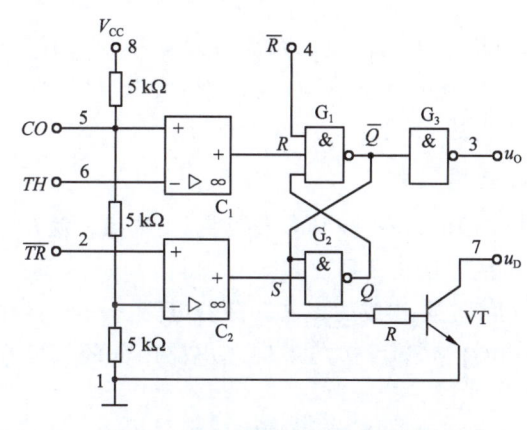

图7-33 555时基电路内部功能结构

555时基电路的真值表见表7-15,表中×表示任意状态。

表7-15　　　　　　　　　　555时基电路真值表

2脚 (置位触发S端)	6脚 (置位触发R端)	4脚 (外部复位端)	3脚 (输出端u_o)	7脚 (放电端u_D)
×	×	0	0	接地
$\leqslant 1/3V_{CC}$	$\leqslant 2/3V_{CC}$	1	1	断路
$\geqslant 1/3V_{CC}$	$\leqslant 2/3V_{CC}$	1	不变	不变
$\geqslant 1/3V_{CC}$	$\geqslant 2/3V_{CC}$	1	0	接地

555时基电路共有8个引脚,引脚排列如图7-34所示。

2. 555时基电路的特点

(1) 555时基电路将模拟功能和数字逻辑功能合为一体,能产生精确的时间延迟和振荡,拓宽了模拟集成电路的应用范围。

(2) 采用单电源供电,电源范围宽,可以和集成运算放大器、TTL或CMOS电路共用一个电源。

图7-34 555时基电路引脚排列

(3) 可独立构成一个定时器,且定时精度很高。

(4) 最大输出电流达200 mA,带负载能力强,可直接驱动小电动机、喇叭、继电器、指示灯、扬声器等负载,在脉冲的产生与变换、仪表、测量与控制等领域应用广泛。

3. 555时基电路的工作原理

(1) 555定时器的工作状态取决于电压比较器C_1和C_2(图7-33)。下

微课

555时基电路

面讨论当高触发端输入电压变化时电路的情况：输入电压由小向大变化，当等于阈值电压 $\frac{2}{3}U_{DD}$ 时，电压比较器 C_1 输出高电平 1，送给 RS 触发器一个置 0 信号，输出 Q=0；在大于阈值电压 $\frac{2}{3}U_{DD}$ 时，保持 1 态；

(2) 当低触发端输入电压变化时电路的情况：输入电压由大向小变化，当等于阈值电压 $\frac{1}{3}U_{DD}$ 时，电压比较器 C_2 输出高电平 1，送给 RS 触发器一个置 1 信号，输出 Q=1；在小于阈值电压 $\frac{1}{3}U_{DD}$ 时，保持这个 1 态。

(3) 当低触发端输入电压大于阈值电压及高触发端小于阈值电压时的情况：当高触发端输入电压小于阈值电压、低触发端输入电压大于阈值电压时，两个电压比较器 C_1 和 C_2 输出均为低电平 0，电路保持原态不变。

4. 555 时基电路的应用

555 时基电路的基本应用电路有三种：多谐振荡器、单稳态触发器和施密特触发器。

(1) 555 时基电路构成的多谐振荡器

图 7-35 所示为 555 时基电路构成的多谐振荡器电路。图 7-35 中，R_1、R_2、C_1 是外接的定时元件，u_O 为输出端。由图 7-33 可知，555 时基电路内部的三极管 VT 接在 7 和 1 两端子间。

① 接通电源前，C_1 无电荷，所以接通电源瞬间，C_1 来不及充电，故 $u_C=0$，$u_O=1$，图 7-33 中的 VT 截止。

② 随着 C_1 的充电，u_C 缓慢上升，当上升到 $\frac{2}{3}V_{CC}$ 时，触发器翻转，$u_O=0$，图 7-33 中的 VT 饱和导通，使 C_1 经 R_2 放电。

③ 随着 C_1 放电，u_C 不断下降，当下降到 $\frac{1}{3}V_{CC}$ 时，触发器翻转，$u_O=1$，VT 又截止。C_1 又开始充电，进入下一个循环，于是在输出端 3 脚就产生了矩形脉冲，波形如图 7-36 所示。

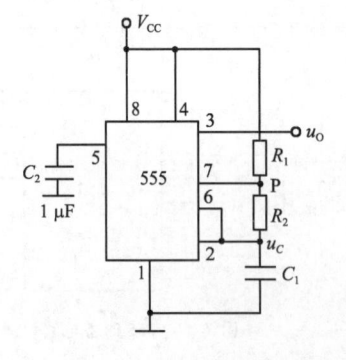

图 7-35 555 时基电路构成的多谐振荡器电路

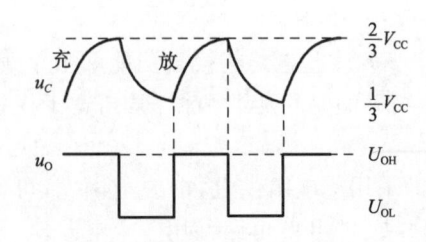

图 7-36 多谐振荡器工作波形

(2) 555 时基电路构成的单稳态触发器

555 时基电路构成的单稳态触发器的特点：

① 有一个稳定状态和一个暂稳状态；

② 在外来触发脉冲的作用下，能够由稳定状态翻转到暂稳状态；

③ 暂稳状态维持一段时间后，将自动返回到稳定状态，而暂稳状态时

由 555 定时器构成单稳态触发器

间的长短与触发脉冲无关,仅决定于电路本身的参数。单稳态触发器一般用于定时、整形以及延时电路。

图 7-37 所示为 555 时基电路构成的单稳态触发器。R、C 是定时元件;u_1 是输入触发信号,下降沿有效,接到 2 脚;3 脚 u_O 是输出信号。

图 7-38 所示为 555 时基电路构成的单稳态触发器工作波形。

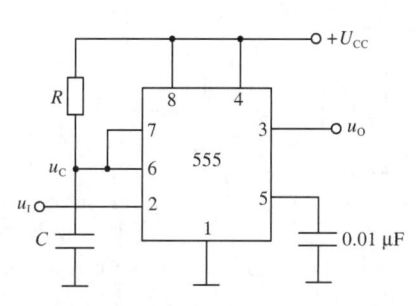

图 7-37 555 时基电路构成的单稳态触发器

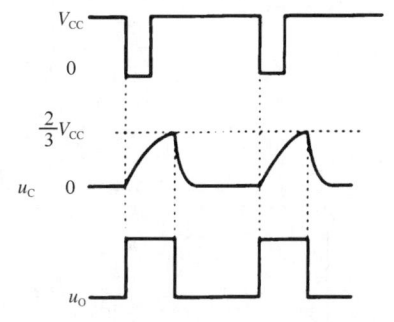

图 7-38 单稳态触发器工作波形

任务实施

555 时基电路在汽车电路中的应用

1. 汽车转向灯闪光器

图 7-39 所示为 555 时基电路构成的汽车转向灯闪光器电路,其中的 555 时基电路构成了一个多谐振荡器。

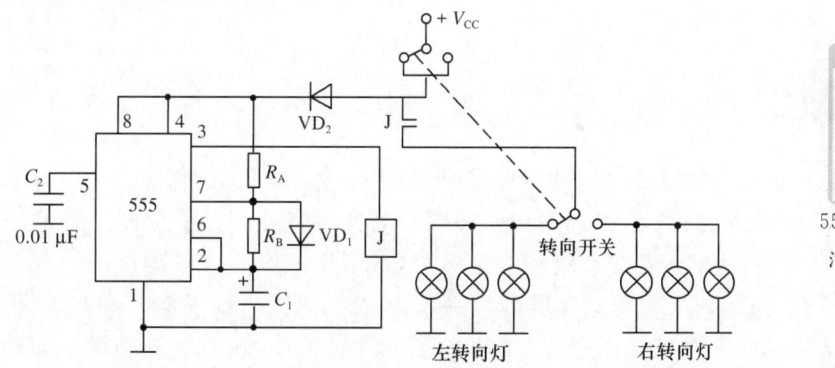

图 7-39 555 时基电路构成的汽车转向灯闪光器电路

汽车转弯时,转向灯明暗按一定的闪烁规律变化,利用 555 时基电路的输出端 3 接转向灯继电器的 J 线圈,使继电器按多谐振荡器频率进行工作,继电器的触点接到转向灯的电源电路中,控制电源的通断,使转向灯按一定频率闪烁。

闪光器的灯亮的时间由 C_1 的充电时间决定:$t_1 \approx 0.7(R_A + R_{VD_1})C_1$,其中 R_{VD_1} 为二极管 VD_1 的正向电阻。

闪光器的灯灭的时间由 C_1 的放电时间决定:$t_2 \approx 0.7R_B C_1$。

闪光器的灯亮灯灭的周期即多谐振荡器的周期 T,$T = t_1 + t_2$。信号灯的闪烁频率为 $f = 1/T \times 60$(次/分)。由此可见,适当选择 R_A、R_B、C_1 的值,即可获得一定的闪烁频率。我国的相关标准规定:转向灯的闪光频率应为 60~120 次/分,亮暗时间比为 3∶2。

2. 汽车发动机转速表

图 7-40 所示为汽车发动机转速表电路,其中的 555 时基电路构成了一个单稳态触发器,其中,L_{IG} 是点火线圈初级绕组,P 是继电器触点。

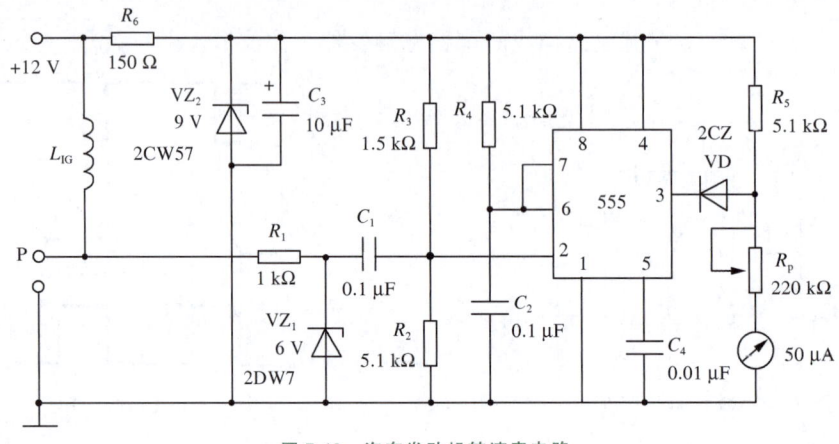

图 7-40 汽车发动机转速表电路

拓展阅读

★ 上网查找英国数学家乔治布尔（George Boole）和摩根（Augeutus De Morgan, 1806～1871 年,英国数学家和逻辑学家）的相关资料和故事,并下载下来,与同学交流,从中受到什么启发？

案例拓展　　拓展阅读

量子计算机

小　结

（1）数字信号的数值随时间的变化是断续的,只有高、低间隔变化,多以脉冲信号的形式出现。处理数字信号的电子电路称为数字电路。数字电路不仅能完成数值运算,而且能进行逻辑判断和逻辑运算,数字电路也称逻辑电路。一般数字电路均采用正逻辑,规定用 1 代表高电平,0 代表低电平。数字电路的输入、输出信号只有 0 和 1 两种状态,它们之间有一定的逻辑关系,采用二进制是很方便的,二进制在数字电路中得到了广泛应用。

二—十进制编码,就是用四位二进制代码来表示一位十进制数码,简称 BCD 码。BCD 码中最常用的是 8421BCD 码、格雷码、2421BCD 码、5421BCD 码等。8421BCD 码是一种有权码,实际上就是四位二进制数的前 10 个代码的组合,每组（四位）内 8421BCD 码符合二进制规则,而组与组之间则是十进制。

（2）逻辑是指事物的原因（条件）与结果的因果关系。逻辑代数中所有变量只允许取"0"和"1",逻辑代数中只有三种基本的逻辑运算：与运算、或运算、非运算。三种运算的逻辑关系式分别是：$F=A \cdot B$, $F=A+B$, $F=\overline{A}$。

其他逻辑运算都是通过这三种基本运算的组合来实现的。

（3）门电路是数字电路的基本单元,基本门电路有：与门、或门、非门,对应的逻辑表达式分别为：$F=A \cdot B$, $F=A+B$, $F=\overline{A}$。由与门、或门、非门经过简单的组合,可构成常用的与非门、或非门、异或门等复合逻辑门。

(4)目前分立元件数字电路已被集成数字电路取代。集成数字电路中应用最广泛的是 TTL 电路和 CMOS 电路。TTL(Transistor-Transistor-Logic,晶体管-晶体管-逻辑)电路是输入端和输出端都采用双极型三极管构成的逻辑电路。集成门电路中应用最多的 TTL 与非门电路。

CMOS 门电路的许多最基本的逻辑单元都是用 P 沟道增强型 MOS 管和 N 沟道增强型 MOS 管,按照互补对称形式连接起来构成的,也称互补型 MOS 集成电路。CMOS 集成电路是电压控制器件,其功耗极低,集成度很高,电源电压范围宽,抗干扰能力强。

(5)触发器电路是一种具有记忆能力的数字电路的另一种基本逻辑单元,触发器按其逻辑功能可分为 RS 触发器、JK 触发器和 D 触发器等。它们都有两个不同的稳定状态,即"0"态、"1"态。触发器在一定的触发输入信号作用下,可以从一个先稳定状态翻转到另一个次稳定状态,并保持这一状态稳定不变,直到下一个输入信号使它再次翻转,具有记忆功能。

(6)寄存器和计数器是计算机和数字系统中不可缺少的重要部件,它们主要由触发器和门电路组成。寄存器分为数码寄存器和移位寄存器。前者只能存放数据信息,后者除了能够存放数码外,还可以实现数码的左右移动。

计数器是用来累计输入脉冲数目的基本逻辑电路,由触发器和门电路组成。种类及分类方法有很多,按照计数体制可以分为:二进制计数器、N 进制计数器。分析计数器的逻辑功能时,可按输入计数脉冲的顺序,逐个确定每个脉冲作用后计数器中各个触发器的翻转状况,从而确定对应于每个输入脉冲,计数器的相应输出状态,写出它的状态表。

(7)数字电路在汽车电路中有着广泛应用,如集成非门电路在汽车水箱水位报警电路中的应用、多种门电路的组合在汽车中央集控门锁电路中的应用、555 时基电路在汽车转向灯闪光器中的应用等。

同步训练

7-1 什么是模拟信号?什么是数字信号?

7-2 数字电路有何特点?

7-3 完成下列 8421BCD 码与十进制数的转换。

(1)(0100 0000 0111)$_{8421BCD}$;

(2)(0011 0001 1001)$_{8421BCD}$;

(3)写出十进制数 126、98 的 8421BCD 码。

7-4　在数字电路中,有哪些基本的逻辑运算？它们有何特点？

7-5　分析图 7-41 所示的与门实验电路的开关 A、B 状态与灯亮、灭的关系。图中,74LS08 是四 2 输入与门集成电路,1、2 脚为输入端,3 脚为输出端,14、7 脚分别为电源正、负端。

7-6　分析图 7-42 所示的或门实验电路的开关 A、B 状态与灯亮、灭的关系。图中,74LS32 为四 2 输入或门集成电路,1、2 脚为输入端,3 脚为输出端,14、7 脚分别为电源正、负端。

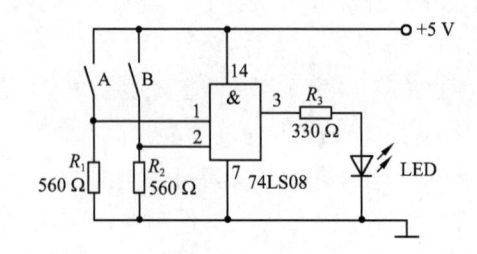

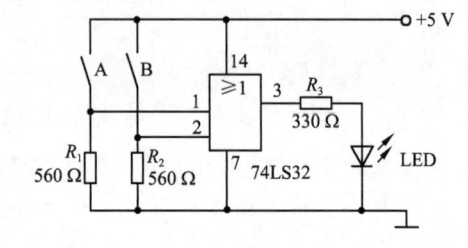

图 7-41　7-5 题图

图 7-42　7-6 题图

7-7　分析图 7-43 所示的非门实验电路的开关 A 状态与发光二极管 LED 亮、灭的关系。图中,74LS04 为非门集成电路,集成了门反相器,1 脚为输入端,2 脚为输出端,14、7 脚分别为电源正、负端。

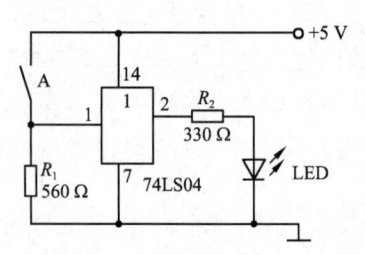

图 7-43　7-7 题图

7-8　二极管门电路如图 7-44(a)、(b)所示,输入信号 A、B、C 的高电平为 3 V,低电平为 0 V。

(1)分析输出信号 F_1、F_2 与输入信号 A、B、C 之间的逻辑关系,列出真值表,并写出逻辑运算的表达式。

(2)根据图 7-44(c)给出的 A、B、C 的波形,对应画出 F_1、F_2 的波形。

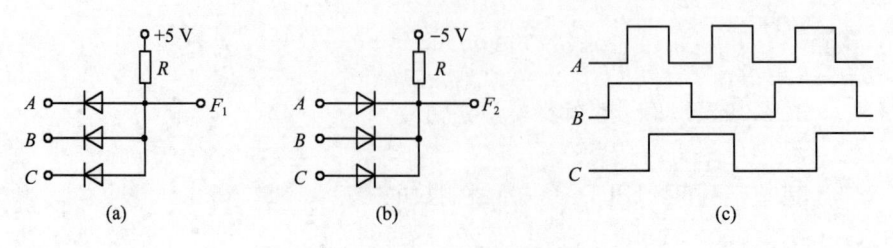

图 7-44　7-8 题图

7-9 写出图7-45所示各个电路输出信号的逻辑表达式,并对应 A、B 的给定波形画出各个输出信号的波形。

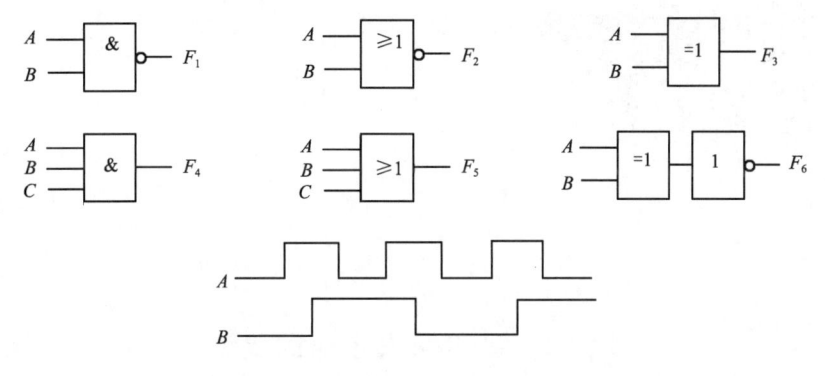

图 7-45 7-9 题图

7-10 为什么说 TTL 与非门输入端在以下三种接法时,在逻辑上都属于输入为 0?

(1) 输入端接地;

(2) 输入端接低于 0.7 V 的电源;

(3) 输入端接同类与非门的输出低电平 0.3 V。

7-11 基本 RS 触发器的逻辑功能有何特点?存在何种缺陷?

模块 8　实　验

实验 1　基尔霍夫定律的验证

一、实验目的

(1) 验证基尔霍夫电流定律和电压定律的正确性,加深对定律的理解。

(2) 掌握用电流插头、插座测量各支路电流的方法,掌握测电阻压降的方法。

(3) 提高学生连接、分析、测量、检查电路的能力及排除简单故障的能力。

二、实验原理

基尔霍夫电流定律:在电路中,任何时刻,对任一节点来说,流进节点的所有支路电流之和恒等于流出这个节点的所有支路电流之和。

基尔霍夫电压定律:在电路中,对于任何一个回路来讲,回路中各电阻上电压降的代数和恒等于回路中各电动势的代数和。即 $\sum E = \sum IR$ 或者 $\sum U = 0$。

运用上述定律时必须注意先任意设定各支路的电流参考方向(图 8-1),以及选定各回路的绕向。

三、实验器材

DGJ-03 电工电子综合实验台 1 台;直流电压表、直流电流表(mA)各 1 只;直流电压源 U_A 和 U_B(0~30 V)2 个;直流电流测试插头和导线若干(利用 DGJ-03 实验挂箱上的"基尔霍夫定律/叠加原理"线路板)。

四、实验内容及步骤

(1) 实验前先将电路连接成如图 8-1 所示电路,任意设定三条支路的电流参考方向,如图 8-1 中的 I_1、I_2、I_3 所示。先用支路电流法,计算出各支路中的电流的大小和方向。正确地选择表的量程。

(2) 打开实验台电源开关,按绿色的启动按钮,再将直流电压源的电源打开。用导线连接模块中的 U_1 和直流电源 U_A,调微调旋钮,将其调到 6 V。再用导线连接模块中的 U_2 和直流电源 U_B,调微调旋钮,将其调到 12 V(U_A=6 V,U_B=12 V)。

(3) 熟悉电源插头的结构,将电流插头的两端(红、黑)接至直流电流表的"+(红)、-(黑)"两端。

(4) 将电流插头分别插入三条支路的三个电流插座中,记录相应各支路中的电流值。

(5) 用直流电压表依次测量两个回路中各电阻上的压降,将数据填入表 8-1 中。

图 8-1 基尔霍夫定律验证电路

表 8-1　　　　　　　电压、电流实验数据表　　（电流单位为 mA，电压单位为 V）

待测量	I_1	I_2	I_3	U_{FA}	U_{AD}	U_{DE}	U_{EF}	U_{BA}	U_{AD}	U_{DC}	U_{CB}
计算值											
测量值											
数据处理	$I_1+I_2=$			回路 1,$\sum U=$				回路 2,$\sum U=$			
相对误差											

五、实验注意事项

（1）一定要防止直流电压源的两端线接触而短路。

（2）用直流电流表进行测量时，要识别电流插头所接电流表的"＋、－"极性。

（3）用直流电压表进行测量时，注意电压的方向。若显示的数值为正，说明电压的方向是从电压表的"＋"端指向"－"端；若显示的数值为负，说明电压的方向是从电压表的"－"端指向"＋"端。

六、预习思考题

（1）在图 8-1 中，A、D 两个节点的基尔霍夫电流方程是否相同？为什么？

（2）根据图 8-1 中的电路参数，估出待测的电流 I_1、I_2、I_3 值和各电阻上的电压值，以便实验测量时正确地选择毫安表和电压表的量程。

（3）实验中，若用万用表直流毫安挡测各支路电流，什么情况下可能出现毫安表指针反偏？应如何处理？在记录数据时应注意什么？若用直流数字毫安表进行测量时，则会有什么显示结果呢？

七、实验结果处理与要求

（1）根据实验数据，选定实验电路中的任一个节点如 A，验证基尔霍夫电流定律的正确性。

（2）根据实验数据，选定实验电路中的任一个闭合回路，验证基尔霍夫电压定律的正确性。

（3）写出实验中检查、分析电路故障的方法，并进行总结。

实验 2　三相交流电路中电压、电流的测量

一、实验目的

（1）掌握三相负载做星形连接、三角形连接的方法，验证这两种接法之下线电压和相电压、线电流和相电流之间的关系。

（2）充分理解三相四线制供电系统中中线的作用。

二、实验原理

(1)三相对称负载可以接成星形(Y形)或三角形(△形)。

当三相对称负载做 Y 形连接时,每相负载的相电压有效值都等于电源的相电压,即 $U_Y=U_P$。

相电流 $I_P=\dfrac{U_P}{Z}$,线电流与相电流相等 $I_P=I_L$。

流过中线的电流 $I_N=0$,所以可以省去中线。

当对称三相负载做△形连接时,有

$$U_\triangle=U_L,\ I_L=\sqrt{3}\,I_P$$

(2)当三相不对称负载做 Y 形连接时,必须采用三相四线制接法,即 Y0 接法。而且中线必须牢固连接,以保证三相不对称负载的每相电压维持对称不变。

倘若中线断开,会导致三相负载电压的不对称,致使负载较轻的那一相获得的相电压过高,使负载遭受损坏;负载较重的一相的相电压又过低,使负载不能正常工作,尤其是对于三相照明负载,无条件地一律采用 Y0 接法。

(3)对于三相不对称负载做△形连接时,$I_L=\sqrt{3}\,I_P$,但只要电源的线电压 U_L 对称,加在三相负载上的电压仍是对称的,对各相负载工作没有影响。

三、实验器材

交流电压表(0~500 V)1 只;交流电流表(0~5 A)1 只;三相自耦调压器(其输出作为三相负载的交流电源)1 台;220 V/15 W 白炽灯 9 只;导线若干。

四、实验内容及步骤

1. 三相负载星形连接(三相四线制供电)

(1)在每一相负载上都接入两个相同的白炽灯。

(2)按图 8-2 连接实验电路(将三相负载的末端 A_1、B_1、C_1 用导线连接,并将该导线接到电源的中点 N,再用三条导线分别将负载的首端 A、B、C 和电源的输出端 U、V、W 相连),即三相灯组负载经三相自耦调压器接通三相对称电源,并将三相自耦调压器的旋钮置于三相电压输出为 0 V 的位置(逆时针旋到底的位置),经指导老师检查合格后,方可合上三相电源开关,然后调节三相自耦调压器的输出,使输出的三相线电压为 380 V(相电压为 220 V)。

(3)按以下的步骤进行实验,分别测量三相负载的线电压、相电压、线电流、中线电流、电源与负载中间点的电压,并将所测得的数据记入表 8-2 中,观察各相灯组亮暗的变化程度,特别要注意体会中线的作用。

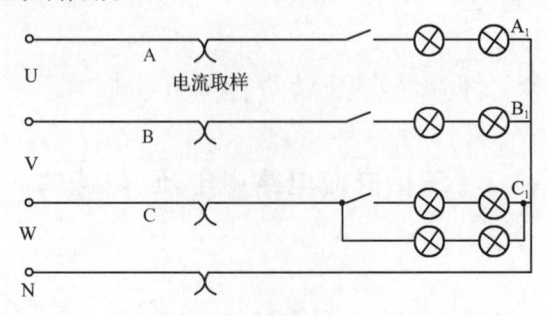

图 8-2 三相对称负载的星形连接(有中线)

表 8-2　　　　　　　　　　　　　　　测量数据表

测量数据 负载情况	开灯组数 A相	开灯组数 B相	开灯组数 C相	线电流/A I_A	线电流/A I_B	线电流/A I_C	线电压/V U_{UV}	线电压/V U_{VW}	线电压/V U_{WU}	相电压/V U_{UN}	相电压/V U_{VN}	相电压/V U_{WN}	I_N	U_{N0}
Y0 接平衡负载	2	2	2											
Y 接平衡负载	2	2	2											
Y0 接不平衡负载	2	2	4											
Y 接不平衡负载	2	2	4											
Y0 接 V 相断开	2	0	2											
Y 接 V 相断开	2	0	2											

2.三相负载三角形连接(三相三线制供电)

(1)一定要先将三相自耦调压器的输出电压调为:线电压为 220 V。

(2)按图 8-3 改接成三角形(将每相负载的首末端相接,即 A_1 和 B 接,B_1 与 C 接,C_1 与 A 接,然后将三相负载的首端分别和电源的 U、V、W 相接),经指导老师检查合格后接通三相电源,并调节三相自耦调压器,使其输出线电压为 220 V,并按表 8-3 的内容进行测试。

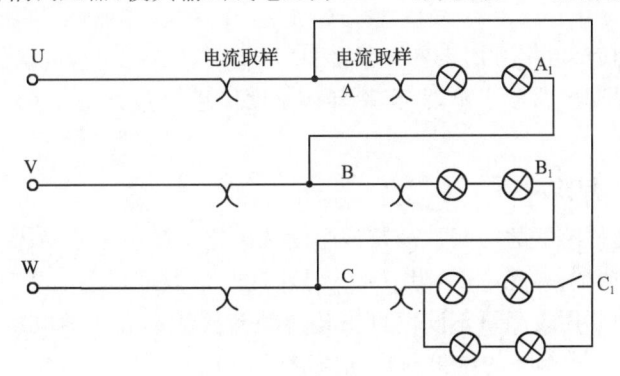

图 8-3　三相负载的三角形连接

表 8-3　　　　　　　　　　　　　　　测量数据表

测量数据 负载情况	开灯组数 A-B相	开灯组数 B-C相	开灯组数 C-A相	线电压/V U_{UV}	线电压/V U_{VW}	线电压/V U_{WU}	线电流/A I_U	线电流/A I_V	线电流/A I_W	相电流/A I_{UX}	相电流/A I_{VY}	相电流/A I_{WZ}
三相负载平衡	2	2	2									
三相负载不平衡	2	2	4									

五、实验注意事项

(1)每次接线完毕,同组同学应自查一遍,然后由指导老师检查合格后,方可接通电源,必须严格遵守先接线、后通电和先断电、后拆线的实验操作原则。

(2)星形负载做短路实验时,必须首先断开中线,以免发生短路事故。

(3)为避免烧坏灯泡,实验台内设有过电压保护装置。当任一相电压大于 245~250 V 时,即声光报警并跳闸。因此,在做 Y 形连接时,当负载不对称或做缺相实验时,所加的线电压应以最高相电压不超过 240 V 为宜。

六、预习思考题

(1)三相负载根据什么条件做星形或三角形连接?

(2)复习三相交流电路有关内容,试分析三相不对称负载做星形连接时,在无中线情况下,当某相负载开路或短路时会出现什么情况?如果接上中线,情况又如何?

(3)本次实验中为何在三角形连接时,要将线电压由 380 V 降为 220 V?

七、实验报告数据处理

(1)用实验测得的数据验证对称三相电路中的线电流和相电压的关系、线电流和相电流的关系。

(2)用实验数据和观察到的现象,总结三相四线制供电系统中中线的作用。

(3)根据不对称负载三角形连接时的相电流作相量图,并求出线电流值,然后与实验测得的线电流进行比较并分析。

实验 3 万用表的使用

一、实验目的

掌握使用万用表检测汽车温度传感器电阻的方法(掌握使用指针式、数字万用表测量电阻的方法);掌握使用万用表测蓄电池电压的方法。

二、实验器材

(1)指针式万用表、数字万用表各 1 只,酒精灯 1 个,烧杯 1 只,玻璃温度计 1 个;

(2)汽车进气温度传感器 1 个,汽车冷却液温度传感器 1 个;

(3)蓄电池 1 个。

三、实验内容及步骤

(1)冷却液温度传感器的检测。冷却液温度传感器实际上是个负温度系数的热敏电阻器,温度越高,阻值越小;温度越低,阻值越大。将冷却液温度传感器置于烧杯的水中,加热烧杯中的水,同时用万用表测量不同温度下传感器两接线端之间的电阻,如图 8-4 所示,将结果填入表 8-4 中,并将测得的结果与标准值进行对比。

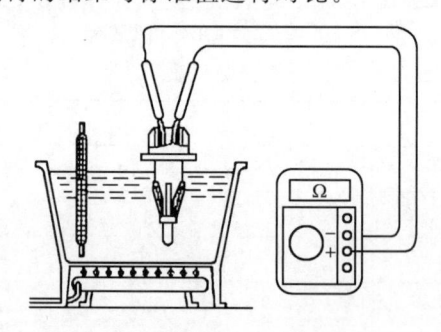

图 8-4 水温传感器的检测

表 8-4   检测结果记录表

冷却液温度/℃	20	30	40	50	60	70	80	85	90	100
测得电阻/kΩ										

(2)进气温度传感器的检测。进气温度传感器也是一个负温度系数的热敏电阻器,可以用检测水温传感器的方法进行加热检测。另外,也可以用电吹风器、红外线灯进行加热检测,如图 8-5 所示,将测量的结果填入表 8-5,并将测量值与标准值进行对比。

(3)用数字万用表测量蓄电池正、负接线柱之间的电压或单格电池电压,并记录该数值

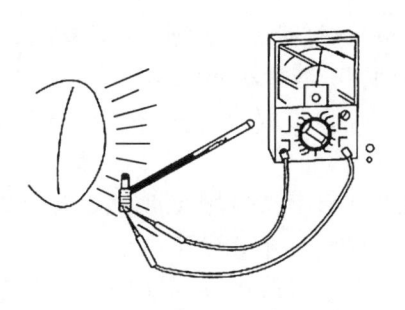

图 8-5 进气温度传感器的检测

（注意测量时的正、负极性的连接），见表 8-5。

表 8-5　　　　　　　　　　检测结果记录表

进气温度/℃	20	30	35	40	45	50	60	70	80
测得电阻/kΩ									

四、实验注意事项

(1) 加热传感器时，应将传感器悬于加热水中，不可将传感器放在烧杯底部，否则将损坏传感器。

(2) 测量传感器电阻值时，可以逐渐加热进行测量，然后再随着水温降低进行测量，对比两次测量的阻值。

实验 4　汽车继电器的检测

一、实验目的

(1) 了解汽车继电器的一般检测方法。
(2) 掌握开关控制继电器、汽车微机控制继电器的检测方法。

二、实验器材

喇叭继电器、微机控制燃油泵继电器、实验用跨接线、数字万用表、试灯。

三、实验内容及步骤

使用万用表或试灯都可以检测继电器。如果继电器端子易于触及，则用跨接线和试灯的方法更便捷。

1. 喇叭继电器的检测

首先查找汽车电路图，确定喇叭按钮控制的是继电器的电源线还是继电器的搭铁线。下面以喇叭按钮控制喇叭继电器的搭铁线为例，介绍检测步骤，电路如图 8-6 所示。

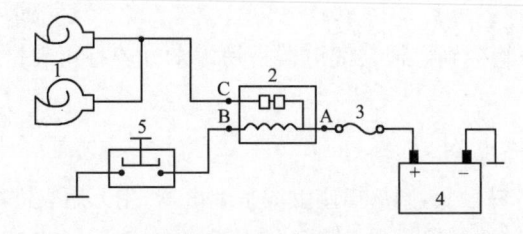

图 8-6　喇叭继电器电路

1—喇叭；2—喇叭继电器；3—熔断器；4—蓄电池；5—喇叭按钮

(1)使用12 V试灯检查喇叭继电器接蓄电池端(A)有无电压(有电压,灯会亮)。若A端无电压,则故障就在蓄电池到喇叭继电器之间的电路中;如果有电压,则继续检测。

(2)检测控制端B的电压。如果B端无电压,喇叭继电器线圈有故障;如果有电压,则继续检测。

(3)用跨接线将B端搭铁。如果喇叭响,则说明从B端到喇叭按钮以及喇叭按钮到搭铁之间的控制电路有故障;如果喇叭不响,则继续检测。

(4)从蓄电池正极到C端连接一根跨接线。如果喇叭不响,则说明从喇叭继电器到喇叭搭铁端之间的电路有故障;如果喇叭响,则说明喇叭继电器内部有故障。

2. 微机控制燃油泵继电器的检测

当继电器由汽车微机控制时,就不再推荐使用试灯,因为试灯可能会引起较大的电流,它会超出电路设计的载流能力而损坏计算机。遇到这种情况,必须使用万用表电压挡检测继电器电路。

下面以燃油泵继电器为例介绍其检测步骤,电路如图8-7所示。

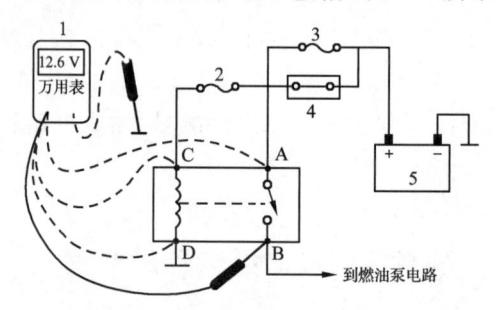

图8-7 用万用表检测微机控制的燃油泵继电器
1—万用表;2—熔断器;3—易熔线;4—点火开关;5—蓄电池

将数字万用表设置在20 V直流挡,按照下列步骤进行检测:

(1)将万用表负极表笔接到良好的搭铁处。

(2)将万用表正极表笔接到输出端B。转动点火开关到ON挡。如果在端子上没测到电压,进行步骤(3);如果万用表读数为10.5 V或更高的电压,则断开控制电路,万用表读数应为零。如果这样,则说明燃油泵继电器是好的;如果万用表仍然有读数,则说明该继电器的触点粘连,需要更换。

(3)把万用表正极表笔接到供电输入端A。万用表应至少指示出10.5 V。如果低于此数值,说明蓄电池到燃油泵继电器的电路有故障;如果电压值正确,则再继续检测。

(4)把万用表正极表笔接到控制电路端C。此时万用表应读到10.5 V或更高的电压。若不是,则检查蓄电池到燃油泵继电器之间的电路(包括点火开关);如果电压为10.5 V或更高些,则继续检测。

(5)把万用表正极表笔接到燃油泵继电器搭铁端D。若万用表指示值高于1 V,则说明搭铁不良。

3. 离车检测常开继电器

如果继电器端子不容易触及,则从插座上拔下继电器,用万用表进行检测。用万用表检测继电器线圈两端的连通性(图8-8)。如果指示值为无穷大,则更换继电器;如果表明是连通的,就要用两根跨接线给继电器线圈通电(图8-9)。检查继电器触点在吸合情况下是否连通,如果显示值为无穷大,则继电器已失效;如果连通性好,继电器也是好的,则必须检查电路。

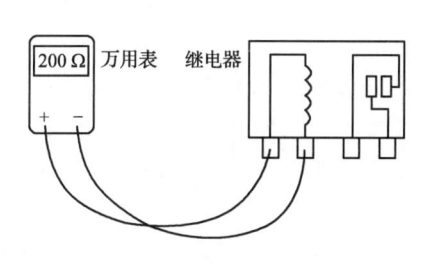

图 8-8 用万用表检测继电器线圈两端的连通性

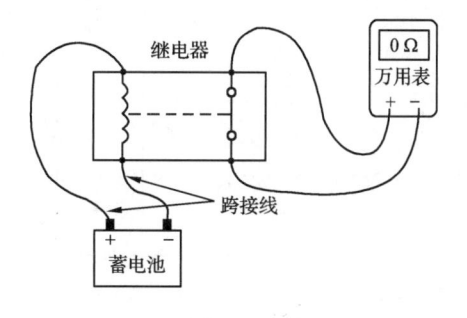

图 8-9 用蓄电池激励继电器线圈

四、实验注意事项

(1)进行微机控制继电器检测时,最好将数字万用表量程置于 2 V 挡。如果读数小于 1 V,则更换继电器。在微机控制的电路中,我们不推荐使用试灯探查电源,因试灯通过的大电流会损坏系统中的电子器件。

(2)离车检测继电器时,要获得准确的电压检测结果,蓄电池必须充足电并且处于良好状况。

(3)在给继电器线圈通电时,注意万用表表笔不要触及线圈端子,以免损坏万用表。

(4)本实验给出的检测方法适合继电器的一般性能检测,针对一些有特殊功能的继电器,还需要检测它们的功能性是否良好。

实验 5 　 LED 数码管显示实验

一、实验目的

(1)掌握 LED 数码管显示数字的基本原理。
(2)掌握分析 LED 数码管显示故障的方法。

二、实验器材

(1)蓄电池 1 个,万用表 1 只,面包板 1 块。
(2)LED 共阳极数码管(图 8-10)、LED 共阴极数码管(图 8-11)各 2 只,1 kΩ 电阻 8 只,单股导线若干。

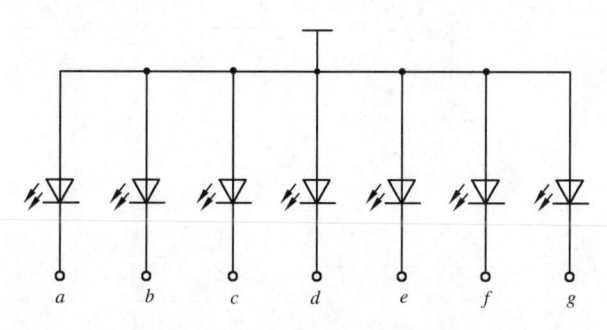

图 8-10 共阳极接法数码管电路

三、实验内容及步骤

半导体数码管是由多个半导体发光二极管封装而成的,它的每一笔画对应一个半导体发光二极管。半导体分段式数码管是利用各发光段的不同组合来显示不同的数码的。图 8-12 是半导体数码管的结构示意和引脚图。

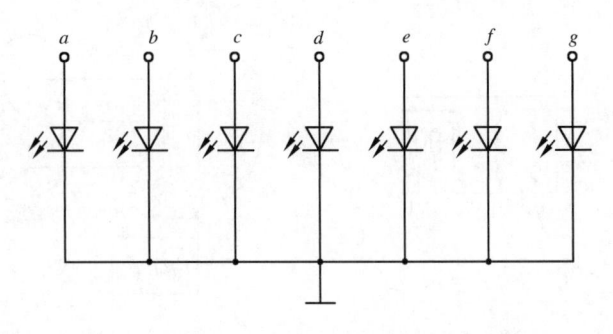

图 8-11 共阴极接法数码管电路

(1) 用 LED 共阴极数码管按照图 8-13 所示的电路,在面包板上进行组装。

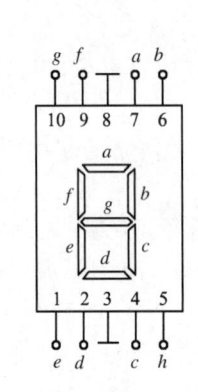

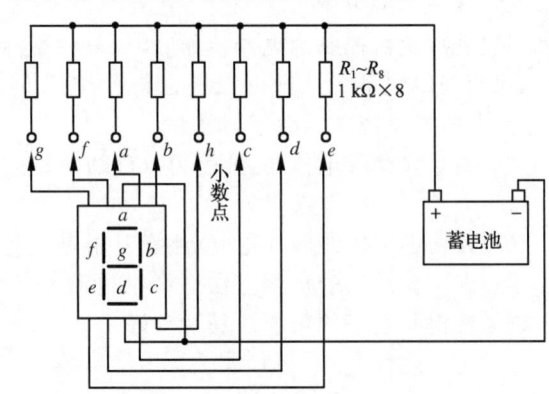

图 8-12 半导体数码管的结构示意和引脚图

图 8-13 共阴极数码管显示实验电路

所谓共阴极数码管是将这几个显示数字的发光二极管的阴极连接在一起,并接到负电源(搭铁)的数码管。

(2) 按照从 1 到 9 的次序,分别将从数码管管脚引出的导线连接到电阻上,显示数字,观察显示结果。发光二极管的亮、灭情况及显示的数字参见表 8-6。

表 8-6　　　　　　　　　　LED 亮、灭与显示的数字

| LED 状态 ||||||| 显示数字 |
a	b	c	d	e	f	g	
亮	亮	亮	亮	亮	亮	灭	0
灭	亮	亮	灭	灭	灭	灭	1
亮	亮	灭	亮	亮	灭	亮	2
亮	亮	亮	亮	灭	灭	亮	3
灭	亮	亮	灭	灭	亮	亮	4
亮	灭	亮	亮	灭	亮	亮	5
亮	灭	亮	亮	亮	亮	亮	6
亮	亮	亮	灭	灭	灭	灭	7
亮	亮	亮	亮	亮	亮	亮	8
亮	亮	亮	亮	灭	亮	亮	9

(3) 如果显示出现错误,应该依次检查连接点是否断路,排除故障。

(4) 自己设计共阳极数码管显示实验电路,并按上述步骤进行实验。

所谓共阳极数码管是指发光二极管的正极连接在一起,接到正电源上。其显示原理与

共阴极数码管类似。

四、注意事项

(1)不能将数码管管脚不经过 1 kΩ 的电阻直接接到电源上,那样会使流过数码管的电流过大,烧坏数码管。

(2)发光二极管有自身的缺陷,在环境较暗的情况下,显示效果较好,在阳光直射下很难辨别发光与否;如果要提高其亮度,势必需要增大电流(亮度随流过的电流增大而提高),增加功耗,所以发光二极管及其构成的数码管在汽车上的使用受到一定的限制。

(3)发光二极管显示的颜色和构成 PN 结的材料有关。

参考文献

[1] 曾建唐,蓝波.电工电子技术简明教程[M].2版.北京:高等教育出版社,2018.

[2] 张之超,邹德伟.新能源汽车驱动电机与控制技术[M].北京:北京理工大学出版社,2016.

[3] 王广海,曾小山等.汽车电工电子技术[M].长春:吉林大学出版社,2016.

[4] 侯世英.电工学Ⅰ(电路与电子技术)[M].2版.北京:高等教育出版社,2017.

[5] 胡翔骏.电路分析[M].3版.北京:高等教育出版社,2016.

[6] 吕玫.汽车电工电子[M].北京:人民邮电出版社,2013.

[7] 阎石.数字电子技术基础[M].6版.北京:高等教育出版社,2016.

[8] 上汽通用汽车有限公司.汽车电子与电气系统及检修[M].北京:高等教育出版社,2016.

[9] 金洪卫,陈昌建.汽车电气设备与维修[M].3版.大连:大连理工大学出版社,2019.

[10] 张军.汽车电工电子技术基础[M].北京:高等教育出版社,2014.

[11] 刘建平,饶思红.汽车电工电子基础.[M].北京:高等教育出版社,2016.

[12] 杨志忠.数字电子技术[M].北京:高等教育出版社,2009.

[13] 王霆,杨屏.汽车电工电子基础[M].2版.北京:清华大学出版社,2016.

[14] 翟秀军.汽车电工电子技术[M].北京:北京邮电大学出版社,2017.

[15] 张华,杨喜权.汽车电工电子技术[M].3版.北京:北京理工大学出版社,2019.

[16] 侯立芬.汽车电工电子技术[M].北京:机械工业出版社,2019.

附 录

附录 A 半导体分立器件型号命名方法（GB/T 249—2017）

第一部分		第二部分		第三部分		第四部分	第五部分
用阿拉伯数字表示器件的电极数目		用汉语拼音字母表示器件的材料和极性		用汉语拼音字母表示器件的类别		用阿拉伯数字表示登记顺序号	用汉语拼音字母表示规格号
2	二极管	A	N型,锗材料	P	小信号管		
		B	P型,锗材料	V	混频管		
		C	N型,硅材料	W	检波管		
		D	P型,硅材料	C	电压调整管和电压基准管		
		E	化合物或合金材料	Z	变容管		
3	三极管	A	PNP型,锗材料	L	整流管		
		B	NPN型,锗材料	S	整流堆		
		C	PNP型,硅材料	K	隧道管		
		D	NPN型,硅材料	N	开关管		
		E	化合物或合金材料	U	噪声管		
				X	光电管		
				G	低频小功率晶体管		
		截止频率≥3 MHz 为高频管		D	高频小功率晶体管		
		截止频率<3 MHz 为低频管		A	低频大功率晶体管		
		耗散功率≥1 W 为大功率管		T	高频大功率晶体管		
		耗散功率<1 W 为小功率管		CS	闸流管		
				BT	场效应晶体管		
				FH	特殊晶体管		
				PIN	复合管		
				GJ	PIN 二极管		
					激光二极管		

注：场效应晶体管、特殊晶体管、复合管、PIN 二极管、激光二极管等的型号命名只有第三、四、五部分。
半导体型号示例 1：3AX81E
3——三极管；A——PNP 型锗材料；X——低频小功率晶体管；81——登记顺序号；E——规格号。
半导体型号示例 2：CS2B
CS——场效应晶体管；2——登记顺序号；B——规格号。

附录 B 机动车操纵、指示、信号装置图形标志

名称	符号	名称	符号	名称	符号	名称	符号
喇叭		危险信号		发动机罩		高低挡选择	
电源总开关		驻车制动		后备厢罩		下坡缓行器	
灯总开关		制动器故障		前窗刮水		轮间差速器	
远光		空滤器堵塞		间歇刮水		轴间差速器	
近光		机滤器堵塞		前窗洗涤器		启动	

续表

名称	符号	名称	符号	名称	符号	名称	符号
前照灯水平操纵		蓄电池充电		前窗洗涤刮水器		暖风	
远照灯		无铅汽油		后窗刮水		冷气	
前雾灯		汽(柴)油		后窗洗涤		风扇	
后雾灯		冷却液温度		后窗洗涤刮水器		腿部出风口	
后照灯		机油温度		大灯清洗器		右出风口	
示廓灯		机油压力		阻风门		左出风口	
车厢灯		安全带		手油门		右、左出风口	
顶灯		点烟器		百叶窗		全部出风口	
停车灯		门开警报		启动预热		坐垫暖风	
转向灯		驾驶锁止		熄火		前后除霜	

注：红色表示危险　　暖风用红色　　黄色表示注意　　冷气用蓝色　　绿色表示安全　　行驶灯光用蓝色

附录 C　半导体集成电路型号命名法

第0部分		第一部分		第二部分	第三部分		第四部分	
用字母表示器件符合国家标准		用字母表示器件的类型		用阿拉伯数字表示器件的系列和品种代号	用字母表示器件的工作温度范围		用字母表示器件的封装	
符号	意义	符号	意义		符号	意义	符号	意义
C	中国制造	T	TTL		C	0～70 ℃	W	陶瓷扁平
		H	HTL		E	−40～85 ℃	B	塑料扁平
		E	ECL		R	−55～85 ℃	F	全密封扁平
		C	CMOS		M	−55～125 ℃	D	陶瓷直插
		F	线性放大器				P	塑料直插
		D	音响、电视电路				J	黑陶瓷直插
		W	稳压器				K	金属菱形
		J	接口电路				T	金属圆形
		B	非线性电路					
		M	存储器					
		μ	微型机电路					

示例 1：CF0741CT

C——符合国家标准；F——线性放大器；0741——第二部分，表示通用 II 型运算放大器；C——0～70 ℃；T——金属圆形封装。

示例 2：CT3020ED

C——符合国家标准；T——TTL 电路；3020——表示是肖特基系列双 4 输入"与非"门；E——40～85 ℃；D——陶瓷双列直插封装。